Empreendedorismo

Jerônimo Mendes

Empreendedorismo

Criação, modelagem e gestão de negócios na prática

4ª Edição

ALTA BOOKS
GRUPO EDITORIAL
Rio de Janeiro, 2023

Empreendedorismo 360°

Copyright © 2023 STARLIN ALTA EDITORA E CONSULTORIA LTDA.
ALTA BOOKS é uma empresa do Grupo Editorial Alta Books (Starlin Alta Editora e Consultoria LTDA).
Copyright © 2023 Jerônimo Mendes.
ISBN: 978-85-508-2141-2

Dados Internacionais de Catalogação na Publicação (CIP) de acordo com ISBD

M538e   Mendes, Jerônimo
    Empreendedorismo 360°: criação, modelagem e gestão de negócios na prática / Jerônimo Mendes. - Rio de Janeiro : Alta Books, 2023.
    448 p. ; 15,7cm x 23cm.

    Inclui índice.
    ISBN: 978-85-508-2141-2

    1. Empreendedorismo. 2. Gestão de negócios. I. Título.

2023-2847
CDD 658.421
CDU 65.016

Elaborado por Vagner Rodolfo da Silva - CRB-8/9410

Índice para catálogo sistemático:
1. Empreendedorismo 658.421
2. Empreendedorismo 65.016

Todos os direitos estão reservados e protegidos por Lei. Nenhuma parte deste livro, sem autorização prévia por escrito da editora, poderá ser reproduzida ou transmitida. A violação dos Direitos Autorais é crime estabelecido na Lei n° 9.610/98 e com punição de acordo com o artigo 184 do Código Penal.

O conteúdo desta obra fora formulado exclusivamente pelo(s) autor(es).

Marcas Registradas: Todos os termos mencionados e reconhecidos como Marca Registrada e/ou Comercial são de responsabilidade de seus proprietários. A editora informa não estar associada a nenhum produto e/ou fornecedor apresentado no livro.

Material de apoio e erratas: Se parte integrante da obra e/ou por real necessidade, no site da editora o leitor encontrará os materiais de apoio (download), errata e/ou quaisquer outros conteúdos aplicáveis à obra. Acesse o site www.altabooks.com.br e procure pelo título do livro desejado para ter acesso ao conteúdo..

Suporte Técnico: A obra é comercializada na forma em que está, sem direito a suporte técnico ou orientação pessoal/exclusiva ao leitor.

A editora não se responsabiliza pela manutenção, atualização e idioma dos sites, programas, materiais complementares ou similares referidos pelos autores nesta obra.

Grupo Editorial Alta Books

Produção Editorial: Grupo Editorial Alta Books
Diretor Editorial: Anderson Vieira
Editor da Obra: J. A. Ruggeri
Vendas Governamentais: Cristiane Mutüs
Gerência Comercial: Claudio Lima
Gerência Marketing: Andréa Guatiello

Assistente Editorial: Ana Clara Tambasco
Revisão: Mariá Tomazoni; Thamiris Leiroza
Diagramação: Joyce Matos
Capa: Joyce Matos

Rua Viúva Cláudio, 291 – Bairro Industrial do Jacaré
CEP: 20.970-031 – Rio de Janeiro (RJ)
Tels.: (21) 3278-8069 / 3278-8419
www.altabooks.com.br – altabooks@altabooks.com.br
Ouvidoria: ouvidoria@altabooks.com.br

Editora afiliada à:

Este livro é dedicado a

SANDRA MARIA, *esposa e companheira, e aos meus filhos* **GUILHERME** *e* **RÔMULO AUGUSTO**, *com todo o meu amor e respeito, pela inesgotável paciência demonstrada durante o tempo em que esta foi construída.*

"Nadamos, dia a dia, num rio de desilusões, e somos efetivamente entretidos com casas e cidades no ar, com as quais os homens à nossa volta são enganados. Mas a vida é uma sinceridade. Nos intervalos lúcidos, dizemos: que se abra para mim uma entrada para as realidades; vesti por muito tempo a touca de tolo. Conhecemos o sentido de nossa economia e de nossa política. Que nos seja fornecida a cifra e, se as pessoas e coisas são partituras de uma música celestial, que possamos ler os acordes. Fomos lesados em nossa razão; no entanto, existiram homens que gozaram uma existência rica e afim. O que eles sabem, sabem para nós. Em cada nova mente transpira um novo segredo da natureza; nem pode a Bíblia ser dada por completa até que nasça o último grande homem."

RALPH WALDO EMERSON

Sumário

Prefácio do autor	ix
Sobre a minha paixão pelo tema	ix
A importância deste livro na sua vida e nos negócios	xi
1. O FASCINANTE UNIVERSO EMPREENDEDOR	**1**
Objetivos de aprendizagem	1
1.1 Introdução ao universo do empreendedorismo	2
1.2 Inovação e espírito empreendedor	12
1.3 Empresas feitas para durar	16
1.4 Empreendedor ou empregado?	20
1.5 O fenômeno das startups	27
REVISÃO DO CAPÍTULO	32
2. APRENDENDO A EMPREENDER	**37**
Objetivos de aprendizagem	37
2.1 Talento, preparação e oportunidade	38
2.2 Fases do processo empreendedor	42
2.3 Transformando ideias em oportunidades de negócio	76
2.4 Competências essenciais para empreender	85
2.5 Modelos mentais dos empreendedores de sucesso	94
2.6 Modelo de negócio × plano de negócio	98
2.7 Estudo de caso: O espírito pioneiro da Sony	114
REVISÃO DO CAPÍTULO	119
3. PLANEJAMENTO DO NEGÓCIO	**127**
Objetivos de aprendizagem	127
3.1 Você está preparado para empreender?	128
3.2 Posicionamento estratégico	131
3.3 Diretrizes estratégicas: visão, missão e valores	144
3.4 Plano operacional	172
3.5 Plano de marketing e vendas	186
3.6 Plano financeiro	194
3.7 Estudo de caso: O Boticário — de Curitiba para o mundo	207
REVISÃO DO CAPÍTULO	209

EMPREENDEDORISMO 360°

4. EXECUÇÃO: DO PAPEL PARA A PRÁTICA — 215

Objetivos de aprendizagem — 215
4.1 Estrutura legal e regime tributário — 216
4.2 Composição acionária e abertura da empresa — 224
4.3 Como arranjar dinheiro para o negócio — 233
4.4 Fatores críticos de sucesso (FCS) — 238
4.5 Objetivos, indicadores, metas e plano de ação — 243
4.6 Força de vendas: mecanismo essencial para o sucesso — 258
4.7 Estudo de caso: Cacau Show — um show de chocolate — 268
REVISÃO DO CAPÍTULO — 274

5. GESTÃO ESTRATÉGICA DO NEGÓCIO — 279

Objetivos de aprendizagem — 279
5.1 Princípios universais da gestão — 280
5.2 Liderança empreendedora — 289
5.3 Governança corporativa descomplicada — 300
5.4 O desafio da gestão na empresa familiar — 305
5.5 A importância da cultura organizacional — 320
5.6 Consolidação do modelo de negócio — 329
5.7 Estudo de caso: um negócio incrível chamado Amazon — 335
REVISÃO DO CAPÍTULO — 338

6. EMPREENDEDORISMO ALÉM DO PLANO DE NEGÓCIO — 343

Objetivos de aprendizagem — 343
6.1 Comportamento empreendedor — 344
6.2 O empreendedor socialmente responsável — 349
"Você é muito linda, mas nós temos um problema: você é negra" — 360
6.3 O espírito do jovem empreendedor — 362
6.4 A força da mulher empreendedora — 375
Mulheres empreendedoras do Brasil — 379
6.5 Como utilizar o networking a favor do seu negócio? — 384
6.6 O desafio de balancear a vida pessoal e a profissional — 390
6.7 Estudo de caso: Anita Roddick e a The Body Shop — 403
REVISÃO DO CAPÍTULO — 407

PONTO DE PARTIDA — 413

Princípios básicos da mentalidade empreendedora — 414

REFERÊNCIAS BIBLIOGRÁFICAS — 417

Palavras-chave para pesquisa e análise — 429

Índice — 433

Prefácio do autor

Sobre a minha paixão pelo tema

Minha mãe queria muito que eu fosse médico. Ela adorava a profissão. Meu pai queria que eu fosse engenheiro eletrônico, pois ainda jovem fez um curso básico de eletrônica por correspondência e acreditava que eu poderia me dar bem nisso. Minha madrinha queria que eu fosse advogado, pois dizia para todo mundo que eu escrevia e falava bem.

Apesar dos esforços, eu decepcionei os três, pelo menos em relação aos objetivos que cada um tinha em mente. Qual é a minha maior alegria hoje? Por meio do meu trabalho, posso ter alunos e clientes médicos, engenheiros e advogados, e isso não tem preço.

Essa é uma das principais razões pelas quais eu dedico parte da minha vida: ensinar. E de tanto ler, conviver com homens e mulheres de negócios e compartilhar conhecimento sobre o tema, a paixão se tornou inevitável.

Na prática, você pode ser o que quiser, a partir do momento em que reconhece a sua verdadeira vocação e a escolha que faz os seus olhos brilharem. A partir daí, não existe mais possibilidade de recuo, nem para tomar impulso.

Com o empreendedorismo é a mesma coisa. Conheço pouca gente que abraçou a causa e desistiu para voltar ao emprego formal. Empreender não é ciência nem arte, é uma prática, dizia Peter Drucker, o grande guru da administração, motivo pelo qual algumas pessoas desistem ao menor sinal de desconforto. A prática leva tempo e requer uma boa dose de autoconhecimento.

Embora este livro seja de cunho prático e o esforço dos acadêmicos para criar uma metodologia e disseminar o conhecimento da arte de empreender seja louvável, somente a realização efetiva do empreendimento será capaz de comprovar a vocação empreendedora de qualquer pessoa.

O propósito deste livro é demonstrar, a partir da divisão planejada dos capítulos, que o empreendedorismo pode ser aprendido, estimulado e ensinado; entretanto, é necessário entender os conceitos básicos, incorporar o espírito empreendedor, ter uma visão clara de onde se quer chegar e, por fim, assumir a responsabilidade sobre os atos de empreender.

A gestão de negócios caminha paralelamente. Você pode ser um ótimo empreendedor, mas não necessariamente um bom gestor. Da mesma forma, pode ser um excelente gestor, mas não um bom líder. São três competências interdependentes que podem ser dominadas de maneira diferente e por pessoas diferentes.

O sucesso nos negócios não é mera questão de sorte e, quando se trata de empreender, não há espaço para amadorismo. A cobrança da sociedade é implacável e, se algo der errado, a responsabilidade do empreendedor não acaba junto com a empresa.

Drucker afirmou também que o empreendedorismo é um comportamento e não um traço de personalidade, e suas bases são o conceito e a teoria, não a intuição; portanto, a essência teórica desse fenômeno está fundamentada no livro. Colocá-la em prática depende somente do espírito empreendedor que habita dentro de cada pessoa.

Cada capítulo foi elaborado cuidadosamente com o intuito de elevar a consciência empreendedora do leitor para a importância do planejamento, do aprendizado constante e do balanceamento adequado entre vida pessoal e profissional a partir da consolidação do negócio.

Além da fundamentação teórica consistente, este livro é recheado de casos de sucesso, ferramentas, palavras-chave para pesquisa na internet e questões práticas e teóricas sobre o conteúdo abordado em todos os capítulos. Acredite, é um livro completo.

PREFÁCIO DO AUTOR

A importância deste livro na sua vida e nos negócios

O fenômeno do empreendedorismo deve ser considerado um instrumento de desenvolvimento social, e não apenas de desenvolvimento econômico; portanto, para tratar um problema social que afeta diretamente a vida das pessoas e a economia dos países, é necessário analisar o fenômeno sob diferentes pontos de vista: o do ser humano e o do ser empreendedor.

Com base nisso, empreender vai além da arte de lidar com os números. A opção pelo trabalho por conta própria altera profundamente a rotina da pessoa e exige dela uma mudança de comportamento. Ser dono do "próprio nariz" significa assumir responsabilidades que ultrapassam os limites do seu próprio conhecimento, considerando que o empreendedor terá de se envolver com clientes, colaboradores, fornecedores, órgãos do governo e a comunidade da qual faz parte.

Portanto, assim como o planejamento, empreender é um processo de aprendizado que não termina nunca. Ao assumir a responsabilidade pelo negócio, o empreendedor assume também a responsabilidade pelas pessoas envolvidas, algo que demanda preparação, equilíbrio e maturidade para ser conduzido de maneira suave.

Nenhum livro é capaz de transformar alguém em empreendedor, gestor ou líder de sucesso; porém, acredito que nenhum deles consegue mais se sustentar sem a leitura de bons livros sobre o assunto ou, pelo menos, sem recorrer à ajuda de profissionais que se debruçam em bons livros e estão mais preparados para orientar e disseminar o conhecimento.

Este livro atribui importância significativa às características, ao comportamento, às habilidades e às técnicas de gestão para quem deseja empreender. A base do conhecimento empreendedor e da gestão de negócios está neste livro.

xi

Contudo, nenhum conhecimento é válido se não puder ser aplicado na prática, motivo pelo qual o seu principal objetivo é estimular o "empreendedor de si mesmo" a transformar ideias e sonhos em possibilidades concretas de realização.

Desejo a você, futuro empreendedor, gestor, líder e empresário, o máximo proveito do conteúdo. Leia, absorva, reflita, tome coragem, voe alto e empreenda mais e melhor!

O autor

jm@jeronimomendes.com.br

1

O FASCINANTE UNIVERSO EMPREENDEDOR

Objetivos de aprendizagem

Depois de ler este capítulo, o futuro empreendedor será capaz de:

* Definir os conceitos relacionados ao empreendedorismo e suas implicações desde a Idade Média até os dias de hoje.
* Conhecer a importância da inovação e do espírito empreendedor na concepção e na consolidação de um empreendimento.
* Reconhecer a grandeza dos empreendedores sob o ponto de vista econômico e social e sua contribuição para o desenvolvimento das nações.
* Aplicar as práticas bem-sucedidas das empresas visionárias no seu futuro negócio no mundo competitivo dos negócios.
* Comparar as vantagens e as desvantagens de ser empreendedor ou empregado.
* Avaliar as tendências para o fenômeno do empreendedorismo e saber como aproveitar a nova onda do futuro.
* Entender o significado do termo startup e conhecer a diferença entre este e o modelo tradicional de negócio existente no mercado.

No final deste capítulo, você encontrará:

* 3 questões para revisão do capítulo
* 3 questões para reflexão individual
* 3 questões para discussão em grupo
* 3 sugestões de links disponíveis para consulta na internet
* 3 sugestões de leitura (recomendadas)

E no final do livro:

* 30 palavras-chave para pesquisa e análise sobre este capítulo

1.1 Introdução ao universo do empreendedorismo

Durante a Idade Média francesa, "empresário" designava simplesmente "uma pessoa que assumia uma tarefa". Pouco tempo depois, passou a designar uma pessoa corajosa, pouco honesta, pronta para assumir riscos financeiros. O enriquecimento pessoal e o êxito comercial eram os únicos meios permitidos àqueles que viviam à margem da sociedade (aqueles que não se submetiam à ordem do clero e da nobreza) de se instalar em uma sociedade muito hierarquizada e muito rígida.[1]

Na língua francesa, o emprego corrente das palavras "empresário" e "empresa" e do verbo "empreender" data aproximadamente do século XIV. Seus equivalentes em língua inglesa seguiram uma evolução paralela. Nos séculos XVI e XVII, o empresário era visto como uma pessoa que se entregava à especulação, e não propriamente à produção e geração de riqueza, o que o tornava um indivíduo pouco recomendável.

Nesses tempos pré-capitalistas, o termo ainda não designava o fabricante nem o vendedor ou o negociante, mas o ato pelo qual o monarca ou uma instituição pública ou semipública firmava um contrato com uma pessoa, afortunada ou qualificada, para construir um prédio público qualquer.[2]

Em síntese, o empresário era uma pessoa que firmava relação contratual com o governo para execução de determinado serviço ou fornecimento de mercadorias. Daí decorre certa exposição aos riscos financeiros, pois o montante dos recursos alocados para a realização dos trabalhos encomendados era fixado depois do início.

A partir do século XVIII, o sentido da palavra empresário torna-se geral e passa a designar "aquele que empreende alguma coisa", ou, mais simplesmente, "pessoa muito ativa que realiza diversas coisas ao mesmo tempo". O *Dictionnaire Universel de Commerce*, publicado em Paris em 1723, oferece as seguintes definições para as palavras associadas ao empreendedor:

* **Empreender**: encarregar-se do êxito de um negócio, de um artefato ou de uma construção. Exemplos: "A Companhia de Assient empreendeu o fornecimento de negros para a América Espanhola"; "O Senhor Presidente foi o primeiro que empreendeu na França a manufatura de lençóis à maneira holandesa" e "O pedreiro-mestre empreendeu esta construção e deve devolvê-la pronta para uso".

* **Empresa:** diz-se das obras que os mestres de uma comunidade de qualquer arte ou profissão fazem, sem ter direito de fazê-lo, e quando eles pertencem aos mestres de outra corporação.

* **Empresário:** aquele que empreende uma obra. Exemplo: "Um empresário de manufaturas, um empresário de construções; um mestre-pedreiro; um mestre-escultor."

Na Idade Média, os empresários também participavam ativamente do desenvolvimento das artes. Leonardo Da Vinci, por exemplo, trabalhava como aprendiz, ao final do século XV, na oficina do mestre Andrea, que era proprietário de um *atelier* e fazia com que os amigos e aprendizes trabalhassem em troca de moradia. O trabalho era feito sob encomenda dos ricos notáveis e das igrejas, para a realização de uma obra de arte, exprimindo, portanto, uma encomenda solvível, passível de execução e entrega.

Em uma época em que o consumo e a produção de massa eram mínimos, quase inexistentes, a inovação era extremamente importante. Para satisfazer a exigência dos ricos comanditários, o artista era conduzido a inovar em cada obra e a disseminar o conhecimento.

Com a divisão do trabalho instituída a partir da Revolução Industrial, o empresário não é sistematicamente — e cada vez menos — aquele que executa os trabalhos. Ele coordena, supervisiona e reúne em torno dele as competências necessárias para assegurar a realização do contrato que foi assinado com as autoridades do país ou com um rico proprietário.

O empreendedor era utilizado para descrever tanto um participante quanto um administrador de grandes projetos de produção. Nos referidos projetos, esse indivíduo não corria riscos, simplesmente administrava o projeto usando os recursos fornecidos, geralmente pelo governo do país. Um típico empreendedor da Idade Média era o clérigo, a pessoa encarregada de obras arquitetônicas, como castelos e fortificações, prédios públicos, abadias e catedrais etc.[3]

O primeiro a identificar o termo na literatura econômica e a associá-lo aos negócios, na primeira década de 1700, foi o banqueiro e investidor irlandês Richard Cantillon, que denominou de *"entrepreneurship"* o **indivíduo inovador, aquele que assume ou corre riscos.** Por volta de 1800, o termo "empreendedor" foi cunhado e largamente utilizado na abordagem empresarial pelo economista francês Jean-Baptiste Say para identificar a pessoa que detinha a capacidade de transferir recursos econômicos de uma área de baixa produtividade para uma área em que pudessem oferecer maior rentabilidade.

O objetivo de Say era diferenciar essa pessoa das demais que não tinham tal capacidade e que não apresentavam diferença significativa no desempenho econômico das suas atividades. Say foi mais além e considerou o desenvolvimento econômico como resultado da criação de novos empreendimentos.

O empreendedor vê a riqueza como consequência, e não como meio. Sua importância está no uso de habilidades, da inteligência, na vontade de contribuir, na esperança de ser reconhecido como alguém que ultrapassou barreiras anteriormente rotuladas como intransponíveis.

Durante as pesquisas que serviram de base para a elaboração deste livro, foi possível encontrar centenas de definições para os termos "empreendedor" e "empreendedorismo". Veja a seguir aquelas que aparecem com mais frequência em artigos acadêmicos e literatura específica desde a Idade Média, quando o empreendedor passou a ser considerado fundamental para o desenvolvimento econômico dos países.

Quadro 1.1 – Desenvolvimento do termo "empreendedorismo" e do termo "empreendedor" a partir da Idade Média.[4]

Período	Autor	Conceito
Idade Média	Desconhecido	Participante e pessoa encarregada de projetos de produção em grande escala.
Século XVII	Desconhecido	Pessoa que assumia riscos de lucro (ou prejuízo) em um contrato de valor fixo com o governo.
1725	Richard Cantillon	Pessoa que assume riscos é diferente da que fornece capital.
1803	Jean-Baptiste Say	Lucros do empreendedor separados dos lucros de capital.
1876	Francis Walker	Distinguir entre os que forneciam fundos e recebiam juros e aqueles que obtinham lucro com habilidades administrativas.
1934	Joseph Schumpeter	O empreendedor é um inovador e desenvolve tecnologia que ainda não foi testada.
1961	David McClelland	O empreendedor é alguém dinâmico que corre riscos moderados.
1964	Peter Drucker	Empreendedorismo não é ciência nem arte. É uma prática.
1975	Albert Shapero	O empreendedor toma iniciativa, organiza alguns mecanismos sociais e econômicos e aceita os riscos do fracasso.
1980	Karl Vésper	O empreendedor é visto de modo diferente por economistas, psicólogos, negociantes e políticos.
1983	Gifford Pinchot	O intraempreendedor é um empreendedor que atua dentro de uma organização já estabelecida.

(continua)

(continuação)

Quadro 1.1 – Desenvolvimento do termo "empreendedorismo" e do termo "empreendedor" a partir da Idade Média.[4]

Período	Autor	Conceito
1985	Robert Hisrich	O empreendedorismo é o processo de criar algo diferente e com valor, dedicando o tempo e os esforços necessários, assumindo riscos financeiros, psicológicos e sociais correspondentes e recebendo as consequentes recompensas da satisfação econômica e pessoal.
2001	José Carlos Assis Dornelas	O empreendedor é aquele que faz as coisas acontecerem, se antecipa aos fatos e tem uma visão futura da organização.
2001	Sebrae	Empreendedor é aquele que desenvolve a arte de empreender, de mudar, conquistar. Ser um empreendedor é exteriorizar aquilo que você na realidade sempre foi e será.
2010	Babson College	Empreender é uma forma de pensar e agir, guiada por visão holística e liderança, focada em agregar valor.
2022	Do autor	Empreendedor é a pessoa criativa, capaz de transformar simples obstáculos em oportunidades de negócio, por livre e espontânea vontade.

Nota: a tabela em questão foi extraída e adaptada pelo autor com novas definições encontradas durante o desenvolvimento da pesquisa.

O empreendedorismo é o processo dinâmico de criar mais riqueza.[5] A riqueza é criada por indivíduos que assumem os principais riscos em termos de patrimônio, tempo e/ou comprometimento com a carreira, ou que proveem valor para algum produto ou serviço, que pode ou não ser novo e único. O valor deve, de algum modo, ser infundido pelo empreendedor ao receber e localizar as habilidades e os recursos necessários.

Uma das definições clássicas mais citadas é a de Joseph Schumpeter, professor da Universidade Harvard, que associou o conceito de empreendedorismo ao processo de inovação tecnológica e criatividade: "Empreendedor é aquele que destrói a ordem econômica existente pela introdução de novos produtos e serviços, pela criação de novas formas de organização ou pela exploração de novos recursos e materiais."[6]

Entender o conceito é um estímulo para que o cidadão comum inicie um pequeno negócio e procure ser feliz até o fim da vida. Entretanto, colocá-lo em prática requer habilidades, características, virtudes, comportamentos e conhecimentos específicos que não são encontrados em fontes de literatura.

Por várias razões, inúmeros casos de sucesso no mundo dos negócios são perfeitamente inexplicáveis. O empreendedor destrói a ordem econômica existente não apenas pela introdução de novos produtos e serviços, mas pela capacidade de tornar as coisas mais simples e mais fáceis para as pessoas ao seu redor.

O trabalho é a mola propulsora do desenvolvimento humano, portanto, não existe homem sem trabalho nem trabalho sem o homem. A eterna preocupação com a forma de participar, por questão de sobrevivência ou questão de realização, faz com que "a maioria dos homens prefira a escravidão na segurança ao risco na independência".[7]

> O impulso para o ganho, a persecução do lucro, do dinheiro, da maior quantidade possível de dinheiro, não tem, em si mesmo, nada que ver com o capitalismo. Tal impulso existe e sempre existiu entre garçons, médicos, cocheiros, artistas, prostitutas, funcionários desonestos, soldados, nobres, cruzados, apostadores, mendigos etc. Pode-se dizer que tem sido comum a toda sorte e condições humanas em todos os tempos e em todos os países da Terra, sempre que se tenha apresentado a possibilidade objetiva para tanto.
>
> MAX WEBER
> A ÉTICA PROTESTANTE E O
> ESPÍRITO DO CAPITALISMO

O empreendedor não alimenta essa preocupação. **Suas principais ferramentas são a criatividade, a vontade de vencer, a ousadia e o otimismo.**

Ele tudo vê e tudo pode, até deixar o empreendimento exatamente como foi concebido em sua mente: uma simples ideia, um simples arranjo, uma simples engrenagem ou mesmo um serviço diferenciado. Seu público-alvo é o mundo, e a sua base, um simples cubículo ou uma simples garagem onde possa dar vazão à criatividade.

Muitos indivíduos têm dificuldade de levar suas ideias adiante e criar um negócio. Ainda assim, o empreendedorismo e as verdadeiras decisões que levam alguém a empreender resultam na concepção de milhões de empreendimentos em todas as partes do mundo. A decisão de abandonar uma carreira ou um estilo de vida não é fácil. São exigidas muita energia e disposição para mudar e fazer algo novo e diferente, ou seja, "trocar o certo pelo duvidoso".[8]

O empreendedor não pode ser compreendido. **Ele é fruto do acaso, da vontade de criar e tornar o mundo melhor, do verdadeiro sentido de realização e do compartilhamento.** Não deve ser confundido com o empresário inescrupuloso que suga a inteligência e a energia de seus colaboradores sem a justa remuneração, nem deve ser comparado ao empresário que se orgulha de sonegar impostos e de remeter dinheiro para paraísos fiscais enquanto seus colaboradores sofrem durante anos para recuperar na justiça aquilo que lhes cabe por direito, quando conseguem recuperar.

Na maioria dos casos, suas realizações surpreendem e causam uma ponta de inveja à maioria das pessoas, pois o sucesso alheio, em geral, é refutado em vez de ser imitado. Apenas as mentes elevadas compreendem esse fato. **O empreendedor é bom no que faz e está sujeito a todo tipo de privações e provações,** porém caminha indiferente a todas elas, em permanente estado de graça, de vigilância e de direcionamento do foco para os resultados positivos.

Em geral, as pessoas fazem pouca ideia a respeito de como nossos ancestrais conseguiram sobreviver sem telefone, sem carro e sem televisão, porém tudo isso existe graças às iniciativas dos empreendedores. A atividade empreendedora é contagiante, e o empreendedor é prestativo por meio do intelecto e do afeto. O que realiza para si realiza para o mundo.

Suas obras representam a evolução contínua dos negócios que afetam um número considerável de pessoas.

Alguns conceitos são relativamente vagos e expressam muito pouco quando se trata de estimular alguém a empreender por sua própria conta e risco, mas são aceitos comumente na literatura sobre o tema. "O empreendedor vive no futuro, nunca no passado, e raramente no presente, e ele está mais feliz quando está livre para construir imagens do tipo 'e se' e 'se quando'. São expressões vagas que servem apenas para reflexão a respeito do assunto." [9]

Entre todos os grandes economistas modernos, somente Joseph Schumpeter abordou o empreendedor e o seu impacto sobre a economia. Todo economista sabe que o empreendedor é importante e provoca impacto, entretanto, para os economistas, empreender é um evento **metaeconômico**, algo que influencia profundamente a economia sem fazer parte dela.[10]

Em países subdesenvolvidos ou de renda *per capita* muito baixa, surge o que o GEM (Global Entrepreneurship Monitor) considera um "empreendedor por necessidade", cuja definição não é um consenso entre os pesquisadores. Trata-se de um conceito em fase de aperfeiçoamento e, por essa razão, é mal aplicado no mundo dos negócios, fato que contribui para a distorção das estatísticas sobre o tema.[11]

O legítimo empreendedor não empreende por necessidade, mas por intuição e convicção na probabilidade de sucesso. Para ele, a única opção é vencer. A necessidade representa apenas uma condição transitória a ser superada pelo espírito empreendedor. Na prática, o que ele mais deseja é prosperar.

Empreendedores por necessidade oscilam entre a vontade de vencer e a vontade de voltar ao mercado de trabalho formal. Eles vivem em permanente fase de transição, suas limitações são óbvias e qualquer adversidade os remete ao estado original, com aquela velha máxima de que "mais vale um pássaro na mão do que dois voando".

Jack Welch iniciou sua carreira na General Electric Company em 1960 e, em 1981, tornou-se o oitavo *chairman* da empresa. Durante os seus vinte anos como CEO da GE, Welch livrou a empresa de uma grande burocracia e aplicou diversas inovações gerenciais, fato que alterou radicalmente a cultura organizacional da empresa.

Embora fosse odiado pelos ambientalistas da EPA (Environment Polution Agency), Welch mudou a história e o futuro da GE por seu espírito genuinamente empreendedor e sua liderança inquestionável. Veja os seus maiores *insights* sobre empreendedorismo, resumidos no quadro a seguir.

Quadro 1.2 – Empreendedorismo por Jack Welch.[12]

Você tem alguma grande ideia que torne seus produtos e serviços irresistíveis, de maneira inimitável por nenhum concorrente?

Os verdadeiros empreendedores não só apresentam ao mercado uma proposta de valor singular, mas também se apaixonam por suas ideias. Além de acreditar com todas as suas forças que realmente descobriram a coisa mais importante do planeta depois da gravidade, também estão convencidos de que agora só resta vendê-la a um vasto mundo ansioso por desfrutar de seus grandes benefícios.

Você consegue ouvir "não" várias vezes e continuar sorrindo?

Os empreendedores passam boa parte de seu tempo pedindo e, às vezes, implorando dinheiro a capitalistas de risco, a banqueiros e a outros investidores. A reação quase sempre é um não contundente. Ninguém gosta de ser rejeitado, mas os empreendedores têm jogo de cintura suficiente para não desanimar com as negativas. Os melhores e os mais brilhantes ainda se sentem energizados pela experiência; cada recusa apenas os incita a vender suas ideias com mais energia.

Você odeia a incerteza?

Em caso positivo, interrompa sua leitura aqui. Os empreendedores passam mais tempo em becos sem saída do que gatos de rua, à caça de dinheiro, de novas tecnologias ou de novos conceitos em serviços, para não mencionar tudo o mais de que necessitam para construir um negócio. Quando não estão em becos sem saída, navegam em barcos à deriva em mares tempestuosos — ou, em linguagem mais direta, geralmente estão sem dinheiro e ainda apostam no desconhecido. Mas, se você for empreendedor, tudo isso, na verdade, é uma grande diversão.

Sua personalidade é capaz de atrair pessoas brilhantes, dispostas a partir em busca do sonho ao seu lado?

De início, evidentemente, talvez tenha que se empenhar sozinho, como empreendedor. No entanto, depois de alcançar algum sucesso, você precisará contratar pessoas muito capazes, às quais não poderá pagar grandes salários. Para tanto, precisará do talento de fazer com que as pessoas, tanto quanto você, amem seus sonhos. Você precisa da capacidade de converter funcionários e colegas em crentes dogmáticos.

O FASCINANTE UNIVERSO EMPREENDEDOR

Durante muito tempo, a convivência com a realidade dos empreendedores locais — micro, pequenos e médios — da Região Metropolitana de Curitiba foi enriquecedora em quase todas as dimensões: ambiental, econômica e social.

Por iniciativa da prefeitura de Curitiba, que lançou o Projeto Bom Negócio, voltado para a capacitação de empreendedores locais, e aliado ao estudo sistemático dos diferentes conceitos existentes na literatura sobre o tema durante o curso de mestrado, pude reunir o conhecimento necessário para entender e reescrever alguns conceitos importantes, conforme exposto no quadro a seguir.

Quadro 1.3 – Revisão dos conceitos relacionados ao tema.

Termo	Definição
Empreendedorismo	Processo de criação de valor e mudança de comportamento no mundo dos negócios por meio da inovação de serviços ou produtos oferecidos.
Empreendedorismo por necessidade	Está relacionado a qualquer atividade profissional iniciada por indivíduos comuns, cuja única alternativa digna de sobrevivência em determinado momento de sua existência é a aventura por própria conta e risco no complexo mundo dos negócios.
Empreendedor	Indivíduo criativo capaz de transformar um simples obstáculo em uma oportunidade de negócios.
Cultura empreendedora	Conjunto de políticas, comportamentos e pressupostos adotados por determinada região ou governo que estimula as pessoas a agirem como empreendedoras, utilizando-se de ferramentas baseadas no interesse em buscar mudanças, reagir a elas e explorá-las como oportunidades de negócios.
Mentalidade empreendedora	Esforço individual ou coletivo necessário para formação da cultura empreendedora.

Os conceitos explorados neste livro definem os empreendedores de maneira distinta, porém todos contêm similaridades como inovação, criatividade, foco, determinação, valor, riqueza, oportunidade e risco. Todos são restritivos, já que os empreendedores são encontrados em todas as profissões e em diferentes partes do mundo, e são influenciados diretamente pela cultura local, política econômica e recursos disponíveis de cada país.

1.2 Inovação e espírito empreendedor

Uma das maiores contribuições para o estudo e o desenvolvimento do fenômeno do empreendedorismo no século XX veio de Joseph Schumpeter, que nasceu na Áustria e viveu em sete países diferentes, fato que contribuiu para a construção de uma visão única e inquestionável sobre os fatores que geram a riqueza das nações.

Vaidoso, excêntrico e admirado por seus alunos, Schumpeter proclamava que a força-motriz do progresso de uma nação é a inovação e seus respectivos agentes, os legítimos empreendedores. Sua percepção contribuiu bastante para o entendimento sobre a criação de novos negócios e sua respectiva associação ao conceito de inovação.

Quadro 1.4 – Empreendedorismo por Joseph Schumpeter.[13]

A força-motriz do progresso econômico é a inovação.

Riqueza, prosperidade e desenvolvimento vêm da inovação e somente dela. Para Schumpeter, a inovação tem um significado preciso: é a substituição de formas antigas por formas novas de produzir e consumir. Produtos novos, processos novos, modelos de negócios novos.

Essa substituição é permanente, e ele a chamou de "destruição criativa".

Expressão muito utilizada atualmente. É esse processo que faz o sistema capitalista ser o melhor que existe para gerar riqueza e produzir crescimento econômico. O que Einstein chamou de "anarquia do sistema capitalista" é exatamente sua força. Segundo Schumpeter, sem "destruição criativa" não há riqueza.

Os agentes da inovação são os empreendedores.

Empreendedores são indivíduos (são pessoas, não instituições, não governos, não partidos) movidos pelo "sonho e pela vontade de fundar um reino particular". Por causa da "destruição criativa", homens de negócios prósperos pisam em um terreno que está permanentemente "esfarelando-se embaixo de seus pés". A instabilidade, o não equilíbrio, a desigualdade e a turbulência são inevitáveis — o preço a pagar pelo progresso.

Quando Schumpeter faleceu, em 1950, o administrador e filósofo austríaco **Peter Drucker** despontava como o novo guru da administração moderna, o que foi confirmado, pouco tempo depois, com a publicação dos livros *The New Society* (A nova sociedade, 1950) e *The Practice of Management* (A prática do gerenciamento, 1954).

Desde a década de 1940, Drucker já se mostrava um grande analista e visionário do mundo dos negócios, a ponto de ter suas teorias questionadas por Alfred Sloan, o todo-poderoso da GM, maior corporação do mundo na época. Sua contribuição foi tão importante quanto a de Schumpeter, e em pouco tempo ele adquiriu o respeito do mundo acadêmico. Avalie a seguir alguns de seus maiores *insights*.

Quadro 1.5 – Empreendedorismo por Peter Drucker.[14]

Empreendedores procuram por mudanças.

Olhe para cada janela questionando-se: isso poderia ser uma oportunidade? Não perca algo somente porque não faz parte de seu planejamento. O inesperado é frequentemente a melhor fonte de inovação.

Nada fracassa tanto quanto o sucesso.

Você deve sempre se perguntar: "Se eu já não estivesse nesse negócio, eu ingressaria nele hoje?"

O abandono de negócios e práticas deve ser exercido sistematicamente.

Você pode estabelecer, por exemplo, que haverá uma reunião de abandono toda primeira segunda-feira do mês.

Ideias são como bebês: nascem pequenas, imaturas, sem forma.

São mais promessas do que realização. Por isso, o executivo da organização inovadora não diz: "Que ideia fantástica!" Ele pergunta: "O que é preciso fazer para transformar essa ideia em uma oportunidade?" O executivo da organização inovadora sabe que muitas ideias acabam mostrando-se sem sentido, e é preciso correr riscos para converter uma pequena ideia em uma grande inovação.

(continua)

(continuação)

Quadro 1.5 – Empreendedorismo por Peter Drucker.[14]

Qualquer empreendimento requer estratégia empreendedora.

Da mesma forma que empreendimento exige administração empreendedora, isto é, práticas e diretrizes dentro da empresa, também exige práticas e diretrizes exteriores, no mercado.

A inovação é o instrumento específico dos empreendedores.

O meio pelo qual eles exploram a mudança como uma oportunidade para um negócio ou serviço diferente. Ela pode ser apresentada como uma disciplina, ser aprendida e praticada.

Os empreendedores precisam buscar, com propósito deliberado, as fontes de inovação, as mudanças e seus sintomas, que indicam oportunidades para que uma inovação tenha êxito. Os empreendedores precisam conhecer e pôr em prática os princípios da inovação bem-sucedida.

Empreender é uma iniciativa "arriscada".

Principalmente porque poucos dos assim chamados empreendedores sabem o que estão fazendo. Falta a eles metodologia. Eles violam regras elementares e bem conhecidas. Isso é especialmente verdadeiro no caso dos empreendedores de alta tecnologia.

A inovação baseada no conhecimento é a "superestrela" do espírito empreendedor.

Ela ganha a publicidade. Ela ganha o dinheiro. Ela é o que as pessoas normalmente querem dizer quando falam sobre inovação. Naturalmente, nem toda inovação baseada em conhecimento é importante. Algumas são verdadeiramente triviais. Mas, dentre as inovações que fizeram história, as inovações baseadas no conhecimento se sobressaem bastante.

Inovações baseadas em ideias brilhantes são, provavelmente, mais numerosas do que todas as demais categorias somadas.

No entanto, ideias brilhantes são as mais arriscadas e as menos bem-sucedidas fontes de oportunidades inovadoras.

No modelo norte-americano de desenvolvimento econômico, o empreendedor é frequentemente definido como aquele que começa o seu próprio, novo e pequeno negócio[15]. Segundo Drucker, os cursos de empreendedorismo que se tornaram comuns e famosos nas escolas norte-americanas de Administração são descendentes diretos dos cursos sobre como começar seu próprio negócio, oferecidos a partir da década de 1950 e, em muitos casos, bastante semelhantes, o que contribuiu para fomentar ainda mais o espírito empreendedor em qualquer país. Contudo, nem todos os pequenos negócios novos são de empreendedores ou representam um empreendimento propriamente dito.

Os exemplos mencionados neste livro foram extraídos da vida real, de livros e artigos acadêmicos publicados, dignos de admiração e respeito em qualquer parte do mundo. Aliás, a história prova o fato pela repetição insistente na mídia de quaisquer ações desencadeadas pelos empreendedores citados nesta obra e pela extensa citação em livros dedicados a um assunto tão apaixonante.

No Brasil, somos induzidos a admirar modelos estrangeiros — o alemão, o japonês, o norte-americano, o dos países nórdicos —, com seus exemplos dignos de louvor. Não pairam dúvidas sobre isso, porém, ao nosso redor, de norte a sul do país, afloram milhares de exemplos do espírito empreendedor levado a sério por pessoas que acreditaram em uma simples ideia e a transformaram em realidade.

De modo geral, o tempo é apenas uma variável a ser considerada. Não importa que logre êxito em um, dois ou dez anos; o que importa é que a ideia saia do papel e transforme-se em uma corrente de sucessivos eventos positivos em favor da economia, do desenvolvimento e do bem-estar do ser humano.

Quadro 1.6 – Grandes inovações dos *séculos* XIX e XX.[16]

O poder aquisitivo.

O fazendeiro norte-americano não tinha, virtualmente, nenhum poder aquisitivo no começo do século XIX; portanto, ele não tinha poder para comprar máquinas agrícolas. Existiam dúzias de máquinas colhedeiras no mercado, mas, por mais que desejasse, o fazendeiro não poderia pagá-las. Então, um dos inventores de colhedeiras, Cyrus McCormick, inventou a compra a prestação. Isso permitiu ao fazendeiro pagar a colhedeira com seus ganhos futuros, em vez de economias passadas, e, de repente, o fazendeiro havia conseguido o poder aquisitivo para comprar equipamentos agrícolas com relativa facilidade.

(continua)

EMPREENDEDORISMO 360°

(continuação)

Quadro 1.6 – Grandes inovações dos *séculos* XIX e XX.[16]

O contêiner.

Não havia muita tecnologia na ideia de tirar uma carroceria de caminhão de suas rodas e colocá-la em um navio cargueiro. Esta inovação, o contêiner, não surgiu de uma tecnologia qualquer, mas de uma nova percepção do navio cargueiro como um equipamento para manipular cargas, e não simplesmente um navio, significando, com isto, que o mais importante era encurtar o máximo possível o tempo de atracação no porto. Esta inovação trivial quase quadruplicou a produtividade do cargueiro marítimo, e provavelmente salvou a marinha mercante. Sem ela, a expansão do comércio mundial nos últimos 40 anos possivelmente não teria ocorrido.

O livro-texto.

O que realmente tornou possível a educação em massa — muito mais que o compromisso popular com o valor da educação, o treinamento sistemático de professores em faculdades de educação ou a teoria pedagógica — foi essa inovação despretensiosa, o livro-texto. O livro-texto foi, provavelmente, inventado pelo grande reformador educacional tcheco Jan Amos Comenius, que preparou e utilizou as primeiras cartilhas de latim, em meados do século XVII. Sem o livro-texto, nem mesmo um bom professor pode ensinar mais de uma ou duas crianças de cada vez; e, com ele, até mesmo um professor mediano pode conseguir um pouco de aprendizado das cabeças de 30 ou 40 estudantes.

1.3 Empresas feitas para durar

Em seu fantástico livro *Feitas para durar*, uma das conclusões de Jim Collins e Jerry I. Porras foi a seguinte: **a sorte favorece os que são persistentes.** Das 36 empresas mencionadas no livro, apenas 3 tinham uma grande ideia: a GE (General Electric), a Ford e a Johnson & Johnson. As demais foram criadas por "aventureiros" tentando ganhar algum dinheiro com negócios. Durante a pesquisa, os autores desmistificaram três questões que ainda hoje desafiam quem deseja empreender, conforme exposto na sequência.

Esperar por uma grande ideia pode ser uma péssima ideia

Empresas como Motorola, Procter & Gamble, Hewlett-Packard, Disney e Boeing, por exemplo, eram lideradas por empreendedores visionários que tinham pouca noção de fluxo de caixa, administração, planejamento etc., e nenhum capital para levar o negócio adiante.

Bill Hewlett e Dave Packard, fundadores da HP, referência em impressão nos dias de hoje, decidiram primeiro abrir a empresa e depois resolver o que fariam. Nas palavras de Hewlett, eles eram oportunistas, e faziam qualquer coisa que pudesse gerar alguns trocados sem qualquer plano para desenvolver a empresa.

Diferente da HP, a Texas Instrument tinha suas raízes em um conceito inicial muito bem-sucedido, e os fundadores formaram a empresa para explorar uma grande oportunidade tecnológica e mercadológica na época. Ou seja, a TI começou com uma grande ideia, a HP não.

Quando Masaru Ibuka fundou a Sony, ele não tinha nenhuma ideia específica de produto. Ibuka e seus sete funcionários fizeram uma sessão de *brainstorming*, depois de abrir a empresa, para decidir o que fazer. Eles consideraram várias possibilidades, desde sopa adocicada de creme de feijão até miniaturas de equipamentos de golfe e réguas de cálculo.

A primeira tentativa de produto da Sony, uma simples panela elétrica para fazer arroz, não funcionava, e o seu primeiro produto significativo — um toca-fitas — fracassou no mercado. Por outro lado, o fundador da Kenwood, ao contrário de Ibuka na Sony, tinha uma categoria específica de produtos em mente, e a empresa sempre foi uma especialista pioneira em tecnologia de áudio; portanto, as chances de sucesso eram muito maiores.

Com a Boeing não foi diferente. O primeiro avião de Bill Boeing foi um fracasso, o que levou por água abaixo todas as suas tentativas no comércio de aviões. A empresa enfrentou tantas dificuldades nos primeiros anos de operação que acabou fabricando móveis para se manter até recuperar a sua vocação original.

Ao contrário da Boeing, a Aircraft teve um enorme sucesso inicial com o seu avião, projetado para ser o primeiro da história a fazer uma viagem sem escalas costa a costa e levar mais carga do que o seu próprio peso. Diferente de Bill Boeing, Douglas Aircraft nunca precisou fabricar móveis para manter a empresa funcionando, mas apenas isso não faz de alguém um empreendedor.

Se você for um líder perfeito e carismático, ótimo, mas se não for, tudo bem

William McKnight, ex-CEO da mundialmente conhecida 3M — Mineração e Manufatura de Minnesota —, começou a trabalhar em 1907 como mero guarda-livros assistente, e foi promovido a contador de custos e a gerente de vendas antes de se tornar gerente-geral, aos 26 anos de idade.

Das quase 50 referências encontradas pelos autores sobre McKnight na história da empresa, ele era apenas descrito como um homem gentil, de fala mansa, bom ouvinte, humilde, modesto, um pouco condescendente, discreto, quieto, solícito e sério; portanto, nenhuma característica excepcional que pudesse indicar um líder de destaque, pelo menos naquela época.

Masaru Ibuka, da Sony, tinha a reputação de ser reservado, solícito e introspectivo. Os senhores "Procter e Gamble", da famosa P&G, eram pessoas formais, cerimoniosas, corretas e reservadas.

Com relação a Jack Welch, por exemplo, ex-CEO da GE, pode-se afirmar de tudo sobre ele, menos que se tratava de um líder carismático. Aliás, a maioria dos livros refere-se a Welch como um líder implacável, intolerante e pouco complacente.

Os autores não encontraram, por meio de pesquisas, nenhuma evidência de que o grande líder é a variável distintiva durante as etapas críticas de formação das empresas visionárias; portanto, a teoria do grande líder foi descartada.

Desse modo, se você for um líder perfeito e carismático, ótimo, mas se não for, tudo bem, pois você está em boa companhia junto às pessoas que criaram empresas como a 3M, a P&G, a Sony, a Boeing, a HP e a Merck. "Nada má essa turminha", embora, em pleno século XXI, todos saibam que a liderança faz uma enorme diferença no tempo de consolidação de qualquer empreendimento.

A sorte favorece os que são persistentes

Na maioria dos casos citados, a empresa em si foi a criação mais importante. Esta simples verdade, segundo Collins e Porras, é a base fundamental

O FASCINANTE UNIVERSO EMPREENDEDOR

dos criadores de empresas bem-sucedidas. Os criadores de empresas visionárias eram pessoas altamente persistentes e seguiam à risca o seguinte lema: **nunca, nunca, nunca desista**. Isso foi levado a sério pela maioria deles.

Na prática, quem ganhou a longa corrida para o sucesso foram as tartarugas, e não as lebres — ou seja, não há nenhum problema em pensar grande, começar devagar e crescer rápido. O maior problema sempre foi e sempre será não começar, o que acontece com a maioria das pessoas que não levam suas ideias adiante.

Se alguém passar a vida esperando por uma grande ideia, jamais conseguirá abrir uma empresa e colocar as ideias atuais em prática. Portanto, em vez de admirar os empresários bem-sucedidos, o melhor a fazer é inspirar-se neles e tirar as ideias do papel. É impossível ser um deles apenas lendo sobre suas histórias.

Quando estiver tentando descobrir o segredo de Akio Morita, Bill Boeing, Masaru Ibuka e William McKnight, entre tantos outros empreendedores visionários, lembre-se da máxima de Jeffry Timmons, pesquisador do assunto: **o segredo é que não há segredos**. O que existe de fato é a determinação deliberada e irreversível de colocar uma ideia em prática como se fosse a maior realização da sua vida, em troca de um futuro promissor.

Os sete segredos do sucesso nos negócios[17]

1. Não há segredos. Somente o trabalho duro dará resultados.
2. Tão logo surge o segredo, todos o conhecem imediatamente.
3. Nada é mais importante do que um fluxo de caixa positivo.
4. Se você ensina uma pessoa a trabalhar para outras, você a alimenta por um ano; mas, se a estimula a ser empreendedor, você a alimenta, e a muitas outras, durante toda a vida.
5. Não deixe o caixa ficar negativo.
6. O empreendedorismo, antes de ser técnico ou financeiro, é fundamentalmente um processo humano.
7. A felicidade é um fluxo de caixa positivo.

1.4 Empreendedor ou empregado?

Uma das características marcantes dos empreendedores bem-sucedidos é a capacidade de reagir às dificuldades de qualquer natureza e a facilidade em conviver com a ambiguidade. Isso lhes permite participar de muitas atividades ao mesmo tempo, ainda que não tenham ideia formada a respeito de como as coisas se comportarão no futuro.

Diferentemente dos empreendedores, os empregados oscilam constantemente entre a pseudossegurança proporcionada pelo emprego formal e o eterno desejo de ser o "dono do próprio nariz". Eles seguem basicamente algumas regras bem estabelecidas com o advento da Revolução Industrial e consolidadas no início do século passado com a Escola da Administração Científica do Trabalho, liderada por Frederick Taylor (Estados Unidos) e Henri Fayol (França).

Em geral, os filhos da Revolução Industrial tornaram-se adeptos da cultura da "devoção" a uma única organização ou instituição, a exemplo do que ocorreu no Brasil a partir da década de 1970, com o direcionamento dos investimentos do governo para o crescimento econômico e o surgimento de grandes obras que amealharam milhares de profissionais dispostos a investir na carreira pública.

Isso fazia sentido até a metade da década de 1990, quando empresas do mundo todo passaram a enfrentar o fenômeno da globalização e os mercados sofreram uma reviravolta. As oportunidades não surgiram na mesma proporção das dificuldades; a concorrência tornou-se mais acirrada, as margens de lucro foram reduzidas drasticamente e o número de vagas geradas pelos empregos formais continuou minguando até o fim do século.

Decorridos mais de 250 anos desde o início da Revolução Industrial, a maioria das pessoas ainda *prefere a escravidão na segurança ao risco na independência*. Isso significa dizer que, embora a opção empreendedora seja vista como um grande ideal de vida e realização, o trabalho formal continua sendo a opção da maioria das pessoas em todos os cantos do mundo.

Em meio ao progresso, surgiram as demissões em massa e as doenças decorrentes do elevado esforço demandado pelas indústrias, das condições precárias do ambiente de trabalho, da ausência de férias, da necessidade recorrente de multiplicação do capital, dos interesses econômicos visivelmente acima dos interesses sociais, da concentração da riqueza e do aumento da pobreza.

Diante de tudo isso, algumas questões continuam intrigando milhões de pessoas ao redor do mundo, principalmente jovens que buscam um lugar ao sol no concorrido mercado de trabalho: *é possível trocar a escravidão na segurança pelo risco na independência?* Vale a pena o esforço para criar o futuro desejado?

Os holofotes estão por toda parte, prontos para iluminar o caminho de quem se arrisca a dar a cara para bater em troca de uma vida mais desafiadora e mais próspera, em que o sentido de contribuição e o sentido de realização são importantes, desde que conquistados com um mínimo de planejamento.

Você deseja mesmo empreender? Quanto mais cedo definir essa questão, melhor; porém, o sucesso dependerá basicamente do seu posicionamento e da sua concentração de energia para superar obstáculos. Esforce-se para ser o melhor do seu segmento. Empreender é fácil. Difícil é conquistar o reconhecimento da sociedade. Leva tempo para consolidar uma ideia, e mais tempo ainda para consolidar um negócio.

Quer continuar empregado? Não há problema algum nisso, contanto que a pessoa honre o salário, por mais injusto que possa parecer, e o cargo que lhe foi confiado. Embora a suposta zona de conforto proporcionada pela estabilidade dos empregos formais seja mais estimulante, principalmente nas empresas públicas, ela nunca será tão promissora e tão gratificante quanto as perspectivas do empreendedorismo.

O ser humano é movido a desafios. Por outro lado, sabe-se que é desanimador sair da cama com menos dois graus centígrados lá fora. Mas, se você não fizer isso, o gelo não sai do carro sozinho, o pão não vem sozinho, os clientes não enviam os pedidos, e o patrão não vai até a sua casa para saber se você está bem.

Quando permitido, a zona de conforto tende a atrofiar a capacidade de resposta do ser humano, a ponto de torná-lo cada vez mais distante da possibilidade de empreender. Por que alguém deveria se esforçar para sair da zona de conforto? Quatro pontos de reflexão são suficientes para mudar de ideia:

1. A zona de conforto é o começo do fim; quem não evolui, tanto no lado pessoal quanto no profissional, regride.

2. Mais dia, menos dia, você será obrigado a sair da zona de conforto; portanto, se estiver preparado, melhor.

3. Tudo na vida é experimentação, e não se pode conquistar algo diferente sem fazer algo diferente.

4. Uma vida mais interessante só é possível quando os desafios são intensos; a zona de conforto ganha espaço com a ausência de desafios.

Depois de 70 ou 80 anos de vida, talvez não seja possível mudar mais nada, portanto, empreender é a melhor maneira de quebrar esse vínculo nocivo, a fim de tornar a vida bem mais interessante e desafiadora. Conheça os principais fatores positivos para empreender:

* **É o fim da zona de conforto**: um empreendimento por conta própria exige dedicação integral durante muito tempo até que o negócio se consolide e você possa conquistar bons resultados. Se quiser ver o negócio prosperar de fato, você terá muito que fazer o tempo todo.

* **É um estilo de vida**: esqueça os princípios da zona de conforto proporcionados pelo emprego formal; ganhos variáveis, controle rigoroso de custos, empregados rebeldes, fornecedores instáveis, inexistência de horários e salários fixos e pressão familiar são desafios permanentes.

* **Muda a sua maneira de encarar problemas**: ser dono do próprio negócio significa assumir a responsabilidade integral pela

solução dos principais problemas da empresa. O empreendedor é o único responsável por si mesmo, por seus empregados, pela família e perante a sociedade.

* **É uma atividade recompensadora:** com uma boa estratégia, dedicação, paciência durante o período de maturação e um pouco de sorte é possível criar um negócio atrativo e se tornar uma referência no seu segmento de atuação. Talvez você fique milionário, talvez não, mas o que importa mesmo é o aprendizado que o ajudará a se tornar um lutador pela vida toda.

Em geral, é difícil deixar a zona de conforto proporcionada pela regularidade do salário fixo, do décimo terceiro, do plano de saúde, do vale-alimentação e do auxílio-combustível, mas essa conquista não é exclusiva do empregado. Faz parte da estratégia de muitas organizações para manter a sua inteligência disponível em troca de um salário nem sempre compatível com a sua produtividade e geração de valor. Conheça a seguir algumas diferenças básicas entre a posição de empregado e a de empreendedor, que dificultam a tomada de decisão na hora de empreender.

Quadro 1.7 – Diferenças básicas de posicionamento do empreendedor e do empregado.

FATOR	EMPREENDEDOR	EMPREGADO
Inovação	Tem mais liberdade e espaço para desenvolver projetos.	É mais restrita ao organograma da empresa.
Exposição ao risco	É maior. Afinal, é você quem está dando a cara para bater.	É mais limitada, em função da própria estrutura da organização.
Remuneração	É irregular. Está vinculada ao retorno do investimento e pode levar anos.	É garantida. Além disso, a empresa oferece benefícios extras, como auxílio-educação, plano de saúde e seguro de vida.
Ambiente de trabalho	Tende a ser mais informal, já que a estrutura é menor.	Em geral, há maior formalidade em consequência da hierarquia.

EMPREENDEDORISMO 360º

A reinvenção de si mesmo exige uma boa dose de autoconhecimento. A mente humana é contraditória, e suas janelas são limitadoras. Isso faz com que as pessoas se fechem para as oportunidades que se abrem todos os dias.

A decisão de empreender envolve riscos, ônus e bônus, e não existe método 100% seguro para reinventar a si mesmo com a certeza de sucesso. Veja a seguir algumas questões que devem ser levadas em consideração antes de se "aventurar" no mundo dos negócios.

1. Você está feliz fazendo o que faz?

2. Você está disposto a dar um passo para trás para dar dois para frente?

3. Você tem reservas financeiras para se aguentar por um bom tempo?

4. Você faz as coisas de maneira diferente da grande maioria?

5. Você consegue tornar a vida das pessoas mais fácil?

6. Você consegue aprender algo diferente todos os dias?

7. Você tem a experiência e a credibilidade exigidas pelo mercado?

8. Você tem amigos e parceiros com quem pode contar mais adiante?

9. Você consegue ser ainda melhor naquilo que faz?

10. Você faz algo que agrega valor à sociedade?

Lembra-se de quando o telefone celular ou mesmo o comércio eletrônico ainda significavam uma leve tendência? Hoje é praticamente impossível viver sem smartphone e não comprar pela web. O mundo dos negócios muda constantemente, e não é difícil imaginar como serão as coisas nos próximos dez anos.

Em 2014, a revista norte-americana *INC* chamou alguns empreendedores com veia inovadora para imaginarem como seria o mundo dos

O FASCINANTE UNIVERSO EMPREENDEDOR

negócios dali para frente. Algumas dessas tendências, publicadas originalmente na revista *Pequenas Empresas & Grandes Negócios*[18], estão descritas no quadro a seguir. Oito anos depois, as previsões realizadas se cumpriram integralmente e, ao que tudo indica, as mesmas tendências devem permanecer até 2030.

Quadro 1.8 – Previsões para o futuro do empreendedorismo.

A qualidade dos produtos e serviços melhorará.

Uma das formas como empreendedores estão resolvendo problemas é dando aos consumidores informações melhores sobre seus vendedores ou fornecedores. Isso levará a um nível de qualidade que antes era inalcançável. O Uber é um exemplo. Você podia ser o pior motorista de táxi e continuar assim por mais de uma década, porque todo e qualquer passageiro que entrasse no seu carro não tinha como escrever uma resenha ou denunciá-lo. Agora, com as políticas do Uber, todo passageiro pode manter os motoristas buscando a melhor qualidade profissional possível.

Aaron Levie
Cofundador e CEO da Box

Todos estudarão empreendedorismo.

Nós agora entendemos que há um método para o que os empreendedores fazem, e é um método extraordinário de mudar o mundo. Empreender é colocar a natureza humana para trabalhar para criar um mundo melhor. Essa metodologia será ensinada em escolas como uma ciência. Não é sobre ensinar futuros empreendedores; tem mais a ver com criar uma sociedade mais empreendedora. E resolver problemas usando os princípios do empreendedorismo.

Saras Sarasvathy
Professora de empreendedorismo na Universidade de Virginia

Empresas crescerão mais rapidamente.

Se você quisesse começar uma empresa de software em 1990, teria que ter no bolso em torno de US$20 milhões. Em 1997, apenas US$3 milhões. Hoje em dia, com US$25 mil você monta uma. Até o fim desta década, mais de 100 empresas da lista da *Fortune 500* serão substituídas por empresas que ainda nem existem.

Vivek Wadwha
Pesquisador da Faculdade de Direito de Stanford

(continua)

EMPREENDEDORISMO 360°

(continuação)

Quadro 1.8 – Previsões para o futuro do empreendedorismo.

As mulheres irão liderar a inovação.

Ser um empreendedor se tornou algo *mainstream*. Mas é difícil inovar quando você está no centro de tudo. A demografia do mundo está mudando e, portanto, grupos que vivem à margem de tudo serão responsáveis por impulsionar a inovação, como as mulheres.

Caterina Fake
Cofundadora do Flickr

Valores se tornarão um aspecto crítico.

As pessoas e os empreendedores estão cada vez mais preocupados com o que cada empresa representa e quais são seus valores. Por isso, toda nova empresa precisará pensar nesses pontos se quiser fazer algum sucesso no futuro.

David Tisch
Sócio do Fundo de Investimento-anjo BoxGroup

Seja qual for a sua escolha — empreendedor ou empregado —, não raciocine apenas economicamente. A sustentabilidade do planeta está diretamente relacionada aos valores mais apurados do ser humano, como o sentido de realização, o sentido de contribuição e o uso consciente dos recursos naturais.

Por fim, quem quer prosperar nunca mais poderá deixar de estudar, porque a qualidade dos seus produtos e serviços e os seus valores serão fundamentais na consolidação do negócio.

Quadro 1.9 – Surgimento e fortalecimento do intraempreendedorismo.

O termo "intraempreendedorismo" foi citado por Gifford Pinchot III, empreendedor e cofundador do Bainbridge Graduate Institute, de Nova York, em seu livro *Intrapreneuring: Why You Don't Have to Leave the Corporation to Become an Entrepreneur* ("*Intrapreneuring*: Por que você não precisa deixar a empresa para tornar-se um empreendedor"), publicado em 1985, em coautoria com sua esposa Elizabeth.

No livro, os autores defendem a ideia de que qualquer profissional pode adquirir as competências básicas necessárias para empreender dentro da própria organização onde atua, desde que haja estímulo e um ambiente propício para isso; entretanto, a ideia precisa ser bem trabalhada para ganhar consistência.

O FASCINANTE UNIVERSO EMPREENDEDOR

Quadro 1.9 – Surgimento e fortalecimento do intraempreendedorismo.

Nesse aspecto, organizações como Apple, IBM, 3M e Microsoft, entre outras, absorveram bem a ideia muito antes da criação do termo. A 3M, por exemplo, por meio de uma política arrojada de benefícios e uma visão de futuro bem consolidada, criou o primeiro centro de inovação em 1930. Noventa anos depois, os ideais de William McKnight, o visionário da 3M, ainda ecoam pelos corredores da organização.

A ideia do intraempreendedorismo requer amadurecimento dos líderes em relação ao modelo de gestão utilizado, para o melhor aproveitamento das diferentes competências existentes dentro da própria organização.

A diversidade de ideias provocada por uma mistura de raças, credos, cores e formações só consegue gerar um ambiente favorável ao empreendedorismo, por meio de diretrizes muito claras, como inclusão da inovação nos valores da organização, autonomia para trabalhar, mudança radical de comportamento, estímulo ao comportamento empreendedor, cultura de tolerância ao erro, tempo dedicado à inovação e, principalmente, reconhecimento dos funcionários inovadores e de alto desempenho.

Empreender por livre e espontânea vontade, ou por iniciativa, de acordo com a classificação do GEM, é bem mais gratificante do que empreender por necessidade ou por estímulo, motivo pelo qual o intraempreendedorismo só pode ser adotado por meio de políticas claras. Contudo, a mudança começa com o comprometimento dos próprios acionistas da empresa, afinal, para pensar como dono, é necessário que o colaborador esteja tão motivado quanto ele.

1.5 O fenômeno das startups

De maneira simplista, pode-se dizer que startup é toda empresa em estágio inicial de funcionamento; entretanto, de acordo com Eric Ries, **startup é uma instituição humana projetada para criar novos produtos e serviços sob condições de extrema incerteza.**[19]

Tudo começou no período que se chamou de "bolha da internet", entre os anos de 1996 e 2001. Apesar de ser utilizado nos Estados Unidos há várias décadas, foi somente no período chamado de "bolha pontocom" que o termo "startup" ganhou velocidade.

O termo é usado para definir um grupo de pessoas que trabalham em torno de uma ideia diferente que, aparentemente, pode fazer muito mais dinheiro que as demais empresas. Para alguns, startup é um experimento, e não um negócio, portanto, trabalha-se para resolver um problema cuja solução não é óbvia, e o sucesso não é garantido. Startup também é sinônimo de uma empresa em estado inicial de funcionamento.

Steve Blank, empreendedor serial do Vale do Silício e professor da Universidade de Berkeley, define "startup" como **um grupo de pessoas à procura de um modelo de negócios repetível e escalável, trabalhando em condições de extrema incerteza.** Esse cenário significa que não há como afirmar se aquela ideia e projeto de empresa darão certo, nem ao menos se são capazes de se tornar sustentáveis.

Startups *são experimentos em evolução contínua*, e seu sucesso depende muito de terem a capacidade de inovar e fazer coisas que ainda não foram feitas por outros, com recursos restritos e em um curto espaço de tempo. Precisam ser flexíveis para girar no próprio eixo e se recriar como em um passe de mágica. Portanto, diferentemente do que muitos imaginam, *startup não é uma empresa ou o embrião de uma corporação.* Contudo, startups podem gerar receita, possuir CNPJ e contratar funcionários, mas ainda estão longe de ser uma empresa.

O **modelo de negócios**, a ser discutido no Capítulo 2, **demonstrará, ou não, se a startup gera valor,** ou seja, se é capaz de transformar o seu produto ou serviço em dinheiro. Exemplo 1: no modelo de negócio de franquias, alguém paga *royalties* por uma marca e tem acesso a uma receita de sucesso com suporte do franqueador, o que aumenta suas chances de gerar lucro com base em um negócio já conhecido. Exemplo 2: um dos modelos de negócios do Google é cobrar por cada clique nos anúncios mostrados nos resultados de busca.

Ser repetível significa ser capaz de entregar o mesmo produto ou serviço várias vezes em escala potencialmente ilimitada, sem muitas customizações ou adaptações para cada cliente, algo que poderia ser feito tanto ao vender a mesma unidade do produto várias vezes como tendo-o sempre disponível, independentemente da demanda.

Um exemplo clássico de startup é o modelo de venda de filmes no estilo *pay-per-view*, uma vez que o mesmo filme é distribuído a qualquer um que esteja disposto a pagar por ele sem que isso impacte na disponibilidade do produto ou no aumento significativo do custo por cópia vendida. Isso não acontecia com os DVDs — afinal, cada cópia era fabricada separadamente, tinha um número de série, um código de barras e uma embalagem. **Ser escalável é a chave de uma startup,** e significa crescer cada vez mais, sem que isso influencie no modelo de negócios. O ideal é crescer em receita, mas com custos crescendo bem mais lentamente. Isso fará com que a margem seja cada vez maior, acumulando lucro e gerando cada vez mais riqueza.

Incerteza significa que não há como afirmar com antecedência se aquela ideia e projeto de empresa vão realmente dar certo. É justamente por esse ambiente de incerteza — até que o modelo ideal seja encontrado — que o investimento se faz necessário, pois é difícil persistir na busca pelo modelo de negócios enquanto não existe receita.

Em estágio inicial, as despesas de uma startup tendem a ultrapassar as suas receitas, uma vez que trabalham somente para desenvolver, testar e comercializar a ideia original. Depois de comprovar que o modelo existe e de a receita começar a crescer, será necessária uma nova leva de investimentos para transformar a startup em uma empresa sustentável. Quando se torna escalável, a startup deixa de existir e dá lugar a uma empresa altamente lucrativa; caso contrário, ela precisa se reinventar, sob ameaça de desaparecer prematuramente.

Startups podem ser financiadas por empréstimos de bancos ou cooperativas de crédito, por empréstimos patrocinados pelo governo ou entidades fomentadoras, ou por doações de organizações sem fins lucrativos e governos estaduais. O sistema conhecido como *crowdfunding* pode ser uma boa opção, mas pode levar mais tempo do que o necessário para reunir o capital.[20]

As incubadoras também entregam capital inicial e aconselhamento, enquanto amigos e familiares podem fornecer empréstimos e presentes — móveis e equipamentos, por exemplo.[21]

Uma startup que pode provar seu potencial consegue atrair financiamento de capital de risco em troca de desistir de alguma participação societária de seu controle e uma porcentagem da propriedade da empresa.

Enquanto está conduzindo o seu veículo, você tem sempre uma ideia clara de aonde está indo. Se vai para o trabalho, não desiste porque há um desvio no caminho ou porque entrou na rua errada. Portanto, você continua concentrado até chegar ao seu destino. A visão do destino está clara em sua mente.

Segundo Ries, startups também possuem um norte verdadeiro, um destino em mente: criar um negócio próspero e capaz de mudar o mundo, o que ele chama de visão de startup. Para alcançar essa visão, startups empregam uma estratégia — um caminho a ser seguido — que inclui um modelo de negócios, um plano de produto, um ponto de vista acerca dos parceiros e dos concorrentes e as ideias a respeito de quem serão os clientes.

O produto final é o resultado dessa estratégia, conforme pode ser demonstrado na figura a seguir.

FIGURA 1.1 – VISÃO DE STARTUP[22]

Startups não são apenas empresas de internet, porém são frequentes na rede porque é bem mais barato criar uma empresa de software do que uma de agronegócio ou de biotecnologia, por exemplo. A internet torna a expansão do negócio bem mais fácil, mais rápida e mais barata, além da venda ser repetível.

Na vida real, startup é um portfólio de atividades. Inúmeras coisas acontecem de forma simultânea: o motor está em funcionamento, adquirindo novos clientes e atendendo os existentes; estamos fazendo ajustes, tentando melhorar o produto, o marketing e as operações; e estamos na condução, decidindo se devemos girar para um lado ou para o outro e quando. Assim, o desafio do empreendedorismo, em especial o das startups, é equilibrar todas essas atividades e buscar lucro o mais rápido possível.

Na prática, não existe empreendimento bom ou ruim; o que existe são tentativas bem ou malsucedidas que são testadas e levadas ao extremo, onde alguém perde ou ganha dinheiro no mundo dos negócios.

Startups são mais desafiadoras porque trabalham com um cenário de extrema incerteza e, nesse caso, o cuidado precisa ser redobrado, para evitar frustração e, ao mesmo tempo, indiferença por parte dos investidores.

Conheça a seguir algumas das startups mais valiosas do mundo, segundo levantamento feito pelo site da CB Insights.[23]

Quadro 1.10 – As startups mais valiosas do mundo.

STARTUP	ORIGEM	FUNDAÇÃO	PLATAFORMA
1. BYTEDANCE	Beijing, China	2012	Inteligência artificial
2. SPACE X	Hawthorne, EUA	2002	Tecnologia
3. SHEIN	Shenzen, China	2018	e-commerce
4. STRIPE	Dublin, Irlanda	2010	*Web solutions*
5. KLARNA	Estocolmo, Suécia	2005	*Fintech*
6. CANVA	Sidney, Austrália	2012	*Software*
7. CHECKOUT	Londres, RU	2009	*Fintech*
8. INSTACART	San Francisco, EUA	2012	*Supply chain*
9. DATABRICKS	San Francisco, EUA	2013	Análise de tratamento de dados
10. REVOLUT	Londres, RU	2015	*Fintech*
11. EPIC GAMES	Cary, EUA	1992	Games e outros
12. FTX	Bahamas	2018	*Fintech*

REVISÃO DO CAPÍTULO

Resumo e implicação para os empreendedores

Por trás de uma boa ideia deve haver, antes de tudo, uma pessoa obstinada, capaz de superar os mais indignos obstáculos. Embora o perfil do empreendedor ideal seja difícil de traçar, algumas características são próprias do meio em que vive, e algumas tendências podem ser reconhecidas muito cedo.

Ninguém nasce empreendedor. Entretanto, algumas pessoas adquirem certas características já no primeiro período da adolescência, outras são favorecidas pelo meio e outras simplesmente descobrem o verdadeiro potencial empreendedor à medida que são encurraladas por adversidades ao longo da vida.

Se o empreendedorismo é o processo dinâmico de criar mais riqueza, esta, por sua vez, é criada por indivíduos que assumem riscos em termos de patrimônio, tempo e/ou comprometimento com a carreira ao prover valor para algum produto ou serviço, o qual pode ou não ser novo e único. De algum modo, este valor deve ser infundido pelo empreendedor ao identificar as habilidades e os recursos necessários para empreender.

De maneira geral, o empreendedor assimila conceitos intuitivamente mesmo sem ter tomado conhecimento deles. O conceito está no sangue, na essência, no modo de ver as coisas, e na sua incrível capacidade de transformar obstáculos em oportunidades de negócio. Por sua vez, o espírito empreendedor vai além da sobrevivência, da necessidade de ganhar dinheiro, do enriquecimento ou da persecução do lucro. Empreender também é uma forma de contribuir e não passar em branco perante a sociedade.

O legítimo empreendedor move o mundo, faz girar a economia, sente prazer em contribuir e inovar. É movido a realizações de toda ordem e não mede esforços para alcançar seus objetivos. Indiferente aos resultados, e crendo que resultados surgem por consequência, os empreendedores são legítimos impulsionadores e geradores de renda, emprego e impostos.

O empreendedor não pode ser compreendido. Ele é fruto do acaso, da vontade de tornar o mundo melhor, do verdadeiro sentido de realização e do compartilhamento de ideias. Não deve ser confundido com o empresário inescrupuloso que suga a inteligência e a energia de seus colaboradores sem a justa remuneração, nem deve ser comparado ao empresário que se orgulha de sonegar impostos e de remeter dinheiro para paraísos fiscais enquanto seus colaboradores sofrem durante anos para recuperar na justiça aquilo que lhes cabe por direito. Jamais deve ser tolhido de suas crenças e convicções, pois sua causa é única e seus desejos são inconfundíveis.

No Brasil, a maioria da população economicamente ativa ainda está condicionada ao emprego formal. Por tradição, *a maioria das pessoas* ainda *prefere a escravidão na segurança ao risco na independência*, e canaliza energia e inteligência para produzir bens e serviços que proporcionam o ganho de dinheiro para os outros em vez de produzir para si mesmo, e ainda para estimular o espírito empreendedor dos próprios filhos.

A reinvenção de si mesmo e a busca pela independência via negócios por conta própria exige uma boa dose de autoconhecimento. A mente humana é contraditória e suas janelas são limitadoras, e isso faz com que muitas pessoas se fechem para as oportunidades que aparecem todos os dias, uma vez que empreender dá trabalho e requer anos de dedicação e de espera por resultados pelos quais a maioria não tem paciência de esperar, em razão do imediatismo imposto pela sociedade moderna.

O empreendedorismo é visto por alguns como a nova onda do futuro, e é, segundo Timmons, uma revolução silenciosa que será para o século XXI mais do que a Revolução Industrial foi para o *século XX*. Portanto, o mundo viverá uma era de transformações de toda ordem, caracterizada por novas formas de sobrevivência, em que o não emprego tende a dominar as relações de trabalho.

A decisão de empreender envolve riscos, ônus e bônus, prós e contras, além de ter de brigar o tempo todo com a mente conspiradora emitindo sinais de alerta: "Cuidado", "Melhor um pássaro na mão do que dois voando", "Você perderá dinheiro" etc. Caso o trabalhador não queira correr riscos mediante a incerteza dos mercados, pode atuar como intraempreendedor, utilizando as mesmas competências do pensamento empreendedor, mas produzindo e inovando dentro da organização onde atua como empregado.

O trabalho por conta própria remete naturalmente as pessoas ao ganho imediato e ao acúmulo de dinheiro, porém, o desafio maior será colocar em prática o seu espírito empreendedor e contribuir para melhorar o ambiente ao seu redor, ou seja, tornar-se um exemplo para as gerações futuras. Se o negócio estiver alinhado com a sua maneira de pensar, de agir e de ver o futuro, não há como dar errado.

Diferente do que se vê nos dias de hoje, considerando que a carteira profissional assinada ainda representa segurança para a maioria das pessoas, o maior desafio no futuro será o empreendedorismo sustentável, integrado ao ritmo da natureza e incapaz de comprometer a sobrevivência das próximas gerações. Porém, nesse aspecto, ainda há muito que aprender.

Startup é uma instituição humana projetada para criar novos produtos e serviços sob condições de extrema incerteza, com características bem específicas: inovação, aplicabilidade, repetibilidade e escalabilidade.

Para quem deseja empreender, o futuro começa todos os dias, no instante em que o simples lampejo criativo dá vazão a um número indiscriminado de ideias que, de alguma forma, precisam ser aproveitadas para o bem de si mesmo, para o bem da família e, acima de tudo, para o bem da sociedade.

Questões para revisão

1. Com base no que foi visto neste capítulo, qual é a sua definição de comportamento empreendedor, empreendedor e empreendedorismo, e como isto está relacionado com a cultura empreendedora do Brasil?

2. Joseph Schumpeter e Peter Drucker afirmaram que a inovação é o instrumento específico dos empreendedores. Qual a relação entre inovação e empreendedorismo?

3. Quais são as principais características que diferenciam uma startup de uma empresa com modelo tradicional de negócio?

Questões para reflexão individual

1. Se a afirmativa de Emmanuel Mounier de que *a maioria das pessoas prefere a escravidão na segurança ao risco na independência* estiver correta, até que ponto isso afeta a sua vontade de empreender?

2. O fato de uma pessoa não pertencer a uma família com cultura empreendedora — pai industrial ou comerciante, por exemplo — significa que ela tem menos coragem, força de vontade e capacidade para empreender?

3. Você conhece alguém que conseguiu prosperar mesmo sem ter o conhecimento e o capital necessário para empreender? Se conhece, quais foram os possíveis fatores, valores, virtudes ou competências que contribuíram para isso?

Questões para discussão em grupo

1. Por que o fenômeno do empreendedorismo deveria ser estudado nas escolas — do ensino fundamental ao ensino superior? Empreendedorismo pode ser ensinado e aprendido nas escolas?
2. Quais as razões que levam milhares de pessoas a usarem energia e inteligência durante anos para obter aprovação em concursos públicos em vez de direcionarem a mesma energia e inteligência para criar empresas de sucesso?
3. Pessoas com forte propensão ao emprego formal, no serviço público ou privado, têm menos chances de sucesso, caso decidam empreender? Ser empregado dificulta a adoção do comportamento empreendedor?

Para saber mais
Endereços na internet

* Endeavor Brasil
  https://www.endeavor.org.br
* Global Entrepreneurship Monitor
  http://www.gemconsortium.org
* Portal do Empreendedor (MEI)
  https://mei-gov.org/

Leitura recomendada

* COLLINS, James; PORRAS, Jerry I. *Feitas para durar: práticas bem-sucedidas de empresas visionárias*. Rio de Janeiro: Rocco, 1995.
* DRUCKER, Peter. *Inovação e espírito empreendedor*. São Paulo: Pioneira, 1987, parte I, pp. 27-49.
* GOLEMAN, Daniel (org). *Os grandes empreendedores*. Rio de Janeiro: Elsevier, 2007.

2
APRENDENDO A EMPREENDER

Objetivos de aprendizagem

Depois de ler este capítulo, o futuro empreendedor será capaz de:

* Reconhecer a tríade do sucesso e a necessidade de sincronia entre os três elementos para quem deseja empreender.
* Conhecer as fases do processo empreendedor e sua importância para a consolidação do negócio.
* Reconhecer algumas técnicas e ferramentas adequadas para transformar ideias em oportunidades de negócios.
* Definir as competências necessárias para empreender em qualquer segmento de negócio.
* Identificar os próprios modelos mentais para ajustá-los aos modelos mentais dos empreendedores de sucesso.
* Entender a diferença e a importância do modelo de negócio e do plano de negócio como instrumentos de consolidação do empreendimento.
* Praticar os ensinamentos obtidos no capítulo por meio de um estudo de caso real de empreendedorismo e outras ferramentas de análise.

No final deste capítulo, você encontrará:

* 3 questões para revisão do capítulo
* 3 questões para reflexão individual
* 3 questões para discussão em grupo
* 3 questões para o estudo de caso apresentado
* 3 sugestões de links disponíveis para consulta na internet
* 3 sugestões de leitura (recomendadas)

E no final do livro:

* 30 palavras-chave para pesquisa e análise sobre este capítulo

2.1 Talento, preparação e oportunidade[1]

Quantas pessoas existem no mundo com talentos desperdiçados? Quantos conhecidos da minha geração, considerados gênios, acabaram em atividades, cargos e funções relativamente simples? Talento e vocação existem? Fazer algo de que se gosta é privilégio somente de alguns predestinados?

Estudiosos do assunto têm publicado pesquisas e se envolvem com frequência em debates acalorados sobre uma questão que, no passado, era bem-aceita — mas não verdadeira — pela maioria das pessoas: alguns nascem com um ou mais dons especiais, e outros são apenas coadjuvantes na história.

Apesar da abundância de estudos nessa área, como os do professor Howard Gardner, criador da Teoria das Inteligências Múltiplas, e do psicólogo e escritor Daniel Goleman, idealizador da Teoria da Inteligência Emocional, ambos PhD pela Universidade de Harvard, o mundo ainda cultua uma suposta genialidade de algumas pessoas.

Até pouco tempo atrás, o mundo era um grande campo de batalha em que todos os participantes eram julgados apenas por seus talentos e suas realizações, portanto, dentro dessa perspectiva, apenas os melhores venciam. Era o mundo específico da meritocracia, onde as pessoas progrediam em razão do dinheiro e dos relacionamentos.

APRENDENDO A EMPREENDER

De acordo com Malcolm Gladwell, jornalista britânico radicado nos Estados Unidos, nem todas as pessoas, seja qual for o esporte ou a atividade escolhida na infância e na adolescência, chegam a atuar em nível profissional no futuro. A maioria desiste pelo caminho.

De fato, poucos conseguem fazer isso — *os que têm talento ou vocação*. Ainda segundo Gladwell, quanto mais a fundo os psicólogos analisam a carreira dos talentosos, menor parece o papel desempenhado pelo talento e maior se mostra a importância da preparação. Em síntese, até aqui, algumas competências são fundamentais para colocar em prática o talento: dedicação, esforço, persistência, preparação, entre outras.

Dentre os vários exemplos de sucesso citados no livro estão o de Bill Joy, criador do Unix, o de Bill Gates, idealizador do Windows, e o dos Beatles, a banda mais famosa da história musical. Joy, Gates e, especialmente, John Lennon e Paul McCartney são indiscutivelmente talentosos, mas o que de fato distingue a história dessas pessoas não é o talento fantástico de cada um, mas as oportunidades extraordinárias que tiveram, além da dedicação ao domínio do assunto.

Bill Joy passava em torno de oito a dez horas por dia programando e, pelo fato de ter ingressado em uma universidade de ponta, a de Michigan, teve a chance de praticar em um sistema de tempo compartilhado. Graças a um *bug* no sistema, Joy podia ficar programando pelo tempo que quisesse. Foram cinco anos de dedicação exclusiva desde o dia que chegou a Michigan até o dia em que migrou para Berkeley. Isso corresponde a dez mil horas de treinamento, segundo os cálculos de Gladwell.

Lennon e McCartney começaram a tocar em 1957, sete anos antes de a carreira dos Beatles explodir na Inglaterra e nos Estados Unidos. Em 1960, quando ainda não passavam de uma banda de rock do ensino fundamental, eles foram convidados para tocar em Hamburgo, na Alemanha. Não havia nada de especial por lá, apenas a quantidade de tempo que a banda era forçada a tocar. Pagava-se mal, a acústica era sofrível e o público tampouco conhecia e apreciava a banda.

A oportunidade e a experiência de tocar a noite toda, por vezes durante oito horas seguidas, sete dias por semana, em boates de striptease,

39

obrigou-os a descobrir uma nova forma de fazer aquilo, diferente de Liverpool, onde uma hora era suficiente para apresentar apenas as suas melhores músicas.

Durante as cinco idas para Hamburgo, os Beatles tocaram 270 noites em apenas um ano e meio. Quando a banda finalmente estourou, em 1964, já havia se apresentado ao vivo em torno de 1.200 vezes, o que corresponde a 10 mil horas de treinamento — outra vez, segundo os cálculos de Gladwell.

A história de Bill Gates não é muito diferente, e é tão conhecida quanto a dos Beatles. Embora o pai fosse um advogado próspero e a mãe fosse filha de um rico banqueiro com condições de bancar uma boa universidade, Gates não era muito ligado aos estudos.

Em 1968, no início da sétima série, seus pais o retiraram da escola pública e o enviaram para Lakeside, uma escola particular frequentada por crianças da elite da cidade, onde, um ano depois, foi criado um clube de informática. Aos poucos, Bill Gates teve acesso à programação em tempo real e, a partir da oitava série, passou a viver em uma sala de computador.

De 1968 a 1971, Bill Gates e seus colegas acumularam em torno de 1.600 horas de programação, o que correspondia, em média, a 8 horas por dia durante os 7 dias da semana. Para cumprir o ritual, Gates faltava às aulas de Educação Física e ainda trabalhava à noite e nos fins de semana. De alguma maneira, Gates entendia que a oportunidade estava lá; entretanto, creio que nem mesmo ele fazia ideia da dimensão que a sua dedicação poderia tomar.

Tempos depois, Gates soube que Paul Allen, cofundador da Microsoft, havia descoberto um computador na Universidade de Washington que podia ser utilizado de graça. As máquinas ficavam ligadas 24 horas, porém havia um período ocioso entre 3 e 6 da manhã.

Bill Gates saía de casa escondido e seguia para a universidade a pé, caminhando em torno de dez quarteirões, às vezes de ônibus, para não perder a oportunidade de utilizar o computador de graça durante quase três anos seguidos. Dessa forma, Gates também ultrapassou a barreira das 10 mil horas de treinamento em programação de computadores.

O que as histórias de Bill Joy, The Beatles e Bill Gates têm em comum? Todos eles tiveram tempo extra para praticar e, graças a uma série incrivelmente favorável de eventos, as oportunidades extraordinárias se confirmaram para cada um.

Adoro histórias de empreendedorismo e de superação e, durante o transcorrer do livro, reproduzo partes de algumas, as quais podem ser lidas com mais profundidade na biografia de cada personalidade citada, com o intuito de compartilhar lições importantes que servirão de reflexão e base para as tomadas de decisão de quem deseja se atirar de corpo e alma no mundo do empreendedorismo.

Gladwell utilizou o conceito de *outliers* para classificar o valor das pessoas que se destacaram da média, ou seja, aquelas que apresentaram um grande distanciamento em relação *às* demais consideradas na amostra utilizada no livro. No Brasil, costuma-se classificar esse tipo de pessoa como "ponto fora da curva".

Entendo que todas as pessoas possuem um talento natural; contudo, segundo o autor, **o sucesso é uma rara combinação de talento, preparação e oportunidade**. Entender como são as pessoas de sucesso não basta. Você precisa descobrir de onde elas são, quando nasceram, a que família pertencem e onde estudaram para entender a verdadeira lógica que existe por trás de quem é bem-sucedido ou não.

Ao compararmos as histórias de Bill Joy, criador do Unix, e a de Bill Gates, da Microsoft, pode-se afirmar que, apesar de o talento e o QI (quociente de inteligência) de Joy serem muito superiores aos de Gates, este último soube aproveitar melhor as oportunidades ao transformar o sistema operacional Windows em referência mundial para computadores de uso pessoal.

Na prática, não basta ter talento ou vocação. Você pode ter ouvido para música, mas é necessário estudar música para desenvolver o talento. Você pode ter talento e se preparar para a música, mas se não cavar uma oportunidade para mostrar o quão bom você é, ninguém saberá que você existe. No mundo dos negócios não é diferente.

Quadro 2.1 – Sete *insights* para futuros *outliers* ("fora de série").

1. Talento natural não serve para nada diante da comodidade e da falta de foco para a realização de um propósito; o que vale mesmo é a determinação e a persistência, acima de tudo.

2. A existência de talento geralmente pode ser comprovada por 10 mil horas de treinamento, que equivalem a cerca de 3 horas por dia ou 21 horas por semana durante 10 anos em uma única atividade; é a sua experiência de vida e a sua experiência profissional.

3. A admiração exagerada pelos bem-sucedidos e o excessivo desprezo pelos "fracassados" faz com que percamos oportunidades de elevar outras pessoas a um degrau mais alto e criam regras que tornam as conquistas inviáveis para muitos.

4. Ninguém surge do nada; devemos alguma coisa à família e, de certo modo, aos nossos protetores e incentivadores; a história pessoal, o lugar e a época em que crescemos fazem diferença.

5. Quando aceitamos o fato de que uns nascem para brilhar e outros para sofrer, tornamo-nos passivos e fazemos vista grossa ao importante papel que desempenhamos — como indivíduos de uma sociedade em constante evolução — na determinação de quem chegará ao topo e quem será derrotado.

6. Quando não assumimos o nosso próprio controle sobre o sucesso ou quando não entendemos o seu verdadeiro conceito, entregamo-nos à ideia de que o sucesso é uma simples função do mérito individual e de que o mundo onde crescemos simplesmente não importa.

7. Ainda que alguém tenha sido agraciado com talento, preparação e oportunidade, a concorrência é dura e o mundo só se curvará a seus pés depois de muita dedicação, esforço, persistência e prática da resiliência.

2.2 Fases do processo empreendedor

O processo de iniciar um novo negócio é inerente ao processo empreendedor e envolve um número razoável de variáveis, que *vão* além da simples identificação de uma oportunidade e da resolução de um problema de cunho operacional ou administrativo, até chegarem *à* gestão do negócio propriamente dita.

Dentro de uma nova lógica estabelecida por vários pesquisadores, o processo empreendedor compreende quatro fases distintas que demandam diferentes comportamentos, habilidades e formas de atuação.[2]

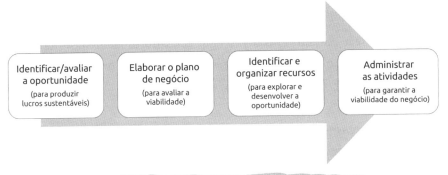

FIGURA 2.1 – FASES DO PROCESSO EMPREENDEDOR

Embora as fases possam ocorrer em uma sequência lógica e progressiva, nenhuma deve ser tratada de maneira isolada, considerando que uma é dependente da outra e a fase seguinte requer, obrigatoriamente, o cumprimento da anterior. Exemplo: administrar a empresa criada é bem mais fácil depois do cumprimento das fases anteriores.

Diferentemente do passado, empreendedores de hoje não devem se arriscar a criar negócios sem estudá-los primeiro. **Oportunidades devem ser minuciosamente pensadas, planejadas e avaliadas.** Empreendedores fazem cálculos, compartilham ideias com a família e os amigos e, de alguma forma, tentam estabelecer o limite de risco a ser assumido no negócio.

O empreendedor sabe que todo empreendimento é uma prática extremamente arriscada, portanto, os riscos de não se tornar bem-sucedido são elevados. Nenhum empreendedor experiente arrisca todas as economias em negócios que não proporcionam ganho suficiente para compensar o seu risco.

Apesar do risco inerente a qualquer empreendimento, existem tantas empresas e empreendedores bem-sucedidos no mercado que há motivos suficientes para imaginar o seguinte: se foi possível para muitos, por que não seria possível para quem se dispõe a realizar algo diferente e inovador, além de empenhar todo o seu conhecimento e a sua energia para obter o mesmo sucesso dos demais?

Empreendedores em geral são movidos pelo desafio de trilhar um caminho praticamente irreversível, portanto, a busca permanente e obstinada por resultados positivos em um ambiente altamente competitivo, de maneira indiferente aos obstáculos, não surpreende quem se dedica a estudar esse fenômeno.

Embora seja comum encontrar empreendedores bem-sucedidos que não tinham a mínima noção da existência das fases do processo empreendedor ao iniciar o próprio negócio, muitos passaram por todas elas de maneira intuitiva.

Em alguns casos, penso que se o empreendedor tivesse tomado conhecimento a respeito das fases, talvez não levasse adiante a ideia. No início, sua maior preocupação reside na concepção do negócio e, em seguida, na sua implementação. O planejamento, o qual deveria ser uma prioridade, acaba sendo executado mais adiante, por profissionais mais tecnicamente preparados, à medida que o negócio evolui.

Até a metade da década passada, a ideia de plano de negócio era inconsistente entre os pequenos e médios empreendedores do Brasil. Enquanto o planejamento estratégico era seguido à risca por grandes empresas, estimuladas pelo exemplo das multinacionais, os empreendedores em desenvolvimento exercitavam as demais fases do processo empreendedor de forma intuitiva, exceto o planejamento ou o plano de negócio, por desconhecimento absoluto da sua existência ou pelo fato de que a ferramenta exigia conhecimento técnico apurado.

Por razões distintas, o índice de mortalidade das empresas no Brasil tornou-se motivo de preocupação constante em todas as esferas de governo, e o esforço do Sebrae para rever essa tendência o tornou uma referência no assunto. A partir do momento em que os estudos passaram a focar os principais problemas do fenômeno empreendedor, teve início um ciclo de conscientização, de norte a sul do país, sobre a necessidade de conceber negócios economicamente sustentáveis.

Manter vivo um negócio ativo é uma tarefa complexa. Empregar pessoas que sustentam mais pessoas e manter a riqueza em circulação é mo-

APRENDENDO A EMPREENDER

tivo de orgulho para qualquer empreendedor, entretanto, a sobrevivência pura e simples demanda muita energia e foco de atenção.

Dentre as principais razões para o fracasso dos empreendimentos encontra-se a **falta de habilidades administrativas, financeiras, mercadológicas** ou **tecnológicas** dos empreendedores. Existem ainda os aspectos comportamentais que envolvem a gestão do negócio. Apesar das inúmeras dificuldades, empresas são criadas a todo instante em todos os cantos do mundo e, de uma forma ou de outra, todas fazem a diferença e contribuem para o desenvolvimento dos países.

Para não incorrer em erros semelhantes, deve-se estudar, profundamente, etapa por etapa do processo. O modelo empresarial de concepção de uma nova empresa a partir de uma "grande ideia", crescer rapidamente, fazer fortuna e, no futuro, entregar a empresa para os filhos ou profissionais com mais condições de levar o empreendimento adiante não funciona mais.

Em qualquer segmento, independentemente do tamanho do empreendimento, é necessário ter uma visão de longo prazo, caso contrário, as chances de sobrevivência são pequenas.

A decisão de tornar-se empreendedor ocorre devido a inúmeros fatores: sociais, ambientais, externos, internos, de habilidades e a insatisfação com alguma situação vivida em determinado momento, ou ainda por acaso.

Todo processo empreendedor inicia-se quando um evento qualquer, a exemplo dos mencionados no parágrafo anterior, possibilita o início de um novo negócio. O evento mais comumente aceito e trabalhado por pesquisadores é a inovação, geralmente associada a uma inovação tecnológica.

A inovação é o instrumento específico dos empreendedores, afirmou Peter Drucker, um dos maiores pesquisadores do assunto. É o meio pelo qual eles exploram a mudança como uma oportunidade para um negócio ou um serviço diferente. A inovação pode estar presente de diversas formas, por meio de produtos, serviços, processos e plataformas de negócios. É algo que não termina nunca.

Primeira fase — Identificando e avaliando uma oportunidade

Identificar e avaliar uma oportunidade é algo que passa por um processo complexo, no qual o empreendedor constata a oportunidade para um novo negócio ou empreendimento. Muitas oportunidades surgem de maneira inesperada, mas o que define o seu aproveitamento é a atenção do empreendedor e a sua perspicácia para entender a oportunidade como uma possibilidade real de negócio.

Imagine-se um excelente colecionador de selos ou cédulas de dinheiro, por exemplo. Em determinado momento, isso pode ser considerado um hobby ou apenas um passatempo, sem maiores pretensões. À medida que você atrai o interesse de outras pessoas com o mesmo objetivo — o de colecionar e trocar informações a respeito do mesmo tema —, começa a formar um círculo de relacionamentos e acaba se tornando uma referência para outros colecionadores. Nesse momento, surge uma oportunidade de negócio: ganhar dinheiro com isso.

Esse processo envolve prestar atenção à criação e ao alcance da oportunidade; seu valor real e seu valor percebido; seus riscos e sua possibilidade de retorno; sua adequação às habilidades, às metas e aos objetivos pessoais; e sua vantagem competitiva em relação aos demais negócios existentes no mercado.

Antes de decidir sobre ir em frente ou não, é **importante compreender os verdadeiros motivos da oportunidade.** De onde ela surgiu? Trata-se de uma mudança de cunho tecnológico ou governamental, ou de uma tendência de mercado?

O tamanho do mercado e a duração da janela de oportunidade formam os alicerces para a determinação de riscos e compensações. Em geral, os riscos refletem o mercado, a concorrência, a tecnologia e a quantidade de capital envolvidos. A quantidade de capital forma a base para o retorno e as compensações.

Finalmente, a oportunidade deve ser avaliada sob o ponto de vista do aproveitamento das habilidades e dos objetivos pessoais do empreendedor. **Quanto mais tempo e esforço forem dedicados para a compreensão da opor-**

tunidade, maior a possibilidade de êxito. Quanto menor o tempo de abertura da janela de oportunidade, maior a pressão para decidir. Aliás, **decidir com frequência** é uma virtude que o empreendedor exercitará o tempo todo.

Estou tratando aqui apenas da primeira parte do processo empreendedor, em geral denominada de plano de avaliação da oportunidade; portanto, ela deve ser avaliada de maneira independente. Essa fase não está contemplada no plano de negócio — trata-se de uma fase preliminar que oferece a base de dados para o empreendedor tomar a decisão de agir ou não em relação à oportunidade apresentada. O projeto de análise deve incluir os seguintes pontos:

1. Descrição e análise do produto ou serviço.
2. Avaliação da oportunidade de negócio.
3. Avaliação pessoal do empreendedor e da equipe.
4. Especificações das principais atividades e recursos necessários para transformar a oportunidade em um empreendimento viável.
5. Fonte de capital para financiar o empreendimento, bem como o seu desenvolvimento.

O aspecto mais complicado e crítico dessa etapa é a avaliação, uma vez que as oportunidades surgem a todo instante em diferentes fases da vida. Transformá-las em oportunidades de negócio requer habilidades que vão além do simples desejo de empreender.

Quadro 2.2 – Questões fundamentais para a avaliação de uma oportunidade.[3]

* A que necessidade de mercado ela atende?
* Que observações pessoais você fez ou registrou quanto à necessidade de mercado?
* Que condição social está por trás dessa necessidade de mercado?
* Que dados de pesquisa de mercado podem ser utilizados para descrever essa necessidade de mercado?
* Que tipo de concorrência existe nesse mercado?
* Como você descreveria o comportamento da concorrência?
* Onde está o dinheiro a ser gerado nessa atividade?

Iniciar uma empresa é uma experiência única e arriscada, embora seja fruto de um desejo maior: lucro e satisfação pessoal. Abrir uma empresa apenas para se distrair é algo distante da realidade dos empreendedores que conheço; portanto, a intenção é ganhar dinheiro, garantir a sobrevivência, gerar empregos e riqueza — ir além do reconhecimento e da satisfação pessoal. O desejo de empreender exige a observação e análise de cinco aspectos:[4]

* **Em relação ao volume de trabalho:** Se o empreendedor imagina que trabalhará menos pelo fato de ser o dono do negócio, está muito enganado. Até que o negócio se consolide, o volume de trabalho é imenso, e ele deve se envolver integralmente em todas as frentes de trabalho.

* **Em relação ao retorno financeiro:** Nos primeiros anos de empresa, o retorno é praticamente inexistente. Tudo o que for ganho deve ser reinvestido, e a disciplina para separar as contas pessoais das contas da empresa é fundamental. Tentar manter um padrão de vida semelhante ao que o empreendedor tinha quando era executivo de uma multinacional, por exemplo, pode ser fatal já no primeiro ano do empreendimento.

* **Em relação ao risco:** Não existe negócio sem risco. O risco faz parte do processo, portanto, todo risco deve ser calculado. As chances de sucesso são maiores quando o empreendedor conhece o ramo ou teve a oportunidade de atuar nele.

* **Em relação ao investimento financeiro:** É necessário ter o domínio absoluto das finanças: custos fixos, variáveis, fluxo de caixa, capital de giro necessário etc. Empenhar todas as economias no negócio sem avaliar o retorno pode custar muito mais caro para o empreendedor.

* **Em relação ao conhecimento do ramo:** Quanto maior o conhecimento e a familiaridade com o negócio, menores as chances de fracasso. Arriscar-se em uma atividade sem conhecê-la pode comprometer o negócio desde o início. A curva de aprendizado pode demorar mais do que o necessário.

Enquanto o empreendedor avalia tecnicamente todos os aspectos negativos e positivos do negócio que pretende iniciar, provavelmente ele já tem uma ou mais ideias em mente. Diferentes ideias podem levar a diferentes tipos de negócio, portanto, o desafio principal é identificar aquelas que representam a oportunidade de negócio mais interessante e lucrativa.

Todas as ideias são válidas. Elas surgem de várias fontes, desde uma experiência anterior de trabalho até a exploração de determinado hobby, ou ainda a partir de encontros sociais, viagens, feiras, exposições, leitura de livros, pesquisa na internet etc.

O processo de geração de ideias deve sempre estar acompanhado da informação baseada em pesquisa. Quanto maior o volume de informações a respeito de determinada ideia ou atividade, maior a base de avaliação dos critérios para a decisão do empreendedor. As ideias de negócios podem ser classificadas como se segue.[5]

MERCADO NOVO	NOVA TECNOLOGIA	BENEFÍCIO NOVO
Muitos novos negócios são desenvolvidos de modo a fornecer aos clientes um produto ou serviço que não existe em seu mercado particular, mas que já existe em algum outro lugar.	Outros negócios se baseiam em um processo tecnologicamente novo.	Existem aqueles que provavelmente representam o maior número de novas iniciativas de risco: os que propõem formas novas e aprimoradas para o desempenho de antigas funções.

A maioria das pessoas tem boas ideias para iniciar um negócio. Sob uma perspectiva meramente particular, elas acreditam ser ideias fantásticas, capazes de proporcionar excelente retorno. Contudo, nem toda ideia revolucionária se transforma em oportunidade de negócio.

A tendência inicial é a de as pessoas ficarem animadas com a ideia sem levar em consideração as dificuldades e as etapas envolvidas no processo para transformá-la em real oportunidade no mercado.[6]

Quadro 2.3 – Fatores que influenciam a avaliação de uma oportunidade.

1. O momento precisa ser oportuno. As oportunidades surgem naquilo que alguns chamam de "tempo real". O conceito de produto ou serviço pode ser bom, mas se não for o momento certo, não há oportunidade de investimento viável. Para que o empreendedor aproveite uma oportunidade, é necessário que ela esteja aberta e permaneça aberta por tempo suficiente para ser explorada.

2. O negócio proposto deve ser capaz de atingir uma vantagem competitiva sustentável.

3. O aspecto econômico da nova iniciativa precisa ser compensador e até generoso, permitindo lucro significativo e potencial de crescimento. Ou seja, a margem de lucro e o retorno sobre o investimento devem ser atraentes o suficiente para permitir erros e enganos, e ainda assim gerar benefícios econômicos significativos.

4. Deve existir bom entrosamento do empreendedor com a oportunidade. Em outras palavras, a oportunidade deve ser capturada e desenvolvida por alguém que tenha as habilidades e experiências apropriadas para fazê-lo, além de acesso aos recursos críticos necessários para permitir que o empreendimento cresça.

5. Não deve haver falha fatal no empreendimento — ou seja, circunstâncias ou desenvolvimentos que possam transformar, por si só, o negócio em um fracasso.

Antes de arriscar, o empreendedor deve se dedicar a avaliar sua ideia. Investir tempo para o debate e a avaliação da ideia será válido e útil com relação a outras ideias que possam surgir. Toda ideia merece um estudo cuidadoso e requer mudança ou abandono sempre que não demonstrar praticidade na execução.

Embora seja possível encontrar milhares de ideias e oportunidades no mercado, qualquer uma pode ser a escolha certa ou a errada para quem não tem o mínimo de cautela. Se o empreendedor dispuser de tempo e dinheiro para experimentar todas elas, não haverá problemas; mas o ideal é que a escolha seja feita de maneira refletida e planejada.

APRENDENDO A EMPREENDER

A partir do momento em que o empreendedor se sentir comprometido com o negócio mediante a concentração do esforço pessoal, sem a preocupação excessiva com o lucro, as chances de sucesso aumentam.

Questões fundamentais

* Você se sentiria feliz nessa atividade?

* Ela tem tudo a ver com o seu jeito de ser e de fazer negócios?

* Aonde você pode chegar com essa atividade em um intervalo de 5 a 10 anos?

* É isso que você deseja para o futuro?

* Você está disposto a renunciar a um bom período de férias e relativa tranquilidade para experimentar a incerteza dos negócios?

* Quanto vale um sonho realizado?

Um ingrediente essencial nesse processo é a habilidade de olhar para os mesmos e velhos dilemas sob diferentes ângulos e formas de atuação. Como oferecer o mesmo produto ou serviço de maneira diferente? É comum encontrar negócios que prosperam no mesmo local em que um empreendimento semelhante falhou. Por que isso acontece com frequência? Empreendedores de visão podem responder a essa pergunta com mais propriedade. **Olhar o local sob uma nova perspectiva faz toda a diferença.**

Depois de tantos empecilhos, observações e questionamentos, o empreendedor deve estar se perguntando: como posso transformar a minha ideia em oportunidade? Não existe caminho ideal a ser seguido, porém, alguns pré-requisitos devem ser considerados, os quais são interdependentes e devem ser analisados em conjunto para resultar em uma oportunidade de negócio.

Na prática, quanto maior o estudo e a dedicação para entender os obstáculos, maior a base de conhecimento e melhor o desempenho em relação aos concorrentes que disputam os mesmos clientes e fornecedores. Vale a pena explorá-los para ampliar o nível de decisão.

Quadro 2.4 – Como transformar ideias em oportunidades.

Conhecimento e/ou habilidades

São pré-requisitos fundamentais que estimulam e facilitam a entrada do empreendedor em determinada atividade ou negócio. Facilitar não significa consolidar, portanto, esse aspecto não deve ser considerado uma precondição. Conheci muitos empreendedores que eram verdadeiros *experts* em suas funções, na condição de empregados, mas não se tornaram bem-sucedidos na condição de empreendedores. É imprescindível conhecer o ramo em que se deseja atuar, independentemente das habilidades e/ou do conhecimento específico necessário para fazer o negócio prosperar.

Motivação/prazer

Está diretamente relacionado à vocação empreendedora. O empreendedor deve levar em consideração o fato de que o negócio por conta própria exige dedicação em tempo integral, portanto, nada pior do que trabalhar em algo que tem pouco a ver com a sua maneira de pensar e agir. A motivação externa proporcionada pelo retorno financeiro pode parecer suficiente por determinado momento, mas será muito mais prazerosa se estiver alinhada com o desejo de se sentir importante, ser reconhecido e ser valorizado pelo seu trabalho.

Capital inicial

Sem capital o empreendedor terá mais dificuldades para desenvolver o negócio. Talvez não seja tão difícil iniciá-lo, se puder contar com a ajuda de amigos, parentes ou conhecidos, além de dispor de recursos extras, como poupança pessoal, indenizações de trabalho ou provenientes da venda de um imóvel ou um veículo etc. Entretanto, à medida que o negócio vai ganhando volume e consistência, a necessidade de capital aumenta, e nem sempre é fácil obter empréstimo. Além do capital inicial, o capital de giro é fundamental para as variações bruscas (sazonalidades) que ocorrem em todos os segmentos de negócio.

Mercado

O mercado é a área de atuação da empresa. É o lugar onde o empreendedor deve concentrar toda a sua energia e estratégia para conquistar os clientes e superar as suas expectativas. Dentro desse mercado existe um fator que não pode ser ignorado: a concorrência. Como fazer para que o cliente opte pelo seu produto ou serviço em vez dos do concorrente? Obter informações do mercado e da concorrência é essencial. Para isso, uma pesquisa básica de mercado deve ser elaborada a fim de se conhecer melhor o terreno onde se está pisando e suas possíveis implicações. Entrar no mercado sem conhecê-lo é como entrar em uma floresta sem armas e suprimentos de sobrevivência, e, quando isso ocorre, não dá para contar com a vitória.

A **pesquisa de mercado** é a ferramenta mais apropriada para entender o ambiente onde se pretende atuar, entretanto, por ser um instrumento relativamente caro, o empreendedor tende a dispensar essa etapa e se basear na própria intuição e em conselhos de amigos. Em princípio, ele acaba não fazendo a pesquisa.

Se o empreendedor estiver disposto a estudar conceitos mínimos sobre pesquisa de mercado, ele mesmo poderá fazê-la de maneira simples e direta. Caso contrário, se tiver recursos, pode contratar empresas especializadas para realizar um trabalho dessa natureza.

Quadro 2.5 – Fontes de ideias e oportunidades.[7]

Identificação de necessidades

Todo e qualquer empreendimento é concebido para atender as necessidades do cliente mediante a oferta de um produto ou serviço pelo qual ele anseia e está disposto a pagar. Entretanto, necessidades diferentes surgem a todo o momento, e saber identificá-las é um grande passo para transformá-las em oportunidades de negócio.

Exemplo: uma pessoa que tem facilidade de elaborar pesquisa para elaborar trabalhos escolares tem grande possibilidade de ganhar algum dinheiro com isso. Se o volume de ganho compensa o volume de trabalho é outra questão, mas a oportunidade existe e, portanto, precisa ser analisada. A necessidade também pode ser criada. Ninguém precisava de computador, inteligência artificial e smartphones até que fossem criados, não é mesmo?

Observação de deficiências

Tudo o que existe em termos de produtos e serviços pode ser aperfeiçoado. Os japoneses sabem muito bem o que é isso. Eles praticamente adotaram o comportamento empreendedor dos americanos, mas com mais qualidade e criatividade. O processo de "destruição criativa" sugerido por Joseph Schumpeter, como foi visto no capítulo inicial, aplica-se muito bem nesse caso.

Exemplo: se o empreendedor conseguir oferecer o mesmo negócio por um preço melhor e com mais qualidade, ele terá criado um diferencial competitivo. O preço do serviço para a elaboração de um cerimonial de casamento para mil pessoas pode variar bastante dependendo do fornecedor, dos serviços envolvidos e da qualidade dos alimentos utilizados. Se o serviço for solicitado mediante uma experiência negativa do contratante com outro fornecedor, surge a grande oportunidade de o novo fornecedor suprir essa deficiência com atenção e cuidado redobrados.

(continua)

(continuação)

Quadro 2.5 – Fontes de ideias e oportunidades.[7]

Observação de tendências

A única certeza visível é a mudança. O mundo está em permanente transformação, portanto, ideias novas e mercados novos surgem diariamente. Para identificar ideias e oportunidades pela observação de tendências, o empreendedor deve compreender as mudanças que permeiam o dia a dia das pessoas e, de alguma forma, tentar achar provas de como elas podem afetar a sua vida.

Exemplo: modismos e tendências que mal duram uma temporada e evoluções tecnológicas de momento, geralmente arquitetadas pela mídia. A moda é um exemplo clássico, sendo impulsionada por novelas e programas de televisão que acabam se transformando em formadores de opinião e influenciando o consumo. Embora sejam cíclicas e possam até retornar de tempos em tempos, as roupas mudam a cada estação, e os empreendedores da moda estão sempre desenhando a coleção seguinte.

Derivação da ocupação atual

Quem não gostaria de trabalhar com algo com o qual teve afinidade ao longo da carreira construída como empregado? Muitas oportunidades de negócios estão diretamente relacionadas com a ocupação anterior ou atual do empreendedor. Se o negócio fosse seu, provavelmente você faria melhor, não faria?

Exemplo: durante muito tempo eu trabalhei como empregado de empresas nacionais e multinacionais, e adquiri uma ótima experiência em diferentes áreas de atuação: financeira, vendas, marketing e logística. Isso me proporcionou conhecimento razoável para atuar como consultor de empresas em diferentes ramos de negócio, além de atuar como treinador e palestrante para diferentes empresas, atendendo a diversas necessidades de clientes.

Procura de outras aplicações

A ideia central desse processo é procurar outras aplicações para algum tipo de solução tecnológica, mercadológica e industrial, entre outras. Apesar de não serem tão óbvias ou comuns, as oportunidades que surgem a partir de soluções encontradas para determinados problemas merecem atenção especial dos empreendedores.

Exemplo: as lojas de conveniência instaladas no mesmo espaço de funcionamento dos postos de combustíveis nas grandes cidades. O movimento existe, a demanda também, então por que não estimular os consumidores a comprar tudo no mesmo local? A compra das operações da Rede Blockbuster no Brasil pelas Lojas Americanas é um exemplo prático disso. A primeira se foi, mas a segunda permanece viva e muito lucrativa.

APRENDENDO A EMPREENDER

Quadro 2.5 – Fontes de ideias e oportunidades.[7]

Exploração de hobbies

Para transformar um hobby em oportunidade de negócio, o empreendedor deve ser uma referência naquilo que faz. Os clientes devem estar dispostos a pagar um pouco mais para aprender com o mestre, portanto, nem todas as atividades ou hobbies representam oportunidades de negócio. Embora seja uma atividade que proporcione prazer, nem sempre ela proporciona rentabilidade. Se não houver interesse do empreendedor em tratá-lo como negócio e expandi-lo, é melhor que o hobby fique restrito à vida pessoal.

Exemplo: você é um colecionador de selos, moedas e cédulas de dinheiro. Por conta disso, você se envolve em pesquisa, mantém contato frequente com colecionadores de outras cidades e se interessa por tudo o que diz respeito ao assunto. Mais dia, menos dia, você acaba se tornando uma referência e desperta o interesse das pessoas para a solução de problemas nesse contexto. Surge então a grande oportunidade de unir o útil ao agradável.

Lançamento de moda

Lançar moda requer muito mais do que uma ideia original; requer perseverança para a realização, pois criar tendência quando o empreendedor é desconhecido no mercado tende a soar como ousadia ou pretensão exagerada. O ciclo de vida da moda é relativamente curto, e praticamente não existe oportunidade de pesquisa prévia para saber se os clientes vão ou não gostar dos produtos que se pretende lançar. Isso representa alto risco para o negócio.

Exemplo: imagine que você tem uma ideia excelente para o próximo inverno, uma coleção original, ousada e diferente de tudo o que já foi apresentado. Ainda que disponha do capital necessário para levar a ideia adiante, você dependerá de exposição na mídia, acesso aos programas e canais de televisão. Portanto, é recomendável que você trabalhe ou se alie a algum estilista renomado para entender inicialmente como funciona esse mercado, para que não se frustre e não perca de vista seus objetivos.

Imitação do sucesso alheio

É o processo menos arriscado para se iniciar um empreendimento por conta própria — diferente de lançar moda, situação em que teríamos que apostar na preferência do consumidor. Para imitar o sucesso alheio, deve-se estudar profundamente as razões desse sucesso e, na medida do possível, propor melhorias no negócio original, a fim de se diferenciar da concorrência e não passar de simples imitador.

Exemplo: imagine que você dispõe de capital suficiente para abrir uma rede de lojas semelhante ao negócio Habib's. A questão fundamental é: como eu posso construir um negócio parecido, mas diferente? Quais são os pontos fracos do Habib's? Como oferecer produtos e serviços melhores a preços mais acessíveis?

As boas ideias podem ser buscadas dentro do próprio negócio ou da própria família. São as pessoas, e não as máquinas, que fazem a diferença entre um negócio bem-sucedido e outro. No caso dos negócios em andamento, os quais precisam de estímulo para enfrentar a concorrência, o raciocínio não é diferente. Se a inovação é o instrumento específico dos empreendedores, o empreendedor não deve ignorar a importância das pessoas na organização. Pessoas pensam e criam coisas por meio da sua inteligência e da sua contribuição.

Empreendedores são ávidos por conhecimento e, por consequência, **inovam**. A busca permanente por coisas novas que possam ser transformadas em oportunidades de negócio está presente dentro e fora da empresa; portanto, o empreendedor deve estar ciente de que dentro da empresa é mais fácil encontrar a solução para os problemas. Em geral, colaboradores conhecem o negócio com mais profundidade pelo fato de respirarem o dia a dia da empresa.

Realizar sonhos exige esforço e disciplina acima da média, algo que poucos estão dispostos a praticar. Com frequência ouvimos bobagens do tipo "se eu tivesse um emprego melhor seria mais feliz", "se eu ganhasse mais, poderia viver melhor", "se eu tivesse dinheiro, não pensaria duas vezes", e assim por diante.

De fato, a maioria viverá a vida tentando justificar a falta de iniciativa e ação para as coisas que dependem de si mesmas. Atribuir a culpa ao chefe, aos pais, ao emprego ou ao governo não proporciona a menor sensação de prazer. Muitos esquecem que, para ter, é necessário, acima de tudo, pesquisar, ousar e ser o melhor, para se desprender da "escravidão" imposta pela maioria dos empregos formais.

Acredite ou não, sempre haverá escolhas. Tudo aquilo em que você se concentra tende a se fortalecer, entretanto, para ganhar asas e ir além das ideias, refletir sobre algumas questões é de fundamental importância:

1. O QUE você está disposto a fazer para colocar sua ideia em prática e tornar as coisas menos impossíveis?

2. COMO fará isso? Já tem, pelo menos, o modelo de negócio delineado em mente?

3. QUANDO pretende começar? Já estabeleceu o tempo máximo que você suporta como empregado?

4. QUEM poderá ajudá-lo a materializar a ideia? Quais são as pessoas nas quais você poderá confiar durante uma troca de percepções a respeito do negócio?

5. QUAIS sãos os seus medos mais profundos? De que maneira poderá neutralizar o índice de pessimismo ou negatividade na sua vida?

6. QUANTO custa e quanto você está disposto a economizar para aumentar as chances de realizar seu sonho?

7. QUANTAS desculpas você ainda pretende criar para adiar o sonho de fazer aquilo que realmente deve ser feito?

Segunda fase — Desenvolvendo o plano de negócio

O planejamento de uma empresa envolve tantas informações que não há como evitá-lo. Para entender as bases e as diretrizes do próprio negócio, o empreendedor deve mergulhar de corpo e alma nos pressupostos que determinam a sua condição de prosperidade, razão pela qual o planejamento torna-se a base dos negócios bem-sucedidos. No início, alguns vão ignorá--lo, mas a partir de determinado momento, será impossível viver sem ele.

> Sabedoria é a capacidade de prever as consequências, em longo prazo, das ações atuais, a disposição de sacrificar ganhos em curto prazo em favor de benefícios futuros e a habilidade de controlar o que é controlável e de não se afligir com o que não é. A essência da sabedoria, portanto, é a preocupação com o futuro.
>
> **RUSSELL L. ACKOFF**

Por razões diversas, o tempo dedicado ao planejamento, principalmente em pequenas e médias empresas, é relativamente pequeno, devido ao envolvimento do empreendedor em todas as áreas do negócio. Dessa forma, claramente, ele não dispõe de tempo — tampouco de interesse — para planejar. Entretanto, o empreendedor consciente não deve desprezar o planejamento.

O planejamento é um dos processos mais importantes do negócio. Sem ele, é provável que o empreendedor pague um alto preço pelo fracasso do empreendimento. De maneira geral, o empreendedor deve ter consciência de que o sucesso do planejamento feito por indústrias, fornecedores e clientes também está atrelado ao sucesso do empreendimento. Sem planejamento adequado, os próprios empregados terão dificuldades para entender as metas e as expectativas do empreendedor com relação ao desempenho deles no trabalho.

Segundo especialistas e agentes de financiamento, poucos fracassos resultam da falta de dinheiro. Em sua maioria, os fracassos são decorrentes da falta de planejamento ou da falta de capacidade dos empreendedores de executar o negócio de maneira eficiente. Em determinados casos, o fracasso ocorre devido ao orgulho do empreendedor ao recusar ou aceitar ajuda na elaboração, uma das razões pela qual o empreendimento não decola.

A justificativa mais utilizada é a de que o planejamento é um instrumento utilizado somente para médias e grandes empresas, algo que não se sustenta, pois, em economias altamente competitivas, nem mesmo as micro e pequenas empresas sobrevivem sem um planejamento básico.

Planejamento é algo tão simples que o empreendedor tende a ficar em dúvida se o que foi planejado dará certo ou não. Por vezes, é visto como burocracia. É natural que isso aconteça, pois a cultura do planejamento foi inserida no vocabulário dos negócios há pouco tempo, e ainda é vista com ceticismo por grande parte dos empreendedores.

Planejar significa dar um norte para as suas ações, um caminho mais rápido e provável de ser seguido. Quando bem elaborado, por mais simples que possa parecer, as chances de sucesso aumentam. Relembre alguns conceitos de fácil entendimento:[8]

Planejamento...

* É a definição de um futuro desejado e dos meios eficazes de alcançá-lo.

* É algo que fazemos antes de agir; isto é, a tomada antecipada de decisões. É o processo de decidir o que fazer, e como fazer, antes que se requeira uma ação.

* É um processo que se destina a produzir um ou mais estados futuros desejados e que não deverão ocorrer, a menos que alguma coisa seja feita. Ao explorar oportunidades, o planejamento [...] se preocupa tanto em evitar ações incoerentes quanto em reduzir a frequência dos fracassos.

* A necessidade de planejamento é tão óbvia e tão grande que é difícil para qualquer pessoa se opor a ele.

* Não é um ato, mas um processo, sem fim natural ou ponto final.

O plano de negócio foi desenvolvido por especialistas para auxiliar o empreendedor a reduzir os riscos com relação ao negócio pretendido. Trata-se de um documento que contém elementos e estratégias internos e externos relevantes para a concepção do empreendimento. Pode ser descrito também como um conjunto de planos funcionais reunidos — marketing, financeiro, operacional, vendas etc. —, que servirão de base para o início do novo negócio.

De maneira simples, trata-se de um roteiro para quem pretende iniciar, reformar ou ampliar um negócio que proporciona uma avaliação prévia dos resultados esperados com a nova ideia, reduzindo assim as possibilidades de desperdício de energia, de recursos e de esforços em um negócio inviável.

Do universo de 53,4 milhões de empreendedores existentes no Brasil[9], segundo o relatório do GEM (Global Entrepreneurship Monitor) de 2019/20, pode-se dizer que um número pequeno iniciou o negócio mediante uma análise detalhada da oportunidade e fundamentada por meio de um plano de negócio, além de não dispor dos recursos financeiros necessários para realizar um bom trabalho de preparação para empreender.

O plano de negócio é a segunda etapa do processo empreendedor, e é importante não somente para o desenvolvimento da oportunidade, mas para a determinação dos recursos necessários, para a obtenção desses recursos e para a administração bem-sucedida da empresa resultante dessa oportunidade.

Por exigência da profissão, tive a oportunidade de analisar, avaliar e desenvolver muitos planos de negócios para todos os tamanhos e segmentos de empresas. É uma experiência rica, gratificante e rentável. Apesar da *expertise* adquirida, cada plano de negócio é um desafio, pois envolve diferentes variáveis e graus de dificuldade. Com o tempo aprendi a comparar o plano de negócio ao nascimento de um filho ou ao término de um livro. Depois de elaborado, a emoção é grande, mas o plano precisa ser lapidado, colocado em prática, levado a sério e repensado, quando necessário. É um documento vivo, passível de alteração.

Em termos práticos, a criação do plano de negócio é a primeira oportunidade concedida ao empreendedor para que ele realmente se empenhe na fundamentação e no entendimento correto do seu novo negócio. Ele é mais do que um simples documento com as principais informações da empresa, e não retira do empreendedor o mérito pela concepção da ideia e sua estruturação.

O plano de negócio consiste em um processo por meio do qual o empreendedor deverá conhecer melhor a futura empresa, além de permitir a avaliação da viabilidade de sua implementação. Prioritariamente, deve ser elaborado pelo próprio empreendedor, a fim de que ele se familiarize com o negócio.

Por razões diversas, o empreendedor pode valer-se de um especialista e outras fontes durante a fase de elaboração, porque criar o plano de negócio não é algo simples para quem está desabituado e, dessa forma, pode demorar mais do que a sua paciência está disposta a esperar; porém, é indispensável.

No mercado, o plano de negócio geralmente é lido por diferentes interessados: clientes, funcionários, investidores, agentes de financiamento, fornecedores, conselheiros e consultores. Cada um deles pode interpretar o plano com diferentes propósitos; portanto, o empreendedor deve estar preparado para abordar todas as suas questões e preocupações.

Independentemente dessa constatação, o ideal é que o plano de negócio considere as seguintes perspectivas:[10]

1. A perspectiva do empreendedor, que entende melhor do que ninguém a criatividade e a tecnologia envolvidas no empreendimento.

2. A perspectiva do marketing, ou seja, as reais possibilidades de comercialização mediante os olhos do cliente.

3. A perspectiva do investidor, que avalia a oportunidade sob uma perspectiva meramente financeira.

Um plano de negócio bem elaborado deve abordar o maior número possível de informações sobre questões relevantes do negócio. Antes de iniciá-lo, o empreendedor deve estabelecer um paralelo entre as suas metas pessoais e as profissionais. Será que elas estão perfeitamente alinhadas com os próximos três, cinco ou dez anos?

Esse tipo de análise e reflexão permitirá a identificação antecipada dos principais problemas potenciais que podem surgir durante a execução do plano. Dessa forma, o empreendedor poderá encontrar sugestões para resolvê-los, economizando dinheiro, tempo e outros problemas futuros antes que eles possam transformar a vida empreendedora em uma fonte de arrependimentos e de frustrações.

Empreendedores são otimistas por natureza, mas é oportuno lembrar que, no papel, todos os planos de negócio são promissores, factíveis e rentáveis. Contudo, **o que determina o sucesso do plano**, e consequentemente a prosperidade do negócio, é o firme propósito para implantá-lo de maneira efetiva, planejada e disciplinada.

Invariavelmente, os empreendedores não gostam muito de perguntas, e alguns chegam a desprezar o conhecimento dos especialistas. Apesar disso, as perguntas certas e as respostas mais adequadas à sua realidade facilitam o caminho a ser seguido. De posse das reflexões e dos esclarecimentos, o empreendedor terá mais condições de decidir a respeito do negócio e do próprio futuro.

As perguntas fundamentais o ajudarão a construir um raciocínio adequado sobre os pré-requisitos necessários para a elaboração de um plano de negócio eficiente, além de facilitar o entendimento das demais etapas do processo empreendedor.

Quadro 2.6 – Questões fundamentais para a elaboração do plano de negócio.

De ordem pessoal	• Por que eu desejo iniciar um negócio por conta própria?
	• O negócio está alinhado com a minha vocação?
	• Qual a perspectiva de sucesso em cinco ou dez anos?
	• É isso que eu desejo para o resto da minha vida?
	• Qual o sacrifício a ser imposto para a família?
De ordem financeira	• Qual o investimento necessário para iniciar o novo negócio?
	• Qual o pró-labore para as minhas necessidades básicas?
	• Quais são a receita e a lucratividade mínima aceitáveis?
	• Onde arranjar o capital necessário para iniciar o negócio?
	• Qual a situação financeira geral do segmento?
Recursos humanos	• Quantos empregados serão necessários e a partir de quando?
	• Quais as habilidades que eles devem ter?
	• Como encontrar empregados capacitados?
	• Quanto poderei pagar a cada um deles no estágio inicial?
	• Quanto custará cada empregado, considerando-se os encargos?
Produtos e serviços	• Quem serão os meus principais fornecedores?
	• Os produtos e serviços estão bem definidos?
	• Quais as condições de pagamento oferecidas pelo mercado?
	• Quais os preços praticados pelo mercado?
	• Será necessário investir em propaganda?

Clientes	* Onde estão os meus clientes?
	* Qual é o número potencial de clientes nesse segmento?
	* Qual o percentual de mercado que pretendo atingir?
	* Qual o valor médio de compra do produto por cliente?
	* Qual a frequência média de compras do cliente?
Localização	* Qual o local mais apropriado para a abertura do negócio?
	* Qual o espaço físico necessário?
	* Existe fluxo de clientes nesse local?
	* O local tem estacionamento?
	* Qual o valor do aluguel que eu posso pagar?
	* Existe oportunidade para o e-commerce?
Mercado	* Qual o meu público-alvo?
	* Qual o tamanho desse mercado?
	* Quais as minhas chances de participação e crescimento?
	* Quais as principais deficiências dos meus competidores?
	* Qual será o meu diferencial competitivo?
Outras questões	* Tenho condições de esperar até o retorno?
	* Preciso de sócios ou investidores para o negócio?
	* Tenho perfil para trabalhar com outros sócios?
	* A rentabilidade permite que eu deixe o meu emprego atual?
	* O que está por trás dessa oportunidade?
	* É algo que consigo aprender com facilidade?

Por questão de prudência, o empreendedor deve considerar a pior situação, para evitar falsas expectativas ou perspectivas além da sua real possibilidade. São raros os casos em que o negócio se consolida em menos de dois ou três anos de trabalho árduo. Uma versão moderada ou otimista tende a aumentar os riscos de fracasso pela falta de consciência do empreendedor em relação aos possíveis caminhos que o negócio pode tomar.

"A melhor maneira de prever o futuro é criá-lo", dizia Peter Drucker. Ao elaborar um plano de negócio, o empreendedor está praticamente criando o futuro que deseja para a sua vida e para o seu negócio. Colocá-lo em prática e concentrar energias para a sua execução é uma etapa posterior que define ou não o sucesso do empreendimento. Existem fatores que não dependem apenas do empreendedor, como alterações bruscas na política governamental e outros inerentes ao próprio mercado, além das pressões do mundo globalizado.

> Um negócio bem planejado terá mais chances de sucesso que aquele sem planejamento, na mesma igualdade de condições.
>
> JOSÉ CARLOS ASSIS DORNELAS

Como regra geral, os planos de negócios acabam seguindo um modelo-padrão, editados sob orientação de livros específicos, agentes financiadores e instituições bancárias interessadas na concessão de empréstimos. A realidade dos negócios mostra que o empreendimento tem mais chances de sucesso quando previamente avaliado, organizado e planejado. Conheça alguns dos principais fatores críticos:[11]

Quadro 2.7 – Fatores críticos do plano de negócio.

1. Toda empresa necessita de um planejamento do seu negócio para poder gerenciá-lo e apresentar sua ideia a investidores, bancos, clientes etc.

2. Toda entidade provedora de financiamento, fundos e outros recursos financeiros necessita de um plano de negócio da empresa requisitante para poder avaliar os riscos inerentes ao próprio negócio.

3. Poucos empresários sabem como escrever adequadamente um bom plano de negócio. A maioria deles não conhece ou não entende os conceitos básicos de planejamento, vendas, marketing, fluxo de caixa, ponto de equilíbrio, projeções, faturamento etc. Quando entendem o conceito, geralmente não conseguem colocá-lo em prática por meio de um plano de negócio.

Um plano de negócio voltado para produtos e serviços deve ser elaborado de acordo com o seu respectivo foco e o tamanho da empresa. O empreendedor que tem a intenção de fabricar uma impressora portátil para supermercados, por exemplo, precisará de um plano de negócio mais encorpado e abrangente, devido à natureza do público-alvo e do próprio produto.

Por outro lado, o empreendedor que deseja abrir uma loja de brinquedos ou uma pizzaria não necessita de um plano de negócio tão amplo e detalhado, geralmente exigido pelos patrocinadores ou fabricantes de equipamentos. As diferenças de escopo (roteiro) dependem basicamente do enquadramento do novo negócio: fabricação, comércio (loja física ou loja online) ou serviço.

Antes de comprometer tempo e energia na elaboração do plano de negócio, o empreendedor deve mergulhar no conceito do negócio para identificar os possíveis obstáculos ao seu sucesso. Se o conceito não estiver claro, o empreendedor terá dificuldades de colocá-lo em prática. Para solidificar o conceito, é necessário definir com clareza as metas e os objetivos do negócio: o que deve ser feito, como deve ser feito e por quem será feito.

A vida do empreendedor é cheia de incertezas. Os especialistas em geral chamam isso de risco. Um plano de negócio bem elaborado tende a minimizar os riscos pelo fato de informar detalhadamente a maneira como o empreendedor pode equilibrar as receitas, controlar os custos e coordenar as etapas do plano, além de apresentar os dados mais relevantes, que permitirão o gerenciamento das próprias expectativas.

A lição mais importante sobre plano de negócio é que se trata de um documento vivo, que não pode ser tratado de maneira leviana e desinteressada. Para despertar interesse e demonstrar consistência, o plano deve refletir objetivos e metas razoáveis, além de considerar todos os riscos.

A elaboração do plano pode levar um tempo considerável, dependendo da experiência e do conhecimento do empreendedor, bem como do propósito para o qual o plano se destina. Como a sua abrangência deve ser ampla, para atender aos interesses e às exigências de bancos e investidores em potencial, é necessária a compreensão absoluta do conceito do negócio.

Para que serve um plano de negócio?[12]

* Entender e estabelecer as diretrizes para o seu negócio.

* Gerenciar de forma eficaz a empresa e tomar decisões mais acertadas.

* Monitorar o dia a dia da empresa e realizar ajustes quando necessário.

* Obter financiamentos e recursos junto a bancos, governo, investidores, capitalistas de riscos etc.

* Identificar oportunidades e transformá-las em vantagem competitiva para a empresa.

* Estabelecer uma comunicação interna eficaz na empresa.

* Informar o público externo sobre as reais possibilidades do negócio: clientes, bancos, fornecedores, parceiros, investidores, associações etc.

Entre a pesquisa e a elaboração, o tempo pode variar entre dois e seis meses. Por experiência, posso afirmar que, depois de iniciado o processo, o empreendedor não se contenta enquanto não vê o objetivo inicial realizado. Para que isso ocorra da melhor forma possível, é necessário categorizar as etapas para sua elaboração e execução.

A etapa de desenvolvimento do plano pressupõe também planejamento. Um esboço inicial é aconselhável aos empreendedores inexperientes. Nesse sentido, existe uma vasta literatura disponível sobre o assunto, inclusive neste livro, mais adiante.

Informações precisas e organizadas formam a base da habilidade dos empreendedores para vencer essa etapa do processo. As técnicas de planejamento auxiliam na organização das informações para que os empreendedores possam tomar decisões próximas da realidade do negócio proposto.

Assim como o planejamento estratégico, o plano de negócio é um processo que não termina nunca. Como as mudanças econômicas são permanentes, por conta de fatores internos e externos ao ambiente do próprio negócio, a direção do plano pode mudar. E como a possibilidade de as mudanças afetarem o plano sempre existe, o empreendedor deve estar atento e promover as revisões sempre que for necessário.

Planos de negócios mal elaborados decorrem de ações que são responsabilidade direta do próprio empreendedor, a qual não pode ser transferida. A seguir estão relacionados alguns dos principais problemas antes de partir para a terceira fase do processo:[13]

Por que alguns planos de negócios fracassam?

* As metas estabelecidas pelo empreendedor não são razoáveis.

* As metas não são mensuráveis.

* O empreendedor não se comprometeu totalmente com o negócio ou com a família.

* O empreendedor não tem experiência no negócio planejado.

* O empreendedor não tem ideia das possíveis ameaças ou dos pontos fracos do negócio.

* Nenhuma necessidade do cliente foi identificada para o produto ou serviço em questão.

* O plano de negócio foi concebido em uma base otimista demais.

* A essência da visão e da missão não foi amplamente disseminada para os colaboradores.

A revisão e a atualização constantes do plano proporcionam maior senso de direção e oportunidade, e não deixam que o empreendedor perca o foco do negócio nem fique alheio às mudanças ocorridas no segmento, principalmente com relação à movimentação dos seus competidores. Mudanças não consideradas podem afetar os resultados de forma imperceptível em um primeiro momento, porém irreversível com o passar do tempo.

Terceira fase — Determinando os recursos necessários

Dinheiro é essencial para o início de qualquer negócio. Uma ótima ideia é apenas uma ótima ideia se não dispuser dos recursos necessários para ser levada adiante. A falta de dinheiro é o principal motivo de queixa dos empreendedores que não conseguem tirar ideias do papel. Por isso, o primeiro passo é fazer um planejamento básico, para saber o que o negócio demandará.

Quase a totalidade dos empreendedores — de micro, pequeno e médio porte — passa por dificuldades financeiras, e apenas uma pequena parte deles consegue superar essa barreira. Nos Estados Unidos, segundo a SBA (Small Business Administration), uma espécie de Sebrae norte-americano, menos de 3% dos empreendedores — startups — conseguem capital para iniciar o próprio negócio.

No Brasil infelizmente não existe essa estatística, entretanto, creio que não deve ser superior ao índice dos norte-americanos e, de alguma maneira, a maioria consegue evoluir mesmo sem dinheiro. Os que conseguem avançar utilizam recursos próprios, poupança pessoal, empréstimos de amigos e parentes ou endividamentos bancários, submetendo-se ao risco de comprometer a própria reputação.

Considerando o alto índice de abertura de novas empresas no país, imagino que, se todo empreendedor levasse ao extremo a dificuldade de obter recursos para iniciar o empreendimento, possivelmente 100% dos negócios ficariam restritos ao desenvolvimento do plano. Um pouco de ousadia é necessário para levar o negócio adiante.

Capital próprio ainda é a fonte de recurso mais utilizada, entretanto nem todos os empreendedores dispõem de recursos para levar o negócio adiante. Com capital próprio, o empreendedor evita contrair empréstimos em bancos comerciais e tem mais noção de quanto pode investir. Por vezes, quando há disponibilidade, a venda de algum ativo pode ser a única opção e, nesse sentido, haverá sempre o risco da perda.

APRENDENDO A EMPREENDER

Embora seja a maneira mais indicada para iniciar um negócio por conta própria, o fato é que o empreendedor precisa de muita disciplina para acumular dinheiro antes de se aventurar no mundo dos negócios. Em geral, somente pessoas mais experientes e bem remuneradas quando empregadas possuem reservas financeiras.

Outra opção seria começar dentro de uma **incubadora de negócios**, geralmente voltadas para startups. Ao se desenvolver dentro de uma incubadora — instituições geralmente ligadas a universidades —, o empreendedor se utiliza de uma infraestrutura básica que dá direito a espaço físico, acesso à internet, assessoria jurídica e apoio na estruturação do negócio.

Apesar do apoio inicial proporcionado pela incubadora, o negócio precisa ganhar velocidade e consistência para alçar voos maiores, e isso, mais adiante, demandará capital e aproximação de investidores mais arrojados.

Agências de fomento são outra fonte de recursos, chamados de "não reembolsáveis" ou de "fundo perdido". Nesse tipo de agência, a concorrência é elevada e os valores são limitados, quase sempre aquém da necessidade real do empreendedor. São organizações que oferecem linhas de crédito a juros baixíssimos ou quase nulos, por meio de editais ou chamadas específicas. Exemplo: Finep, CNPq, Senai, FAPESP e outras agências de apoio e amparo à pesquisa.

Empréstimos bancários são mais indicados para quem deseja abrir uma franquia, uma vez que quase todos os bancos dispõem de linhas de crédito específicas para este tipo de negócio. O problema aqui é que as taxas de juros são elevadas e os empréstimos devem ser suportados por garantias reais — bens imóveis, fiadores etc. —, algo praticamente impossível para quem está começando.

Investidores externos também estão disponíveis, principalmente para o mercado de startups, geralmente quando o negócio está mais adiantado e quando o potencial de crescimento é altíssimo. São os denominados *angel investors* (investidores-anjos), pessoas físicas ou jurídicas que apostam em empresas iniciantes com potencial de desenvolvimento; *private equity* (fundos de investimento); e *venture capital,* que preferem investir em negócios

69

maduros por considerá-los com potencial de ganho maior e risco menor para o investimento.

Essas são as quatro principais fontes de recursos utilizadas por potenciais empreendedores em qualquer lugar do mundo, mas existem outras que serão exploradas com mais profundidade no próximo capítulo. Enquanto o dinheiro não aparece, o empreendedor deve procurar entender melhor o mercado a ser explorado e qual o melhor investimento, e tentar moldar o seu negócio de acordo com o capital que estará disponível, pois a definição do ramo da empresa influencia no tamanho do investimento.

A dificuldade maior está em identificar uma oportunidade de negócio com alto potencial de lucro e crescimento. Para iniciar um negócio sem o capital necessário, é preciso desacreditar alguns mitos que costumam bloquear futuros empreendedores na consecução de verbas para iniciar um novo negócio.

Por razões diversas — familiares, culturais, biológicas e experiências pessoais negativas —, muitos empreendedores incorporam esses mitos e acabam abdicando de um sonho que poderia transformar a sua vida. Eles evitam os desafios que enriquecem milhares de pessoas que se arriscam a fazer o que a maioria não tem coragem. Os mitos não passam de modelos mentais, e deixam de ser um dilema a partir do momento em que o empreendedor aprende a lidar com eles.

Mitos que bloqueiam o início de novos negócios

* É preciso ter dinheiro para fazer dinheiro.

* É feio ter dívidas.

* Uma boa capitalização faz um bom negócio.

* Começar sem dinheiro é começar pequeno.

* Meu negócio não pode começar sem dinheiro.

* Somente aventureiros conseguem começar sem dinheiro.

Quando o empreendimento demonstra viabilidade, não há problema em começar sem dinheiro ou assumir dívidas. Ter um plano de negócio viável significa ter um empreendimento rentável, lucrativo e promissor, com margem suficiente para cobrir os custos de operação e as dívidas porventura contraídas para o seu desenvolvimento.

Iniciar um negócio sem recursos financeiros requer o domínio de um conjunto de técnicas por parte do empreendedor e cuidados na elaboração do plano de negócio, principalmente quanto à análise financeira. Por essa razão, a elaboração é imprescindível, e os cuidados na sua execução, mais ainda.

Para atingir a excelência, o empreendedor não deve pensar grande ou pensar pequeno, mas **estabelecer objetivos e metas realistas**. Os extremos devem ser evitados. Pensar grande demais ou pequeno demais tem consequências distintas, motivo pelo qual o crescimento equilibrado, de acordo com o seu fôlego financeiro, ainda é a decisão mais sensata.

Quarta fase — Administrando o empreendimento

Há quem diga que o bom empreendedor não administra e, da mesma forma, aquele que administra tem dificuldades para empreender. De fato, o empreendedor é o visionário, o sonhador, o ser humano com toda a sua energia, o catalisador de mudança que está sempre lidando com o desconhecido, criando e testando novas possibilidades.

O administrador, no entanto, possui personalidade administrativa pragmática, voltada para a coordenação, o planejamento e o controle. Sem ele, a organização sistemática das práticas empreendedoras se tornaria mais difícil e sujeita a riscos.

Segundo Michael Gerber, "se o empreendedor vive no futuro, o administrador vive no passado. Onde o empreendedor almeja controle, o administrador almeja ordem. Onde o empreendedor tem sucesso, o administrador se agarra compulsivamente ao *status quo*. Onde o empreendedor invariavelmente vê uma oportunidade nos acontecimentos, o administrador vê problemas". Porém, "é a tensão entre a visão do empreendedor e o pragmatismo do administrador que cria a síntese da qual todos os trabalhos nascem".[14]

Em qualquer lugar do mundo, é óbvio que os negócios, assim como os seres humanos, devem crescer, e com o crescimento surge também a mudança. Infelizmente, a maioria das empresas contraria esse princípio, e boa parte delas é administrada de acordo com a vontade do dono, não de acordo com o que o negócio precisa.

Empreendimentos em estágio inicial dificilmente dispõem de recursos financeiros para contratar administradores e técnicos com o conhecimento para colocar em prática todas as ferramentas necessárias para a boa gestão do negócio. Dessa forma, o que conta é a administração empreendedora.

A prática do empreendimento[15]

A administração empreendedora exige uma administração diferente daquela que já existe. Mas, como a existente, ela requer administração sistemática, organizada e deliberada. Embora as regras básicas sejam as mesmas para qualquer organização empreendedora, a empresa em atividade, a instituição de serviço público e as novas iniciativas de risco apresentam desafios diferentes, têm problemas diferentes e precisam se resguardar de tendências degenerativas diferentes. E há necessidade também de que todos os empreendedores enfrentem com determinação decisões sobre seus próprios papéis e compromissos.

As três perguntas a seguir foram utilizadas por Thomas Watson antes mesmo de a IBM se tornar uma empresa de sucesso:[16]

* Existe uma visão bem clara de como será a empresa quando ela estiver pronta?

* Como a empresa precisa agir para se tornar uma empresa de sucesso?

APRENDENDO A EMPREENDER

* Se a empresa sabe como agir desde o princípio para alcançar a visão de futuro, então por que não começa imediatamente?

Em síntese, para se tornar uma empresa de sucesso mundial, a IBM teve de agir como tal desde o princípio. Esse modelo vale para qualquer empreendimento em estágio inicial. Embora não disponha de recursos com tanta facilidade, o empreendedor deve seguir um modelo de empresa organizada desde o início do negócio. E para que isso ocorra não é necessário se enterrar em dívidas, montar um escritório suntuoso e recorrer a financiamentos impossíveis de serem absorvidos pelo fluxo de caixa.

O sucesso do empreendimento depende de uma administração empreendedora, e esta, por sua vez, é decorrente de práticas e diretrizes distintas. Quando o espírito empreendedor e a inovação não são estimulados, a falta de foco é iminente.

O fato de um número considerável de empresas alcançar êxito como empreendedoras e inovadoras — em meio a tanta concorrência — indica que a administração empreendedora pode ser alcançada por qualquer empresa.

Quadro 2.8 – A essência da administração empreendedora.[17]

1. A empresa deve ser receptiva à inovação e se predispor a ver a mudança como uma oportunidade, e não como ameaça. Ela deverá ser organizada para fazer o trabalho árduo do empreendedor. Diretrizes e práticas são necessárias para criar o clima empreendedor.

2. A mensuração sistemática (produção e análise dos resultados), ou pelo menos uma apreciação, do desempenho da empresa como empreendedora e inovadora é obrigatória, bem como o aprendizado integrado para melhorar o desempenho.

3. A administração empreendedora requer práticas específicas pertinentes à estrutura organizacional, à provisão de pessoal e gerência e à remuneração, incentivos e recompensas.

4. Existem alguns "nãos", coisas que não devem ser feitas na administração empreendedora. Exemplo: misturar unidades administrativas e empreendedoras, ou seja, não fazer da inovação um objetivo para os encarregados de conduzir, explorar e otimizar o que já existe.

Em qualquer empreendimento, o desempenho depende da qualidade da administração. Isso será medido, principalmente, pelos resultados financeiros. Para obter o melhor desempenho possível, o empreendedor precisa evoluir rapidamente do estágio empreendedor (criação) para o de administrador, o que não é muito simples.

Em um primeiro momento, administrar nada mais é do que um processo de tomar decisões sobre o uso de recursos para permitir a realização dos objetivos que estão fundamentados no plano de negócio. Essa definição, aparentemente simples, pode ser desdobrada em três papéis distintos.[18]

Tomar decisões

É a essência do trabalho de administrar. Diz respeito às escolhas que o administrador deve fazer em todos os momentos em relação aos principais problemas e oportunidades.

Geralmente, as decisões mais importantes, e mais críticas, envolvem a utilização de recursos essenciais: financeiros, máquinas e equipamentos e pessoal.

A produção de resultados pode ser considerada como a somatória das decisões tomadas. Uma empresa não atinge resultados nem resolve problemas se não tiver encontrado a solução ótima, a que mais se aproxima da real possibilidade.

Lidar com pessoas

Nenhuma empresa sobrevive sem pessoas. Elas são o principal ativo das organizações. São as pessoas que executam o planejamento, negociam com clientes e fornecedores e controlam os resultados.

Para extrair o melhor potencial das pessoas, o empreendedor deve utilizar-se de ferramentas comportamentais que fornecem o entendimento das diferenças individuais, como liderança, motivação, negociação e dinâmica de grupos.

Processar informações

Não existe nada mais difícil em gestão de negócios do que trabalhar sem informações ou "no escuro", como se diz no jargão popular.

Processar informações significa interpretar, entender e analisar cada informação disponível, relacionando-a com as decisões a serem tomadas.

Para extrair o melhor proveito da informação e tomar decisões acertadas, o empreendedor deve valer-se de um sistema bem elaborado, buscando o que tem uti-

APRENDENDO A EMPREENDER

lidade dentro da enorme quantidade de informações que são produzidas e oferecidas por ele todos os dias.

Nesse sentido, o serviço do profissional de contabilidade é indispensável. A Demonstração do Resultado do Exercício (DRE) nunca foi tão importante e necessária como nos dias de hoje. Poucas empresas sabem trabalhar com esse relatório.

Toda empresa deve ser organizada, não importa se tem 10 ou 10 mil funcionários. Isso é senso comum. Entretanto, quantas empresas verdadeiramente organizadas existem no mercado? Por que tantas empresas nascem e morrem todos os dias? É possível escrever um tratado sobre isso, mas este não é objeto deste estudo. O mais importante é entender que o planejamento e a organização produzem bons resultados.

A concepção de um negócio e a sua organização deve ser iniciada pelo planejamento estratégico. De nada adianta um plano de negócio abrangente, com visual atrativo, se a estratégia não for convincente. Entender as funções básicas de uma empresa também é fundamental. Elas são as principais tarefas para a realização dos objetivos.

Em geral, as funções são as mesmas para todas as empresas — ou são parecidas. O que muda é a metodologia de trabalho, a nomenclatura de algumas áreas e o modo de administrar, o que comumente entende-se por **cultura organizacional**.

Infelizmente, os pequenos e médios empreendedores não conseguem dispor de recursos para montar uma estrutura organizacional de acordo com as suas reais necessidades. Eles precisam de tempo e preparo antes de conseguir montar uma estrutura capaz de suprir todas as suas deficiências. Na maioria dos casos, eles acabam absorvendo ou dividindo todas essas funções com os sócios e/ou com algum membro da família. Em geral, o empreendedor vai contratando profissionais de acordo com a expansão do negócio, e isso é relativamente saudável, pois significa que ele tem consciência das possibilidades e sabe que uma despesa extra pode arruinar o empreendimento.

Administrar é uma tarefa complexa e, apesar da literatura disponível no mercado, milhares de empresas continuam encerrando as atividades

75

EMPREENDEDORISMO 360°

todos os dias em muitos países do mundo. Contudo, também existem empresas centenárias — ou quadricentenárias, como é o caso da Zildjian, fabricante de instrumentos musicais de origem turca radicada atualmente nos Estados Unidos —, que prosperam por entender e utilizar os conceitos básicos da administração, além de não se descuidarem do foco principal: sua visão e sua missão de negócio.

2.3 Transformando ideias em oportunidades de negócio

O mundo é uma fonte inesgotável de ideias e oportunidades. Quem dispõe de acesso à internet vai deparar-se com chamadas, reportagens e exemplos reais todos os dias em diferentes sites relacionados a negócios. São empreendedores de várias idades, culturas, países, cores e religiões que se destacam por colocar em prática ideias simples que facilitam a vida das pessoas e tornam o mundo melhor para se viver.

Conhece alguma ideia mais simples do que o clipe? Até ser inventado, ninguém precisava dele. Depois de lançado no mercado, ficou difícil viver sem o precioso acessório, seja para unir folhas de papel ou brincar de fazer corrente. Quando há um clipe por perto, provavelmente está na mão de alguém. Hoje existem vários modelos, tamanhos e formatos, mas alguém se dispôs a colocar a cabeça para funcionar e encontrar uma finalidade para o produto antes mesmo de ele ser concebido.

Veja a seguir alguns exemplos de invenções criadas a partir de ideias concebidas por pessoas simples, que enxergaram oportunidades onde a maioria das pessoas só via problemas.

Quadro 2.9 – Exemplos de oportunidades disfarçadas de negócios.[19]

Na década de 1970, a indústria de relógios suíça não conseguia competir com os preços dos produtos asiáticos. Sem alternativas, decidiu fabricar relógios mais baratos: de plástico. Surgia então o Swatch.

APRENDENDO A EMPREENDER

Seus devedores não pagam você alegando falta de dinheiro? Pense em outras formas de receber o débito. Em 1948, um empresário no Brasil aceitou receber como pagamento de uma dívida uma máquina de fazer esponjas de aço. Com ela, fundou a Bombril.

Suas vendas em domicílio não param de cair? Nos anos 1930, um vendedor em domicílio em Nova York viveu um problema parecido. Como não conseguia vender suas enciclopédias, decidiu oferecer um perfume como brinde. O perfume fez tanto sucesso que ele decidiu esquecer os livros e vender somente os perfumes. Foi assim que surgiu a Avon.

No começo da década de 1970, um executivo da Sony imaginou que as pessoas gostariam de ouvir música caminhando. Como o rádio era muito pesado para isso, ele decidiu criar um rádio portátil. O homem era Akio Morita, e sua invenção era o *walkman*.

Um funcionário da Henkel, atento ao problema da empresa, pensava em uma maneira de produzir cola em estado sólido enquanto esperava sua esposa se vestir. Quando a ouviu dizer "só falta passar o batom", ele teve um estalo, e foi correndo contar ao chefe sua ideia de produzir cola em bastão. Estava criada a Cola Pritt.

Uma dona de casa, insatisfeita com o coador de pano, resolveu improvisar um de papel. Foi assim que Dona Mellita criou o coador descartável.

Antes de prosseguir, identificaremos os fatores que caracterizam uma oportunidade. Como saber se uma ideia ou um problema qualquer representam uma oportunidade de negócio? A resposta para essa questão é fundamental para quem deseja empreender.

Problemas são fontes geradoras de oportunidades; afinal, para cada problema existe uma ou mais soluções. Para encontrar a solução ideal, você precisa dedicar-se a pensar nela com frequência. A habilidade de se concentrar na solução em vez de no problema tem valor inestimável tanto na vida pessoal como nos negócios.

As oportunidades surgem de uma nova maneira de resolver um problema ou situação. Elas também podem gerar soluções por meio da criatividade. Ao se concentrar nas soluções e não nos problemas, há muito mais chance de encontrar aquilo que se denomina "nicho", ou seja, um mercado que ainda não foi criado e para o qual ninguém pensou nem está preparado para atender.

Antes de pensar em oportunidades, pense na solução. Com a solução em mente, as oportunidades se abrem. Empresas públicas e privadas, or-

77

ganizações não governamentais, cidades, países inteiros — seja qual for o tamanho do mercado, ele está em busca de ideias para solucionar todos os tipos de problemas.

O Rolls-Royce e sua Memory of Ecstasy

Na década de 1950, o inglês Lord de Montagu, ao receber seu Rolls-Royce feito à mão, notou a falta de uma mascote imponente para o carro mais caro da época. Reclamou para a fábrica, mas não lhe deram ouvidos.

Apaixonado por sua linda secretária, Eleonor Thorton, encomendou ao famoso escultor Charles Sykes uma escultura que representasse sua amada sentindo o vento e a "música" do motor daquele fantástico automóvel. Assim foi concebida a escultura Memory of Ecstasy utilizada até hoje pela fabricante Rolls-Royce para enfeitar seus carros.

Como os problemas são fontes geradoras de oportunidades, as respostas para algumas questões essenciais poderão levá-lo a pensar em algo que ninguém pensou. Que tal praticar o seguinte raciocínio?

* Ao deparar-se com o problema, pense na solução, ainda que ela não dependa exclusivamente de você.

* Ao encontrar a solução, avalie se é possível adotá-la para resolver os problemas de maneira generalizada, ou seja, se beneficia um grande número de pessoas.

* Se a solução resolve o problema de um grande número de pessoas, existe a possibilidade de ganhar dinheiro com ela.

* Se existe a possibilidade de ganhar dinheiro com a solução, por que não transformá-la em um projeto ou plano de negócio?

APRENDENDO A EMPREENDER

* Se for possível transformá-la em projeto ou plano de negócio, torna-se mais fácil apresentá-la a um investidor que possa interessar-se pela sua execução.

* Se um investidor se interessar pelo projeto, o que você tem a perder? Ninguém consegue nada sozinho, e há sempre investidores de olho nas boas ideias.

* Se não há nada a perder, o que você está fazendo que ainda não arranjou um bom amigo ou um futuro sócio para ajudá-lo a colocar tudo isso em prática?

Simples? Nem tanto, porém, quanto mais você pratica, mais soluções cria. Pense na mente criativa do inventor que está sempre procurando algo diferente e inovador para colocar em prática e, de alguma forma, ganhar dinheiro com isso.

Se deseja tornar-se empreendedor, não deixe as ideias morrerem. Cultive-as com o mesmo zelo do jardineiro apaixonado pelo jardim. **São as ideias, transformadas em oportunidades, que movimentam a economia, criam empregos e elevam a prosperidade de um país.**

As oportunidades estão nas tendências de consumo, nas reclamações dos consumidores, nos péssimos atendimentos, nas dificuldades, na melhoria dos processos — nas coisas simples em que ninguém pensou ainda. Quando olhar para uma dificuldade, em vez de perguntar "por quê?", tente perguntar "por que não?". Sua mente conspirará de imediato a seu favor em busca de uma solução.

Para transformar ideias em oportunidades e abrir novas possibilidades, por vezes é necessário ir além dos métodos e soluções comprovados. Antes de tudo, é preciso enxergar benefícios onde os demais enxergam somente prejuízos, caso contrário, o pretenso empreendedor não sairá do lugar.

Para trabalhar melhor as ideias não é necessário reinventar a roda, como se diz na gíria — embora você deva fugir dos padrões e usar a mente criativa para encontrar a melhor forma de colocar ideias em prática. Alguns estudiosos tiveram essa preocupação. Assim, não seja orgulhoso

79

e procure utilizar o conhecimento a seu favor. **Ideias existem para serem aperfeiçoadas.**

Paul G. Stoltz e Erik Weihenmayer, autores de *As vantagens da adversidade*, dividiram o livro em sete capítulos diferentes, aos quais deram o nome de picos. É como se o leitor tivesse que se preparar para escalar sete picos de montanhas diferentes. Cada capítulo do livro, ou cada pico, apresenta um ensinamento de como enfrentar as adversidades na vida; portanto, imagine cada pico como um desafio.

Para enriquecer o assunto, faz-se necessário utilizar parte dos ensinamentos do quarto capítulo, denominado "Possibilidades pioneiras". O que os autores dizem tem tudo a ver com o que você lerá a partir de agora.

> Quantas vezes, no transcurso da sua vida, alguém lhe disse que alguma coisa que você queria fazer era impossível? Já reparou que são geralmente os seus companheiros de trabalho, amigos e entes queridos que tentam "pôr algum juízo na sua cabeça" cada vez que você inventa "um esquema maluco" para experimentar algo novo ou assumir algum risco que eles consideram uma insensatez? Sinta-se agradecido, porque essas pessoas se preocupam com você e por isso tentam dissuadi-lo. Elas pensam que lhe estão fazendo um favor, e talvez até estejam. Mas, e se...?

Como alertam os autores, "e se as pessoas que gostam de você estiverem erradas? E se a coisa que você sempre sonhou fazer for realmente possível? O que você sentiria se fosse o primeiro a realizá-la? E se, ao tornar possível aquilo que todos dizem ser impossível, você abrisse um mundo de oportunidades inteiramente novo, tanto para você quanto para sua empresa e as pessoas à sua volta?".

Não seria ótimo se uma voz interior profunda e confiante lhe dissesse o melhor caminho a ser tomado? Infelizmente, isso acontece raramente, portanto, comece a pensar que, com as condições certas, as pessoas certas, os sistemas certos e as orientações certas, a ideia pode ser realizada.

APRENDENDO A EMPREENDER

Uma das incertezas mais comuns que nos desafia vem quando tentamos algo novo que ainda não foi testado. O medo do desconhecido nos apavora, pois não estamos acostumados a escalar às cegas, mas o desejo de ir além é grande. Foi o que aconteceu com Anita Roddick, Steve Jobs e Ernest Shackleton.

No caso dos empreendedores, dos pesquisadores e dos aventureiros em geral, esse medo existe, mas não é tão grande quanto o medo daqueles que passam a vida sem tentar algo novo. É o medo de descobrir que não é tão bom quanto seus pais dizem que você é, o medo de fazer papel de ridículo perante amigos e vizinhos, o medo de tropeçar, de dar com a cara no chão.

Todos os medos são capazes de conspirar contra o potencial empreendedor, fazendo com que você desista antes mesmo de começar. A partir de agora, lembre-se dos pioneiros. Eles escreveram o nome na história, exatamente pelo fato de serem os primeiros a fazer algo que ninguém havia tentado. Lembre-se de Thomas Edison, inventor da lâmpada, e de Steve Jobs, o "doido" que passou anos tentando convencer investidores a colocar dinheiro em um computador desajeitado.

Como pioneiros, eles avançaram pelo desconhecido, trabalharam horas a fio, desfizeram-se dos seus bens mais preciosos e apostaram todas as fichas em uma possibilidade remota de êxito, apesar de saberem que não havia garantias de sucesso.

> A vida é um contínuo e interminável processo de avançar pelo desconhecido, sem nunca saber o que encontraremos. Estamos sempre tentando alcançar imensas possibilidades. Podem estar invisíveis, porém sentimos sua presença. E é através desse ir além que abrimos novas possibilidades e atingimos a grandeza de todos os dias.
>
> **PAUL STOLTZ**

Toda ideia pode ser colocada em prática. O quarto pico — possibilidades pioneiras — será utilizado na sequência para exemplificar e fundamentar a ideia que você tem em mente. Assim que a ideia surgir, deve-se descrevê-la de acordo com o roteiro sugerido pelos autores, a seguir adaptado para o fim desejado.[20]

Primeira etapa — Escolha um objetivo de valor (uma ideia de valor)

* Motivação: por que você quer fazer isso?
* Forças: que habilidades ou recursos são necessários para colocar sua ideia em prática? E quanta força de vontade?
* Entusiasmo: qual o seu grau de empolgação com isso?

Segunda etapa — Projete sistemas personalizados utilizando os critérios PROPS

* Portátil ou Portável — pode ser levado para qualquer lugar.
* Reaplicável ou Reproduzível — pode ser recriado, reproduzido ou ambos.
* Original — nunca foi feito antes (exatamente desse jeito).
* Pessoal — adequado a você e seu estilo de vida (agradável).
* Simples — não é fácil, tampouco apresenta complexidades desnecessárias.

Terceira etapa — Pratique até alcançar a perfeição

* Quais são os critérios para uma solução eficaz?
* Onde e como você praticará a nova ideia (ou sistema)?
* O que você tentará primeiro?
* Como refinar sua solução?

APRENDENDO A EMPREENDER

* Onde ou como você pode experimentar?

* Quem pode lhe dar feedback útil?

* Quando você poderá começar?

* De quanto tempo ou dinheiro precisa para desenvolver a ideia?

Escreva sua história pioneira

* Que objetivo de valor — desafio máximo — você enfrentará, a despeito das opiniões negativas, até atingir o objetivo?

* Qual será o legado do seu avanço, depois de inaugurar essas possibilidades?

* Quem se beneficiará com sua ideia ou realização?

Uma ideia pode ser boa ou ruim, depende do que vem depois. Será que o esquema funciona? Tente; afinal, o que você tem a perder com isso? Com a prática, é possível se tornar um grande alquimista capaz de converter ideias simples em grandes oportunidades, mas lembre-se: nada vem de graça.

Quando se trata de empreender, somente ideias não bastam. O mundo está cheio de boas ideias que vagam sem destino e são desperdiçadas porque ninguém acredita nelas e os autores desistem ao primeiro não. Mais do que obter uma ideia, é necessário protagonismo, esforço, otimismo e, na maioria dos casos, persistência para conseguir alguém que acredite no que você está dizendo.

Tirar uma ideia do papel e colocá-la em prática é tarefa para pessoas determinadas a vencer na vida, não importa o tamanho do sacrifício. Se o empreendedor estiver pensando em como deixar a sua marca no mundo, deve começar a praticar tudo o que aprendeu até agora. Caso contrário, ficará apenas querendo.

Com base em minha experiência pessoal e profissional, elaborei um roteiro simples — uma espécie de *checklist* — que poderá ser seguido para saber se uma ideia tem chances de progredir, além do roteiro apresentado pelos autores. Trata-se do *checklist* da boa ideia.

EMPREENDEDORISMO 360º

Quadro 2.10 – *Checklist* da boa ideia.

Dicas para ampliar o seu nível de confiança na implementação de ideias empreendedoras

* Antes de apresentar uma ideia, estude-a com profundidade, avalie os prós e os contras e certifique-se de que ela é aplicável aos negócios.

* Aprofunde-se na ideia e demonstre conhecimento sobre o assunto; isso gerará confiança, virtude indispensável para quem se propõe a "dar a cara para bater".

* Não existe ideia perfeita nem ideia completamente descartável, entretanto, seja original, simples e criativo e tome cuidado para não apresentar uma ideia que não é sua.

* Reflita sobre as questões que favorecem a aceitação de novas ideias: reduz custos? É inovadora? Aumenta o faturamento? Traz resultados em curto prazo? Melhora a vida das pessoas?

* Seja aberto a críticas, contribuições e mudanças na ideia original, caso contrário, é provável que ela continue armazenada na sua mente por muito tempo.

Será que funciona? Ninguém saberá se não praticar. Portanto, não desperdice tempo imaginando coisas. Vá além da imaginação; afinal, ideias são para isso. E lembre-se de que a **execução é uma das habilidades mais admiradas e valorizadas** no empreendedorismo.

Quer um conselho? Inspire-se nas histórias de grandes empreendedores, como Bill Joy (Microsun), Jeff Bezos (Amazon), Soichiro Honda, Steve Jobs (Apple) e tantos outros que se mostraram mestres na arte da execução.

Quando Antonio Stradivari fabricava manualmente violinos, violas e violoncelos, não ficava discutindo o tempo todo consigo mesmo: "Será que vai vender? Será que tem mercado? Será que vai dar certo? Será que as pessoas vão gostar?" Ele simplesmente acreditava na sua capacidade de criar instrumentos com exclusividade e perfeição, o que lhe valeu o título de fabricante "do violino mais perfeito e valioso do mundo — o Stradivarius".[21]

Ao todo, Stradivari deixou ao mundo um legado de 540 violinos, 50 violoncelos, 12 violas e um mistério que jamais será solucionado: qual o segredo que faz de um Stradivarius um Stradivarius legítimo, enquanto outros instrumentos são apenas violinos, violoncelos e violas comuns?

Antonio Stradivari faleceu em 1737, mas permanece vivo na memória mundial por seus instrumentos, seu som, seu legado e sua história rica e cheia de mistérios, como um verdadeiro mito da marca Stradivarius. Seu nome é sinal de rendimento superior, insuperável rigor — mais do que uma marca, uma experiência perfeita.

2.4 Competências essenciais para empreender

É fácil definir o perfil de uma pessoa empreendedora quando ela já faz sucesso e é vista por muitos como um exemplo a ser seguido. Você entende rapidamente as habilidades e as razões pelas quais ela chegou aonde chegou. Seu único trabalho é dizer o seguinte: "Tal pessoa tem perfil empreendedor."

Difícil é conseguir avaliar uma pessoa (ou mesmo se autoavaliar) antes de ela saber o que quer da vida, com base apenas na intuição ou na experiência, por mais que você saiba das qualidades requeridas para se tornar um empreendedor de sucesso.

Existem muitos métodos de avaliação do perfil empreendedor. Já apliquei alguns em sala de aula e em cursos livres para testar a sinceridade da plateia. Aprende-se muito com isso. As pessoas querem e deixam de querer com a mesma facilidade.

Resultado: mais de 90% dos participantes se dizem prontos para empreender. Sabe qual é o resultado na prática? Mais de 90% afirmam que preferem continuar empregados enquanto não surgir uma oportunidade segura, algo praticamente impossível de se saber antes de arriscar.

Depois de avaliar os resultados, lanço uma questão essencial: considerando que a maioria absoluta tem o perfil desejado, quantos estão dispostos a pedir demissão na próxima semana ou nos próximos meses para iniciar o próprio negócio? Um ou dois se manifestam. Por vezes, ninguém.

EMPREENDEDORISMO 360°

Perguntas do tipo "Você confia em si mesmo?", "Tem disposição para trabalhar de 10 a 14 horas por dia?", "Gosta de desafios e oportunidades?", "Sabe estabelecer as próprias metas?", ou ainda, "Consegue visualizar o resultado antes de colocar a ideia em prática?" não vão ajudá-lo a definir o perfil empreendedor. Centenas de pessoas que respondem "sim" a questões como essas nunca serão capazes de empreender.

De fato, é muito difícil saber antes de tentar. Lembrando Drucker, "empreendedorismo é um comportamento e não um traço de personalidade". E só se pode avaliar um comportamento quando alguém é submetido à pressão imposta pelas escolhas que faz. É assim nos negócios, na liderança e nos relacionamentos.

Com base nas histórias mencionadas durante a minha pesquisa de mestrado e em pesquisas publicadas por estudiosos do assunto, é possível estabelecer pontos comuns e, a partir deles, definir o conjunto das principais características utilizadas pelos empreendedores de sucesso ao longo do tempo. O potencial empreendedor é formado a partir desse conjunto de características e varia de empreendedor para empreendedor.

Empreendedores de sucesso são...

* mestres em iniciativa, criatividade, autonomia, autoconfiança e otimismo;

* responsáveis e aceitam assumir os riscos e as possibilidades de fracassar;

* comprometidos e acreditam no que fazem;

* visionários; conseguem visualizar o futuro em sua mente;

* especialistas em tomar decisões;

* orientados para resultados, para o futuro e para o longo prazo;

* dotados de uma forte intuição;

APRENDENDO A EMPREENDER

* indivíduos que fazem a diferença;
* farejadores exploradores de oportunidades;
* determinados e dinâmicos;
* dedicados, organizados e atualizados sobre o negócio em que atuam;
* otimistas e apaixonados pelo que fazem;
* líderes, formadores de equipes e formadores de opinião;
* independentes e constroem o próprio destino;
* inovadores; criadores de métodos próprios;
* dotados de um forte sentido de contribuição e de realização;
* resilientes.

Antes de avançarmos nas competências necessárias para quem deseja prosperar no mundo dos negócios, vamos conferir os principais mitos criados e já desmistificados por pesquisadores do assunto. Os mitos bloqueiam a iniciativa das pessoas sem que elas se deem conta, razão pela qual deve-se ignorá-los.

Como diz o próprio nome, mitos são mitos, fruto do imaginário popular, e persistem até o momento em que pessoas ousadas decidem contestá-los e derrubá-los por meio de estudo, inteligência, persistência, resiliência e tantas outras características típicas do comportamento empreendedor.

Quadro 2.11 – Principais mitos do empreendedorismo.

1. **O mito da grande ideia.** Esperar por uma grande ideia pode ser uma péssima ideia. No livro *Feitas para durar*, James Collins e Jerry Porras concluíram que, das cem empresas de sucesso pesquisadas, apenas três começaram com um produto ou serviço específico, inovador e altamente bem-sucedido, ou seja, a "grande ideia": Johnson & Johnson, General Electric e Ford. As demais passaram por inúmeros percalços até conseguirem encontrar a verdadeira vocação.

(continua)

87

(continuação)

Quadro 2.11 – Principais mitos do empreendedorismo.

2.	**O mito da genialidade**. Você pode ser um gênio em física, química ou matemática, mas isso não garante que se tornará um grande empreendedor. Para isso, existem habilidades e competências mais importantes ou imprescindíveis. A capacidade de resiliência e o uso da inteligência alheia podem ser mais efetivos do que o uso da sua própria inteligência.
3.	**O mito da boa sorte**. Não existe sorte. O que existe de fato são oportunidades que aparecem diariamente em nossas vidas para as quais estamos ou não preparados. Quando as oportunidades aparecem, alguns enxergam mais longe e as aproveitam; outros não querem colocar em risco o que conseguiram até o momento.
4.	**O mito do capital inicial.** Sem dinheiro também é possível começar um negócio; o que vale é ter em mente que o seu produto ou serviço pode agregar valor à sociedade. Se assim fosse, a Apple e a Microsoft nunca teriam saído do papel, mas, depois de criadas, alguém olhou para elas com o interesse necessário para investir.
5.	**Todos nascem empreendedores**. É praticamente impossível que isso aconteça. O empreendedorismo depende de inúmeros fatores. Alguns nascem com características e habilidades que, bem trabalhadas, são favoráveis à criação de novos negócios.
6.	**O mito dos apostadores**. Não é bem assim. Nem todos os empreendedores correm riscos altíssimos. Na realidade, a maioria evita riscos desnecessários, divide o risco em riscos menores e corre riscos calculados. O empreendedor consciente aceita o risco e aposta nisso, cercando-se de fatos e dados consistentes que possam reduzir o risco assumido.
7.	**O mito da independência**. Isso pode ser verdade em um primeiro momento e durar por um tempo, mas, à medida que o negócio decola, nenhum empreendedor consegue sobreviver se não estiver cercado de pessoas competentes para ajudá-lo a dividir as tarefas de acordo com as habilidades específicas de cada área. Empreendedores precisam prestar contas para muitas pessoas: empregados, sócios, familiares, fornecedores e a sociedade.
8.	**O mito do grande líder**. Da mesma forma que o mencionado no item 1, Collins e Porras concluíram que nem todos os empreendedores de sucesso são grandes líderes. Soichiro Honda, por exemplo, era péssimo líder, mas sua determinação em criar um negócio de sucesso superou essa deficiência e fez surgir a motocicleta mais famosa do mundo.

Embora seja necessária cautela antes e depois da criação de qualquer empreendimento, algumas ideias nunca sairão do papel se os mitos forem levados a sério. **O segredo do sucesso também está na capacidade de enxergar as oportunidades em vez dos obstáculos.**

Apesar da consciência que se deve ter em relação às dificuldades ou adversidades inerentes aos negócios, todos os mitos já foram quebrados por alguém em determinado lugar do planeta, caso contrário não haveriam coisas maravilhosas à nossa disposição, como aparelhos celulares, redes sociais, Google, LED, Skype, internet, Zoom e tantas outras tecnologias que beneficiam a sociedade moderna em diferentes áreas da vida.

Diferentemente do que aconteceu na minha geração, hoje existe a internet e um amplo conhecimento à disposição. Qualquer pessoa pode pesquisar e recorrer a milhares de sites, livros, indicadores e histórias de sucesso que vão ajudá-la a organizar as ideias e a construir algo próspero e inovador. Bem mais do que uma ideia inovadora, é necessário ter consciência empreendedora. Dinheiro é importante, mas **a consciência empreendedora é o combustível ideal para manter o objetivo e o esforço necessários para o sucesso do empreendimento.**

Depois de 35 anos convivendo com empresas e empreendedores de todos os tipos, fica mais fácil identificar as competências para se conceber um negócio sólido e duradouro. De início, posso dizer que **a paciência e a consistência são virtudes essenciais**; entretanto, a busca pelo conhecimento faz uma diferença enorme, ou seja, evite agir por tentativa e erro.

Identificar não significa absorver nem transferir; entretanto, para alguns, a vontade de progredir é tanta que, mesmo sem qualquer capital, estudo e planejamento, a única saída é a prosperidade, ainda que isso custe alguns anos e muitos fios de cabelo. Apesar de tudo, **nada é mais compensador do que o sabor da vitória sobre uma causa que parecia perdida.**

Para que isso lhe sirva de orientação e inspiração, existem dezenas de características importantes para quem deseja trilhar o caminho dos negócios por conta própria. Diferentemente de competências, tais características estão presentes em maior ou menor proporção em cada indivíduo, dependendo de sua história de vida, cultura, biologia e linguagem.

Competência é uma habilidade. Você demonstra ser bom de fato para enfrentar a concorrência e se destacar. Na prática, é possível adquiri-la ou contratar alguém que a possua e saiba utilizá-la a seu favor. Assim fizeram Henry Ford, fundador da Ford, Alexandre Tadeu Costa, da Cacau Show, Silvio Santos, do SBT, e Bill Gates, da Microsoft. Empresas são criadas por seres humanos, que não são nem um pouco parecidos com polvos, mas precisam contratar "tentáculos" no mercado para profissionalizar o negócio, crescer e manter o controle da situação.

Talvez o candidato a empreendedor imagine que somente um gênio é capaz de adquirir todas as habilidades ou competências necessárias para empreender, mas não é bem assim. Algumas habilidades são inerentes aos empreendedores, outras são adquiridas durante o desenvolvimento do próprio negócio. Algumas surgem naturalmente; outras, por meio de esforço, dedicação, treinamento e muita persistência.

Estudos publicados no periódico *American Journal of Small Business*[22] identificaram três fatores importantes para o sucesso das empresas, segundo a visão de donos de negócios, algo parecido com o que foi feito por Collins e Porras em *Feitas para durar*, a saber:

1. Em primeiro lugar estão os valores associados à pessoa do empreendedor, ou seja, as **virtudes** que são características fundamentais de quem deseja iniciar seu próprio negócio.

2. Em segundo lugar estão as **habilidades gerenciais**, que incluem estratégias de nicho, gerenciamento do fluxo de caixa, um sistema orçamentário simples, mas eficiente, experiência anterior, educação e cultura organizacional simples.

3. Por fim estão as **habilidades pessoais**, que incluem um bom relacionamento com representantes de crédito, clientes e empregados.

De acordo com o relatório *Future of Jobs Survey 2020*, divulgado no Fórum Econômico Mundial 2020, 40% das competências consideradas importantes para um profissional entre 2015 e 2020 terão mudado até

2025. Até lá, com a Quinta Revolução Industrial, os avanços da robótica, da inteligência artificial e aprendizagem de máquina, dos materiais avançados, da biotecnologia e da genômica vão transformar a maneira como as pessoas vivem e a forma como trabalham e desenvolvem negócios.

Em um futuro não muito distante, alguns trabalhos vão desaparecer e outros vão surgir, e a força de trabalho terá de alinhar suas habilidades para manter o ritmo. Conheça as principais habilidades ou competências identificadas pelos participantes do Fórum, comparadas com as habilidades requisitadas em 2015.

Quadro 2.12 – Top 10 habilidades.[23]

2015 a 2020	2025
1. Solução de problemas complexos	**1.** Pensamento analítico e inovação
2. Relacionamento com os outros	**2.** Aprendizagem ativa e estratégias de aprendizado
3. Gestão de pessoas	**3.** Solução de problemas complexos
4. Pensamento crítico	**4.** Análise e pensamento crítico
5. Negociação	**5.** Criatividade, originalidade e iniciativa
6. Controle de qualidade	**6.** Liderança e influência social
7. Orientação para serviços	**7.** Monitoramento, controle e uso da tecnologia
8. Bom senso e tomada de decisão	**8.** Programação e design de tecnologia
9. Escuta ativa	**9.** Resiliência, tolerância ao estresse e flexibilidade
10. Criatividade	**10.** Raciocínio, concepção e solução de problemas
	11. Inteligência emocional
	12. Solução de problemas e experiência do usuário
	13. Orientação para serviços
	14. Análise e avaliação de sistemas
	15. Persuasão e negociação

Em razão das mudanças constantes na forma de trabalho e, consequentemente, na forma de fazer negócios, as habilidades vão se ajustando de acordo com as necessidades do próprio mercado. De minha parte, duas habilidades merecem atenção especial: inteligência emocional e aprendizagem ativa e estratégias de aprendizado, que até então não faziam parte do quadro.

O conceito de **inteligência emocional,** idealizado por Daniel Goleman, PhD, refere-se à maneira como as pessoas administram e utilizam os seus modelos mentais — pressupostos que moldam o comportamento com base em nossa biologia, cultura, linguagem e história pessoal — para se relacionar com as pessoas e alcançar sucesso na vida pessoal e profissional.[24]

Flexibilidade cognitiva é a capacidade de mudar e/ou produzir mudanças; ser capaz de perceber respostas alternativas para uma mesma situação em vez de ficar preso somente ao primeiro pensamento que vier à mente (pensamento automático). Na prática, é conseguir flexibilizar respostas usando memória, percepção e pensamentos de modo a se adaptar a situações diversificadas. Pode ser também a capacidade de buscar interpretações alternativas para uma mesma situação.

Em resumo, quem quiser ter sucesso no mercado de trabalho, como empregado ou mesmo empreendedor, nunca poderá deixar de aprender. E acredite: milhares de empresas desaparecem todos os dias, não apenas em razão das dificuldades impostas pelo mercado em que atuam, mas pela dificuldade de seus donos ou líderes entenderem que o conhecimento muda com a mesma facilidade com que as pessoas mudam de roupa ou de marca, todos os dias. A fidelidade do cliente migra com facilidade para quem se adapta às suas necessidades e, acima de tudo, para quem utiliza a inteligência emocional para se relacionar melhor com eles.

De qualquer forma, determinadas competências são essenciais para quem deseja ter sucesso no mundo dos negócios. Algumas são natas, outras podem ser adquiridas à medida que o empreendimento se desenvolve. O fato é que ninguém possui todas as competências, mas estar consciente da necessidade de desenvolvê-las é um grande passo para o sucesso.

APRENDENDO A EMPREENDER

Quadro 2.13 – Competências essenciais para quem deseja empreender.

* **Autoconfiança**: acreditar em si mesmo e nas possibilidades do negócio é a maior das virtudes. Empreendedores são mais arrojados nesse sentido e procuram se aperfeiçoar. Quanto maior o nível de conhecimento sobre o assunto, maior o nível de autoconfiança.

* **Foco:** empreendedores não titubeiam nem ficam pulando de galho tentando acertar o alvo mais fácil. Eles mantêm o foco nos negócios e concentram toda a sua energia naquilo em que realmente acreditam.

* **Disciplina**: sem disciplina ninguém vai a lugar algum. Os metódicos, os sistemáticos, os disciplinados realizam as coisas de maneira mais consistente e duradoura. Eles são chamados de chatos, loucos e intransigentes, mas o fato é que não se contentam com a mediocridade. A disciplina é a mãe do aperfeiçoamento.

* **Liderança**: estabelecer metas, definir prioridades, determinar e manter padrões são tarefas essenciais do líder; portanto, como líder, você deverá ter a capacidade de influenciar pessoas para trabalharem de maneira entusiástica e inspirar confiança para proporcionar segurança e atingir objetivos.

* **Integridade:** é a correspondência entre os seus valores e a sua conduta. Poucas coisas são mais desanimadoras e inseguras do que dizer uma coisa e fazer outra. Integridade é uma característica fundamental para quem deseja adquirir credibilidade nos negócios.

* **Otimismo:** as bases do otimismo são a convicção e a autoconfiança; entretanto, ser otimista não significa ser irresponsável, mas ser convicto e positivo em relação aos obstáculos e às oportunidades.

* **Paixão pelo que faz:** tem a ver com a sua vocação, o que você gosta de fazer (ainda que você tenha aprendido a gostar, não importa). Quando você gosta do que faz, a sua dedicação é tanta que o sucesso é a única saída.

* **Persistência**: o erro faz parte do aprendizado e, em qualquer negócio, você errará. O sucesso é construído de pequenos erros e acertos todos os dias. Quanto mais cedo você errar, mas fácil corrigir a rota.

* **Responsabilidade**: ser responsável significa saber assumir as consequências dos seus atos. Se o negócio não der certo e você quebrar ou falir, lembre-se de que isso tem um impacto na sociedade, e você será punido. Mas o que vale a partir disso é a certeza de que é possível dar a volta por cima e honrar os seus compromissos perante clientes, fornecedores, empregados e a sociedade.

(continua)

EMPREENDEDORISMO 360°

(continuação)

Quadro 2.13 – Competências essenciais para quem deseja empreender.

* **Visão estratégica**: pés no chão, cabeça nas estrelas. Não se apresse. Tenha fé no futuro, na vida, na família e nos negócios. Tenha fé em você mesmo. A maioria dos empreendedores de sucesso visualizam os negócios para cinco, dez ou vinte anos à frente do seu tempo, e isso faz toda a diferença.

2.5 Modelos mentais dos empreendedores de sucesso

A prática do empreendedorismo requer a construção de modelos mentais positivos, outro grande desafio para a maioria dos empreendedores. Modelos mentais são determinantes na capacidade de ação e reação das pessoas diante das situações mais adversas. Dependendo de como foram construídos ao longo do tempo, eles definem o comportamento do empreendedor.

Antes de prosseguir, é necessário identificar a origem dos modelos mentais e a maneira como se consolidam na sua vida. **Modelos mentais são a maneira pela qual os seres humanos organizam e dão sentido às suas experiências.** O comportamento humano é condicionado por modelos mentais, e estes, por sua vez, são definidos com base em quatro pressupostos, demonstrados no quadro a seguir.

Quadro 2.14 – As fontes dos modelos mentais.[25]

Biologia: rotular a capacidade de realização do ser humano com base nas suas limitações fisiológicas. O fato de alguém ser alto ou baixo, branco ou negro, cabeludo ou calvo, gordo ou magro, bonito ou menos favorecido em termos de beleza deve ser um fator de sucesso ou insucesso no mundo dos negócios? Infelizmente, é assim que muitas pessoas pensam e, por puro preconceito, inúmeros potenciais se dissipam no meio do caminho.

APRENDENDO A EMPREENDER

Quadro 2.14 – As fontes dos modelos mentais.[25]

Linguagem: é o meio no qual se estrutura a consciência do ser humano. Quando você ouve um nordestino, um catarinense, um gaúcho dos pampas, um paulista do interior ou um carioca descolado conversando com aquele sotaque típico da sua região, o que lhe vem à mente? A forma de comunicação pode se constituir em um fator de sucesso ou insucesso no mundo dos negócios?

Cultura: dentro de qualquer grupo (famílias, tribos, indústrias, organizações e nações), os modelos mentais coletivos são desenvolvidos com base em experiências compartilhadas, razão pela qual a cultura pode ser considerada um modelo mental coletivo.

Se você é filho de judeus, italianos, gregos, alemães ou japoneses, não importa, existe um conjunto de valores ou pressupostos típicos de cada cultura. De alguma forma, acredite, isso afeta os relacionamentos pessoais e profissionais. Se você é descendente de árabe, judeu ou italiano, já nasce com o espírito empreendedor mais acentuado.

Experiência pessoal: diz respeito ao sexo, à nacionalidade, à origem étnica, à condição social e econômica, às influências familiares, ao nível de educação e à maneira como as pessoas são tratadas por pais, irmãos, professores e companheiros de infância. A maneira como as pessoas começam a trabalhar e alcançam a autossuficiência também é fruto da experiência pessoal, e isso também influencia o seu sucesso ou insucesso.

Os modelos mentais de uma pessoa, quando mal construídos, são determinantes para o fracasso nos negócios por conta própria. Quando bem construídos, são o combustível necessário para a superação das dificuldades inerentes a qualquer negócio por conta própria. O mundo dos negócios é repleto de pessoas que, em condições semelhantes, tiveram histórias muito diferentes por terem superado a barreira limitadora dos modelos mentais.

Embora seja necessário considerar outros fatores, modelos mentais são determinantes na formação do pensamento empreendedor. Prosperidade, riqueza, felicidade e sucesso nos negócios não acontecem para pessoas com modelos mentais negativos predominantes, que atribuem a culpa do seu insucesso ao governo, à família, ao mercado ou a outros fatores.

Como saber se os seus modelos mentais são favoráveis ao empreendedorismo?

* Em primeiro lugar, avalie o seu discurso. Se você é de origem humilde e natureza católica, como a minha, por exemplo, deve ter ouvido coisas do tipo "o pouco com Deus é muito", "dinheiro não dá em árvores", "é mais fácil um camelo passar pelo fundo de uma agulha do que o rico entrar na porta do céu" e outros parecidos.

* Acredite ou não, essas pequenas frases foram mal utilizadas ao longo de milhares de anos e incorporadas de maneira repetitiva na vida de muitas pessoas. Se você considerar ainda os milhares de "nãos" que recebeu nos anos da infância e da adolescência, é natural que sua mente seja predominantemente negativa. Ao persistir nisso, torna-se mais difícil substituir o conforto do emprego fixo pelo arriscado mundo dos negócios.

* Com base nos modelos mentais negativos, frutos de sua biologia, cultura, linguagem e história pessoal, não existe outra forma de prosperar por conta própria se você não mudar radicalmente a sua forma de pensar.

Conhecer empresários falidos ou ter passado necessidade por conta de um negócio familiar malsucedido não significa que você também está condicionado ao fracasso, a menos que incorpore esses exemplos como seus modelos mentais negativos. É o temor de muitos filhos herdeiros de empresas familiares falidas que conheci durante alguns projetos de consultoria, razão pela qual os modelos mentais positivos são importantes para a manutenção do otimismo em relação ao empreendimento.

Por tudo isso, o empreendedor deve procurar condicionar a mente para se libertar das experiências negativas passadas em relação ao dinheiro e aos negócios, a fim de criar um futuro rico, próspero e diferente daquele impregnado pelos pensamentos negativos.

APRENDENDO A EMPREENDER

Em geral, o sucesso dos negócios também depende de uma boa preparação mental (psicológica) e técnica (gestão), ou, basicamente, saber lidar com negócios e com pessoas.

Por fim, lembro que o modelo mental também é o conjunto de pressupostos, regras de raciocínio, sentidos, inferências etc. que nos leva a fazer determinada interpretação. Eles definem a maneira como as pessoas percebem, sentem, pensam e interagem.

Quadro 2.15 – Modelos mentais favoráveis aos empreendedores.[26]

Empreendedores de sucesso...

* **são movidos por um sonho grandioso e desafiador**: mudar o mundo por meio da tecnologia é bem mais instigante do que produzir celulares e computadores; fazer as pessoas mais felizes é bem mais nobre do que montar um simples parque de diversões.

* **prezam pela excelência pessoal e profissional**: a sede de aprender e produzir bens e serviços com qualidade são a maior vantagem competitiva dos empreendedores de sucesso; trabalhar com pessoas melhores do que eles é fundamental.

* **nunca estão satisfeitos com os resultados**: nenhuma empresa sobrevive à falta de resultados; para se conceder algo é necessário, antes de tudo, conquistar algo. Tudo pode ser melhorado.

* **confiam no bom senso e na simplicidade**: a obstinação de Steve Jobs com as coisas simples conseguiu transformar os produtos da Apple em ícones mundiais de sucesso.

* **concentram tempo e energia naquilo que é essencial**: a gestão do tempo é a única maneira de não perder o foco nos resultados.

* **utilizam recursos e ferramentas adequadas:** feito é melhor que perfeito, como diz o ditado. Entretanto, depois de feito, não tem jeito, você vai querer produzir mais e melhor e, para isso, será necessário investimento pesado em pessoas capazes e máquinas e equipamentos adequados.

* **gerenciam custos rigorosamente**: a disciplina financeira e a aplicação criteriosa dos recursos são a melhor maneira de liberar recursos para outras prioridades.

* **são mestres da perseverança e da paciência**: enquanto o resultado não aparece, trabalhe arduamente. Anita Roddick trabalhou sem descanso durante dez anos para consolidar a The Body Shop no mercado.

(continua)

97

EMPREENDEDORISMO 360°

(continuação)

Quadro 2.15 – Modelos mentais favoráveis aos empreendedores.[26]

Empreendedores de sucesso...

* **assumem a responsabilidade pessoal pelos resultados**: responsabilidade é a única coisa que não pode ser transferida. Os créditos pelo êxito ou pelo fracasso serão atribuídos, única e exclusivamente, a você (principalmente o fracasso).

* **lideram pelo exemplo**: todos os empreendedores mencionados neste livro foram protagonistas das suas próprias histórias; quando Akio Morita leu sobre o transistor nos jornais do Japão, em 1953, ele mesmo tomou um avião e foi direto aos Laboratórios Bell para negociar a licença de uso. Veja essa história no estudo de caso da seção 2.7.

Quebrar os modelos mentais limitadores do seu desenvolvimento pessoal e profissional é desafiador e obrigatório. Quem quer empreender deve mergulhar em diferentes culturas, disciplinas, experiências e linguagens, sem perder suas origens. A aceitação e a convivência com a diversidade são a melhor forma de quebrar essa barreira.

2.6 Modelo de negócio × plano de negócio

O objetivo deste tópico é esclarecer, de uma vez por todas, a diferença entre modelo de negócio e plano de negócio, a fim de ajudar o futuro empreendedor a entender quando e onde cada ferramenta deve ser utilizada.

De antemão, pode-se dizer que as duas são importantes; entretanto, os momentos e as necessidades de aplicação de cada uma são diferentes. Antes de tudo, é necessário entender as bases do posicionamento de um negócio, questão difícil de ser compreendida no início.

Modelo de negócio

A forma de fazer negócios mudou. Em mercados de nicho, cada vez mais segmentados, torna-se mais difícil sustentar um negócio sem uma mensagem clara ao público-alvo. Essa mensagem é o que definirá o seu posicionamento correto no mercado.

Talvez você ainda não saiba como criá-la, mas o público a percebe mais rápido do que se imagina; portanto, recomendo não iniciar um empreendimento sem ter a resposta para quatro questões fundamentais, elaboradas por Peter Drucker e Michael Porter. É o que se denomina de **modelagem básica e posicionamento de negócio.**

Quadro 2.16 – Questões para a modelagem e o posicionamento do negócio.

1. **Em que negócio você está?** Qual é o segmento de negócio, com quem você disputará mercado e quais são as forças competitivas que atuam no seu ambiente de negócio? Moda é um mercado amplo: masculina, feminina, infantil, juvenil, adulta, executiva, melhor idade, aventura, praia, *lingerie, fitness,* moda íntima e assim por diante. Em que negócio você está?

2. **O que você realmente vende?** Uma coisa é vender e organizar cerimônias de casamento; outra coisa é realizar sonhos e superar as expectativas do futuro casal. Uma coisa é fazer a contabilidade da empresa; outra coisa é fechar os resultados com a máxima segurança que o cliente deseja.

3. **Qual é o seu público-alvo?** Vivemos uma era de competição acirrada, na qual as estratégias genéricas de Porter definem a maioria dos modelos de negócio: ou você vende *commodity* e aperta nos custos ou o seu produto é tão interessante e desejado quanto uma Montblanc, uma Harley Davidson ou uma Ferrari, para se diferenciar e se distanciar da concorrência.

4. **Quais são as suas vantagens competitivas ou o seu diferencial competitivo?** Essa questão é mais delicada, a menos que você já tenha estudado minuciosamente as forças e franquezas da concorrência. A questão fundamental é: o que levaria alguém a comprar o seu produto ou serviço se existem milhares de opções no mercado? Preço, prazo, atendimento, desempenho, facilidade de uso, durabilidade?

Ainda que se tenha todas as respostas da melhor maneira possível, isso não garante uma boa modelagem nem o posicionamento ideal, o qual depende, basicamente, da percepção de valor por parte do cliente em relação ao seu produto ou serviço; porém, é um ótimo começo.

Conhecer profundamente o seu propósito é o primeiro passo para a criação de um modelo ideal de negócio, entretanto, não é suficiente para se manter no mercado. Conhecer os desejos do seu público-alvo e estabelecer vantagens competitivas claras e duradouras aumentam essa possibilidade. Antes de prosseguir, é essencial esclarecer as questões básicas que definem um modelo de negócio simplificado.

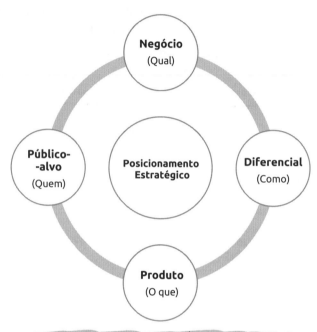

FIGURA 2.2 – MODELO DE NEGÓCIO SIMPLIFICADO

Os **modelos de negócio são simples e fáceis de entender**, enquanto os planos de negócio são usados há décadas para detalhar como uma empresa pretende atingir suas metas e criar valor, e sempre foram usados no processo de obtenção de investimento. Somente no século XX, com o aumento das empresas de capital aberto, passou a ser usada a expressão "modelo de negócio" para explicitar, de maneira simplificada, como a empresa convertia produto em valor, e assim era possível estudar como tornar seu fluxo de capital mais eficiente.

Começar com um modelo de negócio bem construído permite que a empresa estabeleça preços mais competitivos e venda maiores volumes de produtos e serviços, além de poder obter benefícios equivalentes, como, por exemplo, a lealdade dos seus potenciais clientes.

Modelo de negócio não é estratégia. Ele pode conter parte ou todos os elementos-chave da estratégia — visão de futuro, missão, valores, vantagens competitivas, diretrizes ou políticas organizacionais, objetivos estratégicos etc. —, mas não deve ser confundido com a estratégia.

Existem várias concepções distorcidas a respeito da estratégia. Algumas pessoas confundem estratégia com metas e ações e com visão e missão. De acordo com Michael Porter, professor da Harvard Business School, **estratégia é a posição que você alcançará, e o passo é o meio para chegar lá.** Não se deve confundir estratégia com meta, ação ou visão da empresa.[27]

Os dicionários apresentam definições nem sempre esclarecedoras; portanto enfatizo algumas para que você nunca mais alimente qualquer dúvida a respeito. Quando entender o conceito básico, as coisas vão clarear, e será mais fácil praticar a estratégia. A definição mais simples que conheço é a seguinte: **estratégia é um caminho a ser seguido.** Porém, existem outras, como a de Fernando Luzio, especialista no assunto:[28]

> Estratégia é um conjunto de escolhas (e não escolhas) claramente definidas e implementadas que geram singularidade no mercado e estabelecem as principais rupturas que a organização deverá realizar para promover um crescimento sustentável e conquistar sua visão, de forma consistente com a missão e os valores.

Apesar de simples, vale a pena esmiuçar o conceito para facilitar o entendimento e a aplicação prática no empreendimento:

* **Conjunto de escolhas:** vários caminhos ou várias ações em diferentes áreas do negócio. Exemplo: porta a porta ou franquia? Fornecedor exclusivo ou vários fornecedores? Indústria, comércio ou serviços? Público A, B, C, D ou E? Loja física ou e-commerce? Produção própria ou terceirizada? As opções são incontáveis, razão pela qual o modelo de negócio é imprescindível.

EMPREENDEDORISMO 360º

* **Claramente definidas e implementadas:** comunicação clara — para o público interno (colaboradores) e externo (clientes) —, por meio de políticas, códigos de ética e diretrizes que não deixem dúvidas em quem quer trabalhar na sua empresa ou comprar o seu produto ou serviço.

* **Singularidade:** produtos ou serviços únicos, que criam referência no mercado. Exemplos: Alfajores Havanna, Cirque du Soleil, iPhone, Victor Inox, Mini Cooper.

* **Rupturas:** em negócios é chamada também de *trade-off*, ou seja, o que deve ser eliminado para manter o foco e a diferenciação. Sem fazer escolhas, é impossível desenvolver e manter uma vantagem competitiva duradoura.

* **Crescimento sustentável:** crescer aos poucos, de forma sustentável, com dinheiro em caixa, sem comprometer o negócio, de acordo com as suas possibilidades, sem dar o passo maior do que a perna.

* **Consistente:** digno de credibilidade, condizente com sua realidade, atrativo sob o ponto de vista econômico e financeiro, concebido sob planejamento por alguém apaixonado pelo negócio.

A **vantagem competitiva e duradoura** é uma **posição exclusiva e valiosa** conquistada por meio das **escolhas** que alguém realizou para o empreendimento. É a sua **singularidade**, ou seja, as razões que diferenciam o seu negócio dos demais.

Para entender melhor, transporte a ideia para o campo pessoal e responda: qual é a sua maior vantagem competitiva? O que você faz de diferente que os seus amigos e concorrentes não fazem?

Agora você sabe por que alguns negócios não decolam. Os empreendedores iniciantes criam o negócio para sobreviver e não para ganhar dinheiro, ou seja, boa parte deles quer montar alguma coisa enquanto não encontra nada melhor para fazer. O que acontece depois é uma sequência de erros conhecidos pela maioria dos empresários falidos.

APRENDENDO A EMPREENDER

Na prática, se você não concentrar energia suficiente para respirar o seu negócio, há uma chance grande de não dar certo. A luta por uma posição exclusiva e valiosa é que determinará o grau de sucesso desejado.

Modelo de negócio não tem nada a ver com "esmagar a concorrência" ou "conquistar a liderança de mercado". Ele **reúne condições únicas que a empresa deseja conquistar** e demonstrar no mercado em que atua. Envolve singularidade, posicionamento correto, diretrizes estratégicas, políticas claras e valores bem definidos para o cliente.

Como deve ter observado desde o início, a palavra estratégia foi repetida várias vezes. Originalmente, vem de *"strategos"*, que, em grego antigo, significa "general", "senhor das armas", "o maior no comando". Portanto, está relacionada diretamente com ações militares, e passou a ser utilizada com mais ênfase por Sun Tzu, famoso general chinês que viveu no século IV a.C., autor do livro *A arte da guerra*.

Costumo dizer que para tudo na vida é preciso uma estratégia, ainda que se não utilize qualquer metodologia para isso. Conquistar uma namorada, aumentar o valor da mesada, passar no vestibular, juntar recursos para montar um negócio por conta própria — tudo isso requer estratégia. **Em negócios, o que define o sucesso de uma empresa**, entre outras coisas importantes, é a estratégia.

Cirque du Soleil é uma companhia com sede no Québec, reconhecida em todo o mundo pelo entretenimento artístico de alta qualidade. Desde a fundação, em 1984, o Cirque du Soleil procurou sempre invocar a imaginação, estimular os sentidos e despertar emoções em pessoas de todo o mundo, entretanto, para merecer o status de uma das empresas mais admiradas do mundo, ao lado da Apple, do Google, do Facebook e da Microsoft, teve de ajustar o modelo de negócio de acordo com a percepção do mercado para entrar na mente do consumidor.

Toda empresa deve buscar o seu modelo de negócio ideal. Na prática, o modelo é um misto de estratégias, metas, planos de ação e vantagens competitivas bem-definidas que garantem o posicionamento ideal no mercado. Conheça o modelo do Cirque du Soleil.[29]

CIRQUE DU SOLEIL

DEFINIÇÃO DO NEGÓCIO	Experiência que invoca o imaginário, estimula os sentidos e desperta a emoção das pessoas: "Uma experiência que jamais esquecerão."

QUEM?	**O QUÊ?**	**COMO?**
Clientes/mercados	*Escopo e proposição de valor*	*Entregar de maneira eficiente e diferenciada*
* Foco no público adulto	* Espetáculo transcultural (mensagens cross-culturais)	* Mistura de ópera, dança, circo, teatro, música ao vivo, coreografia de classe mundial e estado da arte em pirotecnia
* NÃO é entretenimento familiar	* Estilo sofisticado	* Produções múltiplas (conceito Broadway, que permite estar em diversos países e cidades ao mesmo tempo)
* Alto poder aquisitivo	* Ambiente requintado (começaram rompendo com o paradigma do pó de serragem no piso)	* Shows temáticos
* NÃO é para pessoas sensíveis a preço	* Revolucionário (inovador, quebrando regras e criando desafios constantes)	* Artistas anônimos
* Ao redor do mundo	* NÃO é circo	* NÃO possui artistas de renome
	* NÃO é uma mera coleção de atos	* NÃO usa animais

Atualmente, a empresa tem mais de 5 mil funcionários em todo o mundo, incluindo mais de 1.300 artistas. Somente na sede internacional de Montreal, trabalham cerca de 2 mil funcionários. Existem mais de 100 tipos de cargos na organização, e os artistas da companhia representam cerca de 50 nacionalidades e se comunicam em 25 idiomas diferentes.[30]

Nos últimos 25 anos, mais de 100 milhões de espectadores assistiram aos espetáculos do Cirque du Soleil. Em média, 15 milhões de pessoas devem assistir aos espetáculos todos os anos. A empresa não recebe quaisquer patrocínios do setor público ou privado desde 1992.

Durante o período da pandemia (2019/2020), o Cirque du Soleil passou por um momento delicado e se submeteu a um processo de recuperação judicial por conta dos elevados custos e da falta de público. A partir de 2021, retomou suas atividades em Las Vegas, de forma presencial, com o espetáculo Mystére, cercado de todas as precauções sanitárias, a fim de seguir honrando seus compromissos junto a fornecedores e instituições financeiras.

À primeira vista, o modelo de negócio parece simples, mas é preciso esforço para entender o seu formato. O modelo atende plenamente as questões formuladas por Drucker e Porter para definição correta do público-alvo, do diferencial competitivo e dos produtos oferecidos; porém, é necessário praticar para chegar ao modelo ideal.

O crescimento da segmentação de mercado, com nichos específicos e públicos diferenciados, obriga o empreendedor a pensar mais do que gostaria sobre o negócio — afinal, como diz o ditado, é melhor um pouco de cautela do que muito remorso.

Esse é o grande dilema dos empreendedores. Criar um produto, colocar uma ideia no papel, encontrar um local adequado para começar, contratar pessoas — tudo isso parece fácil até que o negócio começa a funcionar. Entre conceber uma ideia e fazer o negócio decolar há um tempo razoável.

Avalie outro exemplo prático e mais simples do que o modelo anterior. Imagine que o seu desejo é montar um site para vender material esportivo pela internet: acessórios, agasalhos, tênis, roupas esportivas em geral. Se aplicarmos a técnica de modelo de negócio, o resultado é simples.

Modelo de negócio simplificado para comércio eletrônico de materiais esportivos	
Em que negócio você está?	* Comercialização de material esportivo pela internet (e-commerce)
Qual é o seu público-alvo?	* Praticantes de esportes, esportistas em geral
O que você realmente vende?	* Material esportivo personalizado
Qual é o seu diferencial competitivo?	* Entrega em 24 horas para capitais * Produtos personalizados * Produtos de alta qualidade (grandes marcas) * Tamanhos específicos * Modelos exclusivos (não repetidos) * Amplas opções de pagamento: cartão, boleto, transferência bancária etc. * Novos lançamentos todos os dias

Simples? Sim e não! Lembre-se: existe uma variável chamada **concorrência**. Enquanto você está pensando em algo diferente para o seu negócio, o concorrente também está; portanto, você deve se atualizar e inovar o tempo todo para estimular a criatividade. É o que se chama de **percepções recíprocas entre os adversários**; afinal, todo mundo está tentando sobreviver no mercado e, à medida que você se posiciona ou reposiciona, a concorrência reage.

O modelo de negócio mais utilizado hoje é o modelo Canvas, concebido originalmente por Alexander Osterwalder e Yves Pigneur por iniciativa de Tim Clark, com base no estudo que envolveu a participação de 328 profissionais em 43 países e cujo resultado foi publicado no livro *Business Model Generation*.[31]

O **Business Model Canvas**, ou Painel de Modelo de Negócios, é uma ferramenta estratégica que contribui de forma significativa para a construção rápida do visual de novos produtos ou serviços, principalmente quando se trata de startups cujo posicionamento e potencial de negócio precisam ser muito claros para o público.

O modelo Canvas permite desenvolver modelos de negócio novos ou existentes. Em síntese, ele explica como a empresa funciona e cria valor para seus clientes, acionistas, fornecedores, colaboradores e a sociedade em geral.

A ferramenta é dividida em nove blocos ou componentes integrados, que representam os elementos fundamentais (*building blocks*) que compõem um modelo de negócio e facilitam a visualização de respostas objetivas às perguntas de cada bloco.

O objetivo principal no exercício de elaboração do painel é extrair propostas de valor que atendam e potencializem os principais objetivos desejados, antes de o empreendedor partir para a formatação do produto ou serviço. A sua aplicação antecede o plano de negócio.

A maneira sugerida e mais comum para a sua aplicação é a utilização de Post-its, que são literalmente colados em cada bloco com o intuito de simplificar o entendimento do conceito do negócio em um único painel. Note que o painel pode ser subdividido em duas grandes dimensões, sendo a dimensão da direita a dos elementos mais subjetivos e emocionais e a dimensão da esquerda a dos elementos mais estruturais e lógicos.

Quadro 2.17 – Questões fundamentais abordadas no modelo Canvas.

1. **Clientes**: uma organização serve clientes, segmentos, nichos.

2. **Proposta de valor**: resolvendo seus problemas ou satisfazendo suas necessidades.

3. **Canais**: comunicando e fornecendo valores de modos diferentes.

4. **Relacionamento com clientes**: estabelecendo e mantendo diferentes tipos de relacionamentos com cada um.

(continua)

(continuação)

Quadro 2.17 – Questões fundamentais abordadas no modelo Canvas.

5. **Fontes de receita**: dinheiro que entra quando os clientes pagam pela proposta de valor.

6. **Recursos principais**: bens necessários para criar e/ou fornecer os elementos previamente descritos.

7. **Atividades-chave**: tarefas e ações reais necessárias para criar e fornecer os elementos previamente descritos.

8. **Parcerias principais**: algumas atividades são terceirizadas, e alguns recursos são adquiridos fora da organização.

9. **Estrutura de custos**: despesas decorrentes da obtenção de recursos principais, realização de atividades-chave e do trabalho com parcerias principais.

O principal objetivo do modelo Canvas é validar ou não as hipóteses relativas ao público-alvo, ao produto e às principais vantagens competitivas necessárias para tornar o negócio viável; portanto, ele não é um plano de negócio. Este exige, a partir da modelagem, um maior aprofundamento e detalhamento da operação por meio das questões fundamentais.

De maneira geral, o modelo de negócio, simplificado ou mais elaborado, confere ao empreendedor uma vantagem competitiva sustentável, uma vez que a grande maioria ainda se arrisca nos negócios por impulso ou mesmo por necessidade. Ser capaz de compreender e descrever o próprio modelo de negócio é o primeiro passo para tornar o seu empreendimento bem-sucedido.

Antes de partir para o plano de negócio, é necessário validar o modelo, porque nenhuma startup conhece com precisão o problema e a solução a serem tratados, e precisa trilhar um caminho de extrema incerteza.

APRENDENDO A EMPREENDER

Quadro 2.18 – Business Model Canvas / Painel de Modelo de Negócio.

Modelo de negócio Canvas

Parceiros-chave	Atividades-chave	Proposta de valor	Relacionamentos com os clientes	Segmentos de clientes
Quem são seus parceiros-chave?	Quais atividades nossa proposta de valor requer?	Que valores entregamos aos nossos clientes?	Como nós conquistamos, mantemos e aumentamos nossos clientes?	Para quem nós criamos valor?
Quem são seus fornecedores-chave?	Quais são nossos canais de distribuição?	Quais problemas dos nossos clientes ajudamos a resolver?	Quais relacionamentos com o cliente nós definimos/temos?	Quem são nossos clientes mais importantes?
Quais recursos-chave adquirimos de nossos parceiros?	Como é o relacionamento com o cliente? Quais são as fontes de receita?	Que categorias de produtos e serviços oferecemos a cada segmento de clientes?	Como esses relacionamentos estão integrados no nosso modelo de negócio?	Quais são nossos clientes típicos/padrão?
Quais atividades nossos parceiros realizam?	**Recursos-chave**	Quais necessidades dos clientes nós satisfazemos?	Qual é o custo envolvido?	
	Quais recursos-chave nossa proposta de valor requer? Canais, relacionamentos, modelo de receita?	O que/qual é o nosso mínimo produto viável?	**Canais**	
			Através de quais canais nossos segmentos de clientes querem ser alcançados?	
			Como outras empresas chegam até eles hoje?	
			Quais canais funcionam melhor?	
			Quais canais são mais eficientes em custo?	
			Como promover a integração dos canais com a rotina dos clientes?	

Estrutura de custos	**Fontes de receita**
Quais são os custos mais importantes de nosso modelo de negócio?	Por qual proposta de valor nossos clientes estão dispostos a pagar?
Quais recursos-chave são os mais caros?	O que eles estão comprando/pagando hoje?
Quais atividades-chave são as mais caras?	Qual é o nosso modelo de receita?
	Quais são as nossas políticas de preço?

EMPREENDEDORISMO 360°

Uma organização diferencia-se da concorrência quando consegue criar e produzir algo de valor para os clientes; entretanto, ser diferente no ambiente competitivo em que se transformou o mundo globalizado é um desafio.

Nesse sentido, a busca pelo modelo de negócio ideal é o primeiro passo importante a ser transformado em vantagem competitiva duradoura. Considerando que **a competição é uma luta pela singularidade**, o maior propósito da organização deve ser a criação de uma singularidade difícil de ser imitada pela concorrência.

Embora nem todos os negócios comecem com uma grande ideia — um produto ou serviço valioso —, à medida que evoluem, o empreendedor deve tentar se posicionar da melhor forma possível, a fim de conquistar a grande batalha pela mente do cliente. Essa conquista passa, necessariamente, pelo posicionamento e a definição correta do modelo de negócio.

Em síntese, **modelo de negócio** é a forma pela qual uma organização agrega valor aos seus produtos e serviços e transfere valor para todos os seus principais públicos de interesse. **Posicionamento** é a guerra diária pela mente do consumidor e, como dizem os autores do livro, não dá para ocupar a mente do consumidor de duas formas diferentes e esperar ser reconhecido pelas duas.

Nos Estados Unidos, os telespectadores são bombardeados todos os dias por mais de 3 mil propagandas. Isso significa que um negócio compete o tempo todo com inúmeros concorrentes. Como você fará para se posicionar na mente do consumidor? A pergunta-chave é: **o que o seu produto ou serviço tem de diferente para conquistar a atenção do consumidor?**

Plano de negócio

Em relação ao plano de negócio, qualquer guru de startups recomenda aos iniciantes a sua elaboração; entretanto, são poucos os que o disponibilizam ou ensinam a fazê-lo de maneira prática e simplificada. O modelo de negócio antecede o plano de negócio e, em geral, estabelece a singularidade que a empresa deseja criar (e manter) no mercado ou em seu segmento de atuação.

O **plano de negócio** foi desenvolvido para auxiliar o futuro empreendedor a **reduzir os riscos com relação ao negócio pretendido.** Contém dados, cálculos e estratégias relevantes para fazer o negócio decolar. Trata-se de um conjunto de planos funcionais reunidos — marketing, financeiro, operacional, vendas, estratégico etc. —, os quais servirão de base e orientação para o início do empreendimento.

De maneira simples, **trata-se de um roteiro para quem pretende iniciar, reformar ou ampliar um negócio,** proporcionando uma avaliação prévia dos resultados esperados e reduzindo as possibilidades de desperdício de energia, recursos e esforços em um negócio inviável.

No mercado em geral, o plano de negócio pode ser apresentado a diferentes interessados: clientes, colaboradores, investidores, bancos comerciais, agentes de financiamento, fornecedores, conselheiros e consultores, para atender a propósitos específicos.

Apesar de o assunto ter sido explorado no início deste capítulo, por fazer parte do processo empreendedor, aqui vão algumas dicas adicionais, uma vez que a elaboração do plano de negócio exige:

* **Muita disciplina:** para começar, é preciso desenvolver e terminar o plano de negócio. Isso leva mais ou menos seis meses, se você trabalhar em torno de meia hora a uma hora por dia (a menos que disponha de dinheiro suficiente para contratar um bom consultor para ajudá-lo).

* **Um modelo a ser seguido:** existem vários modelos disponíveis na web, mas, como foi dito antes, pegar um plano de negócio pronto não facilitará o seu trabalho; pelo contrário, pode até desanimá-lo. Contudo, vai ajudá-lo a entender a estrutura do documento.

* **Um profissional contador, economista ou de finanças:** a menos que você seja um profissional com o conhecimento necessário, precisará de alguém para ajudá-lo a calcular as projeções financeiras que demonstram a viabilidade do negócio, tais como: *payback* (tempo de retorno do investimento), TIR (taxa interna de retorno) e VPL (valor presente líquido), entre outros.

Muitos ficariam com preguiça só de ler a primeira parte. Talvez seja melhor continuar empregado, dá menos trabalho. Mas garanto que não dá o mesmo prazer de pensar no próprio negócio. É uma questão de escolha.

Para quem deseja seguir em frente, deixe-me simplificar um pouco a sua vida e desmistificar a ideia de que o plano de negócio é difícil. Não é fácil nem difícil, entretanto, é trabalhoso, e pode levar mais tempo do que você está disposto a esperar.

Digo isso por experiência, pois já fiz algumas dezenas de planos de negócios, e cada um é diferente do outro. Todo plano é um desafio à minha própria disciplina, ao meu senso de organização e à minha criatividade.

A seguir temos um processo simplificado, dividido em sete etapas, para o desenvolvimento do plano de negócio. Ele deve ser adaptado à realidade de cada negócio e exige disciplina durante a execução — caso contrário, pode demorar mais tempo do que o investidor está disposto a esperar.

1. **Sumário executivo**: é uma síntese do plano de negócio completo, contendo os principais pontos abordados em cada capítulo para despertar o interesse inicial do potencial investidor ou de quem lê; é o último item a ser elaborado.

2. **Defina as diretrizes estratégicas do negócio**: qual é a sua visão? Qual é a sua missão? Quais são os valores principais para o seu negócio?

3. **Defina o modelo de negócio**: qual é o seu plano? Em que negócio você está? O que você realmente vende? Qual é o seu público-alvo? Quais são as suas vantagens competitivas?

4. **Defina os objetivos estratégicos**: volume de vendas para os próximos três a cinco anos, lucratividade esperada, taxa anual de crescimento, expansão do negócio etc.

5. **Defina os objetivos táticos**: em que atividades você precisa se empenhar para atingir seus objetivos estratégicos? Produtos e serviços, plano de marketing e vendas, fontes de financiamento, equipes de trabalho etc.

6. **Defina as principais políticas:** de produtos, de clientes, de promoção, de distribuição, de preços, de financiamentos, de investimentos, de produção.

7. **Indicadores financeiros:** qualquer agente financeiro, quando se consegue um, quer saber se vale a pena colocar dinheiro no empreendimento. Quanto mais consistentes forem os dados, maior a chance de conseguir uma boa alma disposta a financiar o seu negócio.

O que foi dito até o momento não representa um décimo do esforço necessário para desenvolver o plano de negócio e colocá-lo em prática. Em startups, é fundamental ter em mente o seguinte: ruim com o plano de negócio, pior sem ele. De uma forma ou de outra, somos todos empreendedores, mas são poucos os que acreditam nessa possibilidade. A execução do plano de negócio é um ótimo teste para a competência mais requisitada do empreendedor: a **disciplina.**

O plano de negócio envolve variáveis que vão além do conhecimento tradicional, tais como contabilidade, marketing, plano operacional, finanças, cálculos e mais cálculos. Além do mais, é necessário gostar de escrever, pesquisar e ordenar as ideias, ou seja, é necessário pensar. Por essas e outras razões, a maioria dos empreendedores desiste e parte para o ataque mesmo sem ter desenvolvido um plano de negócio; porém, o resultado é incerto.

Assim como acontece no planejamento estratégico, o **plano de negócio é um processo que não termina nunca.** Como as mudanças econômicas são permanentes, a direção do plano pode mudar, mas isso não importa. O que vale é a sua dedicação ao plano, ainda que isso leve seis meses ou um ano para terminar. Colocar as ideias no papel é o primeiro passo para quem deseja trilhar o caminho da prosperidade. Não estou falando de sucesso. Isso é simples e pode durar apenas quinze minutos. **Prosperidade é para a vida toda.**

Por fim, devo lembrar que o **plano de negócio** é **apenas uma das etapas do processo empreendedor,** motivo pelo qual o empreendedor deve pensar com muito carinho na sua execução. Antes disso, é necessário **identificar e avaliar uma boa oportunidade**, conforme visto no tópico anterior.

2.7 Estudo de caso:
O espírito pioneiro da Sony[32]

De acordo com Daniel Goleman, quando Masaru Ibuka fundou a Sony entre as ruínas de um Japão derrotado e devastado em 1945, ele alugou uma sala de telefonia abandonada no que restou de uma velha loja de departamentos bombardeada e incendiada no centro de Tóquio e, com sete funcionários e apenas US$1.600 de economias pessoais, começou a trabalhar.

Em agosto de 1945, Ibuka não tinha nenhuma ideia específica de produto. Ele e seus sete fiéis funcionários fizeram uma sessão de *brainstorming* para decidir quais seriam os seus possíveis produtos. Na prática, eles não tinham a mínima ideia do que fazer, diferentemente de muitas empresas que nasceram com uma ideia genial e não prosperaram.

Segundo Akio Morita, o executivo que entrou na empresa pouco tempo depois da sua fundação e revolucionou a Tokyo Tsushin Kogyo (TTK), nome original da Sony, o pequeno grupo de funcionários se reuniu durante semanas em conferências para tentar descobrir em que tipo de negócio a nova empresa poderia se aventurar para ganhar dinheiro. Eles consideraram uma séria de possibilidades, desde sopa adocicada de creme de feijão até miniaturas de equipamentos de golfe e réguas de cálculo. A primeira tentativa de produto da Sony, uma simples panela elétrica para fazer arroz, não funcionava direito, e o seu primeiro produto significativo, um toca-fitas, foi um verdadeiro fracasso no mercado.

Quais seriam as prioridades de Ibuka? O que deveria ser feito de imediato no meio daquelas ruínas deprimentes? Montar um orçamento? Administrar o fluxo de caixa? Lançar produtos? Conquistar clientes a qualquer preço? Decidir qual seria a sua atividade principal? Emprestar dinheiro? Pedir ajuda para o governo?

APRENDENDO A EMPREENDER

Em 7 de maio de 1946, menos de um ano depois de se mudar para Tóquio e, obviamente, bem antes de a empresa apresentar um fluxo de caixa positivo, ele redigiu um prospecto que incluía os seguintes itens, entre muitos outros — o original era muito extenso —, denominado "Objetivos da formação da sociedade".

* Criar um local de trabalho em que os engenheiros possam sentir a alegria da inovação tecnológica, estejam conscientes da sua missão perante a sociedade e trabalhem felizes.
* Realizar atividades dinâmicas em tecnologia e produção para reconstruir o Japão e elevar a cultura do país.
* Aplicar tecnologia avançada à vida do público em geral.

Para Ibuka, se fosse possível criar condições em que as pessoas pudessem se unir com um forte espírito de trabalho em equipe e exercer sua capacidade tecnológica do fundo do coração, esta organização poderia proporcionar um prazer incomensurável e trazer benefícios incalculáveis para todos os envolvidos no processo: clientes, funcionários, fornecedores e a sociedade em geral. Além dos objetivos mencionados, Ibuka definiu as principais diretrizes de gerenciamento que deveriam ser disseminadas e aplicadas em todos os níveis da organização:

* Combateremos a busca injusta pelos lucros, enfatizaremos com persistência o trabalho substancial e essencial e buscaremos mais do que o simples crescimento.
* Veremos as dificuldades técnicas como algo benéfico e nos concentraremos em produtos técnicos altamente sofisticados de grande utilidade para a sociedade, independentemente da quantidade necessária.
* Enfatizaremos principalmente a capacidade, o desempenho e o caráter pessoal para que cada indivíduo possa dar o melhor de si no que se refere à capacidade e à habilidade.

115

A partir da elaboração do "prospecto", os ideais incorporados pelos fundadores e colaboradores se transformaram na força motriz que orientou a empresa durante trinta anos, com pequenas mudanças à medida que os negócios cresciam rapidamente.

Em 1947, os Laboratórios Bell anunciaram ao mundo a invenção do transistor, um componente que viria a substituir a válvula de vácuo, especialmente na linha eletrônica de consumo, como o rádio e a televisão. De acordo com Peter Drucker, todos os fabricantes americanos sabiam disso, mas não deram importância, pois imaginavam que a utilização do transistor seria consolidada somente por volta da década de 1970.

Em 1953, Morita leu sobre o transistor nos jornais e, por conta disso, viajou aos Estados Unidos a fim de adquirir uma licença de uso dos Laboratórios Bell, fixada em US$25 mil, quantia irrisória considerando o resultado proporcionado mais tarde. Essa foi a primeira grande visão de Akio Morita, porém a Sony era desconhecida fora do Japão.

Dois anos depois, a Sony lançou o primeiro rádio transistorizado, o modelo TR-55, em quantidade limitada e com produção restrita ao Japão. O rádio pesava menos de um quinto dos rádios com válvulas comparáveis existentes no mercado e custava menos de um terço do que os concorrentes.

Em menos de três anos, a Sony já dominava o mercado de rádios de baixo custo nos Estados Unidos e, cinco anos mais tarde, os japoneses dominavam o mercado mundial de rádios transistorizados, enquanto os norte-americanos, boquiabertos, nem sabiam que se tratava de produtos japoneses. Para Goleman, a maior inovação de Morita foi o rádio transistorizado, apesar de o transistor ter sido inventado pelos americanos.

O primeiro modelo da TTK foi o TR-55, e o primeiro rádio da TTK para exportação foi o modelo TR-63, produzido em 1957. O TR-63 tinha um design genuinamente inovador e era comercializado em embalagens de presente, dentro de um estojo de couro macio, com flanela antiestática e acompanhado de um moderníssimo fone de ouvido. Era tudo o que o consumidor estrangeiro poderia desejar em uma época em que mais por menos fazia muita diferença.

Em 1958, já consolidado no mercado norte-americano, Akio Morita fez com que o nome da empresa fosse mudado. Como defensor entusiasmado da globalização, Morita percebeu que o nome Tokyo Tsushin Kogyo seria um grande obstáculo para a conquista de novos mercados, portanto, precisava de algo que fosse reconhecido em qualquer lugar do mundo, de fácil pronúncia em qualquer língua. A mudança do nome da empresa foi a segunda grande visão de Morita.

O nome Sony era uma perfeita combinação da palavra *"sonus"*, que em latim significa som, e do termo coloquial *"sonny"*, atribuído ao jovem americano da época. Tempos depois, durante uma pesquisa, quando perguntaram aos comerciantes norte-americanos se eles já haviam comercializado rádios japoneses, a resposta foi um sonoro "não"; entretanto, quando perguntados se já haviam comercializado rádios Sony, a resposta foi um inequívoco "sim". A estratégia de Morita havia funcionado, razão pela qual costumo afirmar: não existe estratégia certa ou errada, existe a estratégia que deu certo e a estratégia que deu errado.

Ao longo do tempo, a Sony produziu um fluxo constante de produtos eletrônicos inovadores: na década de 1950, criou o rádio de bolso e o gravador, seu primeiro produto mais importante fabricado no Japão, e na década de 1960 produziu a primeira televisão totalmente transistorizada do mundo e a primeira vídeo-câmera.

Na década de 1980, ao tomar conhecimento de que as vendas do primeiro toca-fitas portátil haviam fracassado, Morita utilizou o fato como desculpa e mudou o nome do produto para Walkman no mundo inteiro. A partir de uma nova visão de negócio, a palavra "Walkman" tornou-se sinônimo de qualidade e de praticidade.

Ao lado de Ibuka, Morita construiu uma das maiores empresas do mundo, famosa por seus produtos sofisticados em miniatura. Apesar de não ter inventado o transistor, os japoneses fizeram dele o impulso para projetar o país no mundo da eletrônica. O restante é história.

Quarenta anos depois de Ibuka ter redigido o prospecto, Morita, então diretor-executivo da Sony, reformulou a ideologia da empresa por meio de uma declaração simples e elegante, que ele batizou de "O espírito pioneiro da Sony":

> A Sony é uma pioneira e nunca teve a intenção de seguir os outros. Através do progresso, a Sony quer atender ao mundo inteiro. Ela sempre estará em busca do desconhecido. Um dos princípios da Sony é respeitar e encorajar as capacidades das pessoas... E ela sempre tenta tirar o melhor de todos. Esta é a força vital da Sony.

A maior contribuição de Akio Morita foi demonstrar aos empreendedores que **uma visão de negócio é uma virtude extremamente importante para o sucesso de qualquer empreendimento.** Quando o modelo de negócio estiver claro na mente, o sucesso será apenas uma questão de tempo.

Quantas empresas existem com sentimentos tão idealistas incluídos em seus documentos de fundação? De quantos empreendedores você ouviu falar que tivessem princípios, valores e objetivos tão claros e nobres quando ainda estavam lutando para ganhar dinheiro para sobreviver? Quantas empresas você conhece com ideologias tão claras nos seus primórdios, sem mesmo saber ao certo que tipo de produtos iriam fabricar?

A lucratividade é uma condição necessária para a existência das empresas e um meio de se atingir objetivos mais importantes, porém não é o objetivo em si para muitos empreendedores visionários. Lucro é importante, mas **o que projeta uma empresa para frente,** muito mais do que o lucro, **são os princípios.**

Ao estudar a história de grandes empreendedores — Anita Roddick, Bill Gates, Henry Ford, Masaru Ibuka, Sam Walton, Thomas Watson Sr. e Walt Disney, entre outros —, nota-se que o impulso para ganhar dinheiro foi menor do que o desejo de fazer algo maior, de proporcionar valor a fim de melhorar a vida das pessoas. Steve Jobs foi um exemplo claro de desprendimento em relação ao dinheiro.

APRENDENDO A EMPREENDER

Ao escolher uma empresa para trabalhar ou definir uma visão de futuro e uma missão de negócio para sua empresa, as perguntas mais importantes a serem feitas são: essa empresa tem princípios e valores bem definidos? Está de acordo com minha ideologia e minhas ambições?

Empresas são concebidas para melhorar a vida das pessoas e tornar o mundo um lugar melhor para se viver. Qualquer coisa diferente disso serve apenas para engrandecer o ego do fundador e provocar disputas futuras entre sócios ou herdeiros que, em geral, fazem pouca ideia dos sacrifícios impostos para se chegar aonde chegou.

Por fim, lembre-se: as empresas são organismos vivos que mudam a vida das pessoas, criam valor para os fundadores e promovem o desenvolvimento das nações. Com base nos princípios definidos desde o início por Akio Morita e Masaru Ibuka, a Sony vem cumprindo o seu papel.

REVISÃO DO CAPÍTULO

Resumo e implicação para os empreendedores

Como foi visto no início do capítulo, nem todas as pessoas, seja qual for o esporte ou a atividade escolhida na infância e na adolescência, chegam a atuar em nível profissional no futuro. A maioria desiste pelo caminho, e são poucos os que conseguem fazer isso: os que têm talento ou vocação. Quanto mais a fundo os psicólogos analisam a carreira dos talentosos, menor parece o papel desempenhado pelo talento e maior se mostra a importância da preparação e da oportunidade.

Na prática, não basta ter talento ou vocação. Uma pessoa pode ter ouvido para música, mas é necessário estudar música para desenvolver o talento. Ela pode ter talento e se preparar para a música, mas se não cavar uma oportunidade para mostrar o seu talento, ninguém saberá que ela existe. No mundo dos negócios não é diferente.

O processo de iniciar um novo negócio é inerente ao processo empreendedor e envolve um número razoável de variáveis, que vão além da simples identificação de uma oportunidade e da resolução de um problema de cunho operacional ou administrativo, até chegarem à gestão do negócio propriamente dita.

119

O processo empreendedor é dividido em quatro fases: (1) identificação e avaliação da oportunidade; (2) elaboração do plano de negócio; (3) identificação e organização dos recursos; e (4) administração ou gestão do negócio. Dessa forma, o processo deve obedecer a uma lógica para ganhar a consistência e o amadurecimento necessário.

Embora as fases possam ocorrer em uma sequência lógica e progressiva, nenhuma deve ser tratada de maneira isolada, considerando que uma é dependente da outra e a fase seguinte requer, obrigatoriamente, o cumprimento da anterior.

A identificação e a avaliação de uma oportunidade passam por um processo complexo, no qual o empreendedor constata uma boa oportunidade para um novo negócio ou empreendimento. Muitas oportunidades surgem de maneira inesperada, mas o que define o seu aproveitamento é a atenção do empreendedor e a sua perspicácia para entender a oportunidade como uma possibilidade real de negócio. Em geral, a identificação da oportunidade resulta da percepção do empreendedor em relação a determinado produto ou serviço capaz de gerar demanda — consumo, empregos, receitas e lucros.

A segunda fase trata do plano de negócio, desenvolvido por especialistas com o intuito de auxiliar o empreendedor a reduzir os riscos com relação ao negócio pretendido. O documento contém elementos e estratégias internos e externos relevantes para a concepção do empreendimento. Pode ser descrito também como um conjunto de planos funcionais reunidos — marketing, financeiro, operacional, vendas etc. —, os quais servirão de base ou referência para o início do novo negócio.

De maneira simples, trata-se de um roteiro para quem pretende iniciar, reformar ou ampliar um negócio, proporcionando uma avaliação prévia dos resultados esperados com a nova ideia e reduzindo as possibilidades de desperdício de energia, recursos e esforços em algo inviável.

A terceira fase está relacionada com a captação dos recursos necessários para iniciar o empreendimento e, por incrível que pareça, capital próprio ainda é a fonte de recurso mais utilizada. Com capital próprio, o empreendedor evita contrair empréstimos em bancos comerciais e tem mais noção de quanto pode investir. Por vezes, quando há disponibilidade, a venda de algum ativo pode ser a única opção e, nesse sentido, sempre haverá o risco da perda. Embora seja a maneira mais indicada para iniciar um negócio por conta própria, o fato é que o empreendedor precisa de muita disciplina para acumular dinheiro antes de se aventurar no mundo dos negócios. Em geral, somente pessoas experientes e bem remuneradas quando empregadas possuem reservas financeiras.

APRENDENDO A EMPREENDER

Por fim, a quarta e última fase do processo diz respeito à gestão do negócio. Em qualquer empreendimento, o desempenho depende da qualidade da administração. Isso será medido, principalmente, pelos resultados financeiros.

Para obter o melhor desempenho possível, o empreendedor precisa evoluir rapidamente do estágio de empreendedor (criação) para o de administrador, o que não é muito simples — ou seja, ele precisará de preparação e bons profissionais.

Os problemas são fontes geradoras de oportunidades; afinal, para cada problema existe uma ou mais soluções. Para encontrar a solução ideal, é necessário dedicar-se a pensar nela com frequência. A habilidade de se concentrar na solução em vez de no problema tem valor inestimável na vida pessoal e nos negócios.

As oportunidades surgem de uma nova maneira de resolver determinado problema ou situação. As necessidades também podem gerar soluções por meio da criatividade. Ao se concentrar nas soluções e não nos problemas, você tem mais chance de encontrar aquilo que se denomina "nicho", ou seja, um mercado que ainda não foi criado e para o qual ninguém pensou, nem está preparado para atender.

Com relação ao perfil empreendedor, é mais fácil defini-lo quando a pessoa já faz sucesso e é vista por todos como um exemplo a ser seguido. Você entende rapidamente as habilidades e as razões pelas quais ela chegou aonde chegou, e seu único trabalho é identificar algumas possíveis razões que a levaram ao sucesso. Difícil é conseguir avaliar uma pessoa, ou mesmo se autoavaliar, antes de ela saber o que quer da vida, com base apenas na intuição ou na experiência, por mais que você saiba as qualidades requeridas para se tornar um empreendedor de sucesso.

O perfil empreendedor e a prática do empreendedorismo requerem a construção de modelos mentais positivos — outro grande desafio para a maioria dos empreendedores —, os quais são determinantes na capacidade de ação e reação das pessoas diante das situações mais adversas. Dependendo de como foram construídos ao longo do tempo, eles definem o grau de comportamento empreendedor de uma pessoa.

Portanto, é necessário identificar a origem dos modelos mentais e a maneira como se consolidam na sua vida. Modelos mentais são a maneira pela qual os seres humanos organizam e dão sentido às suas experiências; nesse sentido, quanto mais positivos forem os modelos adotados por uma pessoa, maior a probabilidade de sucesso nos negócios.

Todo novo negócio requer a discussão e a resposta mais adequada possível para quatro questões básicas de qualquer modelo de negócio simplificado: (1) em que negócio você está?; (2) qual é o seu público-alvo?; (3) o que você realmente vende?; e (4) qual é o seu diferencial competitivo? Nenhum negócio deve iniciar sem

121

que o empreendedor tenha em mente as respostas para cada uma das questões mencionadas.

O modelo de negócio deve ser elaborado antes do plano de negócio. As duas ferramentas são importantes, entretanto, os momentos e as necessidades de aplicação de cada uma são diferentes. Enquanto o modelo de negócio ajuda a entender as quatro questões básicas do negócio, o plano de negócio valida todas as premissas do modelo, principalmente na questão financeira.

Os modelos de negócios são simples e fáceis de entender, enquanto os planos de negócios são usados há séculos para detalhar como uma empresa pretende atingir suas metas e criar valor, e sempre foram usados no processo de obtenção de investimento. Somente no século XX, com o aumento das empresas de capital aberto, passou a ser usada a expressão "modelo de negócio" para explicitar, de maneira simplificada, como a empresa convertia produto em valor, e assim era possível estudar como tornar seu fluxo de capital mais eficiente.

O modelo de negócio mais utilizado no momento é o Canvas, concebido originalmente por Alexander Osterwalder e Yves Pigneur por iniciativa de Tim Clark, e que deu origem ao livro *Business Model Generation*.

Assim como acontece no planejamento estratégico, o plano de negócio é um processo que não termina nunca. Como as mudanças econômicas são permanentes, a direção do plano pode mudar, mas isso não importa. O que vale é a sua dedicação ao plano, ainda que leve seis meses ou um ano para terminar.

Questões para revisão

1. O talento é uma coisa nata? Toda pessoa nasce com um talento natural? Se cada pessoa tem um dom ou talento natural, por que a maioria das pessoas passa a vida sem descobrir a sua verdadeira vocação?

2. Qual é a fase mais difícil do processo empreendedor e o que o empreendedor deve fazer para superá-la?

3. Da mesma maneira, descubra cinco modelos mentais negativos em relação ao dinheiro e aos negócios, e avalie de que forma eles poderiam ser convertidos em modelos mentais positivos a favor do seu futuro negócio.

Questões para reflexão individual

1. Se o sucesso é uma rara combinação de talento, preparação e oportunidade, qual é a parte mais difícil dessa trilogia: descobrir o talento, preparar-se para aperfeiçoá-lo ou conquistar uma oportunidade para colocá-lo em prática?
2. Se você pudesse se dedicar exclusivamente a alguma atividade, independentemente da remuneração, qual seria? Seria possível ganhar dinheiro com ela?
3. Quais são as suas crenças irracionais ou limitadoras em relação ao trabalho por conta própria? Você seria capaz de empreender sem levar em conta uma renda fixa e um emprego estável e aparentemente seguro?

Questões para discussão em grupo

1. Identifique de cinco a dez oportunidades de negócios que chamaram sua atenção nos últimos seis meses. Como uma pessoa pode cultivar mais fontes de oportunidades para empreender?
2. Dê exemplos de novos produtos, serviços ou modelos de negócios que resultaram de diferentes fontes de oportunidades discutidas durante o capítulo.
3. Você acredita em intraempreendedorismo, ou seja, em profissionais que adotam comportamento de dono dentro das empresas? E, se isso for possível, por que as pessoas com comportamento empreendedor nas organizações não se tornam empreendedores independentes?

Questões sobre o estudo de caso "O espírito pioneiro da Sony"

1. Quais os principais fatores que contribuíram para o sucesso de Masaru Ibuka e Akio Morita na criação e no desenvolvimento da Sony, considerando que o negócio foi iniciado praticamente sem dinheiro?

2. Quais os modelos mentais utilizados por Akio Morita quando ele decidiu viajar para os Estados Unidos e conhecer a tecnologia do transistor, alcançando sucesso na sua utilização antes dos norte-americanos?

3. O "Espírito Pioneiro da Sony" poderia ser adotado nas empresas de hoje? De que maneira isso poderia ser feito na empresa em que você trabalha ou na empresa que você pretende criar?

Para saber mais Endereços na internet

* AEVO
  https://aevo.com.br
* Endeavor Brasil
  https://endeavor.org.br/inovacao-aberta
* Modelo Canvas
  http://www.businessmodelgeneration.com

Leitura recomendada

* O QUADRO DE MODELO DE NEGÓCIOS, organizado pelo Sebrae. Cartilha didática elaborada para auxiliar o futuro empreendedor na criação, diferenciação ou inovação do seu modelo de negócio. A ferramenta utilizada é o modelo de negócio Canvas, que permite visualizar as principais funções de um negócio em blocos relacionados, no qual se pode descrever, visualizar e alterar os modelos de negócios. Disponível em: <https://sebraecanvas.com>. Acesso em: 10 jul. 2022.

* BLANCO, Roberto Álvarez Del. *Você: marca pessoal*. São Paulo: Saraiva, 2010.

* GLADWELL, Malcolm. *Fora de série: descubra por que algumas pessoas têm sucesso e outras não.* Rio de Janeiro: Sextante, 2008.

3

PLANEJAMENTO DO NEGÓCIO

Objetivos de aprendizagem

Depois de ler este capítulo, o futuro empreendedor será capaz de:

* Avaliar as condições mínimas necessárias para empreender no mercado cada vez mais competitivo.
* Definir o posicionamento estratégico da sua empresa por meio de um modelo básico de negócio.
* Entender a importância da criação das diretrizes estratégicas para o sucesso do empreendimento.
* Conhecer os pontos essenciais para estruturar o plano operacional do seu negócio.
* Estruturar o plano básico de marketing e vendas para qualquer segmento de negócio.
* Analisar os indicadores financeiros essenciais levados em consideração por investidores e agentes de financiamento.
* Praticar os ensinamentos obtidos no capítulo por meio de um estudo de caso real de empreendedorismo e outras ferramentas de análise.

No final deste capítulo, você encontrará:

* 3 questões para revisão do capítulo
* 3 questões para reflexão individual

EMPREENDEDORISMO 360°

* 3 questões para discussão em grupo
* 3 questões para o estudo de caso apresentado
* 3 sugestões de links disponíveis para consulta na internet
* 3 sugestões de leitura (recomendadas)

E no final do livro:

* 30 palavras-chave para pesquisa e análise sobre este capítulo

3.1 Você está preparado para empreender?

Em 2004, a revista *Pequenas Empresas & Grandes Negócios* publicou uma lista de dicas para candidatos a empreendedores, com o título "Dez pontos a serem respeitados para quem quer vencer como patrão", razão pela qual tomei a liberdade de reproduzi-las aqui, pois ainda as considero um referencial a ser seguido por todos os que desejam empreender e ser donos do seu próprio negócio.[1]

Quase vinte anos depois, pouca coisa mudou, a não ser a forma de fazer negócios. São dicas simples, porém valiosas para quem deseja prosperar como empreendedor, e devem ser adaptadas à realidade atual.

O empreendedor deve ir além do plano de negócios para reduzir as chances de fracassar logo na primeira tentativa, embora os revezes façam parte da vida. Conheça os pontos principais abordados na época e ainda válidos:

* **Muita pesquisa:** antes de mergulhar de cabeça em um empreendimento por conta própria, faça um levantamento minucioso do negócio, do mercado, da concorrência, do quanto você terá de investir e do capital de giro necessário para se sustentar no primeiro ano.

* **Visão global:** uma das principais dificuldades de quem passa de empregado a patrão é conseguir olhar o negócio como um todo, e não apenas dominar a sua área, como nos tempos

PLANEJAMENTO DO NEGÓCIO

em que era empregado. Pensamento sistêmico e pensamento estratégico são fundamentais para quem deseja prosperar no mundo dos negócios.

* **Benefícios:** não tente atrair bons profissionais para a sua equipe oferecendo os mesmos benefícios das grandes empresas. Apresente o básico e capitalize para outras vantagens típicas de pequenos negócios, como acesso livre ao dono, tomadas de decisões mais rápidas e mais chances de crescimento.

* **Bons hábitos:** desenvolva boas práticas de gestão desde o primeiro dia. Trace previamente o perfil do tipo de líder que você deseja ser. Construa boas regras de convivência com a equipe. Seja um mentor e não um intimidador. Separe o que é da empresa e o que é particular, caso contrário, você nunca verá o resultado.

* **Horário de trabalho:** ser o dono não significa trabalhar quanto você quer e no horário que bem entende. Conduzir uma empresa exige disciplina. Por isso, estabeleça horários para entrar e para sair e seja o primeiro a respeitá-los. Invadir fins de semana deve ser visto como exceção e não como regra.

* **Decisões rápidas:** não tenha medo de tomar decisões nem cultive o hábito de deixá-las para depois, com medo do resultado. Ao se tornar empreendedor, você tomou a decisão de dirigir sua própria empresa e de não depender dos outros para dar cada passo. O erro faz parte do processo; porém, quanto mais você pensar a respeito, menores as chances de fracasso.

* **Mão na massa:** se você acredita que trabalhará menos do que nos tempos de empregado, desista. A rotina de patrão nos primeiros anos é dura e repleta de desafios. No início, você acumulará diversos cargos ao mesmo tempo até ganhar fôlego financeiro para contratar bons profissionais do mercado.

* **Formação da equipe:** não contrate uma equipe maior do que o orçamento é capaz de suportar, pensando em dispensá-la caso não possa pagá-la. Os primeiros funcionários serão a base so-

129

bre a qual você construirá o seu negócio. Por muito tempo você terá de trabalhar muito para, no futuro, se tudo der certo, ter direito a alguns dias de férias.

* **Retiradas:** fuja da tentação de dar às suas retiradas o mesmo peso do seu salário como empregado. Até o negócio se consolidar, você, se tiver juízo, viverá como um monge franciscano. Nada de luxo ou ostentação. Tudo o que ganhar deverá ser reinvestido na empresa.

* **Capacitação:** a atualização deve ser diária, principalmente se você investir em um negócio não muito familiar à sua rotina. Promova meios para capacitar a equipe e você mesmo. Saber administrar uma empresa com sucesso é uma arte dominada por poucos. Afinal, um negócio inicial não terá a mesma estrutura da empresa de grande porte onde você estava acostumado a atuar.

Quem quer ser patrão não deve pensar como empregado, afinal, cada lado requer competências diferentes. Ser empreendedor exige uma mudança radical de hábitos que, para a maioria das pessoas, não podem ser modificados em pouco tempo. Por essa e outras razões, há mais pessoas procurando emprego do que pessoas com ideias inovadoras para empreender.

O Brasil é uma terra de oportunidades. Lamento quando as pessoas vêm argumentar comigo que o país não tem jeito e por essa razão estão indo embora para outros países em busca de uma vida melhor. Vivemos em uma sociedade imediatista, embora eu reconheça que as políticas públicas em vigor não ajudam muito a despertar o espírito empreendedor dos brasileiros.

Na prática, falta a muitos pretensos empreendedores a paciência do japonês que sabe a hora de plantar, regar, podar e colher, tudo a seu tempo. Enquanto milhares deixam o Brasil, outros milhares nos procuram pelos mesmos motivos. O que mudam são as atitudes e a percepção em relação ao ambiente.

Empreender é algo que transcende a lógica do mercado. Quem não conhece algum empreendedor que, contrariando todos os prognósticos, se deu bem por ter reunido qualidades não ensinadas nas escolas?

PLANEJAMENTO DO NEGÓCIO

Disciplina, foco, paciência e persistência são características imprescindíveis para quem quer vencer como patrão, algo que somente o tempo é capaz de ensinar. Antes de se arriscar, seja sincero consigo mesmo: você está preparado para empreender?

3.2 Posicionamento estratégico

Sou fã incondicional de Al Ries e Jack Trout, autores de *Marketing de guerra* (1986) e *Posicionamento: a batalha por sua mente* (2002), referências mundiais em posicionamento e reposicionamento de negócios.

De acordo com Ries e Trout, o posicionamento começa com um produto, um serviço, uma empresa, uma instituição ou até mesmo uma pessoa, mas não é o que você faz com um produto. Posicionamento é o que a empresa faz com a mente do potencial cliente, ou seja, quando posiciona o produto na mente do potencial consumidor.[2]

A máxima do posicionamento é conhecida: **quem quer ser tudo para todos acaba não sendo nada para ninguém.** Significa que a empresa que não adota um posicionamento claro para o seu produto ou serviço dificilmente conquista um espaço na mente do cliente.

O posicionamento depende muito do modelo de negócio a ser adotado, e este, por sua vez, deve ser construído com base em quatro questões fundamentais: as três primeiras formuladas por Peter Drucker e a quarta por Michael Porter — já discutidas no capítulo anterior.

Todos os dias, invariavelmente, pessoas e empresas são bombardeadas por centenas de propagandas, promessas e discursos no rádio, na TV aberta e paga, nos outdoors, nas páginas das revistas, nos jornais, na internet, nos livros e até mesmo nas mensagens enviadas por SMS (*short message service)*, WhatsApp e Telegram.

Intuitivamente, para se defender do amplo volume de comunicação à qual é submetida, a mente humana filtra e rejeita a maior parte das informações que recebe e aceita apenas aquilo que coincide com seu conhecimento ou experiência anterior de consumo. O fato de saber que o

131

mercado é competitivo leva as pessoas a conservar na mente apenas o primeiro produto, a primeira marca, a primeira experiência, o primeiro lançamento — ou seja, o primeiro evento.

A história dos negócios mostra que a primeira marca ou o primeiro evento que chega ao cérebro das pessoas obtém, em média, em longo prazo, uma participação de mercado duas vezes maior do que a da marca número dois, e quatro vezes maior do que a da marca número três. E essas relações não mudam com facilidade.

Lembre-se: todo produto, serviço ou ideia lançados no mercado ocupam determinado local no coração e na mente de cada consumidor. Esse local é hierarquizado considerando que as pessoas são, por natureza, seletivas e simplificadoras. O primeiro nome da lista é o produto ou a marca líder. Os demais são produtos, serviços e ideias considerados secundários.

Uma das questões básicas do marketing, segundo Ries e Trout, é criar uma categoria em que se possa ser o primeiro, o que eles chamam de **Lei da Liderança**.[3] É mais fácil penetrar na mente de uma pessoa primeiro do que tentar convencê-la a mudar para um produto melhor do que aquele que penetrou primeiro em sua mente. Relembre alguns exemplos práticos:

* Qual é o nome da primeira pessoa a atravessar o Oceano Atlântico em voo solo? Charles Lindbergh. E a segunda? Poucos lembram. Alguns não lembram nem do primeiro. A segunda pessoa a atravessar o Atlântico em voo solo foi Bert Hinkler, que era melhor piloto do que Charles, voou mais depressa e ainda consumiu menos combustível. Entretanto, quem já ouviu falar em Bert Hinkler?

* Quem foi o primeiro homem a pisar na lua, em 20 de julho de 1969? Neil Armstrong, certo? Quanto ao segundo, a maioria teria dificuldade para lembrar, mas foi Edwin Aldrin Jr. Muitos acreditam que foi Michael Collins, entretanto, ele permaneceu dentro da cápsula e foi o único que não pôs os pés na lua.

* Quem foi a primeira mulher a atravessar o Oceano Atlântico em voo solo? Ora, foi Amelia Earhart. Ela não foi a primeira a

atravessar o oceano, já vimos que foi Charles Lindbergh, porém Amelia foi a primeira mulher a fazê-lo, fato que deu origem à segunda lei do marketing: se não puder ser o primeiro na categoria, *estabeleça uma nova categoria onde possa ser o primeiro.*

Uma breve reflexão sobre coisas que marcam a vida das pessoas, como, por exemplo, o primeiro carro, a primeira casa, o primeiro smartphone, o primeiro beijo, a primeira experiência sexual etc., demonstra inúmeras vantagens do que significa ser o primeiro em alguma coisa. Contudo, a primeira experiência do cliente pode significar também uma grande desvantagem, se o produto ou serviço estiver muito aquém da sua expectativa.

Posicionamento *é o lugar que o produto, a empresa, o serviço ou ainda o próprio nome ocupa na mente das pessoas ou do potencial consumidor.* Qualquer ideia que não corresponda às expectativas do cliente ou do interlocutor é rejeitada em benefício daquele que se posiciona de maneira mais clara, rápida e simples.

Diante de inúmeras alternativas à disposição, pessoas que dependem da comunicação para viver conhecem a necessidade da seletividade e da simplificação. Inúmeros profissionais e políticos ignoram essa premissa, razão pela qual as estratégias caem por terra na primeira tentativa de aproximação com o cliente ou o eleitor. Assim como na propaganda bem elaborada, as pessoas podem aprender muito mais sobre alguém em cinco minutos de conversa do que em cinco anos de convivência.

Nenhuma empresa se torna uma referência nem alcança o primeiro lugar na mente das pessoas sem dominar o processo de fabricação de um produto ou de elaboração de um serviço. **Para ocupar um bom lugar na mente do consumidor, a empresa deve ser única, a primeira, a mais simples, a mais direta.**

É difícil ser lembrado por tudo que a empresa faz. Você sabe quantos produtos a Unilever comercializa? A Procter & Gamble? A Hypermarcas? Todas fabricam centenas de produtos que a grande maioria das pessoas consome sem se dar conta do que pertence a esta ou àquela marca.

Para firmar o conceito, tente associar um produto ou uma empresa aos seguintes atributos: durabilidade, veículos pesados, design, entretenimento familiar, entretenimento e hambúrguer de qualidade. Você pode escolher a primeira empresa ou o primeiro produto que vier à mente. No meu caso, só vejo empresas de ponta.

Nos últimos anos, posicionamento tornou-se a palavra-chave para a publicidade, para as vendas e para profissionais do marketing em todos os segmentos de mercado. Administradores, atores, professores, engenheiros e políticos utilizam essa palavra com frequência maior do que há vinte ou trinta anos.

O posicionamento mudou o jogo da publicidade. Nos intervalos concorridos da propaganda paga, na TV aberta ou na TV a cabo, o posicionamento correto tornou-se essencial para garantir uma posição valiosa na mente do potencial cliente. Sem o devido posicionamento, sua empresa é mais uma na multidão.

Por que as empresas precisam de um posicionamento correto? Porque o mercado de hoje já não reage mais às estratégias que deram certo no passado. Há produtos demais, empresas demais e marketing demais. As razões para isso são, aparentemente, simples:[4]

* **A sociedade tornou-se hipercomunicativa:** vivemos em uma sociedade que se comunica em excesso e, para defender-se do volume de comunicação atual, a mente filtra e rejeita muita informação que lhe é oferecida.

  Em geral, ela aceita apenas aquilo que coincide com um conhecimento ou uma experiência anterior. A televisão não domina mais o ambiente familiar. O consumidor tornou-se onipresente por meio de conexões 24 horas via smartphones, redes sociais e outras milhares de ferramentas e aplicativos disponíveis.

* **A mente humana tornou-se hipersimplificada:** a única defesa que uma pessoa pode ter em nossa sociedade hipercomunicativa é contar com uma mente hipersimplificada.

A campanha publicitária da Apple em 1997, com o mantra *"Think Different"*, mostrou-se muito mais eficaz do que seus dez primeiros anos de publicidade baseada em textos longos e cansativos.

Com a transmissão de TV por satélite é possível ter centenas de canais à disposição, sem falar em milhares de produtos que são lançados todos os dias para conquistar a mente do consumidor. A questão da comunicação atual é simples: o que me interessa realmente?

* **A mensagem tornou-se hipersimplificada**: atualmente, 140 caracteres são suficientes para provocar o marketing viral capaz de promover ou enterrar de vez as chances de sucesso de determinado produto ou serviço.

CD era melhor do que *Compact Disc*. DVD era mais simples do que *Digital Versatile Disc*. Laser *é bem mais simpático do que Light Amplification by Stimulated Emission of Radiation*. BH, Sampa e Rio soam melhor do que pronunciar Belo Horizonte, São Paulo e Rio de Janeiro, além de economizar tempo e energia. LA todos conhecem.

Em tempos de hipercomunicação e de hipersimplificação, menos é mais. A ordem é eliminar o excesso e simplificar a mensagem se quiser causar uma impressão duradoura na mente do consumidor. Lembre-se: a linguagem pode ser simplificada, mas a mensagem deve ser clara.

O posicionamento é o princípio central da empresa e a base de sustentação que determina se você ganhará dinheiro ou não. O verdadeiro teste de posicionamento é o mundo real. Se as pessoas gostarem do que você tem a oferecer, e se puder vender com lucro, você ganhará dinheiro. Se estiverem confusas sobre o que sua empresa oferece ou não gostarem do produto ou serviço, você não ganhará dinheiro. Em outras palavras, se os cães não gostarem da ração, você terá prejuízo.[5]

Apesar do esforço visível das empresas para se posicionar de forma correta no mercado, **posicionamento não é para sempre**. A frequência, a intensidade e a rapidez das mudanças no mundo atual significam que você estará sempre compondo e recompondo a empresa, de modo que ela se adapte às constantes mudanças de cenário e de uma maneira que concretize sua aspiração de ganhar dinheiro.

Compor e se recompor significa reposicionar a empresa quantas vezes for necessário, considerando que a competitividade está cada vez mais acirrada no mercado. Saber posicionar e reposicionar uma empresa está entre as qualificações mais desafiadoras do líder do século XXI.

Posicionamento é uma competência essencial para a sobrevivência das empresas. Na batalha contínua pelo posicionamento no mercado, diferentes empresas participantes de um mesmo segmento reagirão de maneira diferente às mudanças em seu ambiente: algumas ficarão na defensiva, outras partirão para a ofensiva, e outras ainda devem ignorar as evidências de que algo está errado.

Quando a necessidade de posicionamento muda com frequência, o jogo torna-se mais complicado e o risco aumenta. Aconteceu com a Blockbuster, que, por mais de uma década, dominou o mercado de distribuição e de comercialização de fitas de vídeo nos Estados Unidos.[6]

A Blockbuster foi concebida com o simples propósito de comprar fitas de vídeo dos filmes de Hollywood e, posteriormente, ganhar dinheiro com a locação para os consumidores que preferiam assistir a filmes no conforto e na privacidade de seus lares.

Ao final da década de 1980 e início da década de 1990, duas mudanças se mostraram significativas para abalar o posicionamento da Blockbuster: (1) os aparelhos de videocassete se tornaram acessíveis, e o cinema se tornou território de adolescentes e jovens; (2) os produtores de Hollywood começaram a vender filmes diretamente para o público ao mesmo tempo que os disponibilizavam para as locadoras.

Consciente dos novos hábitos dos consumidores, a Blockbuster tentou se reposicionar dando mais destaque às vendas das fitas de vídeo do que à locação; entretanto, a margem de lucro caiu vertiginosamente. Com a redução da receita e o encolhimento do fluxo do caixa, o enfraquecimento do potencial da Blockbuster tornou-se um desafio para a sua empresa controladora, a Viacom, e as ações despencaram. Novas tentativas de posicionamento foram estabelecidas com a entrada de líderes como Bill Fields e, posteriormente, John Antinoco; no entanto, todas as iniciativas tiveram impacto negativo sobre a receita, além de tornar o futuro da empresa incerto.

No Brasil não foi diferente. A Blockbuster foi reduzindo suas operações em quase todos os lugares onde se fazia presente. A operação foi salva, ainda que temporariamente, pelos controladores das Lojas Americanas, em 2007, que passaram a explorar a venda de produtos nas lojas Blockbuster, adotando um novo modelo de negócio denominado "Americanas Express". A história da Blockbuster confirma a premissa de que o posicionamento não dura para sempre. Ao contrário, no mundo atual, não dura muito.

A verdadeira essência do posicionamento é saber quando uma mudança precisa ser feita, determinar a forma de mudança e vinculá-la firmemente aos princípios para ganhar dinheiro. Para isso, somente líderes com bem-estar psicológico em perfeito equilíbrio conseguirão desmontar a razão de seu sucesso anterior, sem apego ao que deu certo e com grande apego ao que ainda poderá dar certo.

De acordo com Philip Kotler, referência em marketing, toda estratégia de marketing é construída de acordo com trinômio SMP — **segmentação, mercado-alvo e posicionamento.** A empresa descobre necessidades e grupos diferentes de mercado, estabelece como alvo as necessidades e os grupos que é capaz de atender de forma superior e, então, posiciona seu produto e sua imagem de modo que o mercado-alvo os diferencie.[7]

Kotler afirma ainda que, se o trabalho de posicionamento de uma empresa for brilhante, será fácil traçar o restante do planejamento e da diferenciação de marketing com base na estratégia de posicionamento. **O objetivo é posicionar a marca na mente dos consumidores a fim de maximizar a vantagem potencial da empresa.**

Quando elaborado de maneira correta, o posicionamento representa a eficiência do modelo de negócio adotado. Se o posicionamento da empresa ou do produto depende da percepção do público-alvo em relação ao benefício ou atributo específico atribuído, além de promover uma vantagem competitiva, isso define o que Kotler chamou de **percepção de valor.**

O que é percepção de valor?

Há muitos anos, minhas tias adquiriram um ingresso caríssimo para minha mãe, Jamile, assistir uma apresentação do famoso Cirque du Soleil, em uma de suas passagens por Curitiba. Na época, eu não pude ir, mas ela veio de Ponta Grossa, a 100km da capital, em companhia das irmãs, para o evento que deixaria qualquer um empolgado, considerando a projeção mundial do Cirque du Soleil. Fiquei feliz em saber que minha mãe teria a oportunidade de participar do show que, a julgar pelo preço do ingresso, não era para qualquer pessoa.

No dia seguinte, liguei para ela empolgado, a fim de saber como havia sido aquela experiência memorável (no meu entendimento). Mas a realidade é o que ela é, e não o que a gente gostaria que fosse. Quando perguntei se minha mãe havia gostado do show, eis a resposta: "Bonzinho!" "Como assim, mãe?", devolvi, perplexo, e emendei: "Bonzinho, mãe? A senhora viu o preço do ingresso?" A resposta foi direta: "Claro que vi, mas se tivessem me consultado antes, preferia ter recebido o dinheiro!"

Conto sempre essa história aos meus alunos e clientes para exemplificar, de maneira simples, o conceito de valor. Na época, ela recebia uma aposentadoria mensal de um salário-mínimo; então, a única coisa que percebeu no ingresso foi o valor "absurdo", que poderia ter sido mais bem aproveitado de outra forma, como, por exemplo, com comida, roupas e remédios. Eu não a culpo, afinal, quem mandou não consultar o cliente primeiro?

Percepção de valor é isso: pode ter sido importante para mim e para minhas tias, mas não para minha mãe.

PLANEJAMENTO DO NEGÓCIO

Por fim, como eu gosto de reforçar, não é o que você diz nem o que você vende; é o que seu público-alvo compra ou percebe em relação ao produto ou serviço. O posicionamento muda a forma de encarar e de fazer negócios.

Estratégias de posicionamento devem se basear na diferenciação das ofertas inseridas em um segmento específico de mercado e, para tanto, a construção de uma identidade de posicionamento eficaz deve ser baseada na segmentação e no diferencial que satisfaçam alguns critérios:

* **Importância:** oferecimento de um benefício.
* **Lucratividade:** deve-se considerar a diferença lucrativa.
* **Acessibilidade:** o consumidor deve poder pagar a diferença.
* **Superioridade:** a diferença deve ser superior a outras formas de benefícios.
* **Exclusividade:** a diferenciação não pode ser copiada com facilidade pela concorrência.
* **Destaque:** diferença oferecida de maneira justa.

Algumas empresas com posicionamento e proposta de valores bastante claras são a locadora de veículos Hertz, conhecida como a maior empresa de aluguel de carros do mundo, e a Coca-Cola, posicionada como a maior empresa de refrigerantes do mundo ou "uma matadora de sede universal", como afirmou Napoleon Hill. Ambas reforçam o conceito do seu produto e serviço na mente de seus consumidores com frequência.

Nesse aspecto, cada empresa deve possuir o seu modelo de posicionamento baseado em características pertinentes ao seu negócio e de acordo com a diferenciação do seu produto. Em geral, é bem mais fácil estabelecer-se como líder do que permanecer nesta posição; afinal, quase todos os demais perseguem o líder e, a partir do momento em que conquista a liderança, a empresa passa a concentrar esforços para mantê-la, uma vez que a concorrência quer o mesmo posto.

Então, como é que se faz para ser líder? Na verdade, é bem simples. Lembra-se de Charles Lindbergh e Neil Armstrong? É só chegar em primeiríssimo lugar com o máximo dos máximos, segundo Ries e Trout. Ser

139

o primeiro significa ser o *first mover* — o primeiro que ocupou determinada posição.

A história mostra que a primeira marca que chega ao cérebro obtém na média, em longo prazo, uma participação de mercado duas vezes maior que a da marca número dois e quatro vezes maior que da marca número três. E essas relações não mudam com facilidade.

A marca líder vende, em todas as categorias, muito mais do que marca número dois, com ampla margem. A Hertz vende muito mais que a Avis; a General Motors vende muito mais que a Ford; a Goodyear, muito mais que a Firestone; o McDonald's, muito mais que o Burger King; a General Electric, muito mais que a Westinghouse.[8]

Segundo Guy Kawasaki, ex-evangelista-chefe da Apple, **posicionamento é uma arte** e, na prática, deveria responder a uma simples pergunta: o que a empresa faz? Desenvolver uma boa resposta para essa pergunta envolve conquistar uma posição superior para sua empresa e estabelecer precisamente como ela se distingue da massa de concorrentes. Estes são os predicados aos quais se deve aspirar:[9]

* **Positivo:** o mercado não é uma guerra, portanto, não descreva o seu negócio em termos bélicos. O objetivo das empresas não é derrubar as outras. Os clientes não querem saber ser você destruirá o concorrente, querem saber quais as vantagens que podem obter comprando produtos ou serviços de sua empresa.

* **Focado no cliente:** posicionar-se é dizer o que a empresa pode fazer por seus clientes — não aquilo que você quer se tornar. Anunciar que sua empresa é a "líder" é centrar-se em seu próprio ego, não no cliente. Também não é nada prático: como pode provar que é a líder mesmo? Como pode evitar que outra empresa declare que a líder é ela — exatamente como você declarou?

* **Poderoso:** os colaboradores precisam acreditar que o que a empresa faz — o seu posicionamento — torna o mundo melhor. Os colaboradores do eBay, por exemplo, acham que dão às pessoas a oportunidade de obter sucesso financeiro. Este

PLANEJAMENTO DO NEGÓCIO

posicionamento permite que se superem em suas funções — e que gostem disso.

Em termos práticos, se o empreendedor não optar por um modelo de negócio positivo, focado no cliente e poderoso, não haverá esperança para ele. Digo isso por experiência própria. Minha missão é "inspirar pessoas, transformar ideias em negócios e gerar prosperidade". Penso que é bem mais admirável e desafiadora do que vender serviços de *coaching*, consultoria, livros, palestras e treinamentos *in company*.

Ser capaz de compreender e descrever o próprio modelo de negócio é o primeiro passo para assumir um posicionamento estratégico claro e tornar o empreendimento bem-sucedido. Pode ser também uma excelente vantagem competitiva.

Kotler sustenta ainda que o **posicionamento de mercado é a ação de projetar o produto e a imagem da organização,** com o fim de ocupar uma posição diferenciada na escolha de seu público-alvo. O conceito é obtido a partir da fórmula:[10]

Posicionamento = Segmentação + Diferenciação

Supondo que o empreendedor já conversou com várias pessoas sobre a ideia da sua startup e chegou a um projeto inovador, se ele imagina que está na hora de fazer o plano de negócio, está enganado; quando terminá-lo, pode ser tarde demais. O modelo de negócio é bem mais importante do que o plano de negócio tradicional como forma de evoluir sua ideia em direção a um modelo escalável e repetível.

A fim de contribuir no raciocínio, a seguir estão relacionadas as seis questões que todo empreendedor deve fazer para ativar a mente. As perguntas são simples de se fazer, porém difíceis de responder. Elas mexem com as questões da alma e testam sua coragem e suas crenças.[11]

1. **Que posição você ocupa?** Posicionar é pensar ao contrário. Em vez de começar consigo mesmo, comece pensando no que os outros pensam sobre o seu negócio. Em vez de perguntar o que

141

você é, pergunte que posição já ocupa na mente do potencial cliente.

2. **Que posição você quer ocupar?** É aqui que você recorre à sua bola de cristal e tenta descobrir qual é a melhor posição a ser ocupada em longo prazo. "Possuir" é a palavra-chave. Criam-se muitos programas para comunicar uma posição que é impossível de se obter simplesmente porque alguém já a possui.

3. **Quem você enfrentará?** Se a posição que você quer ter requer uma abordagem corpo a corpo contra um líder de mercado, esqueça. É melhor contornar um obstáculo do que tentar pular por cima dele. Recue. Tente escolher uma posição da qual ninguém mais se tenha apoderado com firmeza.

4. **Você tem dinheiro suficiente?** Um grande obstáculo ao posicionamento bem-sucedido é tentar obter o impossível. Custa muito caro conquistar um lugar na mente das pessoas. Custa caro estabelecer uma posição. Custa caro manter uma posição depois que se consegue estabelecê-la.

5. **Você aguenta firme?** Você pode pensar em nossa sociedade supercomunicativa como um cadinho* onde ocorrem constantes mudanças. Uma ideia substitui a outra em uma sucessão estonteante. Para dar conta da mudança, é importante assumir um ponto de vista de longo alcance, determinar sua posição básica e depois agarrar-se a ela. O conceito de posicionamento é um conceito cumulativo. Ele aproveita a natureza de longo alcance da publicidade.

6. **Você está à altura de sua posição?** O pessoal de criação costuma resistir ao raciocínio do posicionamento porque acha que ele restringe a criatividade. E quer saber de uma coisa? A criatividade em si não vale nada. Somente quando está subordinada ao objetivo de posicionamento é que ela pode fazer uma contribuição.

---

* Recipiente em material refratário, geralmente barro, ferro ou platina, utilizado para as reações químicas a altas temperaturas.

Algumas pessoas têm dificuldade para entrar no jogo do posicionamento porque estão presas às palavras. Para ter sucesso no posicionamento, é necessário ter muita flexibilidade mental e ser capaz de escolher e utilizar as palavras mais adequadas à realidade do negócio, desprezando os dicionários e os livros de história. Isso não quer dizer que os significados convencionais e comumente aceitos não sejam importantes; ao contrário, empreendedores devem escolher as palavras que desencadeiam os significados que desejam estabelecer.

Posicionamento *é o lugar que o seu produto, a sua empresa, o seu serviço ou ainda o seu próprio nome ocupa na mente das pessoas.*[12] Qualquer mensagem que não corresponda às expectativas do seu cliente ou interlocutor é rejeitada em benefício daquela que se posiciona de maneira mais clara, mais rápida e mais simples.

Quando pensar em posicionamento, lembre-se de Steve Jobs e Steve Wozniak, fundadores da Apple; afinal, sua empresa pode acreditar que vende computadores pessoais, mas ela teria muito mais chances de sucesso se o posicionamento assumido fosse algo parecido com "mudar o mundo por meio da tecnologia". As pessoas não compram o que você vende, e sim algo em que você acredita.

Espero que isso o ajude a pensar melhor sobre a importância do posicionamento da sua empresa. Qualquer farmacêutico pode fabricar um bom xarope, mas vender um xarope com gosto de Coca-Cola e conquistar a simpatia de bilhões de consumidores por mais de cem anos é outra história. **Em negócios**, segundo Ries e Trout, é melhor ser o primeiro do que ser o melhor.

A maior descoberta de Américo Vespúcio[13]

Como toda criança em idade escolar sabe, o homem que descobriu a América foi pouco recompensado por seus esforços. Cristóvão Colombo cometeu o erro de procurar ouro e ficar com a boca fechada.

Américo Vespúcio não fez isso. Ele pisou na América quase dez anos depois de Colombo, entretanto, ele fez duas coisas certo.

Em primeiro lugar, posicionou o Novo Mundo como um continente separado, totalmente distinto da Ásia, e isso causou uma revolução na geografia de sua época. Em segundo lugar, descreveu copiosamente sua descoberta e suas teorias, em especial as cinco cartas de sua terceira viagem ao novo continente. Uma delas ("Mundus Novus") foi traduzida para mais de 40 línguas diferentes em um período de mais de 25 anos.

Antes de sua morte, a Espanha concedeu-lhe cidadania castelhana e ofereceu-lhe um importante cargo oficial. Como resultado, os europeus creditaram a descoberta da América a ele e, como prêmio, deram o seu nome ao novo continente.

Cristóvão Colombo morreu na prisão.

TROUT & RIES

3.3 Diretrizes estratégicas: visão, missão e valores

De início, é importante lembrar que as diretrizes estratégicas são parte integrante do planejamento estratégico, ferramenta que tem sido aprimorada desde a década de 1950, graças às primeiras incursões de Peter Drucker na prática da administração, por meio da celebrada APO (Administração por Objetivos) até a concepção do BSC *(balanced scorecard)*, metodologia de gestão estratégica criada por Robert Kaplan e David Norton na década de 1990. Nesse sentido, o planejamento estratégico está em constante evolução.

O planejamento estratégico é mais utilizado por empresas de médio e grande porte, pois abrange um conjunto de fatores que podem ser aplicados somente quando a empresa atinge determinado ponto de maturidade[14]. Estratégico vem de estratégia, assunto a ser explorado no próximo subcapítulo.

Planejamento estratégico, segundo Philip Kotler, é um método gerencial que permite estabelecer a direção a ser seguida pela empresa, visando **um maior grau de interação com o ambiente.** Esse método pressupõe a elaboração por meio de fases distintas de trabalho, a fim de promover a consistência e a credibilidade necessárias para o alcance dos resultados.

O planejamento estratégico também pressupõe a necessidade de um processo decisório que ocorrerá antes, durante e depois de sua elaboração e implementação na empresa, e deve conter, ao mesmo tempo, os componentes individuais e empresariais. Da mesma forma, *a ação nesses dois níveis deve ser orientada de tal maneira que garanta certa confluência de interesses dos diversos fatores não controláveis, os quais estão alocados no ambiente da empresa.*[15]

De modo geral, o planejamento estratégico é de responsabilidade dos níveis mais altos da organização e diz respeito tanto à formulação de objetivos quanto à seleção dos cursos de ação — estratégias — a serem seguidos para sua consolidação, levando em conta as condições internas e externas à empresa e sua evolução esperada. Também considera as premissas básicas — políticas — que a empresa, como um todo, deve respeitar para que o processo estratégico tenha coerência e sustentação decisória.[16]

EMPREENDEDORISMO 360°

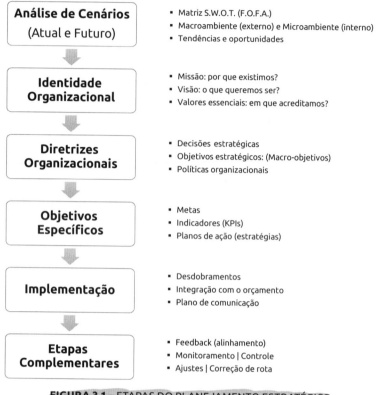

FIGURA 3.1 – ETAPAS DO PLANEJAMENTO ESTRATÉGICO

Com a implementação do planejamento estratégico, qualquer empresa será capaz de:

1. Conhecer e utilizar melhor os seus pontos fortes.
2. Conhecer e eliminar ou adequar os seus pontos fracos.
3. Conhecer e usufruir de oportunidades externas.
4. Conhecer e evitar as ameaças externas.
5. Ter um efetivo plano de trabalho para estabelecer:

    * as premissas básicas que devem ser consideradas;
    * as expectativas de situações almejadas pela empresa;
    * os caminhos a serem seguidos pela empresa;

PLANEJAMENTO DO NEGÓCIO

* o quê, como, quando, por quem, para quem, por que e onde devem ser realizados os planos de ação;
* como e onde alocar recursos.

Até o final do século XX, a maioria das empresas poderia falir por falta de planejamento. Outros fatores também influenciavam, como a falta de capital de giro, a falta de foco no negócio e o desconhecimento do mercado, mas a ausência de planejamento ainda é o principal fator a ser considerado.

A metodologia apresentada a seguir foi desenvolvida com base em meus estudos teóricos e fundamentadas em experiências obtidas em desenvolvimento e implantação de projetos em organizações de médio e grande porte. Deve ser adaptada às condições e à realidade interna e externa de cada negócio.

Esse modelo contempla as principais etapas do planejamento estratégico e do BSC; entretanto, cada etapa compreende uma série de atividades. Organizações inteligentes não desprezam nenhuma das etapas, considerando que as atividades funcionam como engrenagens de um relógio. Não basta elaborar indicadores nem se prender a uma única área ou setor. Todos são importantes.

Organizações inteligentes já perceberam que o lucro é importante, vital para a sobrevivência; mas o lucro por si só não é suficiente para garantir a sua perpetuidade. **O que projeta uma organização para frente, muito mais do que os lucros, são os valores e os princípios.**

Empreendedores iniciantes fazem pouca ideia e não se preocupam com a questão do planejamento estratégico. Desse modo, dedico um tópico deste capítulo para promover um exame de consciência, pelo menos em relação à fase inicial do planejamento, principalmente no que diz respeito às **diretrizes estratégicas** ou ao que se pode chamar de **identidade organizacional**.

Visão: passaporte para o futuro

Em planejamento, essa é a parte da qual não se deve abrir mão, afinal, como diz o ditado, para quem não sabe para onde vai, qualquer lugar ser-

147

ve, e qualquer lugar não é a principal meta dos empreendedores bem-sucedidos. A maioria tem uma noção muito clara de aonde e como pretende chegar com o seu produto e a sua empresa. Construir uma **visão de futuro** é bem mais fácil para essas pessoas.

Toda realização e toda riqueza têm início em uma simples ideia. Uma longa caminhada começa sempre com o primeiro passo, diz um antigo provérbio chinês. Para alguns, o primeiro passo ocorre de forma inusitada e, por vezes, involuntária. Para outros, ocorre com a visualização clara em relação ao futuro, o que me obriga a compartilhar histórias de negócios para enriquecer o debate sobre o assunto.

Thomas Edison era um empreendedor à frente do seu tempo. O pai da lâmpada elétrica incandescente teve centenas de ideias luminosas em 84 anos de vida, mas a sua capacidade de visualizar o futuro de suas ideias era extraordinária. Além de inventor, Edison era cientista e filósofo.

Dentre os principais inventores de que se tem conhecimento, Edison talvez tenha sido o conhecedor mais profundo das leis naturais, e ele soube aplicá-las em todos os seus inventos para o bem da humanidade. Edison conseguiu juntar uma ponta de agulha e uma peça de cera de forma que a vibração da voz humana pudesse ser gravada e reproduzida, naquilo que ficou conhecido como gramofone. A partir de então, a história da indústria fonográfica começou a ser construída.[17]

Há um punhado de homens que conseguem enriquecer simplesmente porque prestam atenção aos pormenores que a maioria despreza, dizia Henry Ford, o homem que revolucionou a indústria automobilística. Aos 16 anos, Ford saiu de casa para trabalhar como mecânico na empresa James Flower & Co., em Detroit. Para complementar o magro salário semanal de US$2,50, ele trabalhava em uma joalheria à noite e, nove meses depois de uma jornada cansativa, mudou para a Dry Dock Engine Works, para experimentar outro tipo de engenharia.[18]

Em 1896, Ford tornou-se engenheiro-chefe na companhia de eletricidade de Thomas Edison, em Detroit. Vendo-se impossibilitado de limitar sua tecnologia no trabalho, continuou a reformular, em casa, seus projetos de engenharia.

PLANEJAMENTO DO NEGÓCIO

O seu primeiro protótipo de automóvel foi o "quadriciclo", construído em um galpão do quintal de sua casa; mas a inovadora carruagem sem cavalos era grande demais, obrigando-o a desmontar parte do galpão para que pudesse sair.

Durante oito anos, Ford continuou trabalhando em torno de doze horas por dia, e depois voltava para casa a fim de aperfeiçoar sua invenção. Apesar do potencial de seu automóvel, ele não conseguia convencer ninguém a investir no quadriciclo.

A ideia de Ford era produzir um veículo de uso diário, adequado para as massas, a um custo relativamente acessível, para que os próprios operários pudessem comprá-lo. Quando decidiu produzir o seu famoso motor V-8, Ford tinha ideia de construí-lo com todos os oito cilindros em um único bloco, apesar da ampla resistência de seus engenheiros, que concordaram, unanimemente, que era impossível colocar tal ideia em prática.

Com um propósito definido e uma ideia fixa na mente, Ford deu aos engenheiros todas as instruções necessárias para a execução do projeto e exigiu dedicação integral, sem se preocupar com o tempo necessário para a conclusão.[19]

Durante um longo período, os engenheiros tentavam de todas as formas, e a palavra "impossível" era pronunciada repetidamente entre eles. Depois de um ano de esforços, a visão e a determinação de Ford foram premiadas. Finalmente, o motor V-8 foi concebido, e tornou-se um sucesso na indústria automobilística. Novamente, o estilo visionário de Ford se encarregou do resto, e o método eficiente de visualização antecipada do produto foi comprovado.

Ford será sempre lembrado como um dos mais importantes e influentes empreendedores do século XX. Embora não tenha inventado o ícone da sociedade moderna, ele foi responsável por transformar o automóvel em um produto para o mercado de massa. O restante é história.

O que significa ter ou construir uma visão de futuro? Em que isso contribuirá para o desenvolvimento do seu negócio? Visão é o seu passaporte para o futuro, algo que você sonha para o negócio, algo que energiza as

149

empresas e as pessoas. Visão sem ação é apenas um sonho, e ação sem visão é apenas um passatempo.

O segredo da Coca-Cola
Por Napoleon Hill em *A Lei do Triunfo*

Há mais de 135 anos, um caixeiro de nome Asa Candler adquiriu uma fórmula secreta aparentemente insignificante, rabiscada por um velho farmacêutico chamado John S. Pemberton em um simples pedacinho de papel, por uma quantia irrisória na época. Para o caixeiro, representava a economia de uma vida inteira. O farmacêutico ficou contente ao negociar a fórmula por US$500, e o caixeiro tinha consciência do risco ao adquirir um simples pedaço de papel.

Os fatos posteriores à negociação entre o caixeiro e o farmacêutico são próprios do espírito empreendedor. Na realidade, o que Asa Candler comprou foi uma ideia. O velho tacho com a amostra do produto, a pá de madeira e a fórmula secreta entregue pelo farmacêutico foram completamente irrelevantes e acidentais.

Quase um século depois, o velho tacho de madeira continua a gerar riquezas com uma velocidade estonteante ao consumir bilhões de latas e garrafas, gerar milhares de empregos diretos ou indiretos em diversos países do mundo e proporcionar glória e fortuna para dezenas de artistas e iniciantes que ganham a vida participando de propagandas para promover o produto.

Diariamente, está presente em milhares de comemorações, festas de aniversários, nascimentos e casamentos ao redor do planeta. Pessoas de todas as cores, raças, credos e ideologias políticas consomem o líquido precioso sob diferentes alegações. Talvez nem o próprio Asa Candler fizesse a mínima ideia da dimensão que uma simples fórmula transformada em líquido pudesse tomar na economia mundial.

PLANEJAMENTO DO NEGÓCIO

O empreendedor iniciante pode brincar com a sua visão de futuro pelo tempo que quiser, afinal, talvez ele ainda esteja em busca de respostas; entretanto, deve-se lembrar que, na corrida para o sucesso, **sai na frente quem consegue transformar sonhos em realidade.**

> Onde quer que você more e seja qual for a sua ocupação, lembre-se, todas as vezes que vir e ouvir o nome "Coca-Cola", de que seu grande império de riquezas e sua influência nasceram de uma única ideia, e que o misterioso ingrediente que o caixeiro misturou à fórmula secreta era, nada mais, nada menos, do que imaginação.
>
> A influência da Coca-Cola estendeu-se por povoados, cidades, estados, países, indústrias, roteiros de cinema, rádio, televisão e encruzilhadas do mundo inteiro, e serve de inspiração para qualquer um que vislumbre a possibilidade de quebrar todos os recordes desse "matador" de sede universal.

Empreendedores nunca estão satisfeitos. Eles são movidos por ideias simples, porém inovadoras, que alteram a ordem natural dos fatos. O senso comum entre eles reside na visualização antecipada do produto, processo ou serviço que pretendem oferecer. Eles acreditam em uma ideia e concentram esforços na sua concepção inovando o que parece ser impossível.

Sakichi Toyoda é considerado um dos grandes inovadores do século XX. Ele criou o **Sistema Toyota de Produção** e transformou a indústria automobilística, tornando anacrônicos os métodos consagrados por Henry Ford em 1908, considerados até então inflexíveis e altamente ineficientes, contrários ao modelo Toyota, reconhecido atualmente por seu padrão único de excelência no mundo e replicado por centenas de companhias de diferentes setores, entre elas a Microsoft e a Boeing.[20]

Uma visão de longo prazo é fruto da concepção inequívoca do bem e da certeza do êxito futuro. A energia canalizada para fazer as coisas acontecerem produz efeito duradouro na vida dos empreendedores, a despeito de todas as dificuldades encontradas no mundo dos negócios.

EMPREENDEDORISMO 360º

Dificuldades, obstáculos, problemas e desafios são palavras que não combinam com o seu vocabulário.

Produzir bens e serviços destinados à melhoria da qualidade de vida ao seu redor é o principal objetivo dos empreendedores, independentemente do grau de cultura ou do meio onde se vive. Que tipo de homem ou mulher você gostaria de ser? Que tipo de pai, mãe, amigo, funcionário, vizinho, patrão ou empresário você gostaria de reverenciar? De que forma você quer ser lembrado?

Existem habilidades singulares que podem ser direcionadas integralmente para a criação de valor. Ter em mente que isso é possível é o primeiro passo para a criação da visão de futuro. Empreendedores em potencial conseguem combinar a capacidade de expressar um talento singular com benefícios à humanidade e, com isso, disseminam conhecimento, geram prosperidade e ganham dinheiro.

Todas as coisas são criadas duas vezes. Há uma criação mental ou inicial e uma criação física ou segunda criação, em todas as coisas.[21] Imagine-se o dono do próprio negócio. Você faz planos, define o produto, pesquisa os imóveis, avalia as etapas do processo, calcula os recursos e, por vezes, recua, sente-se inseguro em relação ao retorno do investimento, mas, ao avaliar os prós e os contras, decide seguir em frente.

Vencidas todas as etapas do processo, quando você menos imagina ou espera, seu espírito empreendedor o coloca atrás de um balcão, de uma mesa de escritório ou no terreno dos fundos da sua própria casa. O que foi idealizado e amadurecido na mente torna-se uma verdade absoluta.

Diversas empresas concebidas no século passado, e que hoje são consideradas importantes para a economia de seus países, não tinham a mínima ideia do que vender ou produzir quando foram iniciadas, porém seus líderes nunca perderam a capacidade de sonhar. Perguntas do tipo "Como estamos nos saindo?", "Como podemos melhorar?", "Qual é o nosso negócio?", "Em que mercado estamos?", "O que realmente vendemos?" ou ainda "Qual é o nível de desempenho desejado pelos nossos clientes para superar a concorrência?" são fundamentais para se descobrir o caminho a ser seguido.

152

Recomendações para iniciantes

* Não discuta consigo mesmo, apenas exercite a elaboração da visão e coloque as ideias no papel.

* À medida que o negócio ganha corpo e velocidade, concentre-se nos objetivos. Empreendedores revisam seus planos periodicamente com a devida disciplina para discuti-los no âmbito profissional e, quando necessário, no âmbito pessoal.

* Objetivos tangíveis e direcionados têm mais probabilidades de sucesso, além de representarem um compromisso pessoal mais fácil de assumir e de cumprir.

* Compartilhe a visão. Isso faz com que você assuma definitivamente o compromisso e elimine qualquer possibilidade de recuo.

Ao optar por determinado caminho, é importante que ele esteja relacionado diretamente com a sua vocação natural, o seu jeito de ser, a sua forma de ver o mundo e aquilo que realmente o envolve e causa prazer, e não com o caminho imposto pela vontade de alguém.

Até onde a empresa é capaz de chegar? A visão é considerada os limites que os principais responsáveis pela empresa conseguem enxergar dentro de um período mais longo e de uma abordagem mais ampla. Representa o que a empresa quer ser em breve ou em um futuro distante.[22]

A primeira série de desenhos animados de Walt Disney, *Alice no país das maravilhas* (já ouviu falar deles?) foi um fracasso total nos cinemas. O biógrafo de Disney, Richard Schickel, escreveu que era, "de modo geral, um empreendimento fraco, sem graça e cheio de clichês. A única coisa que se pode dizer dele é que era uma história em quadrinhos bem ordinária colocada em movimento e animada com truques fotográficos".[23]

O episódio não anulou o sonho de Roy e Walt Disney, que seguiram firmes no propósito de transformar a empresa em um complexo turístico capaz de fazer as pessoas felizes, com a criação da Disneylândia, em 1955, e do EPCOT Center, em 1982, no estado da Flórida.

EMPREENDEDORISMO 360°

Estabelecer uma visão empreendedora duradoura envolve questões racionais, mas não está livre das questões emocionais; portanto, algumas perguntas são fundamentais para auxiliar o empreendedor na construção tanto de sua visão pessoal quanto empresarial.

Quando pergunto a qualquer empreendedor bem-sucedido sobre o que o levou a persistir apesar de todas as dificuldades encontradas no caminho, as respostas são similares: "não havia como recuar", "sabia que poderia dar certo", "fui demitido e tinha que fazer alguma coisa", "não queria ser mais empregado", "eu sempre quis trabalhar por conta própria", "foi um sonho", "aproveitei a oportunidade", "foi uma herança", "entrei para ajudar um amigo", e assim por diante. A resposta ideal deve ir além.

Em negócios, deve existir a abordagem prática do delineamento, bem como da aplicação da visão e dos valores que representam os aspectos gerais para que os altos executivos possam delinear as grandes questões estratégicas das empresas.[24]

Dicas para o processo de criação da visão

* Estabeleça sua visão de forma tão clara quanto o objetivo de lucro.

* Defina e respeite os direitos das pessoas.

* Certifique-se de que a visão e os valores se direcionam aos focos básicos, ou seja, aos clientes — os mais importantes —, funcionários e fornecedores.

* Incremente sua participação de mercado e lucratividade pelo aumento da percepção pelos clientes de seus produtos e serviços, em relação a seus concorrentes.

* Desenvolva uma cultura de atuação para resultados em sua empresa.

Qual é a tarefa mais difícil do mundo? Pensar, dizia Emerson, poeta norte-americano. Cada mente tem sua própria metodologia e, seguramente, o verdadeiro empreendedor nunca a adquire segundo as regras ensi-

PLANEJAMENTO DO NEGÓCIO

nadas nas escolas ou nas organizações. A verdade e a intuição deveriam ser os nossos elementos de vida e, assim sendo, todo empreendedor deve encontrar uma visão de futuro inspiradora na qual possa concentrar energia suficiente para alcançá-la em vida.

Ao adotar uma visão duradoura, pessoas e empresas tendem a fazer escolhas mais sensatas em todos os sentidos. As organizações teriam muito mais chances de selecionar funcionários com visão pessoal compatível com a visão da empresa, e pessoas comuns teriam mais objetivos na vida e seriam mais focadas na evolução, na mobilização e na contribuição para um mundo melhor. Uma visão clara, duradoura e inspiradora deve responder às seguintes questões:[25]

* O que nos diferencia dos demais?
* Que valores são prioridades verdadeiras para o próximo ano?
* O que me faria comprometer minha mente e meu coração com essa visão durante os próximos cinco ou dez anos?
* O que o mundo realmente precisa que a organização possa e deva oferecer?
* O que a organização precisa fazer para que eu me sinta comprometido, alinhado e orgulhoso de trabalhar nela?

Independentemente do modelo e do processo adotado para a elaboração, a visão faz sentido somente quando todos os membros da organização a compartilham e incorporam, como se fossem os próprios donos.

Durante os últimos vinte anos, eu tive a grata oportunidade de conviver com muitos empreendedores e conduzir alguns projetos de elaboração de planejamento estratégico. Reconheço que nem todos estavam preparados para absorver os fundamentos, alguns por terem mergulhado de corpo e alma nos negócios, à sua maneira, sem metodologia nem planejamento, outros por ignorância técnica ou desconhecimento do processo; mas quando se tratava de discutir a visão e a missão da empresa, seus olhos brilhavam.

A parte mais difícil era fazê-los quebrar os laços familiares e adotar a consciência para a perpetuidade do negócio, o que implicava em re-

155

nunciar a posturas paternalistas e conservadoras. No papel de consultor, vejo o quanto é difícil, e por vezes impossível, para determinados tipos de empreendedores quebrar paradigmas e adotar posturas menos flexíveis e compatíveis com a velocidade e o desprendimento que os negócios exigem para sobreviver no mercado.

Algumas visões inspiradoras pesquisadas durante o desenvolvimento deste livro nasceram de objetivos meramente pessoais e foram precedidas de dúvidas e questionamentos até se transformarem em verdadeiros exemplos de descoberta da natureza essencial do empreendedor. Aprecie alguns exemplos mundialmente famosos.[26]

Empresa	Visão de Futuro
Cacau Show	Ser a maior e melhor rede de chocolates finos do mundo.
Grupo Klabin	Ser a companhia referência mundial em soluções responsáveis que atendam às constantes transformações da sociedade, com produtos de base florestal de usos múltiplos, renováveis, recicláveis e biodegradáveis.
Grupo Votorantim	Assegurar crescimento e perenidade como um grupo familiar de grande porte, respeitado e reconhecido na comunidade onde atua, com foco na criação de valor econômico, ambiental e social.
Natura	Acreditamos que uma marca de beleza pode fazer muito mais pelo mundo. Pode ir além e gerar impacto positivo na vida das pessoas e no planeta. Porque, para nós, sustentabilidade é mais que um discurso. Faz parte do nosso dia a dia, da nossa trajetória e do nosso futuro.
Nespresso	Ser preferida e respeitada como a empresa líder de qualidade no mercado de café porcionado e tornar-se o ícone de café perfeito no mundo.
O Boticário	Ser referência na criação de valor em negócios de beleza.
3M	* Tecnologia 3M impulsionando cada empresa * Tecnologia 3M melhorando cada lar * Inovações 3M facilitando a vida de cada pessoa
Toyota	A Toyota irá liderar o futuro da mobilidade ao redor do mundo, enriquecendo vidas com formas mais seguras e responsáveis de transportar pessoas.

PLANEJAMENTO DO NEGÓCIO

Para consolidar a ideia, vale a pena resgatar a filosofia difundida por John P. Kotter, referência mundial em gestão da mudança organizacional: "Sem uma boa visão, uma estratégia inteligente ou um plano lógico, raramente conseguem inspirar o tipo de ação necessária para produzir uma grande mudança." Segundo Kotter, a visão eficaz deve conter seis características fundamentais: [27]

1. **Imaginável:** transporta as pessoas para uma visão de como será o futuro.

2. **Desejável:** exerce um forte apelo emocional nos funcionários, clientes, acionistas e fornecedores, pelas suas possibilidades de transformação de todos os envolvidos.

3. **Viável:** indica um objetivo possível de ser atingido — embora desafiador, é realista.

4. **Focada:** é clara o suficiente para prover orientação no processo decisório.

5. **Precisa:** visões ineficazes normalmente são muito vagas, mas também não precisam ser muito específicas.

6. **Comunicável:** tem de ser clara e compreensível por todas as pessoas que trabalham na empresa, e explicada com sucesso em, no máximo, cinco minutos, porque deve representar a linha de chegada absolutamente clara.

O mundo é repleto de personalidades que perseguiram uma visão muito particular de vida sem renunciar a suas convicções. Alguns morreram pobres, em termos de propriedade e outros bens passíveis de acumulação, e outros ricos, por desfrutarem conscientemente dos resultados derivados do exercício de sua vocação original, por vezes involuntário. O fato é que todos construíram uma visão de futuro e lutaram até o fim por uma causa justa e irreversível.

Talento, dinheiro, esforço pessoal e uma simples visão de futuro não mudam as coisas. **Materializar a ideia é o que vale.** A diferença para a força de qualquer visão e missão é a certeza de saber que existe um ser

157

digno por trás delas. Os homens são prestativos por meio do intelecto e da solidariedade. O empreendedor o é por meio da sua visão e da sua missão de negócio.

Missão: a vocação a serviço da humanidade

Toda empresa deve ter um propósito central formalmente declarado ou implícito na gestão da rotina. **A missão revela e comunica uma finalidade profunda e motivadora aos colaboradores que vai muito além de gerar riqueza financeira.** Revela a vocação — do latim *vocatione*, que significa "chamamento", o chamado da alma da empresa.

Empreendedores bem-sucedidos, qualquer que seja a sua motivação pessoal — dinheiro, poder, curiosidade, ou desejo de fama ou reconhecimento — **tentam criar valor e fazer uma contribuição.**[28]

> Os seres humanos têm um profundo anseio por significado e propósito em sua vida e retribuirão a quem os ajudar a atender essa necessidade. Eles querem acreditar que o que estão fazendo é importante, que serve a um desígnio e que agrega valor ao mundo.
>
> JAMES HUNTER
> O MONGE E O EXECUTIVO

Da afirmativa de Peter Drucker, duas palavras-chave são fundamentais para o reconhecimento do papel de cada um no mundo: "valor" e "contribuição". Por razões de ordem biológica, cultural, familiar e ainda de comunicação (modelos mentais), valor e contribuição são palavras de difícil alcance e estarão presentes, com maior ou menor intensidade, na história pessoal de cada pessoa.

Alcançar a prosperidade depende da energia concentrada em direção ao objetivo, e está diretamente relacionado com a escolha mais aproximada possível da verdadeira vocação. Sem vocação não existe paixão, e sem

PLANEJAMENTO DO NEGÓCIO

paixão não há como ultrapassar os obstáculos que surgem a cada instante na trajetória do empreendedor. Com a missão bem definida, as chances de prosperidade aumentam.

No papel de líder da Reforma Protestante, Martinho Lutero entendeu o trabalho como a base e a chave da vida em que a profissão era resultante de uma vocação, razão pela qual o trabalho deveria ser visto como o caminho religioso para a salvação — portanto, uma virtude, e não um castigo. Para ele, a vocação era algo que o homem deveria aceitar como uma ordem divina, à qual deveria se adaptar.

Lutero desenvolveu o conceito de vocação — no sentido de uma tarefa de vida, de um campo definido a trabalhar — ao longo da primeira década de sua atividade como reformador. De início, em harmonia com a tradição predominante na Idade Média, tal como representada, por exemplo, por São Tomás de Aquino, Lutero concebeu a atividade no mundo como uma coisa da carne, embora desejada por Deus; era uma condição natural indispensável para uma vida de fé, mas eticamente neutra, como o comer ou o beber.[29]

Segundo Max Weber, "já não resta dúvida de que na palavra alemã 'Beruf', e talvez mais claramente ainda na palavra inglesa 'calling', está pelo menos implícita uma conotação religiosa de uma tarefa confiada por Deus. Quanto maior a ênfase colocada na palavra em um caso concreto, mais evidente a conotação".[30]

Weber foi ainda mais longe. Ele associou a ética protestante ao que chamou de espírito do capitalismo. Para o protestantismo, a perda de tempo é o primeiro e o principal de todos os pecados. Toda hora perdida no trabalho redunda em perda de trabalho para a completa glorificação de Deus. Ele entendeu que o modo de vida que melhor poderia servir a Deus estaria no cumprimento das tarefas do século, impostas ao indivíduo de acordo com a sua posição no mundo. O modo como se deu o desenvolvimento do conceito de vocação, que expressou essa mudança, segundo Weber, passou a depender da evolução religiosa ocorrida nas diferentes igrejas protestantes.

159

> Todo homem tem sua própria vocação. O talento é a vocação. Há uma direção em que todo o espaço está aberto para ele. Ele tem faculdades que silenciosamente o atraem naquela direção em um esforço sem fim. Ele é como um navio em um rio; obstáculos vêm em sua direção de todos os lados, exceto um; daquele lado todos os obstáculos são retirados e ele desliza serenamente sobre um canal que se aprofunda, até um mar sem limites.
>
> **RALPH WALDO EMERSON**

Diferentemente da visão, definida como uma perspectiva futura resultante da confiança, da estratégia e da determinação, **a missão tem a ver com as habilidades e o sentido de realização.** Ela será testada com mais frequência do que a visão e levará mais tempo para ser incorporada ao espírito empreendedor pelo fato de ter sido pouco estimulada até a adolescência.

Todo trabalho é desejável, embora as pessoas vejam certos tipos de trabalho como indesejáveis, uma simples desculpa para justificar a não realização de um trabalho que detestam ou porque o consideram indigno. Outras pessoas veem o trabalho como punição, quer pelo lugar que ocupam na sociedade, quer pela forma como se comparam em relação às pessoas que conquistam uma posição mais confortável.

Creio que isso tem uma conotação histórico-religiosa, a qual deveria ser assumida e trabalhada em todos os sentidos a fim de se resgatar a dignidade humana. A rebeldia de Lutero e a análise científica de Max Weber abriram caminhos para um melhor posicionamento da sociedade nesse sentido. As pessoas incorporaram esse conceito no dia a dia, apesar de todas as barbáries cometidas nos ambientes hostis das organizações ao longo de 250 anos, desde o advento da Revolução Industrial.

A vida das pessoas pode ser preenchida com momentos criativos, frutos da vocação, independentemente do que realizarem, desde que elas permaneçam flexíveis e abertas a novas possibilidades, ansiosas por escapar

PLANEJAMENTO DO NEGÓCIO

à rotina e participar ativamente do desenvolvimento humano. Conheça alguns exemplos das múltiplas faces da criatividade e da vocação transformadas em benefícios para a humanidade nos últimos cem anos.[31]

Quadro 3.1 – A vocação a serviço da humanidade.

Ideias revolucionárias	* A política do sequestro de carbono, que ajuda a preservar as florestas ao redor do mundo * A compra do lixo reciclável, que ajuda a resgatar a dignidade das pessoas de baixa renda * A Teoria da Relatividade, de Einstein * O advento da internet * O Projeto Genoma * Os coletores de energia solar
Gestos criativos de bondade e compaixão	* O Projeto Comunidade Solidária, que livra da desnutrição quase a totalidade dos recém-nascidos brasileiros * Muhammad Younus: o banqueiro dos pobres do Sri Lanka * A Economia de Comunhão, que reverte parte dos lucros das empresas para projetos de natureza solidária * A Cruz Vermelha e os Médicos sem Fronteiras * Madre Teresa e os excluídos de Calcutá, na Índia
Grandes visões de esperança e verdade	* A Declaração dos Direitos do Homem * A Oração de Gettysburg * O Discurso de Martin Luther King: "Eu tenho um sonho" * O combate da violência pela não violência: Gandhi * O combatente solitário dos tanques de guerra da Praça Tiananmen (Paz Celestial) na China comunista * O discurso da paquistanesa Malala Yousafzai na Assembleia da Juventude, em 12 de julho de 2013, na ONU, em prol de um mundo mais voltado para a educação e a não violência
Ideias brilhantes que facilitam a vida das pessoas	* A invenção do clipe e do Post-it * Os smartphones e os computadores pessoais * Os aparelhos de ginástica * O Google e a Wikipédia * Os aplicativos para smartphones * O sistema bluetooth e o tablet

EMPREENDEDORISMO 360°

Independentemente do grau de importância, cada exemplo ressalta a essência do ato de criação e da vocação colocada em prática a serviço da humanidade, pelo fato de refletir algo novo e apropriado, de acordo com as necessidades de cada pessoa, mercado, sociedade ou governo.

Fundamentalmente, a missão pessoal ou a missão de uma empresa torna-se sua constituição, a expressão sólida de sua visão de mundo e de seus valores. Ela se torna o critério pelo qual o empreendedor passa a medir tudo em sua vida e, de posse da sua compreensão, coloca-se a trabalhar.

Os legítimos empreendedores conseguem combinar a capacidade de expressar o seu talento único — a vocação — com benefícios à humanidade, de forma individual e coletiva. Do ponto de vista econômico, essa perspectiva seria rechaçada ao primeiro sinal de questionamento. Do ponto de vista social, penso que não existe maneira mais lógica, mais sensata, mais gratificante e mais nobre de revolucionar a humanidade.

A arte de construir um negócio bem-sucedido passa pela arte de construir uma missão pessoal baseada em valores e princípios. Outras artes estão em jogo, como a arte de saber conciliar os valores pessoais e os profissionais, a qual consiste em ser único em campos de habilidades distintas, e a arte da mudança, a qual consiste na capacidade de mudar as atitudes com relação ao futuro.

A missão empreendedora deve estar bem alinhada com a visão empreendedora e seu desenvolvimento deve ser compartilhado com amigos, familiares, colaboradores e, principalmente, clientes. A partir do instante em que a missão é transformada em compromisso formal, a empresa assume a responsabilidade integral pelas suas consequências e tende a colher os méritos do êxito.

Qualquer missão bem fundamentada proporciona aos colaboradores e clientes um senso compartilhado de propósito, direção e oportunidade. Diferentemente da visão — mais associada ao sonho individual e ao futuro coletivo —, a missão está diretamente relacionada ao comprometimento de fazer as coisas bem-feitas.

PLANEJAMENTO DO NEGÓCIO

> Uma organização existe para realizar alguma coisa: produzir automóveis, emprestar dinheiro, fornecer acomodação para uma noite etc. Quando o negócio é iniciado, sua missão ou objetivo específico é geralmente claro. Ao longo do tempo, a missão pode perder relevância, pela alteração das condições de mercado, ou pode se tornar nebulosa, à medida que a corporação acrescenta novos produtos e mercados à sua carteira de negócios.
>
> **PHILIP KOTLER**

A missão é a determinação do motivo central da existência da empresa. Em outras palavras, a determinação de "quem a empresa atende" ou se propõe a atender. Corresponde a um horizonte dentro do qual a empresa atua ou poderá atuar. Portanto, representa a razão de ser da empresa.[32] Cabe ressaltar que a missão não está diretamente relacionada ao estatuto social. Isso é mera formalidade. A missão vai além — é mais ampla e envolve, inclusive, expectativas, da parte de quem a executa e da parte de quem a usufrui.

Por ser abrangente em diversos livros de planejamento estratégico, a missão deve refletir abertamente o negócio e o tipo de atividade na qual a empresa deverá se concentrar no futuro. O estabelecimento da missão tem como ponto de partida a análise e interpretação de algumas questões.

Se as empresas existem para um propósito específico, seu desafio é entender e perseguir esse propósito à sua maneira, construindo o seu jeito de ser e a forma como poderão se destacar. Segundo Kotler, boas declarações de missão devem apresentar três premissas ou características: (a) concentrar-se em número limitado de metas; (b) enfatizar as principais políticas e valores que a empresa pretende honrar; (c) definir os principais escopos competitivos dentro dos quais a empresa deverá operar.

A missão deverá expressar credibilidade. Se esta for abalada, a missão deve ser redefinida ou, pelo menos, repensada. Idealizadores de grandes empresas compreenderam que é mais importante saber quem você é ou qual é o seu negócio do que para onde a empresa está caminhando.

163

Entretanto, empreendedores que não tinham uma visão de futuro se tornaram bem-sucedidos pelo fato de manter a missão inabalável, afinal, a direção da empresa pode mudar de acordo com as mudanças provocadas pelo ambiente onde ela está inserida.

Ao buscar sua finalidade, várias empresas cometem o erro de descrever meras linhas de produção ou segmentos de clientes. Um método eficaz para descobrir a verdadeira finalidade (ou vocação) da empresa é lançar mão dos "cinco porquês". Comece com uma afirmação descritiva, como "fabricamos os produtos X" ou "prestamos os serviços Y". Então, pergunte cinco vezes: por que isso é importante? Depois de dar alguns motivos, você perceberá que está chegando à finalidade fundamental de sua organização.[33]

A principal questão da missão está diretamente relacionada com o propósito da organização: em que negócio ela está ou, ainda, qual é o seu negócio? Avalie alguns exemplos refletidos na missão de algumas empresas.[34]

Empresa	Missão empreendedora
Amazon	Ser a empresa mais centrada no cliente da Terra, o melhor empregador e o lugar mais seguro para trabalhar.
Cacau Show	Proporcionar experiências memoráveis e excelência em produtos e serviços.
Cirque du Soleil	Invocar o imaginário, estimular os sentidos e despertar a emoção das pessoas ao redor do mundo.
Embraer	O negócio da Embraer é gerar valor para seus acionistas através da plena satisfação de seus clientes no mercado aeronáutico global.
Fiat Automóveis	Produzir automóveis que as pessoas desejam comprar e tenham orgulho de comprar.
Google	Organizar as informações do mundo para que sejam universalmente aceitais e úteis para todos.
Natura	Criar e comercializar produtos que promovam o bem-estar / estar bem das pessoas.
O Boticário	Criar oportunidades para a beleza transformar a vida de cada um e assim transformar o mundo ao nosso redor.

A declaração de missão deve refletir integralmente o que se deseja transmitir ao cliente. Deve ser altamente desafiadora, mas plenamente atingível. Uma declaração de missão bem-feita deve deixar claro que o empreendedor entende qual é o seu negócio, que possui uma estratégia bem definida e que sabe como atingir seus objetivos.

Milhares de empresas já redigiram declarações de missão e de visão, uma tendência consolidada no Brasil no início da década de 1990 com os programas de qualidade total. Parte delas faz suas declarações de uma maneira muito pobre, às pressas e, se as analisassem com profundidade, talvez fosse melhor nem fazer; portanto, todo cuidado é pouco na elaboração.

Visão e missão não são apenas declarações lidas ou escritas para fazer parte do planejamento estratégico ou do plano de negócio. Elas devem existir independentemente e atuar como orientadoras do negócio. Aliás, **devem revelar mais do que um simples negócio; devem revelar paixão, entusiasmo e uma filosofia de vida.**

Por fim, ambas não devem ser escritas apressadamente, sem emoção, somente por se tratar de algo que "todo mundo faz" ou que "os investidores gostariam de ver e ouvir". Mais do que um negócio, devem conferir sentido ao verdadeiro propósito de vida de uma pessoa e ao propósito do empreendimento que se pretende construir.

Valores: a pedra fundamental das organizações bem-sucedidas

Valores e virtudes são características que determinam o sucesso ou o fracasso do empreendedor. No caso do sucesso, não estou me referindo àquele construído sob a égide da sonegação, da extorsão ou da apropriação indébita de bens alheios sob quaisquer circunstâncias, atitudes comuns no passado, fruto das escolhas praticamente irreversíveis realizadas por diversos empresários. A sociedade de hoje cobra muito mais do que a do século passado.

Os valores são a expressão conceitual das preferências ou opções morais de uma sociedade em determinada época e com determinado nível de desenvolvimento econômico e cultural.[35] Estão associados a uma série de fatores que permeiam a existência humana desde os tempos mais remotos, portanto são determinantes na vida dos cidadãos.

Todos os indivíduos gozam de uma característica muito particular no sentido de avaliar o que é bom e o que é ruim: bom para quem, ruim para o quê, bom ou mau em que sentido? Quando se fala de valores positivos, a referência de maior peso deve ser o respeito à integridade física e à dignidade do ser humano.

O empreendedor tem seus valores individuais respaldados pela própria conduta, ou seja, há uma correspondência absoluta entre seus valores e as coisas que realiza. Quando suas ações entram em contradição com os valores, ocorre uma traição dos princípios básicos que norteiam toda sua existência, e ele tende a entrar em choque com a mentalidade empreendedora.

Na vida pessoal e na vida profissional, o legítimo empreendedor se defronta com diferentes alternativas e se vê obrigado a realizar escolhas: o que eu ganho ou perco com isso? É exatamente o que eu quero fazer? Isso está de acordo com os meus princípios e valores? Por que estou fazendo isso? Quanto isso me custará? Quem eu vou prejudicar ou beneficiar? Desse modo, os valores adotados por ele devem ser inabaláveis, inconfundíveis e inegociáveis.

Quais os valores fundamentais dos empreendedores? Se perguntarmos a eles, é provável que cada um tenha desenvolvido uma escala de valores própria que não ultrapassa cinco ou seis itens: felicidade, plenitude, liberdade, amor e paz. Poucos se arriscam a mencionar o dinheiro, não porque não tenham apego a ele, mas pelo fato de soar mais simpático mencionar valores universais que derivam diretamente da condição humana.

Em negócios, esses valores ou princípios são básicos. Outros valores importantes e relacionados ao propósito da empresa serão explorados neste livro com mais clareza do que o habitual.

> Quem faz do dinheiro seu principal objetivo inverte a relação entre os meios e os fins, e em vez de trabalhar e ganhar dinheiro para viver melhor, vive para trabalhar e ganhar mais dinheiro. Essa concepção costuma ter um custo elevado em alienação social, paralisação profissional, destruição de afetos e danos à saúde física e mental.
>
> **EMILIANO GÓMEZ**
> **LIDERANÇA ÉTICA**

O modo como o empreendedor se relaciona com as pessoas — amigos, clientes, fornecedores, funcionários e sociedade — determina parte da sua imagem dentro e fora da organização. Se estiver convencido de que o trabalho que faz é honesto, útil para a sociedade e importante para as pessoas, sua imagem e seus valores serão o reflexo de tudo isso.

O fato de os valores existirem dentro de um conceito universal não significa que o seu entendimento e aplicação sejam universais, considerando as dificuldades de relacionamento verificadas em diferentes lugares do mundo, suportadas por violências de todos os tipos.

A ordem de importância dos valores varia de empreendedor para empreendedor, de acordo com os modelos mentais adotados, geralmente associados a características ou fontes distintas. Todo ser humano tem uma escala de valores de acordo com a importância atribuída no meio em que viveu. Por essa razão, alguns valorizam mais a família, outros o dinheiro e os bens materiais, e outros o cargo ou a profissão. Isso está diretamente relacionado com as fontes dos modelos mentais, maneira pela qual os seres humanos organizam e dão sentido às suas experiências.

Uma das premissas fundamentais da mentalidade empreendedora é que, para construir um negócio bem-sucedido, liderar pessoas e promover o bem-estar dos clientes por meio da qualidade dos produtos e serviços oferecidos, é necessário fazê-lo a partir do exemplo pessoal, baseado em princípios, valores, virtudes, atitudes e condutas positivas. Atuar em ambientes distintos não significa ter personalidades diferentes.

Para monitorar o comportamento humano, ou mesmo o das empresas, a internet tem demonstrado ser um instrumento eficiente de democratização da informação, pois permitiu a ampliação do consciente coletivo, uma espécie de Iluminismo do mundo atual, na parte que vale a pena compará-la. Contudo, os valores só fazem sentido quando são incorporados por livre e espontânea vontade.

> O que projeta uma empresa para o futuro são os princípios, e não os lucros. Eu me importo muito com resultados. Porém, a questão é que há mais de um tipo de resultado na vida das empresas. As companhias não competem apenas no mundo financeiro, mas por talentos, por inovações, e no mundo das ideias morais, que definem as regras do jogo. Penso que você só pode ser competitivo em longo prazo se tiver princípios e propósitos.
>
> **NIKOS MOURKOGIANNIS**
> **PURPOSE: THE STARTING POINT OF GREAT COMPANIES**

Para dar sentido à visão e à missão de negócio, os valores precisam ser vividos pela organização. Lembra-se do Espírito Pioneiro da Sony? Tanto a visão quanto a missão e os valores precisam ser introjetados na veia de todos os que fazem parte e contribuem para o desenvolvimento do negócio. O dinheiro é uma consequência e, apesar de necessário, não é determinante. Trata-se de um instrumento de troca distorcido no mundo dos negócios, quase sempre atrelado ao sucesso ou ao fracasso de alguém, o que não reflete a mentalidade empreendedora.

Valores são elementos inegociáveis. Empreendedores e empresários são tentados frequentemente a renunciar a suas convicções em troca de benesses que, em princípio, parecem resolver todos os seus problemas; entretanto, quando levadas à reflexão e contabilizadas, trazem consequências irreversíveis, tanto na vida pessoal quanto profissional de qualquer cidadão.

De maneira geral, o empreendedor deve adotar valores dos quais não se pretende abrir mão durante a vida toda, a fim de gerar a credibilidade necessária no seu círculo de relacionamentos e no mercado onde atua. Adotar uma postura perante os fornecedores e outra perante os clientes colocará em risco a sua integridade, ou seja, o discurso será diferente da prática, e isso nunca será bom para o negócio.

Uma das etapas principais para a criação de uma empresa visionária é articular uma ideologia central.[36] Com base no que observaram durante sua pesquisa, Collins e Porras criaram uma definição prática em duas partes da ideologia central, a qual recomendo aqui para empreendedores iniciantes que almejam criar uma "empresa feita para durar".

Ideologia central = Valores centrais + Objetivo

Valores centrais: as doutrinas essenciais e duradouras da empresa — um pequeno conjunto de princípios gerais de orientação. Não devem ser confundidos com práticas culturais ou operacionais específicas, e não devem ser comprometidos em detrimento de ganhos financeiros ou oportunismos de curto prazo.

Objetivos: as razões ou os motivos fundamentais pelos quais a organização existe, além de simplesmente ganhar dinheiro — uma estrela-guia permanente no horizonte. Os objetivos não devem ser confundidos com metas ou estratégias específicas de negócios.

Exemplos pioneiros

3M	• Inovação: não se matar a ideia de um novo produto.
	• Integridade absoluta.
	• Respeito pela iniciativa individual e o crescimento pessoal.
	• Tolerância com respeito a erros honestos.
	• Qualidade e confiabilidade do produto.
	• "Nosso verdadeiro negócio é resolver problemas".
Sony	• Sentir a pura alegria resultante do progresso, da aplicação e da inovação tecnológica que beneficiam o público.
	• Elevar a cultura e o status nacional do Japão.
	• Ser pioneira — não seguir os outros, fazer o impossível.
	• Respeitar e encorajar a capacidade e a criatividade de cada indivíduo.

(continua)

EMPREENDEDORISMO 360°

(continuação)

Walt Disney	* Cinismo proibido. * Atenção fanática à consistência e aos detalhes. * Progresso contínuo através da criatividade, dos sonhos e da imaginação. * Controle e preservação fanática da imagem de "magia" da Disney. * Levar a felicidade a milhões de pessoas e celebrar, alimentar e divulgar "valores norte-americanos sadios".

Enquanto a visão define aonde a empresa quer chegar em cinco ou dez anos, e a missão define a maneira como pretende chegar, os valores definem os princípios que estabelecem o comportamento da empresa — sócios e colaboradores —, ou seja, como a empresa trabalhará, se comportará e fará negócios. Na prática, definem como a empresa deseja ser vista em uma sociedade cada vez mais exigente e diversa em relação aos princípios básicos que a norteiam. Conheça alguns exemplos atuais.[37]

Empresa	Valores fundamentais
Cacau Show	* Paixão por realizar. * Mais com menos. * Inovação. * Cultivamos relações com carinho e pragmatismo. * Atenção aos detalhes.
Embraer	* Ética e integridade em tudo que fazemos. * Nossa gente é o que nos faz voar. * Existimos para servir nossos clientes. * Buscamos a excelência empresarial. * Ousadia e inovação são a nossa marca. * Atuação global é a nossa fronteira. * Construímos um futuro sustentável.
Google	* Concentre-se no usuário e tudo mais virá. * É melhor escolher uma coisa e fazê-la muito bem. * Rápido é melhor que devagar.

PLANEJAMENTO DO NEGÓCIO

Empresa	Valores fundamentais
Google	* A democracia funciona na web. * Você não precisa estar em sua escrivaninha para precisar de uma resposta. * É possível fazer dinheiro sem fazer o mal. * Sempre haverá mais informações. * A busca por informações cruza todas as fronteiras. * É possível ser sério sem usar terno. * Excelente ainda não é o suficiente.
Nespresso	* Inovação e espírito pioneiro: está em nosso DNA ultrapassar os limites do que uma experiência única de café pode ser. * Vemos o café como uma força para o bem. * Nós constantemente entregamos o extraordinário. * Acreditamos que o café é uma arte: algo bonito, único e raro.
O Boticário	* Brilho no olho é tudo. * Somos inquietos. * Nutrimos nossas relações. * Somos ágeis. * Buscamos sucesso responsável.
Sony	* Sonhos e curiosidade: pioneiro no futuro com sonhos e curiosidade. * Diversidade: prosseguir a criação dos melhores, aproveitando a diversidade e os diferentes pontos de vista. * Integridade e sinceridade: conquistar a confiança da marca Sony por meio de uma conduta ética e responsável. * Sustentabilidade: cumprir nossas responsabilidades de partes interessadas por meio de práticas comerciais disciplinadas.

Importantíssimo: os valores precedem a missão, a visão de futuro e os objetivos da empresa, tanto na lógica quanto na realidade. Devem ser factíveis, significativos e duradouros. Além de tudo, devem representar as posturas e atitudes das pessoas, resistir ao tempo, ser coerentes com a identidade e independentes do segmento de negócio ou do ramo de atividade.

Os valores são o alicerce da visão e da missão. Os fundadores possuem um conjunto de valores estabelecido no momento em que criam um negócio, muito antes de desenvolver até mesmo uma ideia informal da definição da missão ou de um conjunto de objetivos.

O êxito do negócio depende do conjunto de habilidades, características, valores e virtudes que não podem ser adotados de maneira excludente no trabalho ou fora dele e, por tudo isso, devem ser praticados desde o primeiro momento — é assim que eles vão solidificar a sua história de sucesso. **Valores são para sempre.**

3.4 Plano operacional

O nome varia de empresa para empresa, mas o objetivo básico da função de operações é fornecer o produto/serviço produzido pela empresa. A função de operações representa um processo que vai desde a compra da matéria-prima até o seu devido acabamento, a venda e a entrega para o cliente.

O termo "operações", no sentido mais amplo, envolve diferentes áreas, como compras, recebimento, armazenagem, movimentação, planejamento, produção, estoque, acabamento, manutenção, transporte e distribuição.

Em grandes corporações, com exceção da produção, os processos que envolvem o recebimento da matéria-prima e o escoamento da produção (produtos acabados) são chamados de logística, um conceito mais abrangente e estratégico. Atualmente, com a popularização do termo, a logística é aplicada independentemente do tamanho da empresa. Todo empreendedor tem noção de que a logística é de fundamental importância para o sucesso do negócio.

PLANEJAMENTO DO NEGÓCIO

Tudo começa com uma **estrutura organizacional** e uma **matriz de responsabilidades** bem definidas. Calma, não se apavore! Pode parecer complexo ou desnecessário no início; entretanto, eu nunca recomendaria começar um negócio, por mais simples que fosse, sem uma ideia de como deve se comportar a operação a partir do momento em que estiver no auge das suas atividades.

A estrutura organizacional define como as áreas são formalmente distribuídas, agrupadas e coordenadas. Os empreendedores precisam ter em mente seis elementos básicos quando projetam a estrutura das suas organizações. Esses elementos são a especialização do trabalho, a departamentalização, a cadeia de comando, a amplitude de controle, a centralização e descentralização e a formalização.[38]

Quadro 3.2 – As seis questões básicas da estrutura organizacional.[39]

	A pergunta-chave	A resposta é dada por
1.	Onde fica a autoridade no processo decisório?	Especialização do trabalho
2.	Qual é a base para o agrupamento das tarefas?	Departamentalização
3.	A quem os indivíduos e os grupos vão se reportar?	Cadeia de comando
4.	Até que ponto as atividades podem ser subdivididas em tarefas separadas?	Amplitude de controle
5.	Quantas pessoas cada executivo pode dirigir com eficiência e eficácia?	Centralização e descentralização
6.	Até que ponto haverá regras e regulamentações para dirigir os funcionários e os executivos?	Formalização

Entre os modelos organizacionais mais comuns encontrados, pode-se destacar a estrutura simples, a burocracia e a estrutura matricial.[40] A **estrutura simples** possui um baixo grau de departamentalização, grande amplitude de controle, autoridade centralizada em uma única pessoa e pouca formalização.

173

A **burocracia** é caracterizada por tarefas operacionais extremamente rotineiras, realização por meio de especialização, regras e regulamentos muito formalizados, tarefas que são agrupadas em departamentos funcionais, autoridade centralizada, pequena amplitude de controle e processo decisório que acompanha a cadeia de comando.

A **estrutura matricial** é muito utilizada por agências de propaganda, empresas de aeronáutica, empresas com sede em outros países, laboratórios de pesquisa e desenvolvimento, construtoras, hospitais, agências governamentais, universidades, empresas de consultoria e empresas de entretenimento.

A característica mais óbvia da estrutura matricial é que ela rompe o conceito de cadeia de comando, uma vez que os empregados são submetidos a dois ou mais líderes diferentes, às vezes a distância, o que pode provocar confusão por conta da disputa de poder e do estresse que causa nas pessoas subordinadas a esse tipo de estrutura. Deve ser muito bem pensada antes.

Recomendação: utilize uma estrutura simples, com responsabilidades bem definidas desde o início, e as coisas fluirão da melhor maneira possível. O que é ser simples? Avalie no modelo de estrutura a seguir.

FIGURA 3.2 – ESTRUTURA ORGANIZACIONAL BÁSICA

A **matriz de responsabilidades** define as responsabilidades de cada área, setor ou departamento mencionados na estrutura organizacional para evitar sobreposição de atividades, cargos e funções dentro da empresa. Quando ambas são estabelecidas de forma adequada à realidade da empresa, elas propiciam:

* Identificação das tarefas necessárias.
* Organização das funções e responsabilidades.
* Informações, recursos e feedback aos empregados.
* Medidas de desempenho compatíveis com os objetivos.
* Condições motivadoras para o trabalho individual e em equipe.

Tomando-se por base o modelo simplificado de estrutura organizacional definido anteriormente, pode-se ajustar também a matriz de responsabilidades, ou seja, as tarefas, atividades, atribuições e processos de cada área, setor ou departamento. Quanto mais claras, melhor para o desenvolvimento das atividades.

Quadro 3.3 – Modelo de matriz de responsabilidades.

Diretoria	Jurídico[†]
Definição de políticas.	
Definição de processos.	Ações trabalhistas: preventivo e contencioso.
Estrutura organizacional.	
Matriz de responsabilidades.	Elaboração de contratos comerciais.
Planejamento estratégico.	Orientação jurídica.
Plano de negócio.	Regularização de processos perante os órgãos de fiscalização.
Prospecção de novos negócios.	
Relacionamento com instituições financeiras.	

(continua)

† Pode ser terceirizado.

EMPREENDEDORISMO 360°

(continuação)

Administrativo-financeiro	Comercial	Produção	Logística
* Contabilidade. * Suprimentos. * Contas a pagar. * Contas a receber. * Fluxo de caixa. * Orçamento. * RH: recrutamento, treinamento, salários, segurança no trabalho etc. * Indicadores (KPIs). * TI.	* Faturamento. * Política comercial. * Prospecção de clientes. * Suporte interno de vendas. * Vendas externas. * Telemarketing.	* Planejamento da produção. * Programação da produção. * Processo de produção. * Controle da produção. * Controle de qualidade. * Acabamento. * Embalagem.	* Recebimento de matéria-prima. * Recebimento de materiais/serviços. * Armazenagem. * Abastecimento. * Controle de produto acabado. * Distribuição. * Transporte.

No modelo de estrutura organizacional proposto anteriormente (Figura 3.2), note que a caixa da área jurídica aparece com uma tonalidade diferente das demais. Isso significa que ela pode ser apenas um órgão de apoio ou *staff* em regime de terceirização, uma vez que nem sempre o empreendedor inicial pode se dar ao luxo de internalizar essa atividade, em função dos elevados custos que ela representa. Isso pode ocorrer também com o serviço de contabilidade, até que a empresa possa gerar receita e lucratividade suficiente para internalizar a atividade.

No começo, não é necessário sofisticar a estrutura organizacional, considerando que o empreendimento não gerará resultado suficiente para bancar profissionais caros e disputados no mercado. Na maioria das vezes, o próprio empreendedor assumirá diferentes papéis na empresa: de manhã faz compras e liga para clientes, de tarde assume o caixa e faz serviço de banco, e à noite faz o caixa e o fechamento do resultado.

PLANEJAMENTO DO NEGÓCIO

À medida que o empreendimento se desenvolve, torna-se impossível ser tudo para todos; portanto, deve-se ter consciência de que o futuro da empresa exigirá desapego e delegação das coisas mais simples para profissionais que serão contratados e ajudarão a empresa a crescer. Não se pode esquecer que a missão do empreendedor também é fomentar o emprego e a renda.

A complexidade da operação depende da natureza do empreendimento: agropecuária, indústria, comércio, serviços etc. Uma indústria de grande porte requer uma operação mais complexa que a de pequeno porte, assim como a operação de uma grande rede de lojas é mais complexa que a simples operação de uma boutique instalada em um shopping qualquer.

De maneira geral, a natureza do negócio também pode ser subdivida, motivo pelo qual o empreendedor deve se familiarizar não apenas para ajustar o plano operacional, mas para estabelecer as reais vantagens competitivas do seu negócio.

Quadro 3.4 – Classificação e natureza do empreendimento.

INDÚSTRIA	
De base	Atuam na transformação da matéria-prima bruta em matéria-prima para outras indústrias. Exemplo: usinas de energia elétrica, madeireiras, mineradoras, química e petroquímica, siderúrgicas etc.
Intermediária	Atuam na produção de peças e equipamentos que serão utilizados pelas indústrias de bens de consumo. Exemplos: indústrias que produzem peças de automóveis, eletrodomésticos, computadores, máquinas pesadas — também denominadas de periféricas, no caso das montadoras de automóveis, por se instalarem próximas ao principal produtor.
Bens de consumo	Atuam na produção direcionada ao consumidor final, para a fabricação de produtos que atendam às diferentes demandas do mercado, utilizando-se da matéria-prima recebida da indústria de base. Pode ser classificada de três maneiras: • **Bens duráveis:** responsável pela produção de produtos de vida útil elevada, ou seja, de longa durabilidade: automóveis, equipamentos, máquinas etc.

(continua)

177

(continuação)

Quadro 3.4 – Classificação e natureza do empreendimento.

Bens de consumo	* **Bens semiduráveis:** responsável pela produção de produtos com vida útil de durabilidade média: roupas, calçados, material escolar etc. * **Bens não duráveis:** responsável pela produção de bens perecíveis, ou seja, para consumo rápido: alimentos, bebidas, medicamentos, produtos de beleza etc.
De ponta	Atuam na produção de bens que utilizam alta tecnologia em suas fases de produção. Empregam mão de obra especializada e com alto grau de escolaridade. Investem muito em pesquisa e desenvolvimento, uma vez que privilegiam a inovação tecnológica. Grande parte destas indústrias tem sua matriz em países desenvolvidos. Exemplos: indústrias de aviões, satélites de comunicação, computadores, equipamentos de diagnóstico médico, telefones celulares, tablets, smartphones etc.
COMÉRCIO	
Atacadista	Realizado por empresas que comercializam grandes quantidades de determinado produto, ou de produtos de emprego similar, sendo o intermediário entre fabricantes e varejistas, comprando e vendendo de diversos fornecedores, inclusive empresas concorrentes. Exemplos: Makro, Martins, Megafort, Zamboni etc.
Independente	Realizado por comerciantes (pessoas físicas ou jurídicas) que são donos do próprio negócio e estabelecimento, sem qualquer ligação jurídica com intermediários. Exemplos: camelôs, feiras de bairro, revendedoras de semijoias e de roupas em domicílios, consultoras de beleza (Avon, Natura) etc.
Integrado	Realizado com vínculos jurídicos e intermediários, formando um círculo de distribuição de produtos. Exemplos: Camicado, C&A, Riachuelo, Zara, Zelo etc.
Franchising	Realizado por meio de contrato com uma empresa que detém o *know-how* e atua como franqueadora. Quem adquire uma franquia tem o direito de explorar e oferecer produtos ou serviços dentro dos padrões estabelecidos pela franqueadora. Exemplos: Burger King, O Boticário, McDonald's etc.
E-commerce	Comercialização de produtos e serviços por meio de um site oficialmente registrado nos órgãos reguladores da internet. Trata-se do comércio online, realizado por meio de lojas virtuais segmentadas. Exemplos: Americanas, Amazon, Dafiti, Mercado Livre, Netshoes, Submarino etc.

PLANEJAMENTO DO NEGÓCIO

Quadro 3.4 – Classificação e natureza do empreendimento.

Exterior	Realizado entre empresas multinacionais e entre governos de diferentes países. Exemplo: grandes cooperativas e produtores de alimentos etc. Pode ser realizado também por pequenas e médias empresas, por meio de sistemas simplificados de exportação, como o Siscomex, por exemplo, desde que atenda aos requisitos desejados pela legislação.
Varejista	Termo utilizado para designar os setores de comércio que vendem diretamente para consumidores finais. Exemplos: farmácias, mercados de bairros, lojas de eletrodomésticos, supermercados, lojas de conveniência, postos de serviços.

SERVIÇOS

Com relação aos serviços, os membros da Organização Mundial do Comércio (OMC) utilizam a Classificação Central de Produtos Básicos (CPC) das Nações Unidas, que reúne 12 categorias de setores e 155 subsetores. Esta classificação é informalmente referida como "W120", pois é este o símbolo do documento oficial da OMC que serve como sua base.[41]

Empresas

* Profissionais: arquitetura, auditoria, contábeis, engenharia, médicos, odontológicos, planejamento urbano, veterinário, enfermeiras etc.

* Informática e conexos: serviços de consultores em instalação de equipamento de informática, implementação de programas de informática, processamentos de dados e bases de dados etc.

* Pesquisa & desenvolvimento: serviços de P&D em ciências naturais, serviços P&D em ciências sociais e humanas, serviços de P&D interdisciplinares.

* Serviços imobiliários: relativos a bens próprios ou arrendados, por comissão ou por contrato.

* Serviços de arrendamento ou aluguel sem operador: relativos à embarcação sem tripulação, aeronaves sem tripulação e outros equipamentos de transporte sem pessoal; relativos a outras máquinas e equipamento e outros.

* Outros: serviços de publicidade; serviços de pesquisa de mercados e coleta de opinião pública; serviços de consultores em administração; serviços relacionados com consultores em administração; serviços de ensaios e análises técnicas; serviços associados à agricultura, caça e silvicultura, pesca, mineração etc.

(continua)

179

EMPREENDEDORISMO 360º

(continuação)

Quadro 3.4 – Classificação e natureza do empreendimento.

Comunicação	* Serviços postais. * Serviços de correio. * Serviços de telecomunicações: serviços de telefonia, serviços de transmissão de "pacotes" de dados, serviços de transmissão de dados com computação de circuitos, correio eletrônico, correio de voz, intercâmbio eletrônico de dados (IED) etc. * Serviços audiovisuais: produção e distribuição de filmes cinematográficos e fitas de vídeo, projeção de filmes cinematográficos, rádio e televisão, transmissão de rádio e televisão, gravação sonora, entre outros.
Construção e serviços relacionados à engenharia	* Trabalhos gerais de construção de edificação. * Trabalhos gerais de construção de engenharia civil. * Trabalhos de instalação e montagem. * Trabalhos de conclusão e acabamento de edificação. * Outros.
Distribuição	* Serviços de agentes comissionados. * Serviços comerciais de atacado. * Serviços de varejo. * Franquia. * Outros.
Educacionais	* Serviços de ensino primário. * Serviços de ensino secundário. * Serviços de ensino superior. * Ensino de adultos. * Outros serviços de ensino.
Meio ambiente	* Serviços de esgoto. * Serviços de disposição e tratamento de resíduos. * Serviços de saneamento e similares. * Outros.
Financeiros	* Seguros e serviços relacionados com seguros. * Serviços bancários e outros serviços financeiros.

PLANEJAMENTO DO NEGÓCIO

Quadro 3.4 – Classificação e natureza do empreendimento.

Serviços de saúde e sociais	* Serviços hospitalares. * Outros serviços de saúde. * Serviços sociais. * Outros. * Obs.: exceto médicos, dentários e veterinários.
Turismo e relacionados	* Hotéis e restaurantes, inclusive fornecimento (*catering*). * Serviços de agências de viagens e operadores de turismo. * Serviços de guias de turismo com viagens, entre outros.
Diversão cultural e esportivos	* Entretenimento (inclusive teatros, bandas de música e circos). * Agências de notícias. * Bibliotecas, arquivos, museus e outros serviços culturais. * Serviços desportivos e outros serviços de diversão (exceto os serviços audiovisuais).
Transportes	* Transporte marítimo: carga, passageiros, aluguel de embarcações com tripulação, manutenção e reparo de embarcações; serviços de rebocador e empurrador; apoio ao transporte marítimo. * Transporte por vias de navegação interiores: cargas, passageiros, aluguel de embarcações com tripulação; manutenção e reparo de embarcações; serviços de rebocador e empurrador; serviços de apoio ao transporte por vias navegáveis interiores. * Transporte aéreo: cargas, transporte de passageiros, aluguel de embarcações com tripulação, manutenção e reparo de embarcações, serviços de rebocador e empurrador, apoio ao transporte aéreo. * Transporte pelo espaço. * Serviços de transporte ferroviário: cargas, passageiros, rebocador e empurrador, manutenção e reparo de equipamentos de transporte ferroviário, apoio ao transporte ferroviário. * Transporte rodoviário: cargas, passageiros, aluguel de veículos comerciais com operador, manutenção e reparo de equipamento de transporte rodoviário, serviços de apoio ao transporte rodoviário.

(continua)

EMPREENDEDORISMO 360°

(continuação)

Quadro 3.4 – Classificação e natureza do empreendimento.

	* Transporte por dutos: transporte de combustíveis, transporte de outros produtos.
Transportes	* Serviços auxiliares aos meios de transporte: serviços de manuseio de carga, armazenagem e entrepostagem, agências de transporte de carga, entre outros.
	* Outros serviços de transportes.

Nota do autor: para conferir a lista completa, consulte o site da OMC ou o do Ministério da Indústria e Comércio.

Quanto maior for a complexidade da operação, maior a necessidade de se estudar as implicações legais, operacionais, políticas e sociais do negócio e, por maior que seja o seu domínio sobre a principal atividade da empresa, são muitas as variáveis a considerar.

O plano de negócio deve responder a todas essas questões de cunho administrativo, operacional, comercial e financeiro, uma vez que será adaptado à realidade de quem se propõe a fazê-lo ou contratá-lo por meio de profissionais capacitados para desenvolvê-lo de acordo com as exigências dos potenciais investidores.

Se o novo empreendimento for uma operação de fabricação, será necessário um **plano de produção**. Esse plano deverá descrever todo o processo de fabricação. Se parte do processo de fabricação ou todo ele for subcontratado, por exemplo, o plano deverá descrever os serviços terceirizados, incluindo localização, razões para seleção, custos e qualquer contrato fechado.

Se a fabricação for realizada por completo ou em parte pelo empreendedor, ele terá que descrever o leiaute e a planta física, o maquinário, os equipamentos necessários para desempenhar as operações de produção e qualquer necessidade futura de equipamento.

Em uma operação de fabricação, a discussão desses itens será importante para qualquer investidor em potencial, na hora de avaliar necessidades financeiras.[42]

Se o empreendimento for uma loja, serviço ou algum outro tipo de negócio que não envolva fabricação, essa seção será intitulada "plano operacional", em que será necessário descrever as etapas cronológicas para completar uma transação comercial.

As etapas cronológicas determinam o intervalo total de tempo que uma empresa gasta para executar todas as suas atividades operacionais, venda e recebimento dos créditos gerados pela atividade comercial, também conhecido como **ciclo operacional**. Ele começa com a aquisição da matéria-prima e termina com o recebimento do valor referente à venda.

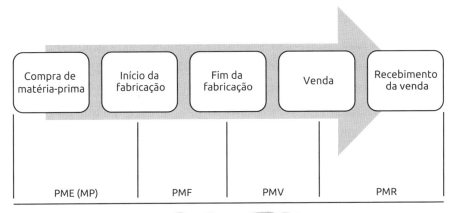

FIGURA 3.3 – CICLO OPERACIONAL

Em que:

- PME (MP) = Prazo médio de estoque da matéria-prima.
- PMF = Prazo médio de fabricação.
- PMV = Prazo médio de venda.
- PMR = Prazo médio de recebimento.

Vejamos um exemplo prático e sua principal implicação, caso o empreendedor tenha optado por industrialização de matéria-prima ou manufatura de produtos:

- PME (MP) = 10 dias
- PMF = 5 dias
- PMV = 15 dias

* PMR   = 45 dias
* TOTAL   = 75 dias => ciclo operacional

O que isso significa? O empreendedor precisará de capital de giro suficiente para suportar 75 dias de operação até o recebimento da primeira nota fiscal emitida, supondo que o cliente pague exatamente no dia determinado. Esse período é o tempo necessário para compra da matéria-prima, recebimento, estocagem, transformação ou beneficiamento, armazenagem do produto acabado, processo de venda e recebimento da fatura.

Questões para reflexão: de onde sairá o dinheiro para suportar este ciclo operacional? Qual o valor necessário para bancar o ciclo operacional? Até onde vai o seu fôlego financeiro?

Se a previsão de vendas se confirmar de acordo com o que foi estabelecido no plano de negócio, pode-se dizer que existe um lado bom (crescimento do negócio) e um lado preocupante (necessidade de capital de giro); portanto, crescer dói.

Este livro foi concebido para atender ao anseio de milhares de empreendedores, razão pela qual o modelo operacional deve ser adaptado de acordo com a natureza e a realidade de cada negócio. Como não é possível definir um único modelo operacional para cada segmento, algumas questões são essenciais e devem ser levadas em consideração antes mesmo da concepção do negócio.

Quadro 3.5 – Questões fundamentais para definição do modelo operacional.[43]

Quanto ao local escolhido para a fabricação, comercialização ou realização do serviço
1. Qual é o espaço físico necessário?
2. O espaço deve ser comprado ou alugado?
3. Qual é o custo por metro quadrado?
4. O local pode ser destinado para uso comercial?
5. Quais são as restrições da prefeitura para o uso de placas, estacionamento e tipo de produto que pretendo produzir no local?

PLANEJAMENTO DO NEGÓCIO

6. É necessário reformar as instalações existentes?

7. O local é acessível para funcionários?

8. O local é acessível ao tráfego de veículos?

9. Há espaço para estacionamento?

10. Há espaço suficiente para expansão no futuro?

11. Qual é o perfil econômico e demográfico da área?

12. Existe mão de obra adequada à disposição?

13. Existem incentivos para instalação? Quais são os impostos locais?

14. Os sistemas de abastecimento de água, eletricidade, esgoto e telefonia e internet são adequados às minhas necessidades?

15. Como deverá ser feita a manutenção: com pessoal próprio ou terceirizado?

Quanto ao local escolhido para a fabricação, comercialização ou realização do serviço

1. Qual é o espaço físico necessário?

2. O espaço deve ser comprado ou alugado?

3. Qual é o custo por metro quadrado?

4. O local pode ser destinado para uso comercial?

5. Quais são as restrições da prefeitura para o uso de placas, estacionamento e tipo de produto que pretendo produzir no local?

6. É necessário reformar as instalações existentes?

7. O local é acessível para funcionários?

8. O local é acessível ao tráfego de veículos?

9. Há espaço para estacionamento?

10. Há espaço suficiente para expansão no futuro?

11. Qual é o perfil econômico e demográfico da área?

12. Existe mão de obra adequada à disposição?

13. Existem incentivos para instalação? Quais são os impostos locais?

14. Os sistemas de abastecimento de água, eletricidade, esgoto e telefonia e internet são adequados às minhas necessidades?

15. Como deverá ser feita a manutenção: com pessoal próprio ou terceirizado?

185

EMPREENDEDORISMO 360°

Em geral, o plano operacional especifica como as várias partes do negócio serão sincronizadas para atingir as metas, trata dos *trade-offs* (análise das escolhas, renúncias e consequências) que precisarão ser feitos e das contingências para as coisas que podem dar errado ou que ofereçam oportunidades inesperadas.[44]

O plano operacional é responsabilidade de todos. Ele conecta os colaboradores, a estratégia e as operações por meio de um fio, e se traduz no estabelecimento de metas e objetivos para todos os anos considerados no planejamento do negócio. Dedique a ele mais tempo do que o seu concorrente seria capaz de dedicar.

Em resumo, as operações dizem respeito a todos os processos que fazem parte da concepção até a entrega do produto ou serviço, independentemente do ramo de atividade. Se o processo de estratégia define para onde o empreendedor deseja ir, os colaboradores executam e o plano operacional indica o caminho mais adequado para se chegar lá. Quando se trata de *commodities*, a operação eficiente é a única forma de ganhar dinheiro.

3.5 Plano de marketing e vendas

O marketing está por toda parte, e envolve a identificação e a satisfação das necessidades humanas e sociais. Para defini-lo de maneira bem simples, pode-se dizer que o marketing supre necessidades lucrativamente.[45] Contudo, exceto para casos que envolvem o aporte de investidores, a importância do marketing fica relegada a um segundo plano em grande parte das empresas.

Formal ou informalmente, pessoas e corporações envolvem-se em um grande número de atividades que poderiam ser chamadas de marketing. O marketing tem se tornado ingrediente cada vez mais indispensável para o sucesso nos negócios e afeta profundamente nossa vida cotidiana. Ele está em tudo o que fazemos — das roupas que vestimos aos sites em que clicamos, passando pelos anúncios que cruzam o nosso caminho todos os dias.[46]

O objetivo básico da função de marketing é estabelecer e manter a ligação da empresa com os seus clientes e até mesmo com fornecedores.

186

A função de marketing abrange as seguintes atividades: pesquisa, desenvolvimento de produtos e serviços, distribuição, propaganda e promoção.

Embora a função de vendas seja tratada dentro do marketing, ela deve ser separada da sua atividade, mas sem concorrer com ela. Marketing é mais abrangente, subjetivo e conceitual. Vendas são mais específicas e envolvem a linha de frente, a prospecção, o dia a dia, a disputa pelo cliente diretamente no ponto de venda. Ambas são importantes e se complementam. Sem vendas não há dinheiro para marketing, e sem marketing as vendas não se expandem. Em geral, quanto maior o investimento em marketing, maior a venda, e vice-versa.

O plano de marketing, por sua vez, é composto de vários subplanos. As atividades de propaganda, venda pessoal e promoção de vendas também têm planos respectivos para alcançar os objetivos de marketing. A Figura 3.4 ilustra bem essa situação.[47]

FIGURA 3.4 – PLANO DE MARKETING

Os planos de marketing apresentados por diferentes autores são semelhantes em termos da metodologia para o seu desenvolvimento. Existem diferenças quanto a alguns detalhes de informação, mas a ideia básica e a formatação dos planos são semelhantes entre si.

O marketing, no entanto, não é simples, e tem sido o grande desafio para as empresas, principalmente para as mais antigas e prósperas, que não podem se descuidar por um instante sequer da concorrência. O marketing influencia nas decisões mais importantes, como o lançamento de novos produtos, onde vendê-los, quanto investir em propaganda e vendas, como escolher o nome e a embalagem correta para o produto e até mesmo o melhor canal de distribuição para impulsionar as vendas.

De acordo com Philip Kotler, antes da concepção do novo negócio, o profissional de vendas ou de marketing deve procurar respostas para as perguntas mais frequentes, a saber:[48]

1. Como identificar e escolher o segmento de mercado correto?
2. Como diferenciar nossas ofertas?
3. Como responder a clientes que compram com base em preço?
4. Como competir com concorrentes que têm custo e preço mais baixos?
5. Até que ponto pode-se customizar a oferta para cada cliente?
6. Como cultivar nosso negócio?
7. Como construir uma marca sólida?
8. Como reduzir o custo de aquisição dos clientes?
9. Como a fidelidade de nossos clientes por mais tempo?
10. Como saber quais clientes são os mais importantes?
11. Como mensurar o retorno da propaganda, da promoção de vendas e das atividades de relações públicas?
12. Como aumentar a produtividade da força de vendas?
13. Como estabelecer múltiplos canais e gerenciar o conflito de canais?
14. Como fazer com que todos dentro da empresa sejam mais orientados para o cliente?

O **plano de marketing é parte integrante do plano de negócio**, elaborado logo após a consolidação do modelo de negócio, a exemplo dos planos operacional e financeiro. De certa forma, parte das ideias do marketing deve ser tratada durante a elaboração do modelo de negócio, ou seja, antes da decisão de evoluir para o plano de negócio.

Quando o modelo Canvas foi abordado, alguns painéis tratavam, de maneira resumida, de pontos importantes do plano de marketing, como proposta de valor, segmentação e relacionamento com clientes. Em um pla-

PLANEJAMENTO DO NEGÓCIO

no mais estruturado de marketing, as questões essenciais propostas por Kotler foram elaboradas para reduzir a expectativa ou mesmo a ansiedade do empreendedor com relação ao potencial do seu negócio.

O conceito central do marketing é a troca, portanto, envolve a obtenção de um produto desejado de alguém que oferece algo em troca. Para que o potencial de troca possa existir, existem cinco condições essenciais:[49]

1. Que existam pelo menos duas partes.

2. Que todas as partes possuam algo que possa ter valor para as outras partes.

3. Que todas as partes tenham capacidade de comunicação e de entrega.

4. Que todas as partes estejam livres para aceitar ou recusar a oferta de troca.

5. Que todas as partes acreditem ser adequado participar da negociação.

Segundo Kotler, a efetivação ou não da troca depende de as duas partes concordarem com termos que deixarão ambas em uma situação melhor do que antes — pelo menos, essa é a ideia. A troca é um processo de criação de valor, porque normalmente deixa as partes envolvidas em melhor situação.

Duas partes estão engajadas em uma troca se estiverem negociando — ou seja, tentando chegar a condições aceitáveis para ambas —, e, quando chegam a um acordo, pode-se dizer que ocorreu uma **transação**.

Enfim, **marketing é utilizado para aumentar o valor percebido pelos clientes** dos produtos e serviços comercializados pela empresa e, por consequência, aumentar o número de transações comerciais entre pessoas, empresas e países em todos os lugares do mundo. O ideal é contar com um profissional acostumado ao segmento de negócio em que se pretende atuar; entretanto, sabe-se que isso não é tão simples quanto parece, pelo menos no início do projeto — afinal, um bom profissional desta área também custa caro —, mas, se houver essa mínima chance, em geral ela compensa o investimento.

189

EMPREENDEDORISMO 360º

Um bom profissional de marketing é alguém capaz de buscar uma resposta — atenção, compra, voto, doação — de outra parte, denominada "cliente potencial" ou *"prospect"*; afinal, é treinado para estimular qualquer tipo de demanda de produtos ou serviços, embora sua especialidade seja bem mais abrangente.

Por que todo empreendedor precisa entender e trabalhar os produtos e serviços da sua empresa a partir do ponto de vista do marketing?

* **A variedade de bens e serviços disponíveis aumentou** consideravelmente; portanto, não basta ser apenas mais um na multidão, a concorrência é dura.

* **A informação se multiplicou de forma geométrica na internet;** não há mais como esconder nem se esconder do acesso ilimitado do potencial consumidor sobre produtos, serviços e pessoas, com poucos cliques na web.

* **O poder de compra aumentou,** portanto, o nível de seletividade e de infidelidade do consumidor também aumentou. Com exceção às classes mais abastadas, a marca não importa mais; o preço é que determina a relação.

* **A relação de troca** — transação — **não precisa mais do contato físico entre vendedor e cliente,** pelo menos quando se trata de produtos, por conta dos milhares de sites disponíveis na internet (*e-commerce*), onde se pode comprar de tudo em qualquer lugar do mundo.

* **A possibilidade de comparação é cada vez maior,** e o cliente não está mais sujeito à pressão do vendedor, pois, em questão de segundos ou minutos, ele tem acesso a uma infinidade de produtos e serviços que podem ser facilmente comparados por meio de sites especializados, diretamente no celular.

Para cumprir os objetivos e as metas estabelecidos no plano de negócio ou mesmo no planejamento estratégico, é recomendável ao empreendedor iniciante a elaboração de um plano de marketing detalhado; afinal, se ele está apenas começando, precisa definir as melhores estratégias para tornar o seu produto e sua empresa conhecidos.

190

PLANEJAMENTO DO NEGÓCIO

O plano de marketing é uma parte importante do processo de crescimento e não pode ser ignorado. Em certos aspectos, é mais importante do que o plano financeiro. Da mesma maneira como foi orientado em relação ao plano operacional, deve ser simples, porém bem estruturado, discutido e adaptado à realidade de cada negócio.

Desse modo, o empreendedor deve deixar a sofisticação para o futuro, quando a empresa estiver em condições financeiras favoráveis para investir e sustentar a posição conquistada no mercado.

Em geral, o conteúdo do plano de marketing contempla os seguintes aspectos: (1) resumo executivo e sumário; (2) análise da situação/setorial; (3) estratégia de marketing; (4) projeções financeiras; e (5) controles.

Quadro 3.6 – Modelo de sumário do plano de marketing.[50]

1. Resumo executivo e sumário	3. Estratégia de marketing
O plano de marketing deve ser iniciado com um breve resumo das principais metas e recomendações. O resumo executivo permite que o empreendedor compreenda o direcionamento geral do plano. Um sumário deve se seguir a esse resumo, delineando o restante do plano com seus fundamentos e detalhes operacionais.	3.1. Missão
	3.2. Objetivos de marketing
	3.3. Objetivos financeiros
	3.4. Público-alvo
	3.5. Posicionamento
	3.6. Estratégias
	3.7. Mix de marketing
2. Análise da situação/setorial	3.8. Pesquisa de marketing
2.1. Resumo do mercado	4. Projeções financeiras
2.2. Análise SWOT	4.1. Análise de ponto de equilíbrio
2.3. Concorrência	4.2. Previsão de vendas
2.4. Produtos	4.3. Previsão de despesas
2.5. Fatores-chave para o sucesso	5. Controles
2.6. Questões fundamentais	5.1. Implementação
	5.2. Organização de marketing
	5.3. Plano de contingências

EMPREENDEDORISMO 360°

Todo cuidado é pouco para não assustar o empreendedor. O mais importante aqui é tomar conhecimento da existência e da necessidade do plano de marketing. Parte do que foi sugerido no roteiro idealizado por Kotler foi tratado ao longo do livro de maneira detalhada — estratégias, posicionamento, fatores críticos de sucesso etc. Portanto, não há motivo para preocupação.

Entender as necessidades e os desejos do cliente é uma tarefa complexa. Alguns clientes têm necessidades das quais nem sempre estão cientes ou que não conseguem expressar, ou utilizam palavras que requerem interpretação. O que o cliente quer dizer quando pede um cortador de grama "poderoso", um torno "rápido", um maiô "atraente" ou um hotel "relaxante"?

Pense em um cliente que deseja um "carro barato"; é preciso entender melhor o que ele está dizendo. Nesse sentido, pode-se distinguir cinco tipos de necessidade:[51]

1. **Necessidades declaradas:** o cliente quer um carro econômico.

2. **Necessidades reais:** o cliente quer um carro cujo custo de manutenção seja baixo, e não seu preço inicial.

3. **Necessidades não declaradas:** o cliente espera um bom atendimento por parte do revendedor.

4. **Necessidades de "algo mais":** o cliente gostaria que o revendedor incluísse um computador de bordo.

5. **Necessidades secretas:** o cliente quer ser visto pelos amigos como um consumidor inteligente.

Responder apenas à necessidade declarada pode não ser o bastante para o cliente. Muitos nem sabem o que querem. Quem precisava de celular, computador, tablet e televisão antes de serem inventados? Por essas razões, é importante avaliar o impacto das escolhas (tendências) que vão afetar diretamente o negócio desde o seu início e, nesse aspecto, o marketing é determinante no crescimento da empresa.

192

PLANEJAMENTO DO NEGÓCIO

Escolhas dizem respeito a produto, preço, praça (mercado), promoção e inúmeras outras variáveis que integram o conjunto de análise por parte de quem quer se arriscar a empreender.

Em tempos difíceis, em que a percepção do consumidor é mais apurada do que há vinte ou trinta anos, **o marketing tem a missão de promover o encantamento do cliente**, algo que vai muito além de manipular as pessoas para conseguir alcançar os seus objetivos.

O encantamento pode ocorrer nos vilarejos, nas lojas, nos escritórios, na administração e na internet, na pequena e na grande organização. Ele causa uma mudança voluntária em corações e mentes e, com isso, nas ações e reações das pessoas.

Segundo Guy Kawasaki, o encantamento transforma situações em relacionamentos, hostilidade em civilidade, civilidade em afinidade, e transforma céticos e cínicos em adeptos.[52] Portanto, para que o encantamento ocorra, deve-se ir além do marketing, afinal, as pessoas não compram o que você vende, elas compram as histórias que você vivenciou.

Quando se faz necessário o encantamento? Veja algumas situações para as quais o empreendedor precisará mais do que marketing, na vida pessoal ou mesmo na operação do futuro empreendimento:

1. Quando deseja almejar resultados elevados e idealistas.
2. Quando precisa tomar decisões difíceis e raras.
3. Quando é necessário superar hábitos consolidados.
4. Quando quer desafiar a multidão.
5. Quando precisa prosseguir sem retorno ou quando o retorno chega atrasado.
6. Quando quer causar impacto e provocar uma mudança duradoura.

Independentemente do produto que você venderá, da empresa que criará e do dinheiro que pretende ganhar, o que importa de verdade são as lições que aprenderá, a pessoa em que se transformará e a contribuição que oferecerá para a sociedade.

Por tudo isso, a validação do modelo de negócio e do posicionamento, abordados no início deste capítulo, é a parte mais importante do processo, uma vez que a definição da forma e dos meios para o relacionamento com o cliente é que vão ditar as regras do jogo de marketing. Talvez o empreendedor não tenha um plano bem definido, mas, à medida que o empreendimento for se desenvolvendo, será inevitável tratar da questão de maneira séria e profissional.

Agora é com você: qual é a sua proposta de marketing para impulsionar o seu negócio em tempos de concorrência dura? Qual é o lema que capta verdadeiramente a essência do seu empreendimento? Qual é a prioridade número um para fazer o seu negócio decolar? Qual será o impacto das suas escolhas daqui a três ou cinco anos?

3.6 Plano financeiro

A questão financeira é, para a maioria dos empreendedores, a parte mais difícil de compreender, tanto na elaboração do plano de negócio quanto na gestão financeira, por três razões importantes:

* Desde o início da operação, as demonstrações financeiras devem refletir o resultado aproximado dos indicadores estabelecidos no plano de negócio, para segurança do próprio empreendedor.

* Quando há investimento externo, os investidores vão acompanhar a evolução do negócio sistematicamente, na esperança de lucrar com o empreendimento ou, no mínimo, recuperar o capital investido.

* As demonstrações financeiras servem de base para a tomada de decisões em relação ao futuro. O empreendedor precisa compreender, da melhor maneira possível, os indicadores relevantes e críticos que afetam diretamente o seu negócio.

PLANEJAMENTO DO NEGÓCIO

O plano financeiro fornece ao empreendedor um panorama completo da quantidade de recursos financeiros que estão entrando na empresa, para onde estão indo, quanto dos recursos está disponível e a posição financeira projetada da empresa. Oferece a base de curto prazo para controle orçamentário e ajuda a prevenir um dos problemas mais comuns dos novos negócios: a falta de dinheiro.[53]

Este tópico esclarecerá cada um dos principais itens que devem ser avaliados e incluídos no plano financeiro. De início, é importante entender o conceito, a importância e a forma como são elaborados.

Balanço patrimonial

O balanço patrimonial deve refletir a posição financeira da empresa em determinado momento e, de acordo com os princípios contábeis, é formado por duas variáveis principais: o ativo e o passivo.

* **Ativo:** corresponde a todos os bens e direitos de uma empresa. Exemplo: caixa, estoques de matéria-prima, produtos acabados, terrenos, prédios, máquinas, equipamentos, veículos etc. Os ativos também incluem o dinheiro proveniente das vendas de produtos e serviços ainda não recebido.

   Pode ser classificado em **ativo circulante** — bens disponíveis no estoque ou no caixa por um período de curto prazo (um ano ou o exercício social); **ativo permanente** — bens destinados à obtenção ou preservação da receita, como equipamentos, máquinas, terrenos etc.; e **ativo realizável em longo prazo** — bens e direitos que se transformarão em dinheiro no próximo exercício (superior a um ano).

* **Passivo:** representa a contrapartida dos ativos de uma empresa, ou seja, todas as obrigações e dívidas contraídas pela empresa com pessoas físicas ou jurídicas e os serviços que devem ser prestados por já ter recebido para isso.

195

EMPREENDEDORISMO 360°

Pode ser classificado em **passivo circulante** — obrigações exigíveis que serão liquidadas no próprio exercício social — e **passivo exigível em longo prazo** — obrigações que serão liquidadas com prazo superior a um ano.

Um indicador importante no balanço patrimonial é o **patrimônio líquido**, representado pelo excedente de todos os ativos em relação aos passivos. Em segundo plano, pode ser representado pelo que restar, se houver, depois que os passivos totais são deduzidos dos ativos totais. Na prática, o patrimônio líquido é a soma de capital aportado pelos proprietários mais os ganhos retidos, também conhecido como capital dos acionistas.

O balanço patrimonial é uma preocupação contábil e uma obrigação legal. Com o tempo, o empreendedor se familiarizará e entenderá a sua necessidade; afinal, alguns dos indicadores mais importantes do seu negócio são gerados a partir do balanço e da DRE.

Demonstração dos Resultados do Exercício (DRE)

A DRE é uma das principais demonstrações contábeis, utilizada por empresas de qualquer natureza e segmento. Em geral, ela indica os resultados cumulativos de operações durante o exercício de um ano.

No passado, a DRE era conhecida também pelo nome de demonstração de lucros de perdas; hoje, basta mencionar a DRE e a maioria já sabe do que se trata, sendo de entendimento bem mais simples que o balanço patrimonial.

Na prática, a DRE é um tipo de demonstração financeira que tem como foco principal a demonstração das informações financeiras da empresa, a fim de formar o resultado líquido do exercício, ou seja, o lucro ou prejuízo resultante da operação.[54]

A formação desse resultado se dá por meio da definição de todas as receitas da empresa, exceto impostos, menos custos e despesas, conforme o princípio contábil do regime de competência de contas. A DRE pode

PLANEJAMENTO DO NEGÓCIO

ser elaborada mensalmente após o enceramento do exercício fiscal para análise e discussão entre os sócios.

Depois de ter operado o mês ou o ano inteiro, a DRE deve demonstrar quanto a empresa ganhou ou perdeu com determinado produto/serviço e quanto gastou com determinada despesa.

Apesar de não existir uma periodicidade definida por lei, a DRE é elaborada uma vez por ano com o objetivo de divulgar os resultados da sociedade no período que se encerrou. No entanto, ela pode ser elaborada para outras finalidades, em períodos variados, dependendo da necessidade da empresa.

A estrutura da DRE forma uma lógica de análise por etapas que contemplam o lucro bruto, o lucro operacional, o resultado não operacional e o resultado líquido da operação. Para melhorar a compreensão, veja a seguir um exemplo em formato resumido.

ITENS	VALOR (em reais)	%
Receita de vendas	200.000,00	100,00%
Custo dos produtos vendidos	100.000,00	50,00%
Lucro bruto	**100.000,00**	**50,00%**
Despesas operacionais/fixas	25.000,00	12,50%
Lucro operacional (EBTIDA)	**75.000,00**	**37,50%**
Resultado não operacional	(2.500,00)	1,25%
Lucro antes do Imposto de Renda	72.500,00	36,25%
Imposto	7.250,00	3,62%
Resultado líquido (lucro/prejuízo)	**65.250,00**	**32,63%**

No caso dos empreendimentos em estágio inicial (de 3 a 42 meses), recomenda-se a elaboração mensal para o melhor acompanhamento dos resultados e a avaliação dos ajustes possíveis e necessários. Esperar o fechamento anual do balanço e da DRE pode ser muito tarde para uma reação, em caso de resultado negativo. A DRE é um instrumento de orientação do empreendedor quanto ao desempenho do negócio.

Fluxo de caixa

Considero o fluxo de caixa a principal ferramenta de planejamento financeiro do empreendedor e das empresas em geral, uma vez que controla toda movimentação — entrada e saída de recursos financeiros — em determinado período.

O controle do fluxo de caixa deve ser diário, para facilitar a gestão do negócio com a identificação dos **compromissos de curto e médio prazo** assumidos, dos **valores a receber** e do **saldo disponível** em determinado momento da operação. O saldo em caixa representa justamente a diferença entre os recebimentos e pagamentos (compromissos).

O saldo negativo representa, pelo menos em determinado momento, que o total de compromissos assumidos (despesas) é maior do que o total de valores a receber (em aberto), portanto será necessário reavaliar a situação — receitas e despesas — a fim de equilibrar a operação, por meio de esforço de vendas ou de redução de despesas.

O saldo positivo indica que a empresa está com disponibilidade de caixa suficiente para honrar suas obrigações.

O empreendedor deve ter uma excelente noção do fluxo de caixa todos os dias para manter o controle da situação e tomar decisões com frequência. O desequilíbrio do fluxo de caixa é uma situação corriqueira na vida das empresas, mas isso não é motivo para desespero. Em qualquer negócio, haverá dias em que o resultado do fluxo de caixa será positivo e outros em que não.

O importante é o acompanhamento sistemático da variação para evitar contratempos. Não importa se o fluxo de caixa é feito por meio de planilhas em Excel ou por meio de sistemas sofisticados e integrados (ERP); o importante é que seja feito.

O período coberto pelo fluxo de caixa é normalmente dividido em intervalos — mensais, semanais, diários etc. O número de intervalos depende da natureza do negócio. Empresas que enfrentam sazonalidades devem, em princípio, trabalhar com fluxos semanais, mensais e trimes-

PLANEJAMENTO DO NEGÓCIO

trais. De qualquer maneira, o horizonte coberto pelo fluxo de caixa é estabelecido em função de objetivos e metas definidos pelo empreendedor no plano de negócio.[55]

Com as informações do fluxo de caixa, pode-se elaborar a Estrutura Gerencial de Resultados e a Análise de Sensibilidade, além de calcular a Rentabilidade, a Lucratividade, o Ponto de Equilíbrio e o Prazo de Retorno do Investimento, indicadores importantes na composição do plano de negócio. O objetivo é avaliar a saúde financeira da empresa a partir da análise direta e obter uma resposta clara sobre as possibilidades de sucesso do investimento.

O fluxo de caixa deve ter uma estrutura flexível, na qual o empreendedor possa inserir as informações de entrada e saída de valores de acordo com as necessidades da empresa. Por fim, a estrutura do fluxo é composta da seguinte forma:

* **Recebimentos ou receitas:** valor das vendas recebidas ou a receber.

* **Custos e despesas variáveis:** variam na mesma proporção da variação do volume de produção ou volume de vendas.

* **Custos e despesas fixas:** permanecem inalterados, independentemente da variação no volume de produção ou de vendas.

Análise do ponto de equilíbrio

No período inicial da nova empresa, é recomendável ao empreendedor ter uma boa ideia de quando se pode obter lucro, o que facilitará uma compreensão posterior do potencial financeiro do empreendimento.

O ponto de equilíbrio reflete uma situação em que não há lucro nem prejuízo, ou seja, quando o resultado das vendas é equivalente à soma dos custos fixos e variáveis.

199

Mais especificamente, o ponto de equilíbrio informa ao empresário o faturamento mensal mínimo necessário para cobrir os custos (fixos e variáveis), informação vital para a análise de viabilidade de um empreendimento ou da adequação da empresa em relação ao mercado. Nesse caso, é necessário entender três conceitos básicos de contabilidade:

* **Custos fixos:** são aqueles que permanecem quase sempre os mesmos, independentemente de quantas unidades de um produto ou serviço sejam comercializadas. Exemplos: aluguel, material de escritório, pró-labores, salários da administração, seguros etc.

* **Custos variáveis:** mudam de acordo com o número de unidades produzidas e comercializadas. Exemplos: água, comissões sobre vendas, energia, matéria-prima, insumos em geral, mão de obra utilizada no processo produtivo etc. Nesse caso, quanto maior o número de unidades produzidas, maior o consumo desses itens.

* **Margem de contribuição:** é a quantia com que cada unidade vendida contribui para o pagamento dos custos fixos. É definida como a receita líquida de cada unidade menos os custos variáveis (ou diretos) por unidade.

Exemplo prático para o cálculo do ponto de equilíbrio:

PE = (Custo fixo total / Índice da margem de contribuição) × Receita

Em que: IMC = Valor das vendas – (Custos variáveis + Despesas variáveis)

Inicialmente, deve-se calcular:

* O valor total do custo fixo mensal
* O índice da margem de contribuição

Ao utilizar os mesmos dados da DRE exemplificada anteriormente, temos:

IMC = 25% / 100 = 0,25

PE (R$) = Custo fixo / IMC

em que: R$25.000 / 0,25 = R$100.000

Conclusão: são necessários R$100 mil de receita para cobrir apenas os custos operacionais (fixos) do negócio, ou seja, a empresa começa a ganhar dinheiro somente a partir do momento em que a receita ultrapassar essa marca.

Outros indicadores financeiros

Tratando-se de plano de negócio ou de planejamento financeiro, existem outros indicadores tão importantes quanto os observados anteriormente. Como se sabe, todo empreendedor precisa de ajuda para entendê-los, e, a menos que sua formação ou experiência anterior tenha sido na área de finanças, a contratação de um profissional de contabilidade é indispensável.

A maioria dos empreendedores, mesmo aqueles mais experientes, depende de consulta e apoio. Para efeito de obtenção de melhores resultados, a única coisa que o empreendedor deve dispensar durante o desenvolvimento do negócio é o orgulho. O segredo é pagar, pedir ajuda e procurar entender rapidamente como esses indicadores afetam o negócio para aprender a tomar decisões melhores.

Antes de prosseguir, devo lembrar que a parte financeira é considerada pela maioria dos especialistas a mais importante do plano de negócio (nem sempre concordo com isso, pois a parte estratégica é essencial), uma vez que os investidores de capital de risco e outros se baseiam nelas para tomar decisões e avaliar a possibilidade de colocar dinheiro ou não em determinado projeto, mas o fato é que, no mundo capitalista, o retorno sobre o capital vem primeiro.

No quadro a seguir, saiba em que o investidor concentrará a atenção e com o que o empreendedor deve redobrar o cuidado, a fim de garantir a sustentabilidade financeira do negócio. Como foi dito no parágrafo anterior, a estratégia é mais importante, porém os indicadores financeiros é que vão atestar se a estratégia está funcionando razoavelmente bem ou se deve ser reavaliada.

Quadro 3.7 — Outros indicadores financeiros essenciais.

Indicador	Como funciona
Análise de sensibilidade	O teste ou análise de sensibilidade é uma técnica que avalia a mudança de uma variável dentro do projeto — receitas, custos, margens etc. —, analisando o resultado desta variação sobre o seu planejamento inicial.
Ciclo operacional	Este item foi amplamente debatido durante a seção do plano operacional; entretanto, vale a pena reforçá-lo, considerando que o tamanho do ciclo afeta diretamente o fluxo de caixa da empresa. Constitui-se no intervalo de tempo gasto pela empresa para executar todas as suas atividades operacionais, que são, no caso de uma indústria: compra da matéria-prima, pagamentos a fornecedores, produção dos produtos, estocagem de produtos acabados, venda da produção e recebimento das contas geradas pelo processo comercial. O ciclo operacional constitui-se então pelo prazo total iniciado pela aquisição da matéria-prima e termina com o recebimento dos créditos gerados pela venda da mercadoria.
Grau de endividamento	Revela o quanto a empresa depende da geração de dívidas ou empréstimos para conduzir o negócio. Quando analisado por diversos e consecutivos períodos, demonstra a política de obtenção de recursos da empresa. Se a empresa recorre a dívidas como complemento de capital próprio para aplicá-lo no processo produtivo, pode-se dizer que esse tipo de endividamento é sadio. Por outro lado, se o empreendedor decide contrair sucessivas dívidas por meio de empréstimos para quitar outras dívidas, esse é um tipo de endividamento ruim, ou seja, o risco de insolvência aumenta e pode atingir a falência.

PLANEJAMENTO DO NEGÓCIO

Quadro 3.7 — Outros indicadores financeiros essenciais.

Investimentos	Refere-se a qualquer aplicação de algum tipo de recurso (dinheiro ou títulos) com a expectativa de retorno futuro superior ao aplicado, compensando, inclusive, a perda de uso desse recurso durante o período de aplicação (juros ou lucros, em geral, em longo prazo).
	Em sentido mais amplo, o termo aplica-se tanto à compra de máquinas, equipamentos e imóveis para a instalação de unidades produtivas como à compra de títulos financeiros (letras de câmbio, ações). Nesses termos, investimento é toda aplicação de dinheiro com expectativa de lucro.
	Em sentido estrito, em economia, investimento significa a aplicação de capital em meios que levam ao crescimento da capacidade produtiva (instalações, máquinas, meios de transporte), ou seja, em bens de capital.
Liquidez	Avalia a capacidade de pagamento da empresa frente às suas obrigações, sendo de grande importância para a administração da continuidade da empresa. As variações destes índices devem ser motivo de preocupação para o empreendedor.
	Para efeito de cálculo, as informações são retiradas unicamente do balanço patrimonial, demonstração contábil que evidencia a posição patrimonial da entidade, e devem ser atualizadas com frequência para uma análise correta da situação. Existem quatro tipos de índices de liquidez:[56]

Liquidez corrente

É calculada a partir da razão entre os direitos em curto prazo da empresa — caixas, bancos, estoques, clientes — e as dívidas em curto prazo — empréstimos, fornecedores, financiamentos, impostos.

No balanço, estas informações são evidenciadas como "ativo circulante" e "passivo circulante", respectivamente, e representadas pela seguinte fórmula:

Liquidez corrente = Ativo circulante / Passivo circulante

(continua)

203

EMPREENDEDORISMO 360º

(continuação)

Quadro 3.7 — Outros indicadores financeiros essenciais.

Os resultados obtidos podem ser interpretados da seguinte forma:

* LC > 1: demonstra folga no disponível para uma possível liquidação das obrigações.
* LC = 1: os valores dos direitos e das obrigações em curto prazo são equivalentes.
* LC < 1: não existe disponibilidade suficiente para quitar as obrigações em curto prazo, caso seja necessário.

Liquidez seca

Similar à liquidez corrente, exclui do cálculo acima os estoques, por não apresentarem liquidez compatível com o grupo patrimonial onde estão inseridos.

O resultado deste índice será invariavelmente menor ao de liquidez corrente, sendo cauteloso com relação ao estoque para a liquidação de obrigações, e representado pela seguinte fórmula:

Liquidez seca = (Ativo circulante – Estoques) / Passivo circulante

Liquidez imediata

Índice conservador, considera apenas caixa, saldos bancários e aplicações financeiras de liquidez imediata para quitar as obrigações, excluindo-se, além dos estoques, as contas e os valores a receber. É um índice de grande importância para a análise da situação em curto prazo da empresa, e representado pela seguinte fórmula:

Liquidez imediata = Disponível / Passivo circulante

Liquidez geral

Leva em consideração a situação em longo prazo da empresa, incluindo no cálculo os direitos e as obrigações em longo prazo, valores que também são obtidos no balanço patrimonial. É representada pela seguinte fórmula:

Liquidez geral = (Ativo circulante + Realizável em longo prazo) / (Passivo circulante + Passivo não circulante)

PLANEJAMENTO DO NEGÓCIO

Quadro 3.7 — Outros indicadores financeiros essenciais.

Payback	Indicador utilizado na análise de retorno de projetos. Indica o tempo necessário para o lucro acumulado gerado se igualar ao investimento inicial. Pode ser demonstrado em unidades de tempo: dias, meses, anos. A partir do momento em que se atinge o *payback*, o projeto passa a ser vantajoso do ponto de vista financeiro. O tempo de *payback* é visto como um indicador de risco de projeto; por isso, todo plano de projeto ou novo negócio deve ter como prioridade o alcance do *payback* no menor espaço de tempo possível.
Retorno sobre investimento (ROI)	O retorno sobre investimento, ou ROI (do inglês *return on investment*), é uma métrica usada para medir os rendimentos obtidos a partir de determinada quantia de recursos investidos. Na prática, essa conta mostra quanto uma empresa ganhou ou perdeu em relação ao capital investido no negócio, e se vale a pena investir em determinado tipo de negócio. De maneira simplificada, o resultado do ROI é calculado em percentual por meio da seguinte fórmula: ROI = (Ganho obtido — Investimento inicial) / Investimento inicial.
Taxa interna de retorno (TIR)	É um dos métodos mais sofisticados de se avaliar propostas de investimentos. Representa a taxa de desconto que iguala, em um único momento, os fluxos de entrada com os de saída de caixa. Quanto maior a TIR, melhor e mais lucrativo será o projeto ou novo negócio. Deve-se pensar na TIR como a taxa de juros que uma aplicação financeira precisaria render para ser tão lucrativa quanto o projeto ou novo negócio. A TIR é medida em percentual e trata-se de um dos indicadores essenciais em análise de retorno de projetos ou valoração de empresas (*valuation*).
Taxa *mínima* de atratividade (TMA)	É o rendimento mínimo de uma segunda melhor alternativa do mercado. A caderneta de poupança é um referencial que pode ser utilizado pelas pessoas físicas em seus investimentos. Para as pessoas jurídicas, pode-se utilizar, por exemplo, a taxa de remuneração de títulos bancários, como os CDBs, ou a taxa média ponderada do custo das contas de capital de giro. Uma TIR superior à TMA indica a tendência de aceitação de determinado projeto, que pode ser um investimento empresarial, um financiamento ou uma aplicação financeira.

(continua)

205

EMPREENDEDORISMO 360°

(continuação)

Quadro 3.7 — Outros indicadores financeiros essenciais.

Valor presente *líquido* (VPL)	O valor presente líquido (VPL) é uma função utilizada na análise da viabilidade de um projeto de investimento. Trata-se do somatório dos valores presentes dos fluxos estimados de uma aplicação, calculados a partir de uma taxa dada e de seu período de duração. Os fluxos estimados podem ser positivos ou negativos, de acordo com as entradas ou saídas de caixa. A taxa fornecida à função representa o rendimento esperado do projeto. Caso o VPL encontrado no cálculo seja negativo, o retorno do projeto será menor que o investimento inicial, o que sugere que ele seja reprovado. Caso ele seja positivo, o valor obtido no projeto pagará o investimento inicial, o que o torna viável.

O que foi visto até agora é suficiente para o empreendedor entender, minimamente, os indicadores financeiros essenciais do seu negócio. Em tempos de concorrência acirrada, não dá mais para se descuidar dos números e, nesse sentido, é imprescindível dedicar tempo para avaliar os números e, principalmente, para adotar medidas de curto e médio prazo, a fim de recolocar a empresa nos trilhos, se necessário.

Para quem não está acostumado com os números, reconheço que se trata de uma parte delicada e ao mesmo tempo espinhosa do processo, porém isso não o impede de buscar ajuda — e, nesse aspecto, o orgulho não ajuda em nada. Confie no profissional de contabilidade.

Por fim, é necessário reforçar a seguinte questão: é bem mais fácil escrever um plano de negócio do que adquirir as habilidades para executá-lo. Que habilidades são essas? Atitude, consistência, iniciativa, persistência, resiliência e, a principal de todas: disciplina. Sem disciplina, não há plano de negócio que resista.

3.7 Estudo de caso: O Boticário — de Curitiba para o mundo[57]

Miguel Krigsner, um dos fundadores da maior indústria de perfumes e cosméticos genuinamente brasileira, O Boticário, reconhecida internacionalmente pela inovação e qualidade de seus produtos, nunca renunciou ao desejo de ser farmacêutico, embora o pai desejasse vê-lo formado em medicina. Essa é uma das características do espírito empreendedor: a convicção.

Um ano depois de formado, Miguel iniciou seu pequeno grande negócio na Rua Saldanha Marinho, no Centro Histórico de Curitiba, uma farmácia de manipulação de fórmulas. A ideia surgiu quando Miguel fez uma viagem para Porto Alegre e percebeu as tendências de expansão das farmácias de manipulação, segundo declarou logo depois:

> "Achei esse ramo de atividade muito interessante, porque não era monótono. Permitia um alto nível de criatividade; *não era nem farmácia, nem indústria, ficava no meio. E assim nasceu O Boticário, em março de 1977, resultado da sociedade entre dois farmacêuticos e dois médicos dermatologistas.*"

Em 1979, O Boticário inaugurou a sua primeira loja exclusiva, no Aeroporto Internacional Afonso Pena, em São José dos Pinhais, Região Metropolitana de Curitiba. Esse pequeno espaço, obtido em licitação e destinado à farmácia, foi determinante para o futuro da empresa. Afinal, passageiros e equipes de bordo das companhias tornaram-se compradores, não apenas para uso pessoal, mas também para presentear e revender os produtos em suas cidades de origem.

Em 1980, com o nome de Natureza Comércio e Representações de Produtos Naturais, a primeira franquia de O Boticário foi inaugurada em Brasília, capital do país. Com o sucesso da primeira, vários empreendedores começaram a manifestar interesse pelo negócio. E foi assim que

O Boticário entrou em um segmento ainda não explorado no Brasil, o de franquia no setor de perfumes e cosméticos.

Dois anos depois, para aumentar a capacidade produtiva e atender a demanda crescente, os laboratórios da Rua Saldanha Marinho em Curitiba foram transferidos para as novas instalações em São José dos Pinhais, onde nasceu a primeira fábrica de O Boticário.

Em 1985, o desejo de O Boticário de proporcionar novas experiências e sensações ultrapassou as fronteiras do Brasil, destacando-se como a primeira marca brasileira do setor de cosméticos a ter atuação internacional, com a inauguração da primeira loja no Amoreiras Shopping Center, um dos principais centros comerciais de Lisboa, capital de Portugal.

Em 1990, a ideia de plantar uma árvore para cada produto de perfumaria vendido evoluiu para o sonho de buscar maior envolvimento com as questões ambientais e, para materializar o compromisso de respeito e incentivo à conservação da natureza, nasceu a Fundação O Boticário de Proteção à Natureza, um projeto ambicioso e capaz de provocar orgulho em todo empresário.

Em 2003, O Boticário conquistou o reconhecimento de ser uma das "Melhores empresas para se trabalhar", concedido pelo Guia Exame/ Você S/A, além de uma das 100 Melhores Empresas para Trabalhar na América Latina, segundo pesquisa da revista *Exame* e do Instituto Great Place to Work. Em 2012, O Boticário implantou o sistema de venda direta — modalidade de comércio com vendedores independentes —, atingindo mais de 5 mil municípios do país.

Em março de 2013, o Grupo Boticário inaugurou oficialmente o prédio do Centro de Pesquisa e Desenvolvimento, com uma estrutura ampla, moderna e totalmente dedicada à inovação. A estrutura foi planejada para proporcionar a completa integração das equipes envolvidas na criação de produtos, evidenciando também a importância que a organização dá à atuação efetiva em pesquisa e inovação em todos os seus âmbitos, para a evolução contínua dos negócios.

Em 2015, o Grupo Boticário foi considerado uma das dez empresas mais inovadoras do Brasil, segundo a revista *Forbes*. A publicação destacou a capacidade da companhia de reinventar produtos, processos, modelo de negócio, comunicação e estratégia de gestão. Dessa forma, tornou-se a maior rede de franquias no setor de beleza no mundo.

Em 2021, O Boticário atingiu a marca histórica de dois pontos de entrega, tornando-se a maior rede *ominichannel* do Brasil e uma das maiores do mundo.

Atualmente, o Grupo Boticário conta com sete marcas próprias de consumo — O Boticário, Eudora, Quem Disse, Berenice?, Vult, Beauty Box, Beleza na Web e O.U.I. — e está presente em 16 países, com mais de 4 mil lojas físicas, e-commerce, marketplace e milhares de revendedoras, além da distribuição exclusiva no Brasil de produtos reconhecidos internacionalmente.

O propósito do Grupo Boticário é criar oportunidades para a beleza transformar a vida de cada um, e assim transformar o mundo ao nosso redor.

Os números de O Boticário impressionam e são resultado de uma ideia relativamente simples aliada a uma percepção aguçada, considerando a posição geográfica da indústria, distante dos grandes centros industriais que movimentam a economia do país. O espírito empreendedor e a vontade de propagar a beleza têm feito o Grupo Boticário expandir a estrutura física e humana e diversificar o modelo de negócios, a fim de cumprir a sua visão de futuro: ser referência no mercado de beleza.

REVISÃO DO CAPÍTULO

Resumo e implicação para os empreendedores

Empreender é algo que transcende a lógica do mercado. O bom empreendedor deve ir além do plano de negócios para reduzir as chances de fracassar logo na primeira tentativa, embora os revezes façam parte da jornada empreendedora.

Nesse sentido, a gestão do negócio é fundamental, mas o fato é que poucas pessoas estão preparadas para empreender, e a maioria se arrisca sem adquirir noções

EMPREENDEDORISMO 360°

básicas de administração, o que acaba comprometendo o desempenho do negócio em médio e longo prazo.

O posicionamento começa com um produto, uma mercadoria, um serviço, uma empresa, uma instituição ou até mesmo uma pessoa, mas não é o que você faz com o produto. Posicionamento é o que a empresa faz com a mente do potencial cliente, ou seja, quando posiciona o produto na mente do potencial consumidor.

A máxima do posicionamento é conhecida: quem quer ser tudo para todos acaba não sendo nada para ninguém. No mundo dos negócios, significa dizer que a empresa que não adota um posicionamento claro para o seu produto ou serviço dificilmente conquista um espaço na mente do cliente ou consumidor.

O posicionamento depende muito do modelo de negócio a ser adotado, e este, por sua vez, deve ser construído com base em quatro questões fundamentais: as três primeiras formuladas por Peter Drucker e a quarta por Michael Porter — já discutidas no capítulo anterior.

Posicionamento é o lugar que o produto, a empresa, o serviço ou ainda o próprio nome ocupa na mente das pessoas ou do potencial consumidor. Qualquer ideia que não corresponda às expectativas do cliente ou interlocutor é automaticamente rejeitada em benefício daquela que se posiciona de maneira mais clara, mais rápida e mais simples. Não é o que você diz que vende, é o que o público percebe a respeito do seu produto ou serviço.

Vantagem competitiva é uma posição exclusiva e valiosa conquistada por meio das escolhas em relação ao negócio. É a sua singularidade, ou seja, as razões que diferenciam o seu negócio dos demais. Para entender melhor, leve para o lado pessoal e responda: qual é a sua vantagem competitiva? O que você faz de diferente que os seus concorrentes não fazem?

Planejamento estratégico é um método gerencial que permite estabelecer a direção a ser seguida pela empresa, visando um maior grau de interação com o ambiente. Esse método pressupõe a elaboração, por meio de fases distintas de trabalho, a fim de promover a consistência e a credibilidade necessárias para o alcance dos resultados.

O planejamento estratégico é mais utilizado por empresas de médio e grande porte, pois abrange um conjunto de fatores que podem ser aplicados somente quando a empresa atinge determinado ponto de maturidade.

Empreendedores iniciantes fazem pouca ideia e não se preocupam com a questão do planejamento estratégico; entretanto, dediquei um tópico deste capítulo para promover um exame de consciência, pelo menos em relação à fase inicial do planejamento, principalmente no que diz respeito às diretrizes estratégicas ou ao que se pode chamar também de identidade organizacional.

PLANEJAMENTO DO NEGÓCIO

Empreendedores bem-sucedidos, qualquer que seja a sua motivação pessoal — dinheiro, poder, curiosidade, desejo de fama ou de reconhecimento —, tentam criar valor e fazer uma contribuição. Os valores são o alicerce da visão e da missão. Os fundadores possuem conjunto de valores estabelecido no momento que criam um empreendimento, muito antes de desenvolver até mesmo uma ideia informal da definição da missão ou de um conjunto de objetivos.

Em relação ao plano operacional, o termo "operações", no sentido mais amplo, envolve diferentes áreas: compras, recebimento, armazenagem, movimentação, planejamento, produção, estoque, acabamento, manutenção e, em muitas empresas, o transporte e a distribuição.

Nas grandes corporações, com exceção da produção, os processos que envolvem o recebimento da matéria-prima e o escoamento da produção (produtos acabados) são chamados de logística, um conceito mais abrangente e estratégico. Hoje, com a popularização do termo, a logística é aplicada independentemente do tamanho da empresa. Todo empreendedor tem noção de que a logística é de fundamental importância para o sucesso do negócio.

O objetivo básico da função de marketing é estabelecer e manter a ligação da empresa com seus clientes e fornecedores. A função de marketing abrange as seguintes atividades: pesquisa, desenvolvimento de produtos e serviços, distribuição, propaganda e promoção.

Embora a função de vendas seja tratada dentro do marketing, ela deve ser separada da sua atividade, mas sem concorrer com ela. Marketing é mais abrangente, subjetivo e conceitual. Vendas são específicas e envolvem a linha de frente, a prospecção, a disputa pelo cliente diretamente no ponto de venda. Ambas são extremamente importantes e se complementam.

O marketing influencia nas decisões importantes, como o lançamento de novos produtos, onde e para quem vendê-los, quanto investir em propaganda e vendas, como escolher o nome e a embalagem correta para o produto e até mesmo o melhor canal de distribuição para impulsionar as vendas. É um processo contínuo, que não termina nunca, uma vez que o público-alvo muda, as estações mudam, o mundo muda.

O plano financeiro fornece ao empreendedor um panorama completo da quantidade de recursos financeiros que estão entrando na empresa, para onde estão indo, quanto dos recursos está disponível e a posição financeira projetada da empresa.

Por fim, oferece a base de curto prazo para controle orçamentário e ajuda a prevenir um dos problemas mais comuns dos novos empreendimentos: a falta de dinheiro. É, sem dúvida, o documento mais importante na busca por investidores.

211

EMPREENDEDORISMO 360°

Questões para revisão

1. A que se atribui o sucesso dos empreendedores citados no livro, se a maioria deles não tinha formação superior e tampouco experiência em negócios?
2. O que projeta uma empresa para frente não são os lucros, são os princípios. Que lições podem ser extraídas dessa afirmativa?
3. Qual é a relação existente entre modelo de negócio e plano de negócio? Qual deles é mais importante?

Questões para reflexão individual

1. Você tem perfil empreendedor? Se acredita que sim, o que ainda falta para empreender?
2. Se você tivesse o capital necessário para empreender em algo relacionado com o que você faz atualmente, teria coragem de abandonar o emprego fixo para se lançar em um negócio por conta própria?
3. Que competências de gestão você ainda não possui para empreender? Liderança? Tomada de decisão? Execução? Relacionamento interpessoal? O que você está fazendo para adquiri-las?

Questões para discussão em grupo

1. Se ninguém está preparado para empreender, e considerando que a estatística de mortalidade das empresas ainda é alta, a que fatores podemos atribuir o sucesso dos empreendedores que prosperam mesmo sem planejamento?
2. Existem três tipos de pessoas nas empresas: os empreendedores, os administradores e os técnicos, segundo Michael Gerber. Quando uma pessoa tenta executar o papel dos três ao mesmo tempo, ela se perde,

PLANEJAMENTO DO NEGÓCIO

pois as competências são diferentes em cada posição. Determine algumas diferenças básicas entre esses os três perfis.

3. Segundo Jack Trout e Al Ries, quem quer ser tudo para todos acaba não sendo nada para ninguém. Que lições podem ser extraídas dessa afirmação?

Questões sobre o estudo de caso "O Boticário — de Curitiba para o mundo"

1. Quais os principais fatores que contribuíram para transformar O Boticário na maior rede de franquias no setor de beleza do mundo?

2. Qual o posicionamento da empresa no mercado? Utilize as quatro questões básicas do modelo de negócio simplificado.

3. Qual é a diferença de posicionamento do modelo de negócio adotado pelo O Boticário e pela Natura?

Para saber mais Endereços na internet

* Modelo Canvas / Sebrae
  https://canvas-apps.pr.sebrae.com.br/
* Portal de Contabilidade
  http://www.portaldecontabilidade.com.br
* Portal Exame / Empreendedorismo
  https://exame.com/negocios

Leitura recomendada

* CLARK, Tim. *Business Model Generation*. Rio de Janeiro: Alta Books, 2012.
* KAWASAKI, Guy. *Encantamento: a arte de modificar corações, mentes e ações*. Rio de Janeiro: Alta Books, 2011, cap. 2, pp.9-25.
* KOTLER, Philip; KELLER, Kevin L. *Administração de marketing*. 12. ed. São Paulo: Pearson Prentice Hall, 2006, cap. 2 e 10.

4

EXECUÇÃO: DO PAPEL PARA A PRÁTICA

Objetivos de aprendizagem

Depois de ler este capítulo, o futuro empreendedor será capaz de:

* Definir a estrutura legal e o enquadramento tributário mais adequado para o seu negócio.
* Entender os aspectos relacionados à formação da sociedade e os passos para abertura da empresa.
* Conhecer as principais fontes de financiamentos disponíveis para cada tipo de negócio.
* Reconhecer os fatores críticos de sucesso mais importantes para cada segmento de negócio.
* Integrar os objetivos, os indicadores, as metas e os planos de ação estabelecidos no plano de negócio.
* Avaliar a importância da força de vendas como mecanismo essencial para o desenvolvimento e o sucesso do negócio.
* Praticar os ensinamentos obtidos no capítulo por meio de um estudo de caso real de empreendedorismo e outras ferramentas de análise.

No final deste capítulo, você encontrará:

* 3 questões para revisão do capítulo
* 3 questões para reflexão individual

EMPREENDEDORISMO 360°

* 3 questões para discussão em grupo
* 3 questões para o estudo de caso apresentado
* 3 sugestões de links disponíveis para consulta na internet
* 3 sugestões de leitura (recomendadas)

E no final do livro:

* 30 palavras-chave para pesquisa e análise sobre este capítulo

4.1 Estrutura legal e regime tributário

Estrutura legal

A escolha da **estrutura legal** ou **forma jurídica** da empresa é parte importante na vida de qualquer empreendedor. A partir do momento em que a empresa ganha vida, deve-se atribuir atenção especial aos aspectos da regularização do negócio em âmbito municipal, estadual e federal. Em muitos casos, a escolha determina o grau de sucesso ou de fracasso do negócio, considerando que a escolha pode afetar diretamente o resultado financeiro da empresa.

A estrutura legal consiste na maneira pela qual a empresa será tratada perante a lei, assim como o seu relacionamento jurídico com terceiros. No Brasil, existem quatro formas de estruturar uma empresa, geralmente associadas ao tipo de enquadramento tributário, ou seja, à forma de recolhimento dos tributos. O empreendedor deve estudar cada uma com profundidade para escolher a que melhor atende às suas necessidades.

O primeiro passo é definir o negócio da empresa, ou seja, o segmento ou o ramo de atuação. Como isso já deve ter sido definido durante a elaboração do modelo de negócio ou do plano de negócio, é a parte mais simples. No Brasil, existem cinco setores econômicos:

* **Agropecuária**: negócios cuja atividade principal diz respeito ao cultivo do solo para a produção de vegetais (legumes, hortaliças, sementes, frutos, cereais etc.) e a criação e tratamento de

animais. Exemplos: bovinos, caprinos, equinos, ovinos, suínos etc. Está vinculada ao setor primário da economia, no qual se enquadra também a atividade de extrativismo mineral.

* **Indústria:** empresas que transformam matérias-primas em produtos acabados, com auxílio de máquinas ou manualmente. Abrange desde o artesanato até a moderna produção de instrumentos eletrônicos. Exemplos: fábrica de bebidas, fábrica de móveis, confecção de roupas, equipamentos pesados, indústrias automobilística, alimentícia, eletroeletrônica, naval, metalúrgica, de papel e celulose, têxtil etc.

* **Construção civil:** empresas voltadas para a construção de imóveis (apartamentos, casas, sobrados, imóveis comerciais etc.), industriais (fábricas, indústrias) e obras de infraestrutura (aeroportos, ferrovias, portos, rodovias etc.).

* **Comércio:** empresas que vendem mercadorias diretamente ao consumidor — no caso do comércio varejista —, ou aquelas que compram do fabricante para vender ao varejo — comércio atacadista. Exemplos: papelarias, lanchonetes, lojas de roupas, distribuidoras de alimentos, distribuidoras de bebidas etc.

* **Prestação de serviços:** empresas cujas atividades resultam na oferta do próprio trabalho ao consumidor. Exemplos: bares e restaurantes, escola infantil, lavanderia, oficinas de manutenção, serviços de saúde, serviços financeiros, salão de beleza, transporte, turismo etc.

Em segundo lugar, **o empreendedor deve escolher o tipo de sociedade em que a empresa atuará,** para a elaboração e o registro do contrato social na Junta Comercial do seu respectivo estado, geralmente onde será mantida a sede da empresa.

A chave é identificar qual delas melhor atende às necessidades do seu negócio. Ainda assim, essa não é uma tarefa fácil, mesmo tomando todas as precauções. De qualquer forma, é recomendável ao empreendedor estudar as implicações de cada estrutura legal disponível para o negócio proposto, a fim de embasar sua decisão.

Nesse sentido, não é necessário inventar a roda. Como foi dito e será lembrado em diferentes tópicos do livro, o profissional de contabilidade é muito importante na concepção do negócio, e suprirá a falta de conhecimento técnico por parte do empreendedor sempre que necessário.

Do ponto de vista legal, o quadro a seguir apresenta os principais tipos de sociedades ou estruturas legais adotadas no Brasil.

Quadro 4.1 – Tipos de sociedades ou estruturas legais no Brasil.

Tipo de sociedade	Característica
Autônomo	Não possui vínculo com nenhuma empresa. Os trabalhadores que se enquadram nesta categoria são independentes, econômica e financeiramente, e não possuem vínculo empregatício com qualquer organização. Desempenham suas atividades diferentemente de um funcionário. Para se enquadrar neste perfil, não há necessidade de qualificação ou certificado. O autônomo não recebe direitos e verbas trabalhistas, como décimo terceiro, salário, férias, folga semanal remunerada, horas extras etc. Entretanto, ele ainda pode contribuir e receber benefícios previdenciários, como aposentadoria e seguros.
Microempreendedor Individual (MEI)	O empresário individual (anteriormente chamado de firma individual) é aquele que exerce em nome próprio uma atividade empresarial. É a pessoa física (natural) titular da empresa. O patrimônio da pessoa natural e o do empresário individual são os mesmos, logo, o titular responderá de forma ilimitada pelas dívidas. Nesse caso, não há necessidade de dispor de capital mínimo, que é exigido para a EIRELI. O microempreendedor individual pode faturar até R$81 mil por ano, no máximo, e não deve ter participação em outra empresa como sócio ou titular. A razão social deve ser o próprio nome do empresário.

EXECUÇÃO: DO PAPEL PARA A PRÁTICA

Quadro 4.1 – Tipos de sociedades ou estruturas legais no Brasil.

Empresário Individual (EI)	EI significa Empresário Individual. Trata-se de uma atividade composta apenas do proprietário da empresa, ou seja, assim como a SLU, não precisa de sócios. Tal como a Sociedade Limitada Unipessoal, não é preciso integrar um valor mínimo de Capital Social. Por outro lado, o patrimônio pessoal do empreendedor fica atrelado ao patrimônio da empresa. Isso quer dizer que, no caso de dívidas ou falência, todos os seus bens podem ser usados para quitação desses déficits. Profissões regulamentadas, como biomedicina, corretagem de imóveis e jornalismo, entre outras, não podem ser legalizadas nessa natureza jurídica.
Empresa de Pequeno Porte (EPP)	A sigla EPP é uma abreviação para Empresa de Pequeno Porte. Para se enquadrar nesse grupo, a empresa precisa ter o faturamento de R$360 mil a R$4,8 milhões. Outra característica da EPP, além da receita bruta anual, é o número de funcionários. Empresas que possuem comércio ou serviços devem ter entre 10 e 49 funcionários. Já uma EPP de indústria ou construção precisa ter de 20 a 99 funcionários.
Sociedade Limitada Unipessoal (SLU)	A SLU entrou em vigor com a Lei no. 13.874, de 20/09/2019, também conhecida como Lei da Liberdade Econômica. Suas características são simples: não precisa de sócios, não tem obrigação de integralizar o capital social e o patrimônio do empreendedor é protegido. A SLU não foi criada especificamente para substituir a antiga Empresa Individual de Responsabilidade Limitada (EIRELI), mas essa substituição ocorreu de forma natural, por se tratar de um modelo mais generoso para os empreendedores, uma vez que as exigências financeiras na hora da constituição são menores.

(continua)

EMPREENDEDORISMO 360°

(continuação)

Quadro 4.1 – Tipos de sociedades ou estruturas legais no Brasil.

Sociedade Limitada	Empresa constituída por duas ou mais pessoas para a criação de uma pessoa jurídica, com existência e patrimônio distintos da pessoa física dos sócios. Quem exerce a atividade empresarial é a sociedade (representada pelos seus administradores), e quem responde pelas dívidas contraídas é o patrimônio da sociedade. Em síntese, a responsabilidade dos sócios é limitada de acordo com a participação de cada um na sociedade (número de cotas).
Sociedade Anônima (S/A)	Pessoa jurídica de direito privado composta de dois ou mais acionistas, de natureza empresarial, independentemente da atividade econômica desenvolvida por ela (art. 13 da Lei n. 6.404/76), em que o capital social é dividido em ações de igual valor nominal, que são de livre negociabilidade, limitando-se à responsabilidade do acionista ao preço de emissão das ações subscritas ou adquiridas. A Sociedade Anônima poderá ser classificada como aberta ou fechada.

A Lei Geral, também conhecida como Estatuto Nacional da Microempresa e da Empresa de Pequeno Porte, foi criada pela Lei Complementar nº 123/2006 para regulamentar tratamento favorecido, simplificado e diferenciado a esse setor, conforme disposto na Constituição Federal.[1]

Seu objetivo é fomentar o desenvolvimento e a competitividade das micro e pequenas empresas e do microempreendedor individual — EPP, ME, MEI, EIRELI —, como estratégia de geração de emprego, distribuição de renda, inclusão social, redução da informalidade e fortalecimento da economia. Os benefícios criados pela Lei Geral, à exceção do regime tributário diferenciado, aplicam-se também ao produtor rural pessoa física e ao agricultor familiar.

Regime tributário

Escolher o regime tributário ideal é essencial para a manutenção de qualquer CNPJ, já que ele influencia diretamente nos valores dos impostos a

EXECUÇÃO: DO PAPEL PARA A PRÁTICA

pagar. Nesse caso, o empreendedor pode optar por duas formas diferentes de recolhimento de impostos: o regime tributário **Normal** ou o regime tributário **Simples Nacional.**

O regime tributário Normal é específico para empresas que recolhem impostos de forma tradicional, ou seja, aquelas que cumprem todos os requisitos previstos em lei para cada imposto existente. Ao optar pelo regime normal, as empresas estarão sujeitas a dois tipos de tributação:

* **Lucro Real:** o imposto de renda e a contribuição social sobre o lucro são calculados a partir do lucro contábil, apurado pela pessoa jurídica, acrescido de ajustes (positivos e negativos) requeridos pela legislação fiscal.

    Nesse caso, o PIS e a COFINS são determinados (com exceções específicas) por meio do regime não cumulativo, creditando-se valores das aquisições realizadas de acordo com os parâmetros e limites legais.

* **Lucro Presumido:** a tributação é feita de forma simplificada pela tabela do Imposto de Renda das Pessoas Jurídicas (IRPJ) e da Contribuição Social sobre o Lucro Líquido (CSLL).

    A partir de 2014, o limite da receita bruta passou a ser de até R\$78 milhões, no ano-calendário anterior.

    As empresas tributadas pelo Lucro Presumido não podem aproveitar os créditos do PIS e da COFINS, por estarem fora do sistema não cumulativo; porém, recolhem tais contribuições com alíquotas mais baixas do que aquelas exigidas pelo Lucro Real.

O regime tributário Simples Nacional é específico para empresas que, com possibilidade de enquadramento diferenciado, pretendem se beneficiar da redução ou da simplificação dos tributos, além do recolhimento de imposto único junto à União (Governo).

O enquadramento no regime tributário Simples Nacional está sujeito à consulta prévia e aprovação da Receita Federal, e leva em consideração

EMPREENDEDORISMO 360º

o ramo de atividade (segmento) e a estimativa de faturamento anual da empresa.

Por precaução, deve ser bem estudado, considerando as perspectivas de crescimento da empresa, uma vez que o regime não pode ser alterado aleatoriamente, ou seja, antes do exercício do ano fiscal. Suas alíquotas de impostos variam de 4% a 33%, distribuídas entre cinco anexos que contemplam os segmentos de comércio, indústria e prestação de serviços.

Quando aprovado para esse tipo de regime, o cálculo e recolhimento de tributos (IRPJ, CSLL, PIS, COFINS, IPI, CPP, incluindo o ICMS e o ISS) ocorre de maneira simplificada para as microempresas e empresas de pequeno porte.

Nem todas as empresas podem optar pelo enquadramento no Simples Nacional, por diversos fatores: faturamento, atividades, tipo de empresa e constituição societária. Uma das principais regras é o porte, que é definido pelo faturamento da empresa. Apenas microempresas e empresas de pequeno porte podem optar pelo Simples Nacional:

* Microempreendedor Individual (MEI): até R$81 mil de faturamento no ano.

* Microempresa (ME): de R$81 mil até R$360 mil de faturamento no ano.

* Empresa de Pequeno Porte (EPP): de R$360 mil a R$4,8 milhões de faturamento no ano.

Determinadas atividades ou formas societárias estão vedadas de adotar o Simples Nacional, entre as quais destacam-se:

* Empresas com faturamento superior a R$4,8 milhões (ou proporcional, para empresas novas) no ano-calendário ou no ano anterior.

* Empresas com um ou mais sócios com participação superior a 10% em empresa de Lucro Presumido ou Lucro Real, sem

EXECUÇÃO: DO PAPEL PARA A PRÁTICA

que a soma do faturamento de todas as empresas ultrapasse R$4,8 milhões.

* Empresas com um dos sócios com mais de uma empresa optante pelo Simples (Supersimples), com a soma dos faturamentos de todas as empresas ultrapassando R$4,8 milhões.

* Empresas que possuam pessoa jurídica (CNPJ) como sócio.

* Empresas que participam como sócias em outras sociedades.

* Empresas que estão em débito com o Instituto Nacional do Seguro Social (INSS) ou com as Fazendas Públicas Federal, Estadual ou Municipal, cuja exigibilidade não esteja suspensa.

* Empresas com filial ou representante de empresa com sede no exterior.

* Empresas que são: cooperativas (salvo as de consumo), sociedades por ações (S/A), ONGs, OSCIPs, bancos, financeiras ou gestoras de créditos/ativos.

* Empresas resultantes ou remanescentes de cisão, ou qualquer outra forma de desmembramento de pessoa jurídica, que tenha ocorrido em um dos cinco anos-calendário anteriores.

Para a empresa iniciar suas atividades e emitir notas fiscais, é muito importante entender sobre os **principais impostos pagos** e, dessa forma, manter a **regularidade fiscal**. Nesse caso, a orientação de um profissional de contabilidade experiente é indispensável para evitar atropelos de última hora e aborrecimentos futuros.

Além dos tributos relativos à União (federais), existem outros impostos e contribuições no âmbito dos Governos Estaduais e Municipais, de acordo com a legislação específica de cada Estado ou Município.

De maneira geral, alguns impostos e contribuições estão bem definidos de acordo com a legislação pertinente em cada esfera de governo, conforme demonstrado no quadro a seguir.

Quadro 4.2 – Impostos e contribuições para empresas no Brasil.[2]

Âmbito	Tipo de imposto
Federal	* IRPJ — Imposto de Renda Pessoa Jurídica * PIS — Contribuição para os Programas de Integração Social * COFINS — Contribuição para Financiamento da Seguridade Social * CSLL — Contribuição Social sobre o Lucro Líquido * IPI — Imposto sobre Produtos Industrializados (apenas para indústrias) * CPP — Contribuição Previdenciária Patronal
Estadual	* ICMS — Regime Simplificado * ICMS — Imposto sobre Circulação de Mercadorias e Serviços
Municipal	* ISS — Imposto sobre Serviços

4.2 Composição acionária e abertura da empresa

Em relação à **composição acionária**, ou seja, a escolha dos sócios que farão parte da empresa, todo cuidado é pouco. O velho ditado "quem tem sócio tem patrão" nunca se mostrou tão verdadeiro e necessário quanto hoje em dia.

Constituir sociedade com um amigo ou colega de trabalho para começar um novo negócio é uma decisão muito simples para qualquer empreendedor, afinal, eles já se conhecem. Em princípio, é melhor fazer sociedade com amigos do que com estranhos, mas, como tudo na vida, ter ou não ter sócios está diretamente relacionado com escolhas e consequências.

Ao optar pela sociedade, todo empreendedor deverá fazer algumas escolhas importantes: quem poderá ser seu sócio? Qual será o papel de cada um na sociedade? Como dividir a participação na empresa? O que pode acontecer em caso de dissolução da sociedade?

EXECUÇÃO: DO PAPEL PARA A PRÁTICA

Quando se trata da escolha de sócios, a realidade dos negócios de hoje depende de uma questão fundamental: **confiabilidade**. Embora os empreendedores prefiram fazer negócios e constituir sociedades com amigos, a amizade pura e simples não é suficiente para garantir uma relação amistosa e duradoura. Desse modo, os interessados devem ir além disso, por meio de regras claras estabelecidas no próprio **contrato social** ou **acordo societário**.

Por mais que o empreendedor decida seguir sozinho, em um primeiro momento, é difícil reunir todas as competências e o conhecimento de mercado necessário para levar o negócio adiante. Além disso, ele pode não dispor de uma rede de contatos e dos recursos para começar o negócio, sem contar ainda a falta de apoio emocional e psicológico. A sociedade é uma forma de suprir essa parte importante do processo.

Para decidir se faz sentido ou não ter um sócio, todo empreendedor deverá avaliar a necessidade de capital humano, social e financeiro para iniciar o empreendimento. Em seguida, deve comparar com as competências, o conhecimento do mercado e os contatos e recursos de que já dispõe. Em qualquer negócio, é impossível ser tudo para todos, e a sociedade existe para suprir as próprias deficiências.

Com base nessa autoanálise, se ele identificar que muitas peças importantes do quebra-cabeça estão faltando, então vale a pena ter um ou mais sócios com perfil capaz de suprir essas lacunas. Se, apesar disso, o empreendedor estiver disposto a convidar o seu melhor amigo para embarcar junto no sonho, pelo menos a decisão terá sido bem embasada.

Em geral, a ansiedade e o otimismo exagerado na hora de abrir o negócio levam o empreendedor a dar pouca atenção aos problemas que podem ocorrer em relação à sociedade. Assim, antes de partir para o acordo definitivo, deve-se levar em consideração o seguinte:

* Você precisa mesmo de um sócio? Precisa para quê: aporte de recursos financeiros, ampliar o conhecimento técnico, dividir as responsabilidades, aproveitar a rede de relacionamentos, suprir a falta de apoio psicológico?

EMPREENDEDORISMO 360º

* De qual percentual você está disposto a abrir mão na sociedade, em termos de participação no capital social? 50%, mais do que isso, ou não mais do que isso?

* De quais atividades você não está disposto a abrir mão? Controle financeiro, dos processos, do relacionamento com o mercado?

* Você tem coragem e profissionalismo suficientes para colocar as expectativas e responsabilidades de cada um no papel antes de iniciar a sociedade?

Por várias razões, **ter sócios representa uma grande vantagem competitiva**, mas não se deixe levar pela emoção, pois, no início, poucos empreendedores estão preparados para isso. E a sociedade, em geral, é como um casamento que dura somente o tempo em que os sócios estão dispostos a dividir as alegrias e as tristezas. A partir do momento em que a responsabilidade começa a pesar com mais intensidade para um dos lados, a sociedade começa a enfraquecer e a tensão vai aumentando até o rompimento definitivo.

Por experiência, posso afirmar que as sociedades em negócios apresentam vantagens e desvantagens, mas entendo que a motivação é maior quando existe alguém para dividir as responsabilidades e preocupações, além do lucro. Nesse sentido, algumas questões devem ser definidas ainda no início da sociedade, caso contrário, à medida que o empreendimento se desenvolve, será mais complicado alinhar as expectativas de ambos os lados, uma vez que a ambição cresce e a competitividade entre as pessoas também.

Ao escolher um sócio, o empreendedor deve se lembrar de que passará muito mais tempo com ele do que com a família. É recomendável e prudente que a escolha seja feita da melhor forma possível. Nem sempre o sócio ideal é o melhor amigo, um familiar ou a pessoa com a qual o empreendedor mais se identifica, mas aquela com potencial para tornar a sociedade sólida e duradoura.

Uma pesquisa do professor Noam T. Wasserman, associado da Harvard Business School, com fundos de investimento norte-americano concluiu que 65% dos casos de insucesso das startups estão relacionados

EXECUÇÃO: DO PAPEL PARA A PRÁTICA

a problemas com a sociedade, mais do que com a falta de dinheiro ou de competitividade.[3]

No Brasil não deve ser muito diferente. Vejo com frequência que a empolgação de jovens empreendedores (e de empresários experientes) é muito maior para a abertura de novos negócios do que para a escolha dos sócios e do alinhamento das expectativas em relação a esses novos negócios. Por outro lado, sou testemunha do fechamento de várias empresas, das brigas familiares e das dores de cabeça que se sucedem a partir do momento em que a sociedade não se sustenta mais.

A história de Ron Wayne, ex-sócio da Apple[4]

"Começar uma empresa com o meu melhor amigo? Na hora, eu soube que iria fazê-lo. Como eu poderia recusar?" Foi assim que Steve Wozniak decidiu aceitar a proposta de sociedade feita por Steve Jobs para criar a Apple, em 1976.

Capital inicial? Wozniak vendeu sua calculadora HP por US$500, enquanto Jobs vendeu a sua Kombi velha por US$1.500. Jobs também propôs uma participação de 10% na Apple para Ron Wayne, um colega de trabalho seu na Atari. Wozniak e Jobs ficaram, cada um, com 45% da empresa.

Wozniak seria corresponsável pela engenharia elétrica junto com Jobs, que também assumiria a parte comercial, ao passo que Wayne seria responsável pela engenharia mecânica e pela documentação dos projetos.

Curiosidade: se você nunca tinha ouvido falar da participação de Ron Wayne na formação inicial da Apple, existe uma boa razão para isso: 11 dias depois de topar entrar na sociedade, ele desistiu e vendeu sua participação de 10% na Apple para Jobs e Wozniak por US$800 à vista e US$1.500 em cheque pré-datado.

A chave está em alinhar as expectativas, antecipar e evitar problemas futuros, escolher a pessoa mais adequada para o tipo de negócio que se quer desenvolver e colocar as regras no papel. A sociedade é uma das decisões mais importantes na vida do futuro empreendedor, e pode se tornar um desastre no futuro se não for constituída com cuidado. Perde-se muita energia e valor no processo de discussão e de separação, coisas que não preocupam enquanto o negócio está apenas na empolgação.

Abrir uma empresa é mais fácil do que se livrar das consequências decorrentes do seu fechamento. Antes de escolher um ou mais sócios, vale a pena investir tempo e energia para pensar a respeito e trocar ideias com empreendedores mais experientes nessa questão.

Quadro 4.3 – Questões fundamentais sobre sociedades.

1. **Será que eu preciso de um sócio?** Procure saber se você realmente precisa de um parceiro naquele momento e se está preparado para isto. É possível contratar alguém com as características necessárias? Ter um sócio pode trazer ajuda, acordos ou recursos, porém, será necessário dividir poder, decisões, resultados e futuro. É importante estar preparado para atender às expectativas dos sócios, especialmente se for um sócio financeiro.

2. **Pense mil vezes antes de escolher um amigo ou parente**. Essa é a tendência mais recorrente entre os empreendedores, porém, lembre-se de que os laços afetivos e familiares são a maior causa dos problemas ocorridos para o fechamento das empresas familiares. Na hora da "briga", é difícil separar a questão familiar, ou de amizade, dos negócios. O que pesará é a questão da sobrevivência.

3. **O que este sócio tem de bom que eu não tenho?** Como está a vida do potencial sócio em termos financeiros, familiares e de saúde? Pergunte se ele está com o nome comprometido e faça uma pesquisa de seus antecedentes. É importante ter um sócio estável, financeira e emocionalmente. Outra questão que pode ajudar é saber se este potencial sócio tem ou já teve outros negócios. Conversar com sócios anteriores e saber como foram suas experiências pode ter um caráter revelador.

4. **Alinhe as expectativas**. Procure se associar com alguém com quem seja divertido trabalhar. Veja se essa pessoa tem o perfil correto, espírito empreendedor e visão. Associe-se com alguém que traga recursos e credibilidade, além de ter os mesmos padrões quanto à execução dos negócios e de seu planejamento.

EXECUÇÃO: DO PAPEL PARA A PRÁTICA

Quadro 4.3 – Questões fundamentais sobre sociedades.

5. **Elabore um bom acordo societário.** Se dependesse de mim, nenhuma empresa seria levada adiante sem um acordo societário; é a primeira coisa com que você deve se preocupar quando têm sócios, além de retiradas, pró-labores, entrada e saída da sociedade e entrada e admissão ou não de parentes. Em geral, é o ponto da discórdia em caso de dissolução da sociedade. Aqui, prevalece o ditado: o que é combinado não é caro.

6. **Negocie bem as responsabilidades.** Lembre-se da máxima "quem quer ser tudo para todos, acaba não sendo nada para ninguém", e deixe claro quais são os limites e as responsabilidades de cada sócio desde o primeiro momento. Não existe nada pior em uma sociedade do que um sócio se dedicar mais do que o outro. São duas responsabilidades: uma com relação às atividades e outra decorrente da sua participação no capital social da empresa.

7. **Defenda os princípios desde o início.** O grande problema é quando um sócio quer fazer algo ilícito para salvar a empresa e outro não; ocorre um choque de princípios. Tudo vai bem quando o negócio vai bem; porém, em momentos de crise, os princípios se perdem. Adotar bons princípios significa que os sócios farão de tudo para conduzir a empresa de maneira legal, a despeito de tudo o que acontecer. É impossível conviver com sócios de padrões muito diferentes dos seus.

8. **Quem tem sócio tem patrão.** Se você pensa que decidirá tudo sozinho e não será necessário prestar contas para o sócio, melhor evitar a sociedade. Ter sócios significa dividir responsabilidades, lucros e prejuízos, se necessário, e a prestação de contas é uma condição fundamental para a boa governança corporativa, que deve fazer parte integrante da relação desde o primeiro dia.

Posterior à escolha dos sócios e definição das cotas do capital social, o próximo passo é a **formalização do contrato social** e a **abertura da empresa** de acordo com as regras impostas pela legislação brasileira.

Pode parecer algo complicado, mas é menos complicado do que a escolha dos sócios e do enquadramento tributário, uma vez que, no início, o empreendedor não está familiarizado com os trâmites decorrentes da burocracia imposta para a regularização.

Quando se trata de empresas enquadradas no regime tributário Simples, o auxílio de um profissional de contabilidade é suficiente para suprir essa necessidade; entretanto, dependendo da complexidade — empresas com regime tributário Normal, negócios com participação de sócios estrangeiros, importação de tecnologia, participação temporária de sócios investidores etc. —, é importante o envolvimento de um profissional acostumado a lidar com serviços e análises dessa natureza.

Como o objetivo principal aqui é facilitar a vida dos futuros empreendedores, fiz uma pesquisa completa sobre as diferentes etapas do processo de abertura e registro da empresa, de maneira genérica, considerando que cada negócio tem a sua particularidade, conforme segue.[5]

* **Definição da natureza comercial e jurídica**

  * Natureza comercial: agropecuária, comércio, indústria ou prestação de serviços.

  * Natureza jurídica: associação, cooperativa, EIRELI — empresa individual de responsabilidade limitada, EPP — empresa de pequeno porte, microempreendedor individual, sociedade anônima, sociedade limitada etc.

* **Consultas: imóvel, nome da empresa e sócios**

  * Quanto ao imóvel, é importante consultar junto à prefeitura da cidade se o imóvel pretendido pode ser utilizado para os fins desejados. Para isso, solicite ao proprietário do imóvel ou à imobiliária uma cópia do Habite-se e do carnê do IPTU.

  * Quanto ao nome da empresa: dirigir-se à Junta Comercial e solicitar a verificação do nome escolhido. Em geral, pede-se três opções de nomes para facilitar a pesquisa, caso algum deles não esteja disponível. Isso porque, por lei, não pode haver empresas de mesmo nome atuando em uma determinada região.

  * Quanto aos sócios: é importante verificar a situação de cada um junto à Receita Federal, Estadual e Municipal e à Junta Comercial para evitar surpresas desagradáveis.

EXECUÇÃO: DO PAPEL PARA A PRÁTICA

* **Elaboração e registro do contrato social**

  * O contrato social é um documento formal que estabelece as regras de relacionamento entre os sócios e a sociedade. É a parte mais importante no processo de registro da empresa.

  * Após as consultas e a sua elaboração, deve-se registrá-lo na Junta Comercial.

* **Registro no CNPJ e Inscrição Estadual**

  * O próximo passo é obter o registro do CNPJ junto à Receita Federal.

  * Dependendo da atividade, algumas empresas estão isentas da Inscrição Estadual. Para obter sua Inscrição Estadual (IE) ou saber se sua empresa é isenta, vá até a Secretaria Estadual da Fazenda do seu Estado.

* **Inscrição Municipal**

  * Toda empresa é obrigada a fazer a Inscrição Municipal na cidade onde será implantada, geralmente na Secretaria da Fazenda do município. Com o CNPJ em mãos, é necessário se deslocar até a prefeitura (ou administração regional) da cidade para adquirir o alvará de funcionamento.

  * Em geral, os documentos necessários são: formulário próprio da prefeitura, consulta prévia de endereço aprovada, cópia do CNPJ, cópia do contrato social e laudo dos órgãos de vistoria.

* **Registro no INSS**

  * Esse registro é obrigatório, realizado direto no Posto da Previdência Social.

* **Alvará de funcionamento**

  * Deve ser solicitado na prefeitura da cidade, mediante uma inscrição online ou de forma presencial.

EMPREENDEDORISMO 360º

* Os procedimentos para a inscrição variam de acordo com a legislação de cada município.

* **Autorização para impressão de documentos fiscais**

  * Depois de formalizado, você deve se dirigir à agência da Receita Estadual e obter uma senha para autorização de Impressão de Documentos Fiscais, para poder confeccionar os talões de notas fiscais. Contudo, os cupons fiscais e as notas fiscais eletrônicas são mais recomendadas pela facilidade de uso e controle.

* **Cadastro em outros órgãos**

  * Se for necessário o cadastro em outros órgãos, como vigilância sanitária ou corpo de bombeiros, será necessário procurar o órgão para mais informações a respeito dos procedimentos a serem tomados.

* **Registro no sindicato**

  * Importante: cada atividade empresarial possui a sua representação sindical. Informe-se na sua cidade e registre-se.

* **Crie e registre sua marca**

  * Depois de tudo definido, é importante que você tenha uma logomarca, um site e materiais personalizados com a sua marca.

  * Não corra o risco de encontrar alguém utilizando o mesmo nome da sua empresa. Se o negócio começa a se consolidar e alguém registrou a sua marca, será preciso mudar o nome.

  * Além disso, quando for decidir o nome da empresa, faça uma consulta na internet e decida por um nome com domínio ainda vago. Ter um site ou mesmo um blog com informações sobre a empresa é vital para a prosperidade do seu negócio. A internet abre portas e um mundo de oportunidades.

EXECUÇÃO: DO PAPEL PARA A PRÁTICA

Cansou só de ler? Imagine se você tiver que se preocupar com tudo isso. Sugiro que entregue essa burocrática e espinhosa missão a um profissional capacitado e concentre sua energia no desenvolvimento do negócio. O mercado dispõe de excelentes advogados e profissionais de contabilidade prontos para facilitar o trabalho do empreendedor.

Na prática, por mais que se deseje economizar, existem questões para as quais você não está preparado e, por vezes, o bom encerramento de uma sociedade dependerá de um bom começo, ou seja, de maneira estruturada.

> Aquilo que hoje parece estranho, desnecessário, não convencional — até mesmo extravagante — pode acabar se tornando algo crucial na solução dos problemas de amanhã.
>
> PIERRE OMIDYAR

4.3 Como arranjar dinheiro para o negócio

Os recursos necessários para a oportunidade também devem ser determinados, e esse processo começa com uma profunda análise dos atuais recursos do empreendedor. Deve-se tomar cuidado para não subestimar a quantidade e a variedade dos recursos necessários. Os riscos associados a recursos insuficientes ou inadequados são grandes e, por esse motivo, devem ser avaliados com muito critério.

O ideal é desenvolver o negócio a partir de suas economias pessoais. Boa parte deles é financiada por meio de poupança pessoal, acrescida de ajuda financeira da família — geralmente pais ou parentes mais próximos interessados em ver um membro da família prosperar.

Quando isso não ocorre, o empreendedor pode recorrer a bancos e outros investidores interessados no segmento. O mais difícil é escolher o investidor certo, de maneira que ele possa contribuir mais do que atrapalhar.

Atrair um sócio ou investidor também oferece riscos e preocupações, afinal, qualquer pessoa, física ou jurídica, que se dispõe a investir recursos no negócio vai querer acompanhar com interesse o desenvolvimento, e talvez queira participar das decisões administrativas e financeiras da empresa.

Um dos principais problemas no processo de criação do empreendimento é a obtenção dos recursos financeiros, portanto, a opção pelo financiamento, quando possível e devidamente planejada, deve ser considerada. Contudo, outras fontes estão disponíveis e devem ser avaliadas.

Quando se trata de empreender, ideias somente não bastam. O mundo está cheio de boas ideias que vagam sem destino, que são desperdiçadas porque ninguém acredita nelas e porque as pessoas desistem ao primeiro não.

Mais do que ter uma ideia, é necessário ter iniciativa, dedicação, otimismo e persistência para conseguir alguém que acredite no que o empreendedor está dizendo. Dinheiro é importante, mas ninguém investirá em algo que não retrate fielmente uma boa perspectiva de futuro, leia-se rentabilidade.

**Quadro 4.4 – Fontes de recursos e financiamentos
disponíveis para empreendedores.**

Onde está o dinheiro?[6]

Poupança da família

É quase impossível encontrar um pai ou uma mãe que não queiram ajudar o filho disposto a criar um negócio por conta própria. Não tenha medo de pedir — sem juros, é claro! —, mas não abuse da bondade dos pais; eles já fizeram o próprio caminho e você tem de fazer o seu. Assim, faça valer o esforço da família.

Sociedade com amigos endinheirados

É a maneira mais fácil de conseguir dinheiro, mas fazer sociedade com amigos bem de vida sempre exigirá um esforço maior para o trabalho em si e para engolir sapos quando o amigo disser: "Quem colocou dinheiro aqui fui eu." Mas, com um bom acordo societário, você tende a reduzir isso — e prepare-se para prestar contas o tempo todo; faz parte do negócio.

EXECUÇÃO: DO PAPEL PARA A PRÁTICA

Quadro 4.4 – Fontes de recursos e financiamentos disponíveis para empreendedores.

Empréstimos em bancos de fomento (BNDES, BRDE etc.)

Seria maravilhoso se fosse fácil, pois os juros são estimulantes, mas você esbarrará na questão da garantia, da mesma forma como acontece nos bancos privados. Contudo, se você tem algum bem para dar em garantia e um projeto bem estruturado no modelo do banco, e desde que caiba no fluxo de caixa do negócio, vá em frente. Sempre vale a pena.

Empréstimos bancários em bancos comerciais

Seria a última recomendação, depois de esgotadas todas as alternativas, pois, além dos juros exorbitantes, dificilmente os bancos emprestam para startups; em geral, não há como cumprir as exigências de garantias e, como se sabe, banco não é feito para perder dinheiro.

Reserva pessoal

Se o empreendedor for disciplinado e tiver reservas acumuladas pelo próprio esforço, essa é a melhor maneira de começar algo por conta própria. É o que se define por autofinanciamento. Porém, você precisa continuar sobrevivendo, e não existe negócio que dê retorno em menos de um ou dois anos — ou seja, é necessário ser muito controlado para manter o padrão e ao mesmo tempo investir no negócio. Às vezes, é necessário dar um passo para trás para poder dar dois para a frente.

Angel investors

Investidor-anjo ou *business angel* é a pessoa física ou empresa disposta a investir em outras empresas, geralmente startups, que não contam com o capital necessário para iniciar o negócio. Mesmo que você consiga essa ajuda, uma hora o dinheiro sairá integralmente do seu caixa, mas pode ser uma excelente opção. Para isso, tenha um bom projeto, um bom modelo de negócio e um plano de negócio minimamente estruturado.

Venda de bens pessoais

Você fez um bom plano de negócio? É isso mesmo que você quer? Vale a pena acreditar no sonho? Já quebrou uma vez e não quer quebrar mais? Odeia ser empregado? Não tenha medo: venda o carro, o terreno, qualquer coisa para realizar seu sonho. Conheço uma empresária que vendeu a própria casa para investir no negócio, e deu certo. Isso sim é ter confiança em si mesmo!

(continua)

235

EMPREENDEDORISMO 360°

(continuação)

**Quadro 4.4 – Fontes de recursos e financiamentos
disponíveis para empreendedores.**

Programas de aceleração

Empreendedores que buscam capital para a abertura de startups podem participar de programas de aceleração, promovido por capitalistas que dão todo o suporte necessário para acelerar o crescimento do negócio por meio de mentorias, treinamento, *know-how*, networking e acesso a capital, em troca de uma participação na empresa. O processo de aceleração ocorre por um período de tempo determinado, e o objetivo durante esse período é definir o modelo de negócio, crescer e buscar investidores dispostos a colocar dinheiro na empresa. Para participar da seleção, o empreendedor deve aguardar o processo de abertura de vagas e inscrever seu projeto para concorrer a uma chance.

Crowdfunding

O financiamento colaborativo (*crowdfunding*, como é mais conhecido) é uma nova alternativa para financiar alguns tipos de empreendimento — em especial, projetos ligados à arte e à cultura. Trata-se de uma alternativa interessante do ponto de vista financeiro, uma vez que o empreendedor tem apenas de ceder uma comissão sobre o valor levantado aos administradores da plataforma — em geral, 5%. Mas o campo de atuação do empresário fica bastante restrito, considerando que as plataformas de *crowdfunding* são voltadas a segmentos específicos, geralmente ligados à criatividade e à inovação.

Se nada disso funcionar, tente o seguinte:

* Desenvolva um bom modelo de negócio, tipo Canvas ou Estratégia do Oceano Azul, e continue trabalhando na ideia; amadureça-a aos poucos e não desista. Aliás, empreendedores de verdade nunca desistem.

* Visite feiras, assista palestras, participe de cursos, apareça no SEBRAE de vez em quando, converse com pessoas do mesmo ramo, abra-se para o mundo e o universo conspirará a seu favor. Acredite piamente nisso; conheço cada história de sucesso que é de arrepiar.

* Poupe. Continue fazendo reservas, não importa o montante. Guarde o que puder e a mente vai trabalhando; os caminhos neurais vão se abrindo à medida que a intensidade do desejo vai aumentando.

EXECUÇÃO: DO PAPEL PARA A PRÁTICA

* Desenvolva um bom plano de ação e não desgrude do seu objetivo, pois não existe almoço grátis. Seja determinado. Esta é a diferença entre aquele que sonha e aquele que continua trabalhando para realizar o sonho.

Antes de correr atrás de dinheiro para o empreendimento, é importante ter concluído o plano de negócios ou, no mínimo, o modelo de negócio, a fim de demonstrar segurança aos investidores. O plano de negócio serve de parâmetro para quem deseja investir no projeto, e deverá expressar detalhadamente todos os aspectos econômicos e financeiros que garantem a sua viabilidade.

Tenho acompanhado a criação e a expansão de dezenas de negócios relativamente consolidados. Alguns empreendedores sonham alto demais e, por falta de cautela ou prudência, fracassam. Outros são essencialmente modestos e demoram para sair do lugar. Para quem não dispõe de recursos, aqui estão alguns cuidados que devem ser tomados na elaboração do plano de negócio para evitar dissabores no futuro:[7]

Quadro 4.5 – Como iniciar o negócio sem recursos financeiros.

* Os objetivos devem ser realistas.

* Conheça muito bem os custos preliminares (fixos e variáveis).

* Aplique os recursos em negócios que dão resultado imediato ou o mais rápido possível (rentabilidade).

* Obtenha financiamentos pequenos, de acordo com a capacidade de pagamento e o fluxo de caixa.

* Negocie os financiamentos da melhor maneira possível com relação ao custo, ao prazo e às garantias.

* Não se descuide do fluxo de caixa.

* Inicie o negócio na época certa. Iniciar uma sorveteria no inverno pode ser um péssimo negócio.

(continua)

EMPREENDEDORISMO 360°

(continuação)

Quadro 4.5 – Como iniciar o negócio sem recursos financeiros.

* As vendas devem crescer rapidamente.

* Planeje o pior cenário, espere o melhor.

* Cuidado com as contas a receber: quanto maior o prazo, maior o risco e o capital de giro exigido para o negócio.

* Minimize os custos fixos. Com receita ou sem receita, você tem de pagá-los.

* Proteja a margem. Nada de vender pelo custo ou com margem inferior à necessidade.

* Estabeleça um bom relacionamento com os credores. Quem tem crédito tem tudo.

* Mantenha o controle financeiro da operação: fluxo de caixa, ponto de equilíbrio operacional e financeiro, taxa interna de retorno etc.

4.4 Fatores críticos de sucesso (FCS)

Clemente Nobrega, físico e autor do excepcional *A ciência da gestão*, afirma que a habilidade mais central de um gestor é a mesma do médico, do engenheiro ou do físico: "É o domínio de critérios que permite identificar o que é relevante em cada circunstância e discernir quando faz sentido usar certo 'remédio' e quando não faz."

Em termos práticos, há sempre fatos relevantes "escondidos" por trás das coisas que realmente interessam no mundo das organizações. Conselhos do tipo "seja criativo", "seja você mesmo", "reinvente-se" ou ainda "pense esquisito" são afirmações subjetivas que não levam em conta as circunstâncias nem o ambiente de cada negócio.

Mesmo sem pesquisar, é possível afirmar que a maioria dos gurus e autores que escrevem sobre assuntos de gestão e apresentam fórmulas mágicas para o sucesso nunca estiveram de fato envolvidos com a administração de uma empresa nem com a gestão de pessoas.

EXECUÇÃO: DO PAPEL PARA A PRÁTICA

Como diz Nobrega, não adianta "usar asas e tentar voar" só porque você percebe que a maioria das aves tem asas e voam. Talento é perceber que a causa do voo é a capacidade de criar sustentação, não asas e penas. Galinhas e avestruzes têm asas e penas e não voam. Assim, quando tentam, parecem desajeitadas.

Em negócios, o que existe são relações de causa e efeito. Quem não planeja, fracassa. Quem não se preocupa com o capital de giro, empresta dinheiro e paga juros. Sem estratégia, não se pode chegar a lugar algum. Quem não avalia os fatores críticos de sucesso dificilmente consegue encontrar o seu modelo ideal de negócio e definir as questões mais relevantes para o desenvolvimento da empresa.

O que interessa de fato é: esse método ou essa teoria podem ser aplicados ao meu negócio? Não importa se quem afirmou foi Steve Jobs, Bill Gates ou Jeff Bezos. Se alguém agir como eles sem levar em consideração os fatores críticos de sucesso do negócio em particular, considerando as circunstâncias e o ambiente, nenhum exemplo poderá salvá-lo.

Fatores críticos de sucesso são os fatores que definem o sucesso ou o fracasso de uma empresa. São pontos-chave sobre os quais o empreendedor deve redobrar a atenção, em que não pode falhar e pelos quais será avaliado, amado ou ignorado. Quando bem definidos, se tornam ponto de referência para as pessoas que admiram a sua marca, o seu produto e a sua imagem. O mais importante é entender o conceito e saber aplicá-lo, caso contrário, ele ficará apenas na lembrança.

Uma das principais deficiências dos empreendedores, principalmente aqueles com negócios em estágio inicial, está relacionada à falta de compreensão dos FCS pela perspectiva do cliente. Na prática, significa identificar e monitorar as expectativas do cliente e suas "dores" de forma sistêmica, por meio de pesquisas conduzidas por institutos experientes.

Uma vez identificados os FCS, o empreendedor deve priorizar a solução para aqueles que apresentam maior impacto no desenvolvimento da empresa. Em seguida, para os de maior impacto na satisfação do cliente. Os FCS também servem para compreender a distância entre o que sua

239

marca está oferecendo para os clientes e as expectativas dos clientes, coletadas pela pesquisa.

Em geral, os FCS devem ser estabelecidos por meio de estudo aprofundado dos próprios objetivos da empresa, derivando da sua missão, da sua visão e dos seus valores, a fim de que se tornem referências obrigatórias e fundamentais para que a empresa sobreviva, seja competitiva e tenha sucesso, seja qual for o segmento.

Para fundamentar o conceito e estimular a aplicação, conheça alguns fatores críticos de sucesso, por segmentos de negócios:[8]

* **Indústria automobilística:** estilo do veículo, economia de combustível, atendimento da legislação ambiental, controle de custos de produção, rede de distribuição eficiente e tecnologia aplicada.

* **Indústria de computadores:** capacidade de inovação, qualidade nas vendas e na literatura do usuário, facilidade de utilização dos produtos.

* **Indústria alimentícia:** eficácia na propaganda, eficácia na distribuição de produtos, capacidade de inovação dos produtos, segurança alimentar.

* **Universidades, faculdades e escolas de negócios:** professores e instrutores de competência reconhecida, qualidade e tamanho da base de *prospects*, alunos e clientes, identificação de temas atuais e relevantes, imagem reconhecida no mercado.

* **Empresas de tecnologia de ponta:** capacitação gerencial para atuar em ambientes competitivos, capacidade de inovação, marketing tecnológico, integração com a comunidade científica e tecnológica.

* **Indústria farmacêutica:** domínio de processos, certificações de qualidade, capacidade técnica, pesquisa e desenvolvimento, relacionamento com órgãos governamentais.

EXECUÇÃO: DO PAPEL PARA A PRÁTICA

Imagine que você identificou uma oportunidade de negócio por meio de um restaurante de comida a quilo, do tipo *self-service*, para atender à demanda crescente de refeições na cidade onde mora.

Além das estratégias, das competências, do plano de ação e do posicionamento correto da empresa no mercado, você deverá estabelecer fatores críticos de sucesso para o negócio, com base na sua experiência pessoal ou na observação de negócios similares.

Considerando que uma pesquisa de mercado custa caro, qualquer pessoa consegue identificar o que deve ser levado em consideração quando se trata de refeições, principalmente no que diz respeito à higiene. A análise dos FCS não é tão difícil. Veja um exemplo prático no quadro a seguir.

Quadro 4.6 – Fatores críticos de sucesso de um restaurante tipo *self-service*.

1. Adquirir produtos de natureza conhecida e qualidade comprovada.

2. Atender bem e manter profundo respeito pelos clientes.

3. Elaborar campanhas sucessivas de propaganda e marketing.

4. Contratar funcionários com experiência em técnicas de refeições.

5. Controlar o volume de consumo e sobras para reduzir os índices de desperdício.

6. Manter o ambiente agradável e limpo.

7. Manter a equipe constantemente treinada.

8. Preparar e servir as refeições exatamente nos horários previamente determinados.

9. Oferecer facilidades de pagamento: cartões de crédito e débito, vale-refeição etc.

10. Oferecer convênios com estacionamentos para estimular a demanda.

11. Realizar convênios com empresas para ajudar a diluir o custo fixo.

12. Reservar uma área específica para entretenimento das crianças.

Nesse caso, foram identificados dez fatores críticos de sucesso. Por experiência, posso afirmar que toda empresa, negócio ou profissão tem, no mínimo, sete fatores: um predominante (principal) e outros seis. Aqueles que entendem o conceito rapidamente e concentram esforços para solucionar os problemas a eles relacionados são menos suscetíveis às crises econômicas e à concorrência.

Se o empreendedor não conseguir se distanciar dos demais, ao menos poderá trabalhar para fazer as coisas da melhor maneira possível. Esse é um princípio básico do sucesso nos negócios.

Se Steve Jobs e Steve Wozniak tivessem se preocupado com a HP e a IBM na época, a Apple não teria nascido. Valeu para O Boticário e a Natura, se tivessem se preocupado com a Avon; e para a Sony, se tivesse se preocupado com a tecnologia e a capacidade financeira da Kenwood. Acredite, a concorrência é o menor dos seus problemas.

Ter em mente o que você quer da vida é o primeiro passo para o sucesso. Colocar as ideias no papel é o segundo. Tomar coragem e tirar as ideias do papel é para pessoas determinadas. Preocupar-se com a concorrência é a última coisa que o empreendedor deve fazer. Quando pensar nisso, deve pensar apenas no que pode fazer melhor, além de manter o foco na solução dos problemas.

Não existe livro específico escrito para todo tipo de negócio; portanto, o que existe são experiências de vários autores, em vários negócios e em diferentes lugares do planeta, cada um tentando vender o seu peixe. Cada negócio tem a sua curva de aprendizado, e o empreendedor deve se dedicar ao máximo para atingir o ponto de equilíbrio, a fim de recuperar o investimento o mais rápido possível.

Veja no quadro a seguir alguns exemplos genéricos de fatores críticos de sucesso, em diferentes segmentos de negócio, com os quais o futuro empreendedor deve ser preocupar antes de iniciar o próprio negócio.

Quadro 4.7 – Exemplos genéricos de fatores críticos de sucesso.

* Atendimento diferenciado
* Controle de custos
* Custos competitivos

EXECUÇÃO: DO PAPEL PARA A PRÁTICA

Quadro 4.7 – Exemplos genéricos de fatores críticos de sucesso.

* Reputação de solidez financeira
* Conhecimento do mercado
* Imagem com os *stakeholders*
* Equipamentos disponíveis
* Expertise no controle de custos
* Localização estratégica (ponto de venda)
* Linhas de produtos e serviços
* Expertise nos canais de distribuição e logística
* Expertise em campanhas promocionais
* Perfil de liderança (execução)
* Pesquisa e desenvolvimento (inovação)
* Relacionamento com fornecedores
* Reputação de solidez financeira

Compreender os FCS é essencial para a manutenção da satisfação do cliente, o que que constrói ou destrói a reputação da sua marca. A recomendação é a de que cada fator crítico tenha o seu respectivo indicador (KPI) de monitoramento de progresso, ou seja, o grau de satisfação ou de desempenho que o próprio empreendedor deve estabelecer para o sucesso do seu negócio.

4.5 Objetivos, indicadores, metas e plano de ação

Muitas ferramentas utilizadas neste capítulo são típicas de controle dos resultados do planejamento estratégico, mas é importante tomar conhecimento delas, pois, segundo Lord Kelvin, matemático britânico, "o que não pode ser medido não pode ser gerenciado" e, dessa forma, se não for gerenciado desde o início, jamais poderá ser melhorado.

243

EMPREENDEDORISMO 360º

Antes de evoluir no tema, vale a pena resgatar a importância dos **objetivos, indicadores** e **metas** na história da Administração Moderna. O conceito original foi introduzido na década de 1950 pelo desconhecido Peter Drucker, com o nome de **APO** — **Administração por Objetivos,** em seu livro *The Pratice of Management* (A prática do gerenciamento).

Com o decorrer do tempo, os conceitos básicos da APO foram se aperfeiçoando com a contribuição de estudiosos como Igor Ansoff, Henry Mintzberg, Michael Porter e Peter Senge, mas a consolidação definitiva se deu com a introdução do método balanced scorecard, criado por Robert S. Kaplan, professor de contabilidade da Harvard Business School, e David P. Norton, presidente da Renaissance Solutions Inc. Isso mudou a maneira como os empreendedores norte-americanos mediam os resultados e, com base neles, administravam suas empresas.

De acordo com Philip Kotler, para que um sistema de APO funcione, os vários objetivos da unidade ou empreendimento devem atender a quatro critérios:[9]

* Os objetivos devem ser organizados hierarquicamente, do mais importante para o menos importante.

* Sempre que possível, os objetivos devem ser estabelecidos de forma quantitativa (metas).

* As metas devem ser realistas.

* Os objetivos devem ser consistentes.

Durante os próximos parágrafos, pretendo simplificar algo que levei muito tempo para entender: **a diferença entre objetivos, indicadores e metas.** Em planejamento, essa distinção é fundamental. Na vida real, é bem mais simples viver sem objetivos e metas, mas, se isso ocorrer de fato, não se deve exigir nada nem esperar por milagres.

Para atingir a excelência, não é necessário pensar grande nem pequeno, mas estabelecer objetivos, indicadores e metas realistas. Como diz o ditado, "pés no chão, cabeça nas estrelas". Os extremos devem ser evita-

244

EXECUÇÃO: DO PAPEL PARA A PRÁTICA

dos, a menos que o empreendedor seja de família abastada e possa arriscar um bom volume de dinheiro na sua ideia.

De modo geral, o processo de planejamento e estabelecimento de objetivos, indicadores e metas permite que o empreendedor:

* quantifique os resultados pretendidos em médio e longo prazo;
* identifique mecanismos e forneça recursos para que os resultados sejam alcançados;
* estabeleça referenciais de curto prazo para os indicadores mais relevantes;
* acompanhe a evolução dos resultados e promova os ajustes necessários para o alcance das metas previstas no plano de negócio.

Objetivos são intenções gerais, de médio e longo prazo, estabelecidos por determinada pessoa, equipe, empresa, organização ou governo. Considere alguns exemplos práticos, tanto do lado pessoal quanto empresarial:

* Abrir um negócio por conta própria na área de cosméticos e perfumes.
* Atingir o ponto de equilíbrio do negócio.
* Conhecer os cinco continentes do planeta.
* Conquistar a medalha de ouro na maratona dos Jogos Olímpicos.
* Escalar os sete picos mais altos do mundo.
* Fazer um curso de MBA na Harvard Business School.
* Poupar R$1 milhão.
* Ser a número um no mercado de bebidas mundial.
* Ser aprovado no vestibular para o curso de engenharia elétrica.

245

EMPREENDEDORISMO 360°

De modo geral, objetivos são os resultados que uma pessoa ou organização pretendem atingir. Algumas empresas utilizam os objetivos como base de seu planejamento estratégico, para depois pensar nas estratégias específicas.

Isso deve ser derivado da visão e da missão, ou seja, do seu propósito de vida e do seu negócio, conforme visto no capítulo anterior. Depois de definir o verdadeiro propósito, o próximo passo é desdobrar a visão e a missão em objetivos concretos e, em seguida, estabelecer metas realistas. Se a visão do empreendedor é criar uma empresa de sucesso, nem é preciso discutir o assunto — comece o quanto antes.

No processo de definição dos objetivos, é importante que sejam utilizados critérios quantificáveis — participação de mercado, receita bruta total, número de clientes etc. — que possam ser transformados em indicadores e avaliados na etapa de monitoramento e controle.

Os **indicadores**, também conhecidos como KPIs (do inglês *key performance indicators*), facilitam o entendimento do que o empreendedor está realmente buscando, portanto, **são medidas quantificáveis para compreender se os objetivos estão sendo atingidos ou não.**

Consequentemente, esses indicadores determinam se é preciso tomar atitudes diferentes para melhorar os resultados atuais. Os KPIs só devem ser alterados se os objetivos primários de uma empresa também sofrerem alteração; caso contrário, o empreendedor nunca terá a noção exata do verdadeiro desempenho do negócio.

Existem diferentes categorias de indicadores: quantitativos, qualitativos, de processo, financeiros, de recursos humanos, de clientes etc., os quais estão diretamente relacionados aos níveis hierárquicos da empresa, dependendo da importância e da responsabilidade atribuída, principalmente se associados ao planejamento estratégico tradicional, ou seja, quando elaborados com metodologia diferente do BSC (*balanced scorecard*).

O ideal é começar com o planejamento estratégico bem definido; entretanto, sabe-se que isso é oneroso para o pequeno e médio empreende-

246

EXECUÇÃO: DO PAPEL PARA A PRÁTICA

dor, então o importante é que ele se preocupe, pelo menos, com o modelo de negócio ou o plano de negócio (contendo o modelo de negócio) bem estruturado e os principais indicadores de desempenho.

Estratégico: Objetivos relacionados à empresa e ao negócio como um todo.
Exemplo: Receita Operacional Bruta, Lucratividade, Market Share, Posição no Setor, Ponto de Equilíbrio etc. São de responsabilidade dos níveis hierárquicos mais elevados: Sócios, Presidência, Diretoria e Gerência Sênior.

Tático ou Gerencial: Objetivos relacionados a uma área, departamento, setor ou unidade de negócio: Financeiro, Logística, Recursos Humanos, Manutenção, Produção, Comercial, Filial São Paulo etc.
Exemplo: Inadimplência, Capacidade de Produção, Receita por Unidade, Absenteísmo, Margem de Contribuição etc.

Operacional: Estratégias, objetivos ou medidas de curto e médio prazo cada área para o atingimento dos objetivos estratégicos da empresa.
Em geral, são definidos por meio de plano de ação traduzindo a ideia do que precisa ser feito para o alcance dos resultados.

FIGURA 4.1 – TIPOS DE OBJETIVOS

Em geral, o plano de negócio contempla os principais indicadores que servirão de base para o monitoramento dos resultados. No início da operação, o empreendedor deve concentrar toda sua energia nos indicadores essenciais.

Quadro 4.8 – Indicadores essenciais.[10]

Do plano de negócio	Da operação
1. Custo da mercadoria/produto vendido	**1.** Absenteísmo
2. Lucro líquido	**2.** Clientes novos (base de clientes)
3. Fluxo de caixa livre	**3.** Custo de entrega (frete)
4. *Payback* (tempo de retorno)	**4.** Giro de estoque
5. Ponto de equilíbrio	**5.** Índice de produtividade
6. Margem de contribuição	**6.** Índice de reclamações
7. Margem operacional bruta (EBTIDA)	**7.** Tempo de atendimento/entrega
8. Receita operacional bruta	**8.** Tempo de execução
9. Taxa interna de retorno (TIR)	**9.** Tíquete médio
10. ROI (retorno sobre o investimento)	**10.** *Turnover* (rotatividade de empregados)

Ao longo da minha trajetória profissional, foi possível identificar e classificar mais de quatrocentos indicadores em diferentes segmentos de mercado. O empreendedor deve selecionar aqueles que são críticos ou mais relevantes para o seu negócio. Por experiência, digo que qualquer empresa pode ser monitorada com dez indicadores, no máximo. Assim, vale a pena investir tempo para escolher aqueles que fazem mais sentido para o tipo de negócio que está sendo criado.

Metas são ações específicas e mensuráveis que constituem os passos para atingir objetivos. Seja qual for o seu negócio, o empreendedor deve tentar estabelecer objetivos, indicadores e metas realistas para manter o controle e monitorar o progresso em relação aos indicadores estabelecidos no plano de negócio.

Na vida pessoal e profissional, conquistar objetivos e metas requer esforço, paciência, dedicação e, acima de tudo, método. Nada vem de graça, da noite para o dia, em um piscar de olhos. No mundo dos negócios não é diferente. Objetivos e metas são tarefas comuns no dia a dia dos executivos e donos de empresas, e as ferramentas de controle são parecidas. O que muda são a descrição e os números.

Por que isso é importante? Deve-se ter em mente que o objetivo precisa ser desdobrado, caso contrário, torna-se impossível atingi-lo. Imagine se alguém abrisse um negócio por conta própria e o objetivo de faturamento para o primeiro ano fosse algo em torno de R$10 milhões. Provavelmente, não seria atingido. O esforço seria enorme e a frustração também. Agora, sabe-se por que o desenvolvimento de um objetivo exige metas realistas.

Uma meta deve obedecer a critérios específicos de monitoramento. Na linguagem do planejamento, diz-se que uma meta deve ser SMART (inteligente, em inglês). O que é uma meta SMART?

* *Specific* (Específica)
  * Errado: Aumentar as vendas.
  * Ideal: Aumentar as vendas com produtos lançados no último ano.

- *Mensurable* (Mensurável)
  - Errado: Economizar dinheiro.
  - Ideal: Economizar R$100 mil.
- *Attainable* (Alcançável)
  - Errado: Economizar R$100 mil em três meses. É possível?
  - Ideal: Economizar R$15 mil em seis meses.
- *Relevant* (Relevante)
  - Errado: Economizar R$30 mil.
  - Ideal: Economizar R$30 mil para a festa de formatura da minha filha.
- *Time-based* (Temporal)
  - Errado: Abrir um negócio por conta própria.
  - Ideal: Abrir um negócio por conta própria até 30 de junho de 2024.

No mundo dos negócios, a escolha dos objetivos, indicadores e metas é feita de maneira mais elaborada. Durante o desenvolvimento do plano de negócio, torna-se imprescindível a construção de uma matriz SWOT para que se possa identificar os principais pontos que devem ser levados em consideração na hora de estabelecer metas realistas para o negócio.

O que é **matriz SWOT**? É uma ferramenta de planejamento estratégico criada por pesquisadores da Universidade de Stanford na década de 1960, amplamente utilizada para análise de cenários (ou de ambientes) envolvendo quatro pontos importantes e distintos: forças (*strengths*), fraquezas (*weaknesses*), oportunidades (*opportunities*) e ameaças (*threats*).

A matriz SWOT é dividida em quatro quadrantes, sendo dois relacionados ao ambiente externo (aquele sobre o qual temos pouco ou nenhum controle) e outros dois relacionados ao ambiente interno (aquele sobre o qual temos controle). **O ambiente interno diz respeito a forças e fraquezas, e o ambiente externo a oportunidades e ameaças.** Depois de ter elaborado a matriz SWOT, o empreendedor poderá estabelecer metas específicas para o período considerado no plano de negócio.

	AJUDA	ATRAPALHA
AMBIENTE INTERNO	**S**	**W**
	Strenghts	Weaknesses
	Forças	Fraquezas
AMBIENTE EXTERNO	**O**	**T**
	Opportunities	Threats
	Oportunidades	Ameaças

FIGURA 4.2 – MATRIZ SWOT

Desenvolver a ferramenta é mais importante do que conhecê-la. Que tal um exemplo prático de análise com foco no desenvolvimento de novos negócios? Como foi dito anteriormente, trata-se de uma ferramenta utilizada mais em planos estratégicos do que em planos de negócios, mas é importante investir um pouco mais de tempo para entendê-la.

Ambiente Externo	
Forças	**Fraquezas**
✓ Espírito empreendedor dos sócios ✓ Modelo de negócio inovador ✓ Capacidade técnica ✓ Conhecimento do mercado ✓ Expertise dos sócios em gestão ✓ Localização estratégica	✓ Capital de giro ✓ Capacidade de investimento ✓ Ausência de políticas e processos ✓ Preços elevados em relação à concorrência ✓ Alianças estratégicas
Ambiente Interno	
Oportunidades	**Ameaças**
✓ Expansão do mercado de tecnologia ✓ Incentivos do governo para o setor ✓ Aumento do poder aquisitivo ✓ Possibilidade de crescimento no interior ✓ Aquisição de concorrentes com dificuldades financeiras	✓ Aumento da informalidade no mercado ✓ Concorrência desleal ✓ Aumento das fusões e aquisições ✓ Entrada de competidores estrangeiros ✓ Variação cambial (dólar) ✓ Desregulamentação do setor

FIGURA 4.3 – EXEMPLO DE MATRIZ SWOT

A elaboração da matriz SWOT é simples, o que importa são as informações obtidas para o estabelecimento dos objetivos de médio e longo prazo. No quadro anterior, nota-se maior potencial de aproveitamento com relação às fraquezas e oportunidades, uma vez que os pontos fortes **já foram conquistados e temos pouco controle sobre as** ameaças.

Contudo, é necessário que o empreendedor tenha a capacidade de resposta, tanto financeira quanto em atitudes, para aproveitar as oportunidades e neutralizar os pontos fracos à medida que o negócio se desenvolve.

De volta para o objetivo principal, lembro que o empreendedor deve se ater aos objetivos, indicadores e metas principais, típicos de uma empresa iniciante, conforme demonstrado no quadro a seguir:

Quadro 4.9 – Modelo de integração entre objetivos, indicadores e metas.

Objetivo	Indicador	Meta
Atingir o faturamento projetado no plano de negócios	Receita operacional bruta	R$1,2 milhão
Aumentar a quantidade de clientes cadastrados	Clientes cadastrados na base	100/mês
Alcançar o ponto de equilíbrio no tempo projetado	Ponto de equilíbrio	18 meses
Elevar a margem de contribuição	Margem de contribuição	35%
Implantar o PCS — Plano de cargos e salários	Implantação do PCS	30/06/2024
Conquistar a participação de mercado projetada na Região Sudeste	*Market share*	5%

No caso específico do plano de negócio, é recomendável desenvolver um plano de ação para cada objetivo. Lembre-se de que o objetivo principal (estratégico) é alcançar a sua visão de futuro por meio da missão de negócio, mas pensar não é suficiente para alcançar as metas.

O importante é definir ações concretas e atribuir responsabilidades para cada membro que possa contribuir com o alcance do objetivo, seja ele um sócio ou apenas um colaborador de confiança. No próximo tópico, prometo desmistificar a ideia de complexidade do plano de ação e transformá-lo em grande aliado do empreendedor.

O que é um **plano de ação** e como funciona? Os versos a seguir, do poeta inglês Rudyard Kipling, não foram construídos quando ele estava pensando em plano de negócio nem plano de ação, mas têm tudo a ver com o assunto. Cento e vinte anos depois, são recitados todos os dias por meio de uma ferramenta muito utilizada pela maioria das empresas na solução de problemas: 4W1H ou 5W2H, ou ainda com o PDCA.

I Keep Six Honest Serving Men

Rudyard Kipling

I keep six honest serving-men	Mantenho seis homens honestos comigo
(They taught me all I knew);	(Ensinaram-me tudo o que sei);
Their names are What and Why and When	Seus nomes são O QUÊ, POR QUÊ, QUANDO,
And How and Where and Who.	COMO, ONDE e QUEM.

Os sonhos em si não levam a lugar algum; somente **a tradução dos sonhos em objetivos, metas e ações poderá torná-los reais.** A melhor maneira de colocar o sonho em prática é cercar-se de ferramentas de apoio, e, nesse aspecto, o plano de ação é fundamental.

Uma parte considerável da vontade do empreendedor é o seu "porquê". Ter aspirações é um bom ponto de partida, mas transformar as aspirações em objetivos e metas concretas é um desafio.

Antes de avançar para um exemplo concreto de negócios, imagine, por exemplo, que alguém queira se tornar um esportista de ponta e participar das dez principais maratonas do mundo. Para alcançar o objetivo, algumas metas intermediárias são necessárias:

* O número de quilômetros que você está disposto a correr diariamente para manter a forma e se preparar.

EXECUÇÃO: DO PAPEL PARA A PRÁTICA

* O montante de dinheiro que está disposto a economizar todos os meses para cobrir as despesas com passagem aérea, hotel, refeição, material esportivo e valor da inscrição.

* O tempo que deverá conseguir para largar entre os primeiros e ainda ter a chance de obter uma boa colocação na prova.

* A preparação física e psicológica que deverá ter para alcançar a resiliência necessária e não perder o objetivo de vista.

* As coisas de que pretende abrir mão — diversão, comidas, bebidas, conforto etc. — enquanto o objetivo maior não é alcançado.

É hora de visualizar as perguntas poderosas do planejamento, por meio do plano mais simples, tipo 4W1H ou 5W2H. As letras representam as iniciais das palavras em inglês *what* (o quê), *why* (por quê), *when* (quando), *who* (quem), *where* (onde), *how* (como) e *how much* (quanto).

Na sequência, utilizo um exemplo típico do mundo dos negócios — montar um site de comércio eletrônico —, e um possível objetivo a ser perseguido por quem está determinado a se tornar um empreendedor de sucesso.

Em primeiro lugar, recomendo dividir o objetivo principal em vários objetivos menores — estratégicos —, para facilitar o entendimento e o estabelecimento das metas; ou seja, por etapas, conforme demonstrado no exemplo a seguir.

Objetivo: Montar um site de comércio eletrônico

Meta: 20/12/2023

1. Elaborar o modelo de negócio
2. Contratar o plano de negócio
3. Constituir a empresa legalmente
4. Contratar empresa para desenvolver o site
5. Contratar equipe inicial de trabalho
6. Definir os principais fornecedores
7. Providenciar lançamento do site
8. Cadastrar o site em diretórios na internet

Em seguida, é necessário isolar um dos objetivos estratégicos. Semelhante ao exemplo anterior, basta desdobrá-lo de acordo com as possíveis etapas de realização da meta.

Quadro 4.10 – Exemplo de plano de ação com utilização da ferramenta 5W2H.

Objetivo principal		Montar um site de comércio eletrônico			
Objetivo estratégico		Constituir a empresa legalmente			
O QUÊ	POR QUÊ	COMO	QUANDO	QUEM	ONDE
Definir os parâmetros da sociedade	Evitar contratempos futuros	Reunir os membros do projeto	31/03/2023	Paulo José	Cidade sede do negócio
Contratar um contador	Iniciar a regularização da empresa	Pesquisar ou obter indicação	10/04/2023	Paulo José	Cidade sede do negócio
Elaborar o contrato social	Formalizar a sociedade	Solicitar ao contador ou advogado	31/05/2023	Paulo José	Cidade sede do negócio
Registrar o contrato social	Tornar o documento público	Dar entrada no processo	30/09/2023	Paulo José	Junta Comercial

Com esse modelo de plano de ação é possível ir longe. Não despreze a importância dos objetivos e das metas realistas. Quando as metas estabelecidas não são razoáveis nem mensuráveis, elas perdem o sentido e induzem ao desânimo. **Estabelecer metas e objetivos de acordo com a capacidade de resposta do empreendedor é questão de sabedoria.**

> O segredo de ir em frente está em começar. O segredo de começar está em repartir suas tarefas complexas e esmagadoras em tarefas pequenas e administráveis e, então, começar pela primeira.
>
> MARK TWAIN

EXECUÇÃO: DO PAPEL PARA A PRÁTICA

Pressupondo que o empreendedor não tenha passado por qualquer experiência com negócios, a primeira delas poderá ser tanto fascinante quanto decepcionante, mas não deixará de ser um aprendizado, razão pela qual é necessário aprender a aprender. O aprendizado pode ser visto como uma habilidade e um processo pelo qual todo empreendedor deve passar para se fortalecer na gestão do negócio.

Uma das ferramentas de aprendizado mais importantes, criada nos Estados Unidos na década de 1930 e implantada com mais sucesso no Japão depois da Segunda Guerra Mundial, é o **Ciclo PDCA**, também conhecido como Ciclo de Shewhart ou Ciclo de Deming.

Originalmente desenvolvido por Walter A. Shewhart, físico e engenheiro, conhecido como "pai do controle estatístico de processo", o PDCA tornou-se mais popular com William Edwards Deming, estatístico, professor universitário e um dos responsáveis pelo renascimento industrial japonês. A ferramenta foi desenvolvida com foco na **melhoria contínua** dos processos.

O PDCA começa pelo planejamento. Depois, é **executada** a ação ou o conjunto de ações planejadas. Na sequência, é necessário checar se o que foi executado está de acordo com o que foi planejado.

Por fim, como se trata de um ciclo ou processo, sem ponto final, toma-se uma ação para eliminar ou, pelo menos, mitigar os defeitos no produto ou na execução. **O ciclo é realizado em quatro etapas distintas**, e cada uma pressupõe uma série de ações coordenadas que sugerem atenção e revisão constante por parte dos envolvidos no processo.

* *Plan* — **Planejamento**
  * Nesta etapa são estabelecidas as metas, identificados os problemas, definidas as estratégias e criado o plano de ação. Está associada à elaboração do plano de negócio.
* *Do* — **Execução**
  * Refere-se à execução das estratégias, transformadas em objetivos, indicadores, objetivos, metas e plano de ação.

255

EMPREENDEDORISMO 360°

Aqui, o empreendedor abriu as portas e começou a agir, e as coisas estão evoluindo de acordo com a ideia original.

* *Check* — **Verificação**
  * Esta etapa trata do monitoramento (controle) e da avaliação periódica dos resultados. Aqui, os objetivos, as metas e o plano de ação são confrontados com o que foi escrito no plano de negócio. É o seu acompanhamento diário de resultados por meio de controles e relatórios de gerenciamento.
* *Act* — Ação
  * Se tudo estiver de acordo com o planejado, ótimo. Caso contrário, esta é a fase da melhoria dos processos; da revisão de estratégias, diretrizes, objetivos e metas; do aprimoramento da execução; e da correção de desvios, se necessário.

FIGURA 4.4 – CICLO PDCA

EXECUÇÃO: DO PAPEL PARA A PRÁTICA

Embora o PDCA seja uma ferramenta amplamente utilizada no segmento industrial, com predominância para a melhoria da qualidade nos processos de produção, ele pode ser aplicado em qualquer área, negócio ou atividade.

Em geral, as primeiras estratégias de empresas iniciantes não conseguem atingir o alvo por várias razões, dentre as quais pode-se destacar:

1. A estratégia — visão, missão e valores — não é consistente.
2. Os clientes não valorizam a diferenciação.
3. Os clientes não reagem a ela como previsto.
4. O empreendedor escolheu o público-alvo errado.

É importante lembrar, em um primeiro momento, que a empresa pode ser chamada de "startup" ou "experimental". O resultado desse experimento pode surpreender ou decepcionar o empreendedor; se os resultados não ocorrerem conforme o previsto, deve-se manter a calma. Para tudo na vida existe uma ou mais saídas. Segundo os estudiosos, o **antídoto para uma estratégia decepcionante** pode ser aplicado da seguinte maneira: (1) **reconheça as más notícias**; (2) **reaja rapidamente** com uma nova estratégia ou uma estratégia revisada.

O reconhecimento instiga a capacidade de admitir o erro, e isso é louvável. A maioria dos empreendedores que desistem ao primeiro sinal de fracasso possui um orgulho típico de iniciante. A reação exige análise criteriosa sobre o que deu errado e flexibilidade para fazer os ajustes e voltar ao jogo mais fortalecido.

Por isso, o Ciclo PDCA é fundamental para manter o ânimo e o foco nas ações que não podem ser ignoradas. Com disciplina, o PDCA nos obriga a respirar negócios e a encontrar a munição adequada para recomeçar do zero, se necessário. Para se tornar empreendedor bem-sucedido, duas questões são fundamentais: reconhecer os erros e reagir de maneira positiva.

Não há como antecipar a solução. Só é possível saber se o negócio está indo bem com um **modelo de negócio poderoso** e uma **estratégia bem definida**. Eles são imprescindíveis se a empresa tiver como objetivo

EMPREENDEDORISMO 360º

ganhar dinheiro e se tornar competitiva e, nesse aspecto, o Ciclo PDCA não garante o sucesso imediato, mas fornece os subsídios necessários para corrigir desvios a tempo.

> Em 20 anos, você estará mais desapontado pelas coisas que deixou de fazer do que pelas coisas que fez. Então, solte suas amarras. Afaste-se do porto seguro. Agarre o vento em suas velas. Explore. Sonhe. Descubra.
>
> **MARK TWAIN**

4.6 Força de vendas: mecanismo essencial para o sucesso

Lição número 1 para empreendedores: **uma empresa existe para satisfazer as necessidades dos clientes.** Não existe outra maneira de tornar isso possível se não for por meio de **bons produtos, bons serviços** prestados e, principalmente, **uma experiência incrível de compra e consumo.**

Tenho certeza de que o seu produto é inovador, o modelo de negócio é ótimo, o plano de negócio foi bem elaborado e o posicionamento da empresa no mercado é perfeito. Além de tudo isso, você possui sócios que são técnicos, apaixonados pelo que fazem e comprometidos com o desenvolvimento da ideia. Não há como dar errado. Basta montar a empresa dos seus sonhos, e o sucesso é apenas uma questão de tempo. Será?

Seria muito bom se tudo acontecesse exatamente como o empreendedor imagina, depois de ter investido economias, tempo e energia para tirar a ideia do papel. O fato é que no meio do caminho existem algumas pedras: o coração duro do cliente, a concorrência acirrada e desleal, a ingerência do governo e a instabilidade do mercado. Assim, é necessário provar para todos que o seu produto é tão bom que será capaz de fazê-los desistir de tudo que já existe para abraçar sua ideia e nunca mais desistir de você.

258

EXECUÇÃO: DO PAPEL PARA A PRÁTICA

Minha experiência profissional inclui uma passagem histórica pela área de vendas de uma grande companhia multinacional de petróleo. Foi um dos períodos em que mais aprendi na vida. Por vezes desprezada e rotulada como esbanjadora, a área de vendas é fundamental para o crescimento e a perpetuidade de qualquer empresa.

Embora o ambiente de negócios tenha mudado, algumas lições permanecem até hoje, e continuarão fazendo a diferença na minha história pessoal e profissional até o dia em que eu não tiver mais interesse pelas vendas, algo improvável de acontecer, considerando que, de uma forma ou de outra, estamos sempre vendendo ou negociando alguma coisa. E a negociação nada mais é do que uma relação de troca, do tipo ganha-ganha, entre duas ou mais pessoas. Portanto:

1. Todos os clientes são importantes, porém alguns são bem mais importantes que outros.

2. Nunca subestime o poder de compra do seu cliente, ainda que ele seja visto apenas de bermuda ou de chinelo de dedo.

3. O planejamento de uma visita demanda o cumprimento de, pelo menos, três objetivos: falar de negócios, fortalecer o relacionamento entre as partes e, se houver oportunidade, vender.

4. A última coisa que o seu cliente quer saber é se você está bem; o que ele quer mesmo é saber o quão mais barato pode ser o seu produto em relação ao da concorrência.

5. A percepção da vontade do cliente é responsabilidade de quem vende e não de quem compra. Quanto mais concentrado você estiver no momento da negociação, maior a chance de concretizá-la.

6. Comprar e vender é um processo fundamentalmente humano que envolve razão e emoção, motivo pelo qual você não deve se descuidar dos sinais, que, na maioria das vezes, se manifestam por meio de linguagem não verbal.

EMPREENDEDORISMO 360º

7. Vender é uma arte para poucos; por mais que você não tenha talento para isso, procure sempre se manter informado. Não há como sobreviver no mundo dos negócios sem conhecer algumas regras básicas de venda.

Durante uma rápida pesquisa na internet, foi possível encontrar em torno de quinhentos títulos de livros relacionados a vendas, porém meu objetivo não é escrever um tratado sobre o assunto.

Entendo que o empreendedor deve gostar de vendas e monitorar os resultados todos os dias, mas não deve, necessariamente, tomar a frente da operação de vendas. Essa área deve ser delegada para profissionais com experiência de planejamento e execução de vendas, embora o espírito do vendedor possa estar impregnado em todos os colaboradores.

O papel do empreendedor é mais estratégico. No início, as preocupações são tantas que ele se envolve em tudo o que aparece pela frente. Desse modo, na maioria das vezes, acaba desperdiçando energia vital em atividades operacionais que nem sempre contribuem para a gestão do negócio. Assumir o papel estratégico é uma das coisas mais difíceis de mudar no empreendedor que acredita que pode e deve fazer tudo.

O meu propósito aqui é **despertar a consciência do futuro empreendedor para a importância do processo de vendas.** Obviamente, isso dependerá da natureza e do segmento escolhido para empreender. Uma ideia concebida para e-commerce deve ter uma estrutura e uma força de vendas diferente de outra concebida para a coleta e a reciclagem de lixo. Os processos de vendas devem ser ajustados dentro da realidade de cada empresa e modelo de negócio.

O **processo de vendas é formado por um conjunto de etapas:** prospecção, registro, abordagem de clientes, sondagem e identificação do perfil da demanda, elaboração de propostas, argumentação e fechamento da venda. Existem dezenas de modelos de processos disponíveis na internet, de vários autores e escolas; entretanto, o empreendedor deve adaptá-los à realidade do seu negócio.

260

EXECUÇÃO: DO PAPEL PARA A PRÁTICA

Em primeiro lugar, deve-se ter em mente que, para atender integralmente ao processo de vendas, **a formação de uma estrutura mínima de profissionais com conhecimento da área é fundamental,** algo que depende de capital disponível para investimento e da geração de fluxo de caixa no primeiro ano de funcionamento; afinal, bons profissionais de vendas são disputados no mercado.

Quadro 4.11 – Pontos a considerar na formação da estrutura de vendas.

1. A empresa tem condições de cumprir as metas estabelecidas no plano de negócio sem profissionais de vendas com experiência de mercado?

2. Haverá dinheiro suficiente para a contratação de um profissional de vendas desde o início?

3. O modelo de negócio adotado requer a contratação de um profissional de vendas em que nível: gerência, coordenação, supervisão, vendedor, representante de vendas?

4. Quanto tempo a empresa pode aguentar sem um profissional de vendas focado nas metas? Quem fará esse trabalho enquanto isso não acontecer?

5. É possível incluir na sociedade alguém com experiência em vendas?

6. Vale a pena internalizar o processo de vendas ou isso pode ser terceirizado, pelo menos até a empresa ganhar velocidade? Exemplo: delegar o processo de vendas para uma empresa de telemarketing.

7. Qual é o resultado mínimo a ser alcançado para suportar a contratação de um bom profissional de vendas?

O tempo em que tudo o que a área de vendas tinha de fazer era vender, vender e vender não existe mais, motivo pelo qual o profissional de vendas atual deve saber avaliar o problema do cliente da melhor forma possível, para propor uma solução adequada.

Hoje, a principal missão do vendedor — e do empreendedor — é mostrar ao cliente como a empresa pode ajudá-lo a resolver problemas da empresa, a aumentar a lucratividade, a levantar a sua autoestima e assim por diante.

261

A estrutura a ser definida depende do tipo de produto e de cliente, mas, para qualquer que seja o contexto da venda, os vendedores, ou o próprio empreendedor, terão de realizar uma ou mais etapas do processo, de maneira estruturada, a fim gerar uma base de dados confiável e de argumentação lógica para atingir o objetivo principal, que só termina com o fechamento da venda.

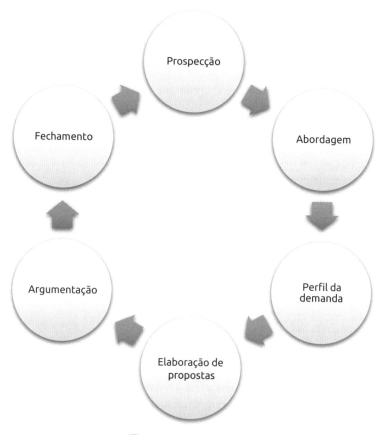

FIGURA 4.5 – PROCESSO DE VENDAS

O tempo não serve de parâmetro para identificar cada uma das etapas; porém, alguns segmentos de negócio proporcionam a realização em menos tempo, permitindo aos profissionais de vendas mais velocidade para o fechamento do maior número de processos possível. O quadro a seguir apresenta, de forma detalhada, em que consiste cada etapa do processo de venda.

EXECUÇÃO: DO PAPEL PARA A PRÁTICA

Quadro 4.12 – Processo de vendas.[11]

Etapa	O que é	Como desenvolver
Prospecção	Refere-se a todo e qualquer tipo de ação desenvolvida para a captação e a formação da base de clientes da empresa. O empreendedor deve concentrar a prospecção dentro do público-alvo definido no modelo de negócio. Considero a etapa mais importante do processo de vendas. Recomendo concentrar boa parte da sua energia nisso, pois de nada adianta ter excelentes produtos e serviços se não houver clientes para comprá-los.	Tudo é válido: indicação de amigos, lista de e-mails, cadastramento direto no ponto de venda, escritório, consultório, site, redes sociais, lista telefônica, telemarketing etc. À medida que a base de contatos ou de *prospects* (pessoas atraídas para o ato da compra) for crescendo, é possível formar o que denominamos de *mailing* — uma relação de potenciais clientes com seus respectivos endereços de e-mail — para a realização de campanhas de marketing.
Abordagem	É a maneira como o profissional de vendas deve conquistar a atenção do cliente para a apresentação dos produtos ou serviços oferecidos pela empresa. Embora existam diferentes técnicas que se complementam, aqui vai a principal de todas: seja simples. Uma abordagem mais estudada e técnica tem mais chance de sucesso do que uma abordagem sem critério. O agendamento é fundamental para uma boa receptividade por parte do cliente.	1) Sorria para o cliente. 2) Estabeleça uma boa sintonia com o produto. 3) Tome cuidado com o que fala e como você fala. 4) Demonstre interesse genuíno no problema do cliente. 5) Não sufoque o cliente. 6) Desenvolva perguntas criativas ou poderosas. 7) Mostre interesse em resolver o problema do cliente. 8) Utilize perguntas abertas (o quê, como, quando, por quê, qual e quanto) para entender melhor a real necessidade do cliente.[12]

(continua)

EMPREENDEDORISMO 360°

(continuação)

Quadro 4.12 – Processo de vendas.[11]

Etapa	O que é	Como desenvolver
Sondagem e identificação do perfil da demanda	Etapa igualmente importante para a personalização do atendimento, além de agregar mais funcionalidade às vendas. Uma questão básica é definir o público-alvo; outra é identificar o perfil da demanda, ou seja, o potencial de compra dos clientes de acordo com o seu poder aquisitivo.	Deve ser realizada logo no início da abordagem, de maneira estruturada ou a partir do momento em que o profissional de vendas tiver a oportunidade de contato com potenciais clientes. Poderá ser feita por meio de perguntas abertas ou fechadas, como sugerido no quadro anterior.
Elaboração de propostas	É a maneira como a empresa pretende apresentar o produto ou serviço, de acordo com a necessidade de cada cliente. Em alguns segmentos não existe essa necessidade, uma vez que a negociação ocorre de forma direta, ou seja, com diálogo aberto e negociação direta entre vendedor e cliente.	O ideal é apresentar uma proposta personalizada para cada cliente ou consumidor; entretanto, isso nem sempre é possível. Depende muito das ferramentas disponíveis para a apresentação. Pode ser enviada por e-mail, mas a melhor maneira de entregá-la é por meio de visita presencial, sempre que possível.
Argumentação	É uma espécie de justificativa de compra, ou seja, a fase em que os negociadores vão justificar e aceitar, por livre e espontânea vontade, que estão negociando algo útil com benefícios para ambos.	Prepare-se para a argumentação, tenha noção exata do produto ou serviço que está sendo oferecido, construa uma boa argumentação e, dentro do possível, estude e antecipe-se às possíveis objeções.
Fechamento	Considero a etapa mais importante do processo de venda e a mais fácil, se as etapas anteriores forem realizadas de maneira adequada.	Repasse os pontos importantes do processo para que os clientes saibam de todos os benefícios e recursos do seu produto/serviço.

EXECUÇÃO: DO PAPEL PARA A PRÁTICA

Apesar da abordagem do processo de venda sugerir oito etapas, ele não encerra com o fechamento da venda. O acompanhamento e a manutenção do cliente são procedimentos necessários e tão importantes quanto as etapas de vendas, se pretendemos assegurar que o cliente ficou satisfeito e voltará a fazer negócios com a empresa.

Por essa razão, muitas empresas em estágio avançado de desenvolvimento criam áreas específicas somente para garantir a manutenção do cliente por muitos anos. É o que se denomina de **pós-venda**. Se o empreendedor não quer ver o cliente migrar para a concorrência sem ao menos avisá-lo, deve desenvolver um plano de manutenção e crescimento desde o início das operações, a fim de garantir sua fidelidade por muitos e muitos anos.

Para quem não vê importância no processo de vendas, lembro que, em muitos casos, os profissionais atuam como elo pessoal entre empresa e clientes. Muitos entendem ainda que o profissional de vendas é a própria empresa. Ele é quem traz as tão necessárias informações sobre o cliente.

Por tudo isso, a empresa precisa considerar, de maneira cuidadosa, alguns pontos ao formar a sua força de vendas, em especial o desenvolvimento de objetivos, estratégias, estrutura, tamanho da equipe e remuneração, conforme demonstrado a seguir.

FIGURA 4.6 – ORGANIZAÇÃO DE UMA FORÇA DE VENDAS[13]

Para Kotler, **a forma original e mais antiga de marketing direto é a visita de vendas**. Atualmente, a maioria das empresas do mercado organizacional baseia-se em uma força de vendas profissional, que identifica clientes potenciais, transforma-os em clientes reais e expande o negócio; ou contrata representantes ou agentes dos fabricantes para conduzir a tarefa de venda direta.[14]

EMPREENDEDORISMO 360°

Seja qual for a modalidade adotada — visita de vendas, marketing direto, e-commerce, telemarketing, representação comercial etc. —, o empreendedor deve ter em mente que o processo de venda só pode ocorrer de maneira pensada, estruturada e organizada, para que possa ser monitorado com frequência por meio de ferramentas eficazes, que indicarão se o empreendimento tem chances de sobreviver ao primeiro ano de funcionamento e o que precisa ser feito para corrigir os desvios.

Encerro este tópico com a análise da **ferramenta de marketing mais poderosa** que o empreendedor pode utilizar para encantar o cliente e promover o crescimento acelerado do seu negócio: **o atendimento diferenciado.**

O atendimento ao cliente ainda é uma das grandes deficiências encontradas em quase todos os segmentos de negócio: comércio, indústria e serviços. Em pleno século XXI, torna-se repetitivo insistir no fato de que o atendimento ao cliente é uma questão crítica, complexa e fundamental para o sucesso de qualquer negócio; entretanto, um razoável número de empresas parece não se dar conta disso.

> O que você diz aos outros é um reflexo de quem eles acham que você é. Enquanto você fala, eles estão pensando e tirando conclusões sobre quem você é, se gostam de você e se querem dar o passo seguinte com você.
>
> **JEFFREY GITOMER**

A verdade incontestável nisso tudo é que, sem políticas, orientações ou padrões de atendimento bem definidos, a empresa continuará atendendo mal. É até possível ganhar dinheiro dessa maneira, porém o esforço para manter os clientes será bem maior do que o realizado para conquistá-los.

O atendimento-padrão já não é suficiente para satisfazer as expectativas do consumidor de coisas novas e diferenciadas. Os clientes estão cada dia mais exigentes, menos fiéis, mais atentos; nesse caso, é necessário caminhar um quilômetro extra e ir além da concorrência.

EXECUÇÃO: DO PAPEL PARA A PRÁTICA

Como fazer isso? Não é tão simples, porque depende de vários fatores: as pessoas que contrata, a qualidade dos produtos, a filosofia de trabalho adotada e a importância atribuída ao cliente desde o primeiro momento em que ele entra na empresa. Contudo, não existe marketing mais efetivo e inteligente para conquistar a fidelidade do cliente do que o atendimento bem realizado.

Isso vale para o atendente da recepção e para o presidente da empresa. Se o empreendedor não adotar o atendimento como bandeira principal, jamais conseguirá transformá-lo em um diferencial competitivo para o seu negócio.

Quadro 4.13 – Sete conselhos para um atendimento nota 10.[15]

1. **Não interrompa**: suporte, do início ao fim, o desabafo do cliente. Afinal, se ele está com você é porque tem interesse no seu produto, ou comprou algo que não correspondeu à expectativa inicial.

2. **Sem preconceitos**: o preconceito distorce o que você ouve. Ouça sem prejulgar, pois o que está em jogo é o dinheiro do cliente, e não a roupa que ele veste.

3. **Seja simples:** o cliente não é bobo e tem uma história diferente da sua. A linguagem adequada para cada situação e cliente faz toda diferença; quanto mais sofisticado, mais distante do cliente.

4. **Assuma a responsabilidade**: entenda, de uma vez por todas, que quem se propõe a empreender, atender o público e ganhar dinheiro deve assumir a responsabilidade por todos os problemas gerados pelo seu negócio.

5. **Reposicione as pessoas**: não imagine que os colaboradores estejam tão comprometidos quanto o dono do negócio; se as coisas não estão indo bem, promova reuniões frequentes de alinhamento e, se isto não resolver, substitua-os para evitar um mal maior. Seja prático, livre-se dos ineficientes.

6. **Seja flexível**: atenda às necessidades específicas dos clientes e vá além dos procedimentos da empresa, quando necessário. O importante é resolver o problema.

7. **Eleve o padrão**: o atendimento nota 10 será possível somente quando for adotado por meio de uma política comercial bem definida, normas e procedimentos bem elaborados e disseminados e treinamento constante, o qual deve ser considerado como investimento e não como despesa.

Atender bem é uma escolha e, por mais que você treine, ensine, peça por favor e o cliente reclame, muitos colaboradores escolhem atender mal.

EMPREENDEDORISMO 360°

É bem mais fácil culpar o patrão e a sociedade do que admitir a insatisfação com o emprego e assumir a responsabilidade pelos próprios erros.

A questão é bem simples: como o empreendedor deseja que sua empresa seja lembrada pelos clientes? Posso garantir que a maioria prefere ser lembrada pela incrível experiência de atendimento proporcionada — ainda que o cliente não tenha comprado —, algo que promoverá o retorno, a fidelização e, provavelmente, a propaganda gratuita do seu negócio.

Ninguém mais vende produtos e serviços. **O que o cliente compra é comodidade, bom atendimento, eficiência, rapidez e visual.** O preço é importante, mas a filosofia de trabalho com foco no cliente é ainda mais importante.

4.7 Estudo de caso: Cacau Show — um show de chocolate[16]

A história da Cacau Show começou durante a Páscoa de 1987, quando Alexandre Tadeu da Costa, aos 17 anos, filho de pai tecelão e mãe vendedora de produtos de beleza em domicílio, decidiu revender chocolates. Costa comprava trufas e bombons de chocolate de fornecedores tradicionais, colocava-os no banco de trás do carro — um fusca branco, ano 1978 — e saía para revender em padarias e supermercados da Zona Oeste de São Paulo.

Costa já demonstrava espírito empreendedor antes mesmo de atingir a maioridade, quando decidiu reativar a venda de chocolates dos pais, que, além dos doces, comercializavam lingeries e artigos domésticos. Depois de algum tempo, com a lista de contatos que os pais já possuíam, conseguiu um pedido de 2 mil ovos de Páscoa de 50 gramas.

O problema surgiu quando o fornecedor informou que não fabricava ovos de chocolate daquele tamanho. Inconformado, o jovem saiu em busca de ajuda em lojas de atacado até encontrar Dona Cleusa (Trentin), especialista em chocolates caseiros, que se dispôs a ajudá-lo. "Ela me viu desesperado e pediu para eu comprar os materiais", afirmou mais tarde.

EXECUÇÃO: DO PAPEL PARA A PRÁTICA

Na cozinha de 12m² da Dona Cleusa, ambos trabalharam por 18 horas diárias, durante três dias, para atender ao pedido. No final, o lucro obtido foi algo em torno de US$500. Ao perceber que o mercado de chocolates artesanais era pouco explorado e promissor, o empreendedor utilizou o dinheiro para abrir oficialmente a empresa.

Da minúscula cozinha, a sede da Cacau Show foi para uma sala do mesmo tamanho na empresa dos pais do empresário. Foi criado um catálogo de vendas para encomendas — modelo utilizado por algumas marcas de cosméticos e perfumes —, e a empresa começou a ganhar corpo.

A experiência de sair vendendo pessoalmente, de porta em porta, foi considerada insubstituível pelo empresário. Graças a isso, hoje ele sabe exatamente como se vende e conhece profundamente o mercado, o perfil dos clientes e as dificuldades e oportunidades encontradas, podendo, portanto, preparar vendedores da melhor maneira possível para o dia a dia nas ruas.

Além de vender o produto, Costa buscou também informações técnicas — como fabricar, conservar, embalar e assim por diante. Nessa busca de aperfeiçoamento da qualidade, fez vários cursos, alguns oferecidos por grandes fornecedores e revendedores de chocolate em barra e outros tipicamente voltados para donas de casa. Alguém pensava nisso há 35 anos?

Costa se orgulha em dizer que, durante toda a história da empresa, nunca contou com capital externo ou empréstimos bancários. Nessa época, o processo de produção era bem precário: ele e um amigo produziam e saíam vendendo as guloseimas em padarias, contando também com a ajuda de revendedores.

Um momento difícil para a empresa ocorreu no verão de 1992. Como é natural e ocorre em todos os verões com produtos à base de chocolate, as vendas da marca caíram acentuadamente. O produto parou de girar no ponto de venda e, devido à sua curta vida útil, começou a estragar. Todos os produtos deteriorados foram trocados sem qualquer ônus para o varejista. Até aí, era uma situação tradicional de verão, quando frequentemente é necessário "colocar dinheiro" na empresa. Foi então que a

EMPREENDEDORISMO 360°

crise se instalou, pois não havia caixa suficiente para cobrir as despesas fixas. Mais uma vez, Alexandre não ficou parado reclamando nem saiu correndo atrás de empréstimos. Ao contrário, buscou oportunidades de longo prazo.

Com a aproximação do fim do ano, Alexandre adquiriu uma máquina de fabricar panetones e montou quiosques em feiras de Natal para oferecer não apenas chocolates, mas produtos adequados à temperatura do verão, como salgadinhos e sucos adquiridos de terceiros. Quando a situação da empresa se complicou, Costa agiu rapidamente e ampliou a oferta de produtos para poder suprir a falta de demanda dos chocolates e continuar vivo no mercado.

Nos anos 1990, o direcionamento passou para grandes varejistas e, com isso, veio um de seus maiores tombos. "O empreendedor encara diversos desafios ao longo de sua jornada e, por isso, é necessário ser extremamente dedicado ao trabalho." Com a falência de um dos seus maiores clientes, a rede de Lojas Mappin, Costa precisou reinventar seu modelo de negócios: reforçou a venda por catálogo e começou a inaugurar as primeiras lojas próprias.

A primeira loja da Cacau Show foi inaugurada no final de 2001, na cidade de Piracicaba, interior de São Paulo, e o negócio cresceu rapidamente. No ano seguinte, eram 18 pontos de venda padronizados com a marca da empresa. Logo depois, já eram 46 e, na sequência, 130. Mais um ano, e totalizavam 230, o que já fazia da Cacau Show a maior rede de chocolates finos do Brasil em número de lojas. "Foi um grande passo. Já tínhamos sucesso na venda porta a porta, mas, por ser um alimento, muitas pessoas não queriam esperar até quatro dias para o produto chegar. Elas preferem ir até a loja e comprar", declara o empreendedor. Pouco depois, a empresa entrou para o franchising e expandiu de vez.

Em 2005, Alexandre foi condecorado com o prêmio "Melhor Franquia do Ano", na categoria Cafeteria e Confeitaria, concedido pela Editora Globo, em parceria com a Fundação Getúlio Vargas. O crescimento da marca obrigou a mudança de endereço da matriz.

270

EXECUÇÃO: DO PAPEL PARA A PRÁTICA

Em 2006, foi inaugurada a fábrica de Itapevi (a 40km da capital paulista), com área total de 70 mil m². Além desta, existem outras três fábricas em funcionamento: Campos do Jordão (SP), São Paulo (a primeira sede) e uma segunda em Itapevi.

A Cacau Show se destaca por possuir o Selo de Excelência em Franchising 2008/2009. Receber este selo significa que a empresa franqueadora recebe um atestado da real capacidade de praticar o sistema de franchising. As normas são impostas pela Associação Brasileira de Franchising (ABF), como instituição que reúne, no âmbito nacional, todas as principais empresas que trabalham com franquia.

Em 2008, a Cacau Show ultrapassou a norte-americana Rocky Mountain e se tornou a maior rede de lojas de chocolates finos do mundo. Hoje a empresa conta com mais de 2,8 mil lojas em todo o país, que geram em torno de 12 mil empregos diretos, entre colaboradores da indústria, funcionários das lojas e franqueados.

O espírito empreendedor de Alexandre Tadeu da Costa, fundador da empresa, tornou a marca referência no mercado nacional. Para o francês Fabrice Lenud, um dos mais consagrados *pâtissiers* do Brasil, Costa é o "Bill Gates do chocolate".

Contudo, para o empresário, tudo isso tem um significado ainda maior. Cada trufa, tablete ou bombom é uma forma de despertar um sorriso. Por isso, a Cacau Show se esforça para cumprir à risca a sua missão de proporcionar ao maior número de pessoas uma experiência memorável e excelência em produtos e serviços, a fim de se tornar uma referência em gestão do negócio de chocolate.

A Cacau Show também inaugurou sua terceira fábrica em Linhares (ES), com uma área de 47 mil m². A iniciativa tem um olho no projeto de expansão fora do país, pois a proximidade ao porto de Vitória pode facilitar as exportações.

Como foi abordado desde o início do livro, as pessoas não compram somente produtos e serviços, elas compram também as histórias de superação por trás deles. No caso da Cacau Show, é o que está por dentro

271

do chocolate que fez de um jovem obstinado a maior referência nacional em chocolates de primeira linha, sem nada dever aos amigos belgas e suíços que navegam por estes mares adocicados há muitos séculos.

A filosofia do sucesso

Por Alexandre Tadeu da Costa, fundador da Cacau Show:

1. **Insista**

Muitas pessoas não se arriscariam em investir em um negócio que já não tinha dado certo na própria família. Para Costa, insistir e estabelecer metas foi sua grande tacada de mestre. "Estabelecer metas arrojadas e associá-las a prazos é fundamental para o crescimento", ensina.

Segundo Costa, os obstáculos aparecerão, mas devem ser encarados como um "tempero que ressalta o sabor das conquistas". "Com apenas 17 anos, tive que ser ousado a ponto de investir em matéria-prima com dinheiro emprestado, assim como tive que contratar uma senhora que fazia chocolates caseiros para me ajudar. Nunca pensei em desistir, e hoje vejo que a forma como conduzi este e outros desafios fizeram o meu negócio prosperar tanto", afirma.

2. **Diferencie-se**

O grande diferencial, desde o início, foi a oferta de produtos semelhantes aos oferecidos pela concorrência por um quinto do preço. Com isso, a Cacau Show conseguiu atrair consumidores da classe C.

Alexandre Costa atribui isso à sua capacidade de sair da rotina e prestar atenção ao redor. "Nos tempos de hoje, é lei criar, recriar, pensar, repensar e fazer os melhores produtos com a melhor qualidade e tecnologias." Para ele, um empreendedor

EXECUÇÃO: DO PAPEL PARA A PRÁTICA

deve ser capaz de inovar sempre, buscando o diferencial na qualidade, no atendimento, no preço ou, ainda, na combinação de tudo isso. "Um empreendedor jamais deve perder o entusiasmo ao enfrentar alguma resistência: as grandes inovações sempre parecem ideias arrojadas demais, mas é preciso surpreender sempre."

3. Seja disciplinado

Logo que decidiu retomar a ideia da Cacau Show, Costa aceitou uma encomenda de 2 mil ovos de Páscoa de 50 gramas, tamanho fora do padrão na época. "Tive disciplina quando prometi uma entrega que no fim não conseguiria cumprir, até que alcancei a solução que me fez realizar jornadas de 17 a 18 horas diárias de trabalho árduo", conta.

A solução foi contratar uma pessoa que conheceu enquanto comprava barras de chocolate. Assim, em apenas três dias, e com a ajuda de uma funcionária, o empreendedor conseguiu entregar o pedido a tempo. Disciplina "deve ser a palavra de ordem em qualquer empresa".

4. Tenha os pés no chão

Para conseguir retomar a ideia da Cacau Show, Alexandre Costa pegou um empréstimo de US$500. Esse foi o único dinheiro externo que utilizou até então. "A partir do momento em que me dei conta dos custos, procurei não fazer empréstimos para suprir minhas necessidades e procurei reinvestir sempre", lembra.

O cuidado deve estar em não se deixar levar pelo aparente aumento do caixa para suprir sonhos pessoais, que, segundo ele, devem ser deixados de lado nos primeiros momentos da empresa. "Muitos empreendedores iniciantes se deixam seduzir pelos primeiros lucros e esquecem que o reinvestimento é o caminho obrigatório para crescer com solidez", ensina.

REVISÃO DO CAPÍTULO

Resumo e implicação para os empreendedores e gestores de negócios

A estrutura legal ou forma jurídica é a maneira pela qual a empresa será tratada perante a lei, assim como o seu relacionamento jurídico com terceiros. No Brasil, existem quatro formas de estruturar uma empresa — agropecuário, indústria, comércio e prestação de serviços —, geralmente associadas ao tipo de enquadramento tributário, ou seja, a forma de recolhimento dos tributos. O empreendedor deve estudar cada uma com profundidade para escolher a que melhor atende às suas necessidades.

Em segundo lugar, o empreendedor deve escolher o tipo de sociedade em que a empresa atuará, para a elaboração e o registro do contrato social na Junta Comercial do seu respectivo estado, geralmente onde será mantida a sede da empresa. O tipo de sociedade tem a ver com o enquadramento legal definido pelo Governo, para efeito de tributação e recolhimento de impostos. É recomendável estudar as implicações de cada estrutura legal disponível para o negócio proposto a fim de embasar a decisão.

Em relação ao enquadramento tributário, o empreendedor pode optar por duas formas diferentes de recolher impostos junto ao Governo Federal: o regime Normal ou o regime Simples. No regime Normal, o enquadramento e a tributação variam de acordo com o lucro obtido pela empresa. No regime Simples, varia de acordo com a receita bruta e é válido somente para determinados tipos de empresas, geralmente de micro e pequeno porte.

Quanto se trata da escolha de sócios, a realidade dos negócios depende de uma questão fundamental: confiabilidade. Embora os empreendedores prefiram fazer negócios e constituir sociedades com amigos, a amizade pura e simples não é o suficiente para garantir uma relação amistosa e duradoura no âmbito empresarial, motivo pelo qual os interessados devem ir além disso, por meio de regras claras estabelecidas no próprio contrato social ou no acordo societário.

Para decidir se faz sentido ou não ter um sócio, o empreendedor deverá avaliar a necessidade de capital humano, social e financeiro para iniciar o empreendimento. Em seguida, deve comparar com as competências, o conhecimento do mercado, os contatos e os recursos de que já dispõe. Em qualquer empresa, é impossível ser tudo para todos, e a sociedade existe para suprir as próprias deficiências.

Posterior à escolha dos sócios e à definição das cotas do capital social, o próximo passo é a formalização do contrato social e a abertura da empresa de

EXECUÇÃO: DO PAPEL PARA A PRÁTICA

acordo com as regras impostas pela legislação brasileira. Abrir e legalizar uma empresa parece algo complicado, mas é mais fácil do que a escolha dos sócios e do enquadramento tributário, uma vez que, no início, o empreendedor não está familiarizado com os trâmites decorrentes da burocracia imposta para a regularização.

Os recursos necessários para a oportunidade também devem ser determinados, e esse processo começa com uma profunda análise dos atuais recursos do empreendedor. Os riscos associados a recursos insuficientes ou inadequados são grandes e, por este motivo, devem ser avaliados com muito critério.

O ideal é desenvolver o negócio a partir de suas economias pessoais. Uma boa parte deles é financiada por meio de poupança pessoal, acrescida de ajuda financeira da família, geralmente pais ou parentes mais próximos interessados em ver um membro da família prosperar.

Uma das principais deficiências dos empreendedores, principalmente daqueles com negócios em estágio inicial, está relacionada à falta de compreensão dos fatores críticos de sucesso pela perspectiva do cliente. Na prática, isso significa identificar e monitorar as expectativas do cliente e suas "dores" de forma sistêmica, por meio de pesquisas conduzidas por institutos experientes.

Fatores críticos de sucesso (FCS), do inglês *critical success factors*, são elementos que definem o sucesso ou o fracasso de uma empresa. São pontos-chave sobre os quais o empreendedor deve redobrar a atenção, em que não pode falhar e pelos quais será avaliado, amado ou ignorado.

Os FCS devem ser estabelecidos por meio de um estudo aprofundado dos objetivos da empresa, derivando da sua missão, da sua visão e dos seus valores, a fim de que se tornem referências para que a empresa sobreviva, seja competitiva e tenha sucesso em médio e longo prazo.

Medir é importante e, segundo Lord Kelvin, matemático britânico, "o que não pode ser medido não pode ser gerenciado". Portanto, o sistema de objetivos, indicadores, metas e planos de ação orienta e afeta o nível de comprometimento com os resultados do negócio.

Para atingir a excelência, não é necessário pensar grande nem pequeno, mas estabelecer objetivos, indicadores e metas realistas. Como diz o ditado, "pés no chão, cabeça nas estrelas". Os extremos devem ser evitados, a menos que o empreendedor seja de família abastada e possa arriscar um bom volume de dinheiro na sua ideia.

Os sonhos em si não levam a lugar algum; somente a tradução dos sonhos em objetivos, metas e ações poderá torná-los reais. A melhor maneira de colocar o sonho

EMPREENDEDORISMO 360°

em prática é cercar-se de ferramentas de apoio e, nesse aspecto, o plano de ação é fundamental, seja por meio de PDCA, 5W2H ou de um plano simplificado com base em perguntas, respostas e responsabilidades.

O processo de vendas é formado por um conjunto de etapas que envolvem: prospecção, abordagem de clientes, sondagem e identificação do perfil da demanda, elaboração de propostas, argumentação e fechamento da venda. Existem dezenas de modelos de processos disponíveis na internet, de vários autores e escolas, mas o empreendedor deve adaptá-los à realidade do seu negócio.

Em primeiro lugar, deve-se ter em mente que, para atender integralmente ao processo de vendas, é necessário a formação de uma estrutura mínima de profissionais com conhecimento da área, algo que depende de capital disponível para investimento e da geração de fluxo de caixa no primeiro ano de funcionamento, afinal, bons profissionais de vendas são disputados no mercado.

O atendimento-padrão já não é suficiente para satisfazer as expectativas do consumidor de coisas novas e diferenciadas. Os clientes estão cada dia mais exigentes, menos fiéis, mais atentos; portanto, é necessário caminhar um quilômetro extra e ir além da concorrência.

Por fim, nenhuma empresa vende mais produtos e serviços. O que o cliente de hoje mais deseja é bom atendimento, comodidade, eficiência, rapidez e visual. Preço é importante, mas a filosofia de trabalho da empresa com foco no cliente é ainda mais importante.

Questões para revisão

1. Qual é a diferença básica entre estrutura legal e enquadramento tributário? Qual é a relação existente entre as duas?

2. Em que tipo de situação o regime Normal e o regime Simples de tributação podem ser aplicados?

3. O acordo societário é um documento importante a ser discutido e assinado logo no início da sociedade, entretanto, por que a maioria dos empreendedores ainda não se preocupa com isso?

Questões para reflexão individual

1. Qual é o melhor tipo de estrutura legal para a sua empresa? O que deve ser levado em consideração?
   * Você conseguiria trabalhar com sócios diferentes e ainda prestar contas e tomar decisões em conjunto quando necessário?
   * Em relação ao negócio que você pretende montar, qual é o principal fator crítico de sucesso (FCS)?

Questões para discussão em grupo

1. Analise as vantagens e as desvantagens de uma sociedade empresarial com dois ou mais sócios.
2. Quais são os três principais fatores críticos de sucesso de uma rede de pizzarias online? Nesse caso, onde os empreendedores não podem errar?
3. Qual é a diferença básica entre objetivos, indicadores, metas e planos de ação? Por que alguns ainda desprezam essas premissas básicas do plano de negócio?

Questões sobre o estudo de caso "Cacau Show — um show de chocolate"

1. Quais os principais fatores que contribuíram para o sucesso de Alexandre Costa na criação e no desenvolvimento da Cacau Show, uma vez que o negócio foi iniciado praticamente sem dinheiro?
2. Identifique no texto as principais características, habilidades ou competências utilizadas por Alexandre Costa nos primeiros anos da Cacau Show.
3. Quais são as possíveis vantagens competitivas da Cacau Show em relação a outras marcas de chocolate que você conhece? Lacta e Nestlé, por exemplo.

Para saber mais
Endereços na internet

* Endeavor / Estrutura Legal
  https://endeavor.org.br
* Portal de Contabilidade
  http://www.portaldecontabilidade.com.br
* Portal Exame
  http://exame.abril.com.br/pme

Leitura recomendada

* GITOMER, Jeffrey. *A bíblia de vendas*. 2. ed. São Paulo: MBooks, 2010.
* KAWASAKI, Guy. *A arte do começo*. São Paulo: Best Seller, 2009, cap. 1 e 2.
* NOBREGA, Clemente. *A ciência da gestão*. Rio de Janeiro: SENAC Rio, 2004.

5

GESTÃO ESTRATÉGICA DO NEGÓCIO

Objetivos de aprendizagem

Depois de ler este capítulo, o futuro empreendedor será capaz de:

* Conhecer os princípios universais da gestão e sua aplicação prática no mundo dos negócios.
* Avaliar as competências essenciais que influenciam a formação de uma filosofia de liderança empreendedora.
* Implantar um processo básico de governança corporativa desde o início das operações.
* Reconhecer os principais desafios existentes nas empresas de natureza familiar e como se preparar para enfrentá-los.
* Entender a importância da cultura organizacional na formação do comportamento empreendedor dos profissionais.
* Avaliar a importância da força de vendas como mecanismo essencial para o sucesso do empreendimento.
* Praticar os ensinamentos obtidos no capítulo por meio de um estudo de caso real de empreendedorismo e outras ferramentas de análise.

No final deste capítulo, você encontrará:

* 3 questões para revisão do capítulo
* 3 questões para reflexão individual

EMPREENDEDORISMO 360°

* 3 questões para discussão em grupo
* 3 questões para o estudo de caso apresentado
* 3 sugestões de links disponíveis para consulta na internet
* 3 sugestões de leitura (recomendadas)

E no final do livro:

* 30 palavras-chave para pesquisa e análise sobre este capítulo

5.1 Princípios universais da gestão

Ideias "de fora" são boas para o mercado brasileiro? Se alguém fizer essa pergunta aos empreendedores bem-sucedidos do Brasil, em especial aos mais antigos, do tipo self-made man, é possível que a resposta seja "não". Quem é que gosta de afirmar que copiou ou mesmo adaptou uma ideia "de fora"? A maioria dos empreendedores que conheço prefere enaltecer a si mesmo e defender o seu negócio como se fosse pioneiro ou como se o fato de adaptar ideias alheias fosse prejudicial à sua imagem.

Os grandes grupos brasileiros, salvo raríssimas exceções, foram construídos com base nos ensinamentos de grandes empreendedores estrangeiros, como Henry Ford, Alfred Sloan (GM), Akio Morita (Sony), Eiji Toyoda (Toyota) e até mesmo Sam Walton, o lendário fundador do Walmart. Vale dizer que as circunstâncias e o ambiente mudam, entretanto, os princípios da gestão permanecem os mesmos.

Com ajuda de Frederick Taylor, Joseph Schumpeter, Igor Ansoff, Peter Drucker, Michael Porter e Peter Senge, entre outros, grandes companhias ao redor do mundo construíram modelos de negócios de sucesso, que foram imitados por grandes empresas brasileiras, como AB-Inbev, Cosan, O Boticário, Movida, Natura, Votorantim e tantas outras.

Alfred Sloan, o executivo que reescreveu a história da GM nas décadas de 1920 e 1930, adotou um dos modelos de negócios mais estudados na história da administração. Qual a razão? O modelo o levou a obter resultados espetaculares e, dessa forma, foi rapidamente copiado por empresas

280

do mundo inteiro. Mais adiante, faltou à GM entender as circunstâncias de um mercado em transformação.

É importante lembrar que foi Sloan quem começou isso; porém, mais importante ainda é saber que sua ideia, com pequenas adaptações, ainda faz sentido para muitas empresas, afinal, os princípios da gestão são universais.

Na prática, não importa se o modelo de negócio é americano, holandês, japonês, alemão ou sueco. A principal pergunta para o empreendedor é: no ambiente ou nas circunstâncias em que me encontro, **o modelo adotado me ajudará a obter a máxima eficiência para alcançar os resultados desejados?**

Logo após a Segunda Guerra Mundial, praticamente todas as indústrias eletroeletrônicas e automobilísticas do Japão copiaram, sem qualquer constrangimento, os modelos de gestão norte-americanos. Porém, foram mais eficientes ao agregar um atributo que foi além da produção em massa: a **qualidade total.**

A importância da qualidade total foi ignorada pela arrogância dos norte-americanos, fato que seria comprovado nas décadas de 1960 e 1970, com a invasão dos produtos japoneses nos Estados Unidos. O rádio totalmente transistorizado da Sony, já mencionado em capítulo anterior, foi um exemplo inquestionável da supremacia japonesa sobre os produtos *"made in USA"*.

Na década de 1980, quando iniciei minha jornada de catorze anos em uma das maiores companhias mundiais de petróleo da época, todo o planejamento da empresa era baseado no modelo de administração estratégica sugerido pelo russo Igor Ansoff e o norte-americano Michael Porter, pioneiros da administração estratégica mundial.

Naquela época, poucas empresas brasileiras entendiam o significado e a importância do planejamento estratégico, e muitas ainda têm dificuldade de entender, em pleno século XXI. Na década de 1990, à medida que a globalização ganhou força e o Governo Collor promoveu a abertura da economia para estimular a vinda de empresas estrangeiras ao Brasil (além das automobilísticas e petrolíferas que já se faziam presentes), a competitividade tornou-se mais acirrada e obrigou as empresas a pensar em qualidade, de forma sistemática, e em gestão, de forma estratégica.

EMPREENDEDORISMO 360º

Por razões diversas, ainda não existe um modelo de "gestão à brasileira", exceto o informal, praticado por milhares de micro e pequenas empresas. Todos os esforços são pequenos diante da dependência dos modelos de gestão japoneses, europeus ou norte-americanos.

Contudo, penso que o empreendedor brasileiro ainda está preso a uma cultura eminentemente colonialista, impregnada por diferentes culturas não criadoras de modelos de gestão, apesar de o Brasil ter avançado em outros campos, como a tecnologia de produção agropecuária.

Isso é bom ou ruim? Depende. Modelos de gestão existem para ser copiados, aplicados e aperfeiçoados de acordo com as características de cada negócio. Não basta pensar em atributos, ou seja, em habilidades, qualidades, virtudes e valores. Isso é importante, mas não é relevante quando se trata de sobreviver em um mercado em permanente mutação.

A máxima de Charles Darwin, naturalista inglês, vale também para os negócios: não é o mais forte nem o mais inteligente que sobrevive, mas o que melhor se adapta às circunstâncias e ao ambiente. Por isso, quando um guru da administração afirma que uma empresa precisa se reinventar, na prática, ele está dizendo o seguinte: sua empresa precisa se adaptar ao novo ambiente dos negócios.

Modelos de gestão estratégicos, táticos ou operacionais — gestão baseada em valor, matriz BCG, matriz de produto, análise de cenários, ciclo da inovação, orçamento segmentado, custeio baseado em atividades, entre outros — são universais e podem ser adaptados a qualquer segmento de mercado.

Em termos de gestão, pode-se dizer que pouca coisa mudou nos últimos trinta anos. Ferramentas como análise de cenários, fluxo de caixa, orçamento, planejamento estratégico, balanço financeiro e mapeamento de processos, entre outras, são aplicáveis a qualquer negócio e eficientes na medida em que são levadas a sério.

Em princípio, gestão deveria ser uma coisa simples. Não existe negócio que não dê resultados, entretanto, a mão pesada da gestão é imprescindível. As pessoas são mais difíceis. O conhecimento existe e está disponível sob todas as formas nas escolas, nos livros ou mesmo na internet, mas o comportamento humano nas organizações ainda é digno de tese.

Foi dito anteriormente que os empreendedores precisam de habilidades para fazer o negócio prosperar. Evidentemente, nem todos conseguem dominar as habilidades por completo, ou seja, há predominância de habilidades de acordo com os modelos mentais de cada pessoa, o que faz com que cada um as desenvolva de acordo com a sua própria história pessoal ou experiência com relação aos desafios. Administrar uma empresa requer três competências ou habilidades distintas:[1]

* **Habilidades técnicas:** capacidade de aplicação de conhecimentos ou especialidades específicas. Diz respeito à formação e ao conhecimento do administrador, à sua expertise, àquilo que ele realmente sabe fazer.

* **Habilidades humanas:** capacidade de trabalhar com outras pessoas. Diz respeito à sua habilidade de relacionamento interpessoal: saber motivar, ser bom ouvinte, saber se comunicar, saber formar equipes de alto desempenho; enfim, saber lidar com gente. Muitas pessoas são tecnicamente proficientes, mas incompetentes na prática dos relacionamentos interpessoais.

* **Habilidades conceituais:** capacidade de analisar e diagnosticar situações complexas. O processo de tomada de decisões, por exemplo, exige que o líder ou empreendedor seja capaz de identificar problemas, desenvolver soluções alternativas para corrigi-los, avaliar essas alternativas e selecionar a melhor.

Um dos desafios mais importantes e abrangentes enfrentados pelas empresas de hoje é a adaptação às diferenças entre as pessoas. O termo utilizado para descrever esse desafio é **diversidade da força de trabalho**; portanto, penso que as habilidades humanas são a maior preocupação do empreendedor ou do executivo por ele contratado para gerir o negócio.

EMPREENDEDORISMO 360°

Hoje, mais do que no passado, todo profissional e todo empregador sabem que as exigências básicas para a ocupação de um cargo no mercado estão reunidas em uma única sigla conhecida como C.H.A., que contempla as iniciais de **conhecimento, habilidades** e **atitudes**.

O mapeamento do C.H.A. é uma metodologia de avaliação utilizada por várias empresas na tentativa de selecionar os melhores profissionais do mercado ou os mais adequados para ocupar determinados cargos, principalmente em nível de liderança.

No passado, conhecimento, habilidades e atitudes seriam suficientes para garantir um emprego por muitos anos. A partir da virada do século, empresas e empregados, ainda que em minoria, passaram a considerar novos fatores antes de escolherem um ao outro. Digo isso com convicção pelo fato de conviver com diferentes tipos de profissionais em segmentos diversos, quer na função de coach, consultor ou treinador de competências.

Há muito tempo, além do C.H.A., passei a considerar a inclusão de outros dois fatores — **valores** e **emoções** — para o sucesso e a permanência no mercado de trabalho. Por um lado, empresas íntegras, seja qual for o seu tamanho, se preocupam cada vez mais com os valores que desejam transmitir para seus colaboradores, fornecedores, clientes e, acima de tudo, para a sociedade. Por outro lado, é inegável que as emoções **são parte integrante das relações de trabalho e não podem mais ser ignoradas, embora reconheça que, pelo menos no início do empreendimento, é difícil conciliar os cinco fatores.**

Em tempos de competição acirrada, busca incessante por resultados sustentáveis e maior conscientização das pessoas em relação aos seus próprios valores, a **C.H.A.V.E.** para a boa relação entre patrão e empregado tornou-se imprescindível.

* **Conhecimento:** diz respeito ao conhecimento teórico, que pode ser adquirido por meio de livros, artigos, palestras e educação formal, tudo isso reforçado pela experiência (prática) sobre determinado assunto ou questão. Exemplos: curso técnico de

GESTÃO ESTRATÉGICA DO NEGÓCIO

eletrônica, especialização em processos gerenciais, MBA em gestão estratégica de negócios.

* **Habilidades:** coisas que se sabe fazer melhor do que outras. Uma pessoa pode saber escrever melhor do que calcular. A habilidade não requer conhecimento teórico prévio, pois é decorrente da prática, do erro, do treino; do aprimoramento das técnicas e processos que se quer executar. Exemplos: uso de ferramentas, aprender novos idiomas, falar em público.

* **Atitudes:** de nada adianta ter conhecimento teórico e habilidades e não os colocar em prática. A atitude é regida por uma disposição que vem de dentro e ajuda o ser humano a superar desafios, quebrar modelos mentais, inovar e manter distância da inércia e da zona de conforto. Exemplos: disposição para exercícios, tomada de decisão para mudança de emprego, protagonismo para solucionar problemas na ausência do líder, coragem para deixar o emprego e abrir um negócio por conta própria.

* **Valores:** posturas e atitudes, focos de orientação, coisas importantes que são valorizadas ou priorizadas com base em nossa cultura, linguagem e história pessoal; a forma como queremos ser vistos pela sociedade. Exemplos: fazer parte de uma família sólida, ter relacionamentos duradouros, buscar laços de amizades, ter educação superior.

* **Emoções:** resposta instintiva (reação) observada quando somos submetidos a situações de estresse, sem as quais não seria possível perceber o significado dos acontecimentos.

* Diferentemente do passado, o controle das emoções, ou inteligência emocional, é o que diferencia os profissionais bem-sucedidos dos demais. Exemplo: reação das pessoas diante da morte ou doença grave; compreensão da empresa em relação a uma situação de desconforto do empregado por causa de uma separação conjugal ou da perda de um filho.

285

No início, sabe-se que o pequeno e o médio empreendedor não dispõem de recursos suficientes para montar uma estrutura organizacional compatível com suas reais necessidades. Eles precisam de tempo e cultura para encontrar o modelo ideal de gestão, os profissionais mais capacitados e as ferramentas mais adequadas. Na maioria dos casos, o empreendedor acaba absorvendo ou dividindo todas essas funções entre os sócios e os membros da família.

De modo geral, o empreendedor vai contratando profissionais de acordo com a expansão do negócio, e isso é relativamente saudável — significa que ele tem consciência das suas reais possibilidades e sabe que qualquer despesa desnecessária ou não programada pode arruinar o empreendimento.

Administrar é uma tarefa complexa e, apesar da literatura abundante no mercado, milhares de empresas continuam encerrando suas atividades todos os dias.

Contudo, existem empresas centenárias ou quadricentenárias que prosperam por entender e utilizar os conceitos básicos da administração, além de não se descuidar do foco principal: sua visão e missão de negócio.

A **gestão estratégica do negócio** vai além do planejamento. Se o empreendedor não dispõe de recursos nem de conhecimento técnico para colocá-la em prática, segundo as recomendações dos especialistas, deve ao menos reavaliar as suas próprias práticas à medida que o empreendimento ganha consistência. **Pensar estrategicamente é algo que se aprende com a prática.**

> As organizações em geral são, em essência, realidades socialmente construídas que estão muito mais nas cabeças e mentes dos seus membros do que em conjuntos concretos de regras e relacionamentos.[2]
>
> GARETH MORGAN
> IMAGENS DA ORGANIZAÇÃO

Na prática, Morgan quer dizer que as empresas, seja qual for o seu porte, tendem a carregar no DNA o pensamento do líder ou criador. É o caso da Microsoft, da Apple, da Cacau Show, do Google, da Honda, da Sony e de milhares de outras que carregam na sua filosofia muitos traços marcantes do pensamento de seus idealizadores.

Se as empresas são o reflexo da vontade dos donos, será que estes, por sua vez, ao longo do tempo vão substituindo o discurso do sonho, da estratégia e da filosofia empreendedora por discursos mais frios, agressivos e competitivos, a partir do momento em que se tornam mais influentes, ricos e poderosos?

Como pesquisador do assunto, posso afirmar que **muitas empresas mudam o discurso ao atingir o status de médio e grande porte**, ou a partir da passagem do comando para a segunda e a terceira geração. São poucas as que conseguem manter a filosofia inicial do seu fundador, considerando a pressão absoluta por resultados imposta pelo mercado e pela própria necessidade de mudança.

Depois de algum tempo, torna-se praticamente inevitável cortar custos, com mais ênfase para o quadro de empregados. É necessário rever conceitos, modificar comportamentos e tomar decisões impopulares sob pena de a empresa sofrer sanções que o próprio mercado estabelece. Diante da ausência de resultados, não há filosofia empresarial que resista, motivo pelo qual o empreendedor deve incorporar os conceitos da gestão empreendedora desde o início.

Por outro lado, **nenhuma estratégia resiste à falta de humanidade no trabalho**. As pessoas são sensíveis e atualmente bem mais informadas do que há vinte ou trinta anos. Além do mais, chicote e cronômetro não funcionam mais para pessoas inteligentes, inquietas e conectadas o tempo todo às redes sociais.

Liderando mudanças, de John P. Kotter, professor da Harvard Business School, é um dos meus livros favoritos e, embora trate da gestão sob o ponto de vista da mudança organizacional, tem tudo a ver com a gestão estratégica do negócio. Segundo Kotter, mudanças revolucionárias e duradouras exigem uma **reação tridimensional** dos problemas organizacionais (Quadro 5.1).

Quadro 5.1 – A reação tridimensional para a mudança organizacional nas empresas.[3]

Estratégica	* Desenvolva uma estratégia convincente e clara. * Comunique a essência da visão e da missão; não perca o principal objetivo de vista (foco). * Desenvolva um bom plano de negócio. * Estabeleça metas audaciosas, porém realistas. * Crie um diferencial nos seus produtos e serviços.
Financeira	* Procure manter o fluxo de caixa sempre positivo. * Fortaleça o balanço financeiro da empresa. * Monitore os resultados diariamente. * Reinvista os lucros sempre que possível. * Obtenha resultados em curto prazo para não desmotivar as equipes.
Recursos humanos	* Contrate bons profissionais que estejam dispostos a crescer junto com a empresa. * Defina responsabilidades e esclareça aos funcionários quais os principais fatores de sucesso. Celebre as conquistas. * Estimule o espírito empreendedor: reconheça funcionários inovadores e de alto desempenho. * Aja rápido. Livre-se dos funcionários ineficientes. Você não precisa esperar cinco anos para saber se o profissional é ou não eficiente. * Motivação é fundamental: elogio em público é mais efetivo do que um aumento salarial.

Se a gestão estratégica representa a soma de várias estratégias menores, o risco torna-se ainda maior, pois é quase impossível acertar todas as ações sem imaginar a reação da concorrência. Sem dúvida, a concorrência tentará se proteger; porém, ainda assim, é algo controlável, desde que não se perca o foco do negócio e não se descuide das pessoas, o ativo mais importante no processo.

Por fim, a estratégia humanizada mobiliza as pessoas para a guerra. Valores bem definidos e emoções bem administradas são ótimos ingredientes para causas pelas quais valha a pena sacrificar tempo e energia.

GESTÃO ESTRATÉGICA DO NEGÓCIO

Sentir-se importante, ser reconhecido e valorizado são necessidades básicas que todo ser humano precisa suprir.

5.2 Liderança empreendedora

O que faz uma pessoa comum se tornar um líder de verdade? O que faz um líder se tornar empreendedor? O que faz um empreendedor se tornar líder? Todos os empreendedores são líderes? Todos os líderes são, por natureza, empreendedores?

Se você perguntar a definição de líder para vários homens de negócios, terá diferentes respostas: líderes são motivadores, entusiastas e carismáticos; estabelecem metas e objetivos; criam uma missão e uma visão; influenciam pessoas e gerações; estabelecem novas culturas; são perseguidores implacáveis de metas; e assim por diante. Por outro lado, se a pergunta for "o que os líderes devem fazer?", é provável que a única resposta seja: o papel do líder nos negócios é extrair os melhores resultados da sua equipe.

Embora o conceito seja mal compreendido e adotado de maneira equivocada, liderança tornou-se uma característica indispensável no mundo dos negócios. Associar Akio Morita, Lee Iaccoca, Winston Churchill, Jack Welch, Henry Ford, Silvio Santos e outras personalidades ao espírito de liderança não está totalmente errado, mas adotar suas qualidades na tentativa de se tornar líder não garante a transformação de alguém em líder absoluto.[4]

> Liderança é um conceito misterioso e ilusório. O que lemos como sendo história é, na realidade, a criação de mitos. De uma pessoa comum, a sociedade cria um Napoleão ou um Gandhi, um Martin Luther King ou uma Joana D'Arc, alguém que adquire o status de ser capaz de moldar o destino.
>
> DEEPAK CHOPRA

Segundo Collins e Porras, líderes cultuados nos dias de hoje não eram nada carismáticos no comando de suas empresas. É o caso de Soichiro Honda, Masaru Ibuka (Sony), Paul Galvin (Motorola), William McKnight (3M) e do próprio Jack Welch (GE), um dos líderes mais polêmicos e admirados do século XX.

Welch cresceu na GE, era produto da GE; entretanto, a GE era uma empresa próspera muito antes de Welch assumir o comando, e continuou sendo depois dele, sob o comando do seu sucessor, Jeffrey Immelt. Welch não foi o único CEO excelente da GE. Segundo Collins e Porras, o papel de Welch não foi insignificante, mas foi apenas um pedacinho de toda a história da empresa.[5]

A principal característica em comum de todos esses líderes era o foco. As evidências sugerem que as pessoas mais importantes nas etapas de formação das empresas de sucesso estavam mais voltadas para a organização, independentemente do estilo pessoal de liderança de cada um. Todos os líderes mencionados eram obstinados e excelentes arquitetos, ou seja, formadores de equipes e criadores de ferramentas adequadas para cada situação.

Ausência de liderança não é sinônimo de fracasso. Veja o exemplo da Apple, que durante mais de dez anos, sob o comando de Steve Jobs, cresceu de maneira admirável. Jobs era ótimo na criação, obcecado por qualidade e design, mas isso não o impediu de ser demitido da própria empresa aos 31 anos de idade e de retornar aos 40 para salvá-la. Para alguns, um péssimo líder; para outros, um empreendedor nato.

Liderança é uma competência-chave no sucesso das organizações, principalmente quando se concorre em um mercado em que a diferença de preço é a **única vantagem percebida pelo cliente. Nesse caso, a liderança faz toda diferença, motivo pelo qual é necessário entender minimamente os seus princípios.**

Em determinados casos, a liderança é atropelada pela necessidade de obter resultados imediatos. É o caso de empreendedores que se empenham em alcançá-los de maneira alucinada e se perdem na gestão dos colaboradores porque alimentam o ego na mesma proporção. Para incorporar o espírito da liderança, o empreendedor deve deixar de lado os mecanismos rígidos de defesa e aceitar críticas de maneira receptiva.

GESTÃO ESTRATÉGICA DO NEGÓCIO

Por sua natureza realizadora, empreendedores têm dificuldades em aceitar ideias e críticas de pessoas mais próximas, principalmente à frente de um negócio de natureza familiar. A liderança de uma empresa familiar difere razoavelmente da empresa tradicional. Na empresa familiar, o foco é a manutenção da unidade familiar e a administração das emoções de cada membro da família. Já a empresa convencional concentra-se prioritariamente nos resultados.

Conheça algumas definições dos principais gurus da administração moderna para facilitar a compreensão por parte do empreendedor. Na prática, quem quer empreender precisará mais do que simplesmente ler os conceitos.[6]

Liderança é...

* A decisão de sair das trevas. Somente alguém capaz de ter sabedoria em meio ao caos será lembrado como grande líder — Deepak Chopra.

* A arte de se relacionar construtivamente com outras pessoas e conseguir que se mobilizem para atingir determinados objetivos comuns — Emiliano Gómez.

* A capacidade de reconhecer as habilidades especiais e as limitações dos outros, associada à capacidade de introduzir cada um no serviço que desempenhará melhor — Hans Finzel.

* A capacidade de influenciar pessoas para trabalharem entusiasticamente visando atingir objetivos comuns, inspirando confiança por meio da força do caráter — James Hunter.

* Um processo de influenciar pessoas — Ken Blanchard.

* É a capacidade de facilitar o aprendizado dos indivíduos e das equipes — Peter Senge.

* Um processo conjunto de descoberta — Tom Peters.

O maior obstáculo do empreendedor é a dificuldade de lidar com o próprio ego e excesso de confiança, a fim de evitar que isso interfira na sua capacidade de realização. Assim, quando olhar para dentro de si mesmo, ele deve lutar com os desafios da liderança para dominá-la e fazer uma diferença positiva na vida das pessoas que se aproximam dele, não somente pelo interesse de conquistar o emprego e ganhar dinheiro.

As recompensas e as alegrias da liderança não são imunes à dor, e suportá-la provoca mudanças positivas na sua vida e na vida dos liderados. A liderança passa por um processo permanente de transformação.

> Como a paternidade, a liderança nunca será uma ciência exata, mas nem deverá ser um completo mistério para aqueles que a praticam. O ambiente de negócios está mudando continuamente, e um líder deve responder em qualidade. Hora a hora, dia a dia, semana a semana, os executivos devem desempenhar seus estilos de liderança como profissionais, usando o certo no tempo certo e na medida certa. O reembolso está nos resultados.
>
> **DANIEL GOLEMAN**
> **LIDERANÇA QUE OBTÉM RESULTADOS**

Deve-se partir sempre do pressuposto de que quem inicia um negócio por conta própria possui algumas características fundamentais para o exercício da liderança, entre elas a tomada de decisões, o desejo de sair da inércia, a necessidade de autorrealização e a predisposição para o compartilhamento, muito além da vontade de ganhar dinheiro ou enriquecer.

Empreendedores com excelente iniciativa nos negócios fracassam quando se veem diante da difícil tarefa de liderar pessoas e inspirá-las a realizar coisas ainda maiores. O inverso também é verdadeiro: excelentes líderes podem se tornar péssimos empreendedores.

Líderes conscientes torcem pelo empreendimento para o bem de todos, embora nem todos o compreendam. Empreendimentos bem-sucedidos geram uma cadeia de prosperidade, e empreendedores em potencial devem adquirir uma forte capacidade de liderança baseada em princípios.

GESTÃO ESTRATÉGICA DO NEGÓCIO

Somente um líder efetivo será capaz de agregar pessoas em torno de si e movê-las em direção aos objetivos por ele determinados.

Equipes bem treinadas tendem a elevar a líder aquele que guia seus seguidores em direção a uma meta comum, porém alguns fracassam e outros obtêm êxito. No mundo dos negócios, é possível deparar-se frequentemente com vários empreendedores que apresentam dificuldades em entender os fatores que tornam uma pessoa um líder empreendedor ou, no sentido mais amplo, inspirador de equipes.

O exercício da liderança será imprescindível na economia do século XXI, algo inevitável e necessário para a criação de valor na sociedade. Adotar os princípios da liderança servidora e entender o seu papel não é suficiente para que o empreendedor domine o complexo ambiente dos negócios, porém é um grande começo.

Durante quarenta anos de carreira, tive a oportunidade de conviver com mais de uma centena de líderes com diferentes cargos e funções: diretores, gerentes, coordenadores, supervisores e encarregados de setor. Alguns eram líderes por excelência, outros sequer entenderam o conceito nem apresentaram os traços de qualidade que distinguem os que fazem dos que não fazem a liderança ganhar sentido nas organizações.

O valor do aprendizado é inestimável, principalmente sobre o que não fazer para manter o moral da equipe e convencê-la a alinhar seus objetivos pessoais com os objetivos da empresa. Parece simples, mas é algo complicado e, por vezes, impraticável. O empreendedor terá esse desafio pela frente, e não poderá se furtar aos problemas dos seus colaboradores.

O empreendedor deve almejar sucesso levando em consideração a seguinte premissa: **são as pessoas que realizam o trabalho**. Uma das tarefas indelegáveis do líder é "tornar as pessoas produtivas", e para isso é necessário desprender-se da prepotência e da vontade de demonstrar aos outros uma falsa condição de superioridade.

Tornar as pessoas produtivas e engajadas na missão da empresa requer a adoção dos princípios da liderança servidora, bem definidos por James Hunter. Porém, isso requer também uma boa dose de autoconhecimento.

293

EMPREENDEDORISMO 360º

Adotar esses princípios significa adotar uma postura mais responsável nos negócios e pensar mais na organização do que nos interesses pessoais.

> O mais importante é que os executivos tenham em mente o seguinte: são as pessoas que realizam o trabalho. Não é o dinheiro, não é a tecnologia. Portanto, a principal tarefa do executivo — eu diria "seu principal desafio" — é tornar as pessoas produtivas. Isso será um desafio ainda maior com o passar do tempo, pois os trabalhadores do conhecimento não se veem como empregados, e sim como parceiros das empresas. Embora a constatação pareça óbvia, é razoavelmente fácil esquecer quando há vinte páginas de dados financeiros diante de si. Eis uma pequena lição que aprendi: o que parece óbvio geralmente é verdadeiro.
>
> **PETER DRUCKER**
> EM SUA ÚLTIMA ENTREVISTA CONCEDIDA À
> REVISTA HSM MANAGEMENT

O envolvimento de cada colaborador requer comprometimento e dedicação. A palavra "lealdade" abrange um comprometimento cego, e o que se deseja para o sucesso dos negócios é um comprometimento intencional. A liderança eficaz faz com que os funcionários se identifiquem com os objetivos da empresa e demonstrem orgulho em fazer parte dela.

Uma opinião unânime nos livros consultados é de que a liderança é uma característica adquirida aos poucos, de acordo com o ambiente onde se vive e trabalha, com a cultura e algumas habilidades individuais que despontam à medida que o ser humano se desenvolve.

Para alguns, liderança é questão de oportunidade. Para outros, absoluto desempenho. Na essência, **liderança é um processo de desenvolvimento pessoal sem fim,** e o teste ocorre quando o empreendedor é obrigado a se destacar perante o público, quer para defender seus próprios interesses, quer para defender os interesses de alguém.

294

GESTÃO ESTRATÉGICA DO NEGÓCIO

Em outros casos é questão de sobrevivência, e faz com que pessoas totalmente despreparadas tenham a oportunidade de comandar o destino de milhões de pessoas; porém, elas demonstram ineficácia na missão e colocam tudo a perder. Isso é comum no meio político e familiar e mais comum ainda no meio empresarial, onde a falta de habilidade para lidar com as coisas mais simples não existe.

O líder empreendedor deve desenvolver condições e ferramentas para despertar as habilidades dos colaboradores à medida que o empreendimento ganha corpo, mas é necessário tratar a liderança como fator importante a ser trabalhado em todos os níveis. Reconheço que o início de qualquer empreendimento reduz o tempo de dedicação para o aperfeiçoamento da liderança, mas, se houver o mínimo esforço, o empreendedor absorverá o conceito e a prática de maneira intuitiva.

O resumo a seguir reúne as qualidades mais importantes a serem observadas por empreendedores na condução de um empreendimento. Considero a nata das 50 lições de liderança definidas por Tom Peters.[7]

Quadro 5.2 – A essência da liderança empreendedora.

1. **Líderes visionários são importantes, mas bons administradores são fundamentais.** Visão é uma coisa muito elegante, mas a excelência mantida por uma companhia vem de um grupo de administradores capazes. Os grandes administradores são o cimento de uma organização.

2. **Líderes criam o seu próprio destino.** Acredite, nos próximos cinco anos — eu diria 50 anos — não haverá lugar para burocratas. Somente as pessoas que tomam a determinação pessoal de liderar sobreviverão — e isso é verdade para todos os níveis de todas as organizações.

3. **Líderes fazem tudo ao mesmo tempo.** Qual é o item mais restrito hoje, amanhã e depois de amanhã? O tempo. O futuro pertence ao líder que consegue fazer uma dúzia de coisas simultaneamente. E quem é ele? Quero dizer, ela? Quem consegue administrar mais coisas ao mesmo tempo?

4. **Líderes confiam nos seus instintos.** Intuição é uma palavra que adquiriu uma conotação ruim. Intuição é a nova física. É uma maneira prática, einsteiniana, de tomar decisões difíceis. Linha final: quanto mais loucos os tempos, mais os líderes devem desenvolver sua própria intuição — e confiar nela.

(continua)

295

EMPREENDEDORISMO 360°

(continuação)

Quadro 5.2 – A essência da liderança empreendedora.

5. Líderes criam marcas. Você não será um líder nos próximos cinco anos se não for capaz disso. A capacidade de criar uma marca é que dará o tom da cultura e estabelecer as ideias que dão corpo à empresa. Essa é a marca registrada de um líder. Se você ainda não consegue fazer isso, trate de aprender.

6. Líderes não criam seguidores, criam mais líderes. Um número grande de líderes antiquados mede a sua influência pelo número de seguidores que diz ter. Mas os maiores líderes são os que não têm seguidores. É só pensar em Martin Luther King Jr. ou Nelson Mandela. Eles procuravam mais líderes, para que pudessem transmitir-lhes o poder de descobrir e criar os seus próprios destinos.

7. Líderes têm humor. Ninguém é infalível. Para sobreviver nestes tempos difíceis, você terá de rir de si mesmo e das situações pelas quais passa muito mais vezes do que imagina. O humor é a melhor arma para evitar que você e sua equipe enlouqueçam.

8. Líderes sabem: energia gera energia. Cada companhia bem-sucedida, cada equipe bem-sucedida e cada projeto bem-sucedido funcionam com apenas uma coisa: energia. A tarefa do líder é transformar-se na fonte de energia que impulsiona os outros.

9. Líderes dão uma causa a cada pessoa. Se você quiser que as pessoas prestem atenção — realmente muita atenção —, aliste-as em uma causa que possa despertar o interesse delas. Exemplo: tornar-se parte de uma equipe que fará história. As pessoas fazem o impossível por uma causa. Mas por um negócio elas apenas trabalham. Qual é a sua causa?

10. Líderes pensam, ou melhor, sabem que podem fazer diferença. Os líderes estão convencidos de que vão fazer diferença. E isso não é ter um ego inflado, mas um saudável e inquestionável senso de adequação. Um líder assim atrai outros que partilham desse sentimento. E partindo disso surge uma equipe que certamente fará a diferença!

Há uma boa dose de subjetividade na essência da liderança definida por Tom Peters; entretanto, virtudes como autoconhecimento, confiança, foco e determinação podem torná-la objetiva, se forem conquistadas para aumentar o valor e o bem-estar da sociedade.

Liderar significa conquistar as pessoas e envolvê-las de forma que coloquem alma, criatividade e excelência a serviço de um propósito de vida.

GESTÃO ESTRATÉGICA DO NEGÓCIO

Um simples pedido não provoca o efeito necessário para o estímulo à produtividade da equipe.

O líder empreendedor não gerencia pessoas, ele lidera pessoas. Não é necessário ocupar um cargo de liderança, tampouco construir um negócio por conta própria, simplesmente para se tornar líder. Líderes de fato lideram pelo exemplo e pela energia que empreendem em determinada missão. A liderança tem tudo a ver com o comportamento do líder, levando-se em conta que outras pessoas estão atentas ao seu desempenho.

Qualquer cartão de visita faz de um profissional um presidente de empresa ou um diretor comercial. Não importa se a empresa fatura R$10 milhões ou R$10 mil, se dispõe de 10 ou de 10 mil empregados. O fato é que somente a consciência do papel da liderança e o aprendizado constante transformam o simples recém-formado da USP ou de Harvard em um líder empreendedor. Esse processo é um longo caminho a ser percorrido.

A crença que herdamos no progresso desencadeado a partir da Revolução Industrial não existe mais, segundo Peter Drucker. A crença de um mundo dominado pela civilização ocidental também não. Vivemos em um mundo de difícil compreensão e, apesar do esforço, os próprios líderes mundiais não se entendem quanto ao padrão de desenvolvimento a ser adotado para não comprometer o futuro das nações.

Nesse mundo de países com valores tão diferentes, o papel de líder se torna cada vez mais essencial para manter o empreendimento vivo. Compreender esse papel e aplicá-lo na prática faz toda a diferença na condução dos negócios.

Ainda segundo Drucker, pequenos e médios empreendedores não dependem do crescimento da empresa nem do faturamento para aplicar a essência da liderança. Eles o fazem de maneira intuitiva e, apesar da falta de técnica, de uma forma ou de outra acabam exercitando o papel quando decidem tomar a frente do negócio. Se a técnica for refinada com a experiência, tudo tende a fluir com mais naturalidade.

A liderança eficaz não está baseada em ser esperto, mas em ser consistente. Em meus treinamentos de liderança, procuro enfatizar aos partici-

297

EMPREENDEDORISMO 360º

pantes que **liderança é uma competência macro**, ou seja, uma competência que depende de outras competências secundárias, porém não menos importantes, como execução, pensamento estratégico, pensamento sistêmico, tomada de decisão, relacionamento interpessoal e assim por diante. As ações de um líder e aquilo em que ele acredita devem ser congruentes ou pelo menos compatíveis.

Sendo mais prático, é impossível ser bom em tudo; portanto, a liderança empreendedora requer humildade e sabedoria para entender um pouco de tudo, embora, por questões culturais, haja predominância de uma competência por pessoa, dependendo das adversidades enfrentadas durante a vida.

A liderança proposta por Ram Charan é um ótimo começo para o empreendedor, pois envolve competências técnicas e habilidades comportamentais. Diferentemente de Michael Gerber — que separou os conceitos do empreendedor, do administrador e do técnico —, Charan afirma que a liderança pode ser aprendida desde que haja predisposição do empreendedor para assumir determinadas características, às quais ele chamou de "Os sete comportamentos essenciais do líder".[8]

1. **Conheça o seu pessoal e a sua empresa**: em empresas com pouca cultura de execução, os líderes, em geral, não têm contato com a realidade do dia a dia na operação; portanto, envolva-se de forma abrangente se quiser conhecer o seu pessoal e a sua empresa de verdade.

2. **Insista no realismo**: nada de ficar escondendo a sujeira debaixo do tapete e, como diz um antigo ditado siciliano, "coloque o peixe sobre a mesa" e trate de começar a limpá-lo. É impossível prosperar ignorando os fatos, principalmente quando são fatores críticos de sucesso.

3. **Estabeleça metas e prioridades claras**: o líder deve se concentrar nos objetivos e nas metas mais importantes, ou seja, no que realmente faz a diferença na obtenção de resultados. Seja simples e direto.

GESTÃO ESTRATÉGICA DO NEGÓCIO

4. **Conclua o que foi planejado:** metas claras e simples não significam muito se ninguém as leva a sério; a falha em dar continuidade às ações é a principal causa da má execução dos planos de negócios, projetos e planos de ação.

5. **Recompense quem faz:** se você quer que as pessoas produzam resultados específicos, precisa recompensá-las à altura. Parece tão óbvio que nem deveria ser dito; dinheiro é importante, máquinas e equipamentos também, mas são as pessoas que fazem as coisas acontecerem.

6. **Amplie as habilidades das pessoas pela orientação:** como líder e "fazedor" de negócios, você vai adquirir muito conhecimento, experiência e sabedoria pelo caminho; portanto, uma das partes mais importantes do seu trabalho é passá-los para a próxima geração de líderes.

7. **Conheça a si próprio:** se você não consegue tolerar a diversidade dos pontos de vista, mentalidades e *backgrounds* pessoais que as empresas necessitam para evitar crescer para dentro de si próprias, você jamais será capaz de executar.

Os lucros saudáveis são essenciais porque constituem o combustível imprescindível para o sucesso dos negócios, entretanto, o lucro não deve vir em primeiro lugar. **Os lucros são o subproduto de um negócio bem administrado** que passa, inevitavelmente, pela liderança bem fundamentada, construída desde o primeiro instante em que o empreendedor é desafiado a lidar com pessoas.

Apesar dos desafios, não se apavore. Segundo Simon Sinek, especialista em liderança, as pessoas não compram aquilo que você vende; elas compram aquilo em que você acredita, ou seja, elas compram a sua causa, a sua história. Se você tem uma causa que ajuda a melhorar a vida de milhões de pessoas, além de fazer negócios e ganhar dinheiro, isso faz toda diferença. É simples assim!

299

> Pequenos e médios empreendedores não dependem do crescimento da empresa nem do faturamento para aplicar a essência da liderança. Eles o fazem de maneira intuitiva e, apesar da falta de técnica, de uma forma ou de outra acabam exercitando esse papel quando decidem tomar a frente do negócio.
>
> Um líder empreendedor deve conquistar confiança. Do contrário, ele não terá seguidores, e a única definição de um líder é alguém que tem seguidores. Para se confiar em um líder não é necessário gostar dele. Nem é necessário concordar com ele. Confiança é a convicção de que o líder é exatamente aquilo que ele diz. Trata-se de uma crença em uma coisa que está muito fora de moda, chamada integridade.
>
> As ações de um líder e aquilo em que ele acredita devem ser congruentes ou pelo menos compatíveis. A liderança eficaz, e mais uma vez apelo para a sabedoria comum, não está baseada em ser esperto, mas em ser consistente.
>
> **PETER DRUCKER**

5.3 Governança corporativa descomplicada

A partir da virada do século, um dos temas mais recorrentes na área empresarial diz respeito à **governança corporativa**, especialmente quando se trata de empresas familiares, que é o caso de mais de 95% das organizações formalmente constituídas no Brasil. Entretanto, o termo "governança corporativa" naturalmente remete os empresários a uma ideia de burocracia e engessamento, algo que, na prática, não precisa ser tão

GESTÃO ESTRATÉGICA DO NEGÓCIO

rigoroso em alguns aspectos, porém adequado à realidade e ao tamanho de cada empresa.

Os princípios e as práticas da boa governança corporativa aplicam-se a qualquer tipo de empresa, independentemente do porte, da natureza jurídica ou do tipo de controle. Considerando a realidade das empresas brasileiras, o endurecimento da legislação e a cobrança cada dia mais efetiva da sociedade, a governança corporativa está se tornando mais comum na vida dos profissionais e das empresas.

Segundo o Instituto Brasileiro de Governança Corporativa (IBGC), organização dedicada ao estudo e à aplicação do tema no Brasil, governança corporativa é um sistema pelo qual as organizações são dirigidas, monitoradas e incentivadas, envolvendo relacionamentos entre sócios, conselho de administração, diretoria, órgãos de fiscalização e controle e demais partes interessadas. Para o IBGC, adotar o sistema de governança corporativa significa administrar uma empresa baseando-se em princípios muito claros e irreversíveis:[9]

* **Transparência:** consiste no desejo de disponibilizar para as partes interessadas informações que sejam úteis para elas, e não apenas aquelas impostas por disposições de leis ou regulamentos. Não deve restringir-se ao desempenho econômico-financeiro, contemplando também os demais fatores (inclusive intangíveis) que norteiam a ação gerencial e conduzem à preservação e à otimização do valor da organização.

* **Equidade:** caracteriza-se pelo tratamento justo e isonômico de todos os sócios e demais partes interessadas (*stakeholders*), levando em consideração direitos, deveres, necessidades, interesses e expectativas.

* **Prestação de contas** (*accountability*): os agentes de governança devem prestar contas de sua atuação de modo claro, conciso, compreensível e tempestivo, assumindo integralmente as consequências de seus atos e omissões e atuando com diligência e responsabilidade no âmbito de seus papéis.

EMPREENDEDORISMO 360°

* **Responsabilidade corporativa:** os agentes de governança devem zelar pela viabilidade econômico-financeira das organizações, reduzir as externalidades negativas de seus negócios e suas operações e aumentar as positivas, levando em consideração, no seu modelo de negócios, os diversos capitais (humano, financeiro, manufaturado, intelectual, social, ambiental, reputacional etc.) em curto, médio e longo prazo.

Com bases nesses princípios, as boas práticas da governança corporativa se convertem em recomendações objetivas ao alinhar interesses diversos com a finalidade de preservar e otimizar o valor da organização, facilitando seu acesso a recursos e contribuindo para a sua perpetuidade. O termo "governança corporativa" ainda assusta, mas o conceito e a sua aplicabilidade não.

Obviamente, uma PME (pequenas e médias empresas) não consegue aplicar normas tão rígidas; no entanto, os empreendedores precisam refletir sobre isso. Quando a empresa é pequena, ninguém se importa, mas ao incomodar os grandes, eles vão querer bater em você o tempo todo.

O papel da governança corporativa está fundamentado em quatro pressupostos:[10]

1. **Administração de riscos:** qual é o investidor ou o sócio que colocará dinheiro no negócio para perdê-lo?

2. **Perenidade:** ninguém deseja abrir uma empresa para fechá-la daqui a cinco ou dez anos.

3. **Poder compartilhado:** distribuição ponderada da autoridade e da responsabilidade entre diferentes sócios, executivos e membros do conselho.

4. **Geração de valor:** o que a empresa produzirá de fato para todos os envolvidos no processo: sócios, clientes, governo, empregados, fornecedores e a sociedade em geral.

Em geral, as PMEs ainda não têm cultura nem maturidade para implantar um sistema de governança corporativa, pois grande parte delas precisa concentrar tempo nas necessidades mais prementes e na sobrevivência do negócio.

Tudo isso é importante e necessário, mas o que fazer para implantar a ideia na sua empresa? A voz da experiência diz o seguinte: vá por partes, mas não deixe de fazê-lo. A maioria das grandes empresas começou da mesma maneira e evoluiu com o tempo.

A aplicação do modelo IBGC seria ideal desde o início, mas pensar em governança ao mesmo tempo que tenta sobreviver no mercado é um desafio que acaba ignorado nos primeiros anos de atuação.

À medida que a empresa se desenvolve, não há como fugir disso; entretanto, se você tentar implantar tudo de uma vez, há uma grande chance de se perder no caminho e desmotivar as equipes. A evolução nos negócios requer também a evolução na gestão.

Por conta disso, o empreendedor pode adotar um **sistema simplificado de governança corporativa**, adequado à realidade do seu empreendimento, para incutir na cultura organizacional o senso de responsabilidade em relação à gestão desde o primeiro ano de vida. Nesse caso, o sistema poderá ser implantado por etapas. Quais são os principais pontos a serem abordados?[11]

* **Acordo de sócios**: é a primeira coisa com que o empreendedor deve se preocupar quando tem sócios. Abrange retiradas, pró-labores, entrada e saída de sócios, admissão ou não de parentes (em geral, é o ponto da discórdia em caso de dissolução da sociedade).

* **Estrutura organizacional**: é o mínimo que se deve fazer para organizar as áreas e evitar sobreposições de cargos e funções com os níveis hierárquicos necessários, para que cada um saiba exatamente o seu papel na empresa.

EMPREENDEDORISMO 360º

* **Matriz de responsabilidade:** quem faz o quê? Quem responde a quem? Qual é o papel de cada área definida na estrutura organizacional? Como evitar a sobreposição de cargos e funções?

* **Planejamento estratégico:** para quem não sabe para onde vai, qualquer lugar serve. O planejamento estratégico inclui visão, missão, valores, diretrizes, objetivos, metas, indicadores, plano de ação e posicionamento estratégico no mercado.

* **Políticas organizacionais:** todas as áreas precisam definir suas regras ou diretrizes de relacionamento com clientes, fornecedores, empregados e sócios. A padronização tende a eliminar as injustiças, uniformiza a linguagem e garante a coesão.

* **Processos bem definidos:** é a maneira como as coisas devem ser feitas para não criar dependência das pessoas; o *modus operandi* de cada processo ou atividade dentro de determinados padrões de qualidade e eficiência.

* **Plano de cargos e salários:** deve estar inserido na política de recursos humanos; quando não existe, os critérios de admissão, treinamento, promoção e demissão ganham um caráter injusto e subjetivo incapaz de atender aos interesses internos.

* **Controle e monitoramento:** quais os principais indicadores de sucesso do negócio? A empresa dispõe de um sistema (software) para controle das suas operações? O contador aparece de vez em quando para discutir os resultados? A empresa tem um sistema de controle de relatórios gerenciais? Os sócios compartilham os resultados com a equipe?

* **Conselho de administração:** não é necessário montar um conselho, como sugere a Lei das S/A; entretanto, mesmo que os negócios estejam em família, nada os impede de reunir os membros periodicamente para discutir os resultados e definir os rumos do negócio; a prestação responsável de contas recomenda que tudo seja compartilhado: decisões estratégicas, atribuição de responsabilidades e resultados.

GESTÃO ESTRATÉGICA DO NEGÓCIO

* **Auditoria:** quer estabelecer um caráter de seriedade para o negócio? Então, submeta o balanço financeiro ao crivo de uma auditoria externa uma vez por ano. Deve-se fazer isso não apenas para demonstrar a seriedade, mas também para corrigir as falhas que tendem a atrapalhar o desenvolvimento do negócio.

Não basta dizer que existe governança. É necessário mostrar que a gestão da empresa não se restringe apenas a um ou outro sócio. Empresas responsáveis demonstram isso por meio de práticas fundamentadas, prestação de contas responsável e compartilhamento das informações com frequência, a fim de se manter vigilantes diante das incertezas do mercado.

Empresas familiares em geral enfrentam desafios específicos, bem diferentes da realidade observada nas empresas tradicionais ou não familiares, e exigem postura diferente no comando e transparência absoluta na divulgação dos resultados, sob pena de criar animosidade entre os sócios com o passar do tempo.

Um sistema que funciona bem ajuda a construir a confiança no seio da família e, por sua vez, uma boa dinâmica familiar torna-se trunfo para a empresa porque permite que cada aspecto da governança funcione melhor e agregue mais valor, ao mesmo tempo que permanece alinhado com os outros componentes do sistema.

Ser responsável nos negócios significa ir além do lucro e pensar na empresa como um organismo vivo que se transforma em fonte de benefícios cada vez mais claros, não somente para a geração atual, mas para as gerações seguintes. **Governança não é questão de modismo, é uma questão de sobrevivência.**

5.4 O desafio da gestão na empresa familiar

John Davis, professor da Harvard Business School e especialista em gestão de empresas familiares, define o **empreendedor** como **alguém que cria**

EMPREENDEDORISMO 360º

valor com base em poucos recursos, e a maioria dos verdadeiros empreendedores quer que suas empresas resistam ao tempo, porém, infelizmente, a maioria deles também não se esforça o suficiente para criar condições propícias a uma sucessão bem-encaminhada.[12]

Davis afirma que algumas das excelentes empresas brasileiras — coincidentemente familiares — citadas neste livro, como Grupo Pão de Açúcar e Grupo Votorantim, compartilham de características comuns às empresas de primeira linha: são inovadoras, reinvestem de maneira agressiva pensando no futuro, constroem culturas fortes que valorizam a qualidade dos produtos e serviços e, principalmente, mantêm uma disciplina familiar tal que a família não espera grandes recompensas financeiras da empresa.

Contudo, essa não é a realidade da maioria das empresas no Brasil e no mundo. Acredito que você conheça, ou tenha visto e ouvido na mídia, pelo menos dois nomes de empresas familiares que não resistiram ao ímpeto da segunda ou terceira geração, quando verdadeiros impérios construídos por seus antepassados desmoronaram em dias, sem a mínima chance de recuperação.

No Brasil, nomes como Bamerindus, Hermes Macedo, Mapin, Mesbla, Varig e Vasp são exemplos típicos dos dilemas da empresa familiar nacional, pois, sob a ótica do autor, o espírito empreendedor de seus fundadores não foi incorporado pelos sucessores.

A realidade das empresas familiares passou a ser repensada no final do século passado, porém ainda está distante do que se pode chamar de modelo ideal de perpetuidade. Para Davis, os jovens herdeiros do Brasil talvez sejam muito seduzidos pela ideia de que o mais importante é aproveitar a vida; porém a triste constatação é que se eles não tiverem pique para trabalhar duro e incorporar o espírito empreendedor de seus fundadores, as empresas herdadas não vão além da sua geração, isso quando resistem à deles.

Quando as considerações financeiras pessoais dos herdeiros se tornam o aspecto mais importante na administração da empresa familiar, as consequências geralmente são desastrosas. Suas necessidades particulares têm

306

GESTÃO ESTRATÉGICA DO NEGÓCIO

prioridade — nada condenável, porém a ganância e o simples desejo de "aproveitar a vida" leva-os à total falta de comprometimento com os resultados.

Muitos fundadores não sabem como preparar os filhos para a sucessão. Esquecem também que a herança deixada para eles será uma sociedade familiar, composta de irmãos, primos, genros, noras e outros parentes indiretos, os quais, inconscientemente, são agregados ao negócio à medida que a empresa cresce, com cargos nem sempre confortáveis, mas bem remunerados, quase vitalícios, uma vez que, na empresa familiar, é mais difícil demitir filhos e parentes.

Apesar de óbvio, **empresa familiar não é família,** mas poucos herdeiros ou sucessores têm consciência disso. Boa parte das empresas familiares com as quais tenho a oportunidade de conviver esforça-se para ser diferente, porém esbarra naquilo que John Kotter chama de "fontes de complacência", quando nem tudo é permitido, apesar de ser tolerado e encobrir níveis elevados de incompetência e desmandos de qualquer natureza.

O fato de o fundador ter estimulado os filhos a acompanharem os negócios desde a infância não os transforma em potenciais empreendedores nem administradores. Naturalmente, os filhos têm habilidades que podem ser herdadas, mas devo lembrar que são pessoas diferentes, com objetivos, desejos, aptidões e, em muitos casos, universos completamente diferentes.

Dessa forma, os conflitos são inevitáveis, e quando afloram na empresa instala-se um processo destrutivo irreversível que tende a arruinar o patrimônio de todos e provocar feridas incuráveis nos anos seguintes.

A partir da entrada do conflito no cenário organizacional, o bom senso geralmente é atropelado pelo jogo de poder e por interesses que envolvem os membros da empresa familiar. Em alguns casos, a empresa acaba sendo vendida por um valor muito inferior ao de mercado, pois os membros não se entendem quanto ao preço e ao percentual de cada um. Existe sempre a ilusão de que podem ganhar mais para a tentativa do recomeço mais adiante.

Ao final do conflito, o que sobra é muito pouco, quando sobra alguma coisa. Os laços familiares se tornam cheios de mágoa e o sobrenome da família, que até então era capaz de abrir portas, transforma-se em um

EMPREENDEDORISMO 360°

fardo quase impossível de ser carregado. Os membros da família se distanciam levando consigo culpas e ressentimentos, dignos de reflexão e desencantamento até o fim da vida, quando a natureza se encarrega de pôr fim ao que não pode ser resolvido com base no diálogo e no bom senso.

Contudo, há esperança para as empresas familiares. John Ward, renomado professor e pesquisador do International Institute for Management Development (IMD) sobre os negócios familiares, afirma que embora quatro quintos das empresas realmente não sobrevivam até meio século, por enfrentarem desafios muito especiais que tornam a continuidade e a sobrevivência difíceis, as empresas familiares ainda sobrevivem por mais tempo que as não familiares.[13]

Empresas familiares enfrentam as mesmas dificuldades das demais empresas existentes no mercado, o que pode ser agravado pelo foco em um único negócio ou ainda pela falta de foco no negócio. Quem aspira à perpetuidade deve encarar esses desafios investindo pesado em recursos humanos e na capacitação dos herdeiros, em vez de mimar os filhos com automóveis, dinheiro e outros bens materiais.

De modo geral, empresas familiares estão sempre envolvidas em questões emocionais e afetivas, e os membros não têm o interesse, a vocação ou ainda a formação necessária para administrar o empreendimento; porém é a família que detém a propriedade do capital, ou seja, é a principal responsável pelas decisões que envolvem o comando dos negócios, de forma direta ou delegada a outros de sua inteira confiança.

Separar as dimensões da empresa e da família é um dos grandes desafios dos administradores da empresa familiar. Quem não conhece pelo menos uma empresa em que o caos e a insegurança imperam por conta da ausência do seu fundador ou da disputa de poder entre os herdeiros ou sucessores, que colocam tudo a perder em questão de meses?

As empresas familiares formam uma imensa maioria e produzem quase a metade do PIB mundial, mas parecem conter o estigma da autodestruição: poucas são as empresas familiares que sobrevivem às mudanças de geração. Para estimar sua importância, bastam alguns dados: os negócios familiares representam 80% do universo empresarial e, no entanto,

308

GESTÃO ESTRATÉGICA DO NEGÓCIO

nunca foi fácil compreender a dinâmica dessas organizações. Do mesmo modo, como não existem duas famílias iguais, as empresas "do mesmo sangue" têm características únicas.[14]

Das maiores empresas do mundo, mais de 30% são familiares, e vale lembrar que muitas multinacionais ou transnacionais são familiares. O fato é que essas empresas tendem a construir uma cultura mais humana, mais sensível, menos inescrupulosa. Os membros sentem-se como se fossem membros da família e alimentam verdadeira afinidade com o espírito da empresa, o que é bom e ao mesmo tempo perigoso para os negócios, quando toma proporções que ultrapassam os limites do bom senso.

O primeiro grande erro que alimenta o estigma da empresa familiar é colocar pessoas inadequadas para ocupar cargos importantes na organização. Isso pode trazer consequências trágicas para o negócio. O segredo é profissionalizar a empresa com membros da família ou, prioritariamente, do mercado. É necessário discutir abertamente com os herdeiros essa possibilidade, sob pena de ter seus sonhos e aspirações interrompidos abruptamente.

A dinâmica de perpetuidade das empresas familiares mudou. Afinal, o mundo globalizado tornou-se impiedoso para empresas não lucrativas, ineficientes, com base no poder centralizado ou que não respeitam o meio ambiente, sejam elas de natureza familiar ou não. Pessoas de negócio que construíram impérios baseados no modelo de empresa familiar são obrigadas a quebrar o orgulho e rever seus valores para não ver esse império desmoronar em uma velocidade muito maior do que a utilizada para a sua construção.

Um número razoável de empresas sobrevive ao fundador, considerando que o ambiente de trabalho é sua única razão de existir e, por isso, seus valores e princípios são repassados como forma de perpetuar aquilo que ele viu de bom para os herdeiros e para o mundo.

Por outro lado, existem os apegados ao poder, mas a pressão do mundo globalizado por qualidade e competitividade faz com que muitos se desloquem a contragosto para o Conselho ou sejam acomodados em papéis mais ligados à responsabilidade social, a fim de manter o grau de ocupação e contato com a empresa.

Quando tudo é permitido na empresa, de chantagens emocionais a dispêndios de qualquer natureza, sem a consciência de que o dinheiro, a independência na gestão e o diálogo são essenciais para o sucesso do negócio, tanto a família quanto a empresa não sobrevivem à primeira geração.

James Hughes, autor do livro *Family Wealth: Keeping It in the Family*, diz que a riqueza familiar é constituída, essencialmente, por três elementos distintos, semelhante ao que existe nas demais empresas não familiares. Portanto, características como perpetuidade e lucratividade não são atributos exclusivos de um ou outro segmento, mas de todos aqueles que adotam uma postura séria de governança corporativa e gestão compartilhada.

Quadro 5.3 – Elementos da empresa familiar.[15]

Capital humano	Os membros que compõem a família
Capital intelectual	Nível de conhecimento e formação de cada membro
Capital financeiro	Bens e recursos disponíveis para aplicação no negócio

Hughes lembra também que **o propósito das famílias é buscar a satisfação contínua de seus membros** por meio da realização pessoal de seus projetos individuais; assim, torna-se imprescindível adotar um sistema de governança corporativa com o objetivo de tomar decisões compartilhadas, em que o consenso e o bom senso sejam as ferramentas mais adequadas para o futuro da empresa.

Por experiência, posso afirmar que sem essa amplitude de consciência e entendimento e sem a seriedade no tratamento dos assuntos relevantes ao negócio, não há empresa familiar que resista ao nível de competitividade requerido no mundo dos negócios.

Com relação ao futuro, quatro problemas distintos contribuem para as estatísticas de desaparecimento das empresas familiares. Apesar de enfrentarem desafios especiais que tornam a sobrevivência, o convívio entre os membros e a continuidade difíceis, as empresas familiares sobrevivem por mais tempo que as demais empresas existentes no mercado, o que eleva ainda mais a importância e a responsabilidade dos membros da família no negócio.

GESTÃO ESTRATÉGICA DO NEGÓCIO

Quadro 5.4 – Principais problemas enfrentados pelas empresas familiares.[16]

1. **Planejamento da continuidade**: a frequente incapacidade dos fundadores de planejar a continuidade e, enquanto ainda vivos e ativos, ceder o controle de forma cordata e eficaz para a próxima geração.

2. **Espírito empreendedor**: existe a percepção — embora o autor não concorde muito com ela — de que a próxima geração não apresentará empreendedores tão motivados ou brilhantes quanto a dos fundadores, por serem mimados pela criação confortável em uma família de sucesso.

3. **Conflito familiar**: podem existir, por exemplo, rivalidades entre irmãos na segunda geração que surtem efeitos nos negócios. Irmãos tendem a ser competitivos e a apresentar estilos gerenciais diferentes, o que leva a mais conflitos e potenciais rupturas e discussões que tendem a gerar cisões empresariais.

4. **Crescimento da família até a terceira geração**: muitos familiares serão acionistas, porém não trabalharão na empresa, não terão sido criados na casa do fundador, provavelmente não viverão na cidade onde se encontra a sede da empresa e poderão ter interesses, valores e orientações muito diferentes.

Sob uma perspectiva semelhante, muitos problemas são específicos, diferentes dos observados nas empresas não familiares, o que contribui para elevar ainda mais o nível de complexidade da gestão nesse tipo de segmento, principalmente quando os princípios mais básicos da gestão são ignorados.

Quadro 5.5 – Problemas específicos das empresas familiares.[17]

* Conflito entre as necessidades de dinheiro da família e as da empresa.

* Desenvolvimento e profissionalização dos acionistas.

* Incapacidade do líder da empresa e da família de sair na hora certa.

* Dificuldade de obter capital para crescer sem diluir a participação das famílias proprietárias.

* Rivalidade entre os sucessores.

* Incapacidade de atrair e reter sucessores da família que sejam competentes e motivados.

* Falta de habilidade para criar congruência cultural apropriada.

* Necessidade de transferir patrimônio de uma geração para outra.

311

EMPREENDEDORISMO 360º

Grupos empresariais familiares tendem a concentrar o controle da sociedade em suas mãos e têm forte ligação emocional com suas empresas pelo fato de terem participado, direta ou indiretamente, da construção da sua história. Embora tenham senso de obrigação moral para com outros membros da sociedade e enxerguem a empresa como um veículo que contribui para o desenvolvimento econômico e social, herdeiros e sucessores conduzem suas empresas como um legado social que deve ser mantido por várias gerações, como uma espécie de preservação da memória e do patrimônio construído há décadas.

À medida que as gerações se sucedem, o patrimônio familiar vai se diluindo pelo fato de aumentar o número de herdeiros com direito ao "bolo", mas esse dilema pode ser resolvido por meio de acordos patrimoniais benéficos para todos, não fosse a tendência das famílias humanas a se redefinir de forma natural em três gerações. Pouquíssimas visões empresariais familiares persistem até os bisnetos.[18]

Muitas famílias entendem que sua obrigação maior é proteger a empresa existente, e se sentem traídas quando um membro se esforça para desenvolver o negócio e diversificar as atividades. Qualquer atitude que não identifique claramente o propósito da iniciativa gera descontentamento e desconfiança para os demais membros da família. Estimular o espírito empreendedor da nova geração não é tarefa das mais simples, e para que isso ocorra são necessários três requisitos básicos:[19]

* A nova geração deve estar interessada em empreender.
* A família e a empresa devem encorajar o empreendedorismo desde cedo.
* É necessário haver oportunidades de empreender que sejam compatíveis com a empresa atual e com os recursos familiares disponíveis.

Todos esses ingredientes são perfeitamente possíveis no papel, mas na prática o que acontece é outra coisa. Empresas de todos os tipos e tamanhos, em diferentes países do mundo, convivem com os mesmos dile-

GESTÃO ESTRATÉGICA DO NEGÓCIO

mas do passado. Os empreendedores têm personalidade forte, acreditam piamente na missão e na própria capacidade de realização e, reforçando o que já foi dito, desenvolvem fortes laços pessoais com a organização criada por eles.

O apego ao negócio e a tendência ao ceticismo quanto às habilidades e à lealdade alheias faz com que esses empreendedores se tornem controladores em excesso, como se a empresa pudesse acabar no instante seguinte à sua saída. O resultado desse comportamento é que os filhos acabam reprimindo suas habilidades e a liderança necessária para levar o negócio adiante. Além de tudo, a eterna desconfiança em relação ao desempenho de terceiros, incluindo filhos e colaboradores mais próximos, reduz consideravelmente a possibilidade de sobrevivência da empresa.

Nesse sentido, as empresas familiares do futuro precisam de jovens herdeiros arrojados e empreendedores, porém conscientes da sua limitação. A maioria das famílias não sabe como enfrentar a sucessão nas empresas. Outras carregam dúvidas sobre manter a característica de empresa familiar ou não; portanto, cabe aos pais e ao Conselho demonstrar aos filhos que a sobrevivência da empresa é a maior das prioridades, para o bem de todos. Ela vem muito antes do orgulho, dos interesses pessoais e do dinheiro.

Existe alguma instituição mais resistente ou universal que a empresa familiar? Segundo o professor William O'Hara, especialista no assunto, a questão central é a seguinte: "Muito antes das corporações multinacionais, da Revolução Industrial, da sabedoria grega e do Império romano, existiam os negócios em família."[20]

O intrigante nessa questão é que durante séculos a empresa familiar resistiu sem planejamento ou sistema de governança corporativa, ferramentas muito estimuladas no mundo atual dos negócios. Como isso foi possível se a competição só aumentou ao longo do tempo?

Segundo Ward, as empresas familiares possuem forças peculiares que mais do que compensam suas fraquezas, mas nem sempre elas têm consciência disso. É o que ele chama de "a sabedoria não convencional da empresa familiar".[21] Quando se trata de gestão da empresa familiar, o que importa é o crescimento controlado, e não o crescimento constante, o que destoa da sabedoria convencional e do modelo de gestão ensinado pelas escolas de administração.

A luta pela sobrevivência e a melhoria da qualidade de vida é motivo de apreensão e discórdia no âmbito familiar e no próprio círculo de relacionamentos, principalmente quando o empreendedor é lançado em um mercado em que o fracasso significa a perda da própria dignidade. Quando a relação familiar envolve dinheiro, partilha, poder e outros bens, tangíveis ou intangíveis, a racionalidade tende a ser avaliada em segundo plano.

Além das dificuldades que cercam o negócio, as empresas familiares enfrentam desafios particulares. A maioria, por ser de pequeno porte, não possui fôlego financeiro para levar o negócio adiante nem a experiência gerencial das grandes empresas, portanto, deixam de ser competitivas pelo fato de não aproveitarem as vantagens oferecidas para quem arrisca de forma segura e planejada.

Em outros casos, a própria família se constitui em um obstáculo, quando as retiradas se tornam maiores que os lucros, quando a rivalidade entre irmãos se sobrepõe aos interesses da empresa ou quando os interesses pessoais dos filhos nada têm a ver com os negócios da família.

A falta de um sistema conceitual para pensar o futuro das empresas familiares é o principal obstáculo que impede seu crescimento saudável.[22] Visto com descaso, ameaça ou desconfiança pelos membros das empresas familiares, o planejamento estratégico é essencial para que o negócio cresça e, sobretudo, torne-se fonte de receita permanente e orgulho para as gerações seguintes. Para qualquer empresa, de natureza familiar ou não, a expectativa de vida é cada vez mais curta.

Na empresa familiar, a relação entre membros da família em qualquer grau de parentesco, e principalmente entre pais e filhos, é fundamental para a sua perpetuidade. "As relações entre pais e filhos já são tão complexas hoje em dia no contexto normal. Os filhos de hoje são mais bem informados, possuem uma maior gama de relações com outros adultos e, geralmente, são mais maduros. Os pais de hoje provêm de uma educação rígida, de um mundo em rápida mutação e de uma sociedade ocidental

GESTÃO ESTRATÉGICA DO NEGÓCIO

que não respeita os idosos como as culturas orientais. Se reduzir o conflito de gerações já é difícil, imagine introduzir mais uma variável nessa relação: a de subordinado-patrão, ou ainda, de pai-patrão."[23]

A possibilidade de um filho assumir a direção da empresa no futuro ainda é questionada pelos empresários. Os planos dos filhos geralmente são diferentes dos planos concebidos pelos pais, ao trilharem caminhos e aspirações mais ligados ao seu gosto pessoal e à própria vocação.

Muitos filhos consideram a empresa familiar um negócio arriscado, principalmente quando ele ainda não está consolidado, ainda que tenham atingido uma sólida posição financeira. Em geral, a profissão escolhida não é administração, contabilidade, economia ou outra relacionada ao negócio da família, o que dificulta o processo de sucessão e provoca incertezas, de pai para filho e de filho para pai.

Durante algumas entrevistas realizadas com empreendedores, era comum testemunhar comentários do tipo "eu já fiz a minha parte", "cada um faz seu caminho", "nunca precisei planejar" ou ainda "o olho do dono é que engorda o gado". Entretanto, não se concebe mais o fato de alguém enfrentar o futuro sem o mínimo de discussão e planejamento.

A divisão de responsabilidade quanto às decisões e o compartilhamento das informações financeiras são paradigmas difíceis de quebrar, fatos que servem de objeção ao planejamento. Antigos empreendedores resistem até o último instante e tendem a imaginar que, se obtiveram êxito com uma estratégia tradicional, a mudança é algo que traz consigo a incerteza; portanto, eles não conseguem abdicar de um poder que, sob o ponto de vista mais conservador, é melhor preservar em suas mãos. Apesar das pesquisas realizadas sobre a empresa familiar, tradicionais clãs da sociedade organizada preferem ainda manter o padrão "linha dura" na gestão.

A resistência a abandonar o que já está comprovado e encarar o incerto é compreensível. Porém, a verdade é que o proprietário, quando rejeita o planejamento pelo motivo que for, não o faz porque prefere um procedimento mais intuitivo e impulsivo para a tomada de decisões. Lamentavelmente, à medida que o negócio cresce, esse procedimento limita sua capacidade de se preparar para os desafios.[24]

315

EMPREENDEDORISMO 360°

A realidade das empresas familiares é diferente das demais empresas, o que dificulta a implantação e a execução do planejamento, tanto o estratégico quanto o da sucessão. Na empresa tradicional, comandada por uma diretoria que tem a missão de apresentar resultados — como é o caso das Sociedades Anônimas que não sabem até mesmo quem é o dono —, o planejamento é uma ferramenta indispensável e, em muitos casos, ocorre de maneira impositiva.

Por que planejar? Conheça os principais argumentos a favor do planejamento na empresa familiar no quadro a seguir.

Quadro 5.6 – Vantagens do planejamento estratégico na empresa familiar.[25]

* Aumenta as opções e a capacidade de resposta diante da mudança.

* Gera mais informação e, com isso, reduz a incerteza.

* Aumenta a capacidade da organização de entender o funcionamento do negócio e diminui as especulações improdutivas sobre o que está acontecendo.

* Permite que se descubra a necessidade de mudança.

* Ao tornar públicas as ideias, aumenta a capacidade da organização de alcançar seus objetivos.

* Confirma algumas hipóteses e questiona outras que devem ser modificadas com o passar do tempo.

* Ajuda a preservar recursos valiosos.

* Estimula a empresa a competir.

* Contribui para preservar a instituição para além da existência dos diretores-chave.

Empresas em fase mais madura, como o Grupo Pão de Açúcar, Grupo Klabin, Natura, Grupo Boticário e Grupo Weg atingiram determinado estágio de sabedoria com relação ao planejamento e ao futuro confiando o comando do negócio a executivos de mercado. Eles são encarregados de defender os interesses dos sócios mediante a aplicação de uma gestão profissional, utilizando-se de ferramentas consagradas, como orçamento, planejamento estratégico, sistemas integrados (ERP) e governança corporativa, a fim de obter resultados positivos permanentes.

GESTÃO ESTRATÉGICA DO NEGÓCIO

"A sabedoria é a capacidade de prever as consequências, em longo prazo, das ações atuais, a disposição de sacrificar ganhos em curto prazo em favor de benefícios futuros e a habilidade de controlar o que é controlável e não se afligir com o que não é. A essência da sabedoria é a preocupação com o futuro."[26]

Planejar significa antecipar as soluções antes que elas se tornem necessárias. Em outras palavras, quanto mais cedo forem planejadas, melhores se tornarão quando a empresa precisar delas. Empreendedores familiares costumam ser extremamente céticos em relação ao planejamento. Isto não significa que não considerem a ferramenta importante ou necessária, porém demoram a tomar a iniciativa de fazê-lo de acordo com a regra convencional.

Entender o processo de governança corporativa é o primeiro passo para o fortalecimento da empresa familiar. Adotá-lo na gestão e torná-lo indispensável na prática é fundamental para a sua perpetuidade. Manter o devido equilíbrio ao assumir riscos sem expor a empresa a perigos incompatíveis com a sua capacidade de reação também faz parte da boa governança corporativa; portanto, trata-se de um processo bem mais complexo do que a visão do empreendedor alcança, razão pela qual é necessário recorrer ao auxílio externo, geralmente uma consultoria especializada no assunto.

O fortalecimento da governança corporativa e sua incorporação na cultura da empresa familiar se tornarão absolutamente indispensáveis até a primeira metade do século XXI. Se a personalidade do fundador se mantiver forte e dominante na condução da organização, dificilmente existirá uma abertura de consciência para a eliminação do maior problema que permeia a empresa familiar: a inflexibilidade quanto ao modelo de administração e sucessão, que tende a desaparecer com o fundador.

Um negócio com foco claro e cultura íntegra impregna toda a organização. Os problemas começam quando essas condições estão ausentes já no "número um" da empresa.[27] **Não importa o tamanho nem a natureza do empreendimento. O importante é ter em mente que a durabilidade das empresas é diretamente proporcional ao nível de transparência e de seriedade exercido por seus membros** — familiares ou executivos de mer-

EMPREENDEDORISMO 360°

cado — na condução dos negócios perante a sociedade. Construir uma empresa familiar é fácil. Manter o negócio sem desmantelar a família é desafio para a vida toda.

Para encerrar a questão, vale a pena resgatar parte do estudo feito pela empresa de consultoria Prosperare referente ao preparo das empresas familiares brasileiras para se obter ou manter o sucesso.

De acordo com as conclusões obtidas no estudo, para alcançar o sucesso, a família controladora precisa preocupar-se com a realização de objetivos financeiros (como a valorização do negócio) e com a de objetivos não financeiros (como a manutenção de um relacionamento saudável entre os vários membros da família). Quando deixados ao acaso, esses objetivos podem não se realizar. Por outro lado, a adoção de determinadas práticas aumenta as chances de sucesso no negócio familiar.

Em relação às práticas de gestão, o estudo buscou avaliar o grau de adoção de diversas práticas associadas ao sucesso da empresa familiar. De maneira geral, as práticas analisadas pela pesquisa foram agrupadas em três conceitos principais:

1. Gestão empresarial.
2. Governança.
3. Planejamento, organização e comunicação da família.

O quadro a seguir detalha as práticas de gestão mais comuns encontradas nas empresas familiares que foram objeto da pesquisa, de acordo com os conceitos mencionados no parágrafo anterior.

Quadro 5.7 – Práticas de gestão na empresa familiar.[28]

Gestão empresarial Governança		Planejamento, organização e comunicação na família
* Ter um planejamento estratégico formalizado.	* Ter um conselho de administração (poder de decisão) ou consultivo (aconselhamento).	* Ter discutida e planejada a transferência do patrimônio para a próxima geração.

GESTÃO ESTRATÉGICA DO NEGÓCIO

Quadro 5.7 – Práticas de gestão na empresa familiar.[28]

Gestão empresarial		Planejamento, organização e comunicação na família
	Governança	
* Ter executivos que conheçam a estratégia e participem do processo de planejamento.	* Reunir frequentemente o conselho — quatro vezes ou mais por ano.	* Ter discutidos e formalizados os critérios para a distribuição da participação acionária, em caso de sucessão.
* Possuir metas financeiras e/ou mercadológicas objetivas de longo prazo.	* Ter um conselho que avalie a performance da empresa e do presidente-executivo.	* Planejar ou assegurar a independência financeira da geração sênior.
* Ter um processo orçamentário implementado.	* Possuir membros externos independentes no conselho.	* Possuir regras claras para transacionar quotas ou ações da empresa.
* Ter um sistema integrado de gestão implantado.	* Ter as demonstrações auditadas por auditores externos.	* Possuir regras claras para trabalhar na empresa da família.
* Ter papéis e responsabilidades claramente definidos para os diretores e gerentes.		* Possuir critérios claros para sucessão da gestão do negócio.
* Ter executivos não familiares competentes com potencial para assumir a posição de presidente-executivo.		* Realizar reuniões periódicas para tratar do futuro da família empresária (conselho de família).
* Oferecer planos de remuneração variável para executivos não familiares.		* Separar as finanças pessoal-familiares das finanças da empresa.
Valorização do capital financeiro		**Valorização do capital emocional**

5.5 A importância da cultura organizacional

Quando eu pergunto para meus clientes ou para meus alunos como eles definem a cultura organizacional da empresa deles, a maioria me olha espantada. Poucos têm uma definição clara. Confesso que eu também não tenho, mas a reconheço quando começo a circular pelo ambiente corporativo de qualquer empresa.

Para firmar o conceito e ao mesmo tempo mostrar como isso pode revolucionar o seu negócio, apresento a seguir dois casos famosos de organizações que criaram uma **cultura organizacional invejável**, por meio de iniciativas empreendedoras, visão de futuro, valores bem fundamentados e fortalecimento de habilidades capazes de transformar empresas de fundo de quintal em grandes conglomerados.

O caso Walmart[29]

O Walmart é uma das maiores e mais bem-sucedidas redes de lojas de varejo do mundo. Fundada por Sam Walton em 1945, começou como uma pequena loja de miudezas na cidade de Rogers, no estado do Arkansas, região Centro-Sul dos Estados Unidos. Atualmente, o grupo conta com mais de 10,5 mil lojas distribuídas em 24 países, 2,3 milhões de funcionários, 230 milhões de clientes e um volume de vendas que alcançou a impressionante marca de 572,8 bilhões de dólares em 2021.

O que diferencia o Walmart da maioria das outras empresas da lista das cem maiores da revista *Fortune* é que ela manteve sua cultura de pequeno negócio, característica própria do varejo. A empresa continua empreendedora e agressiva como há quase oitenta anos. Ao contrário de outras grandes companhias, o Walmart nunca perdeu de vista o objetivo do seu fundador, Sam Walton. Ele acreditava que o Walmart existia para proporcionar às pessoas de baixa renda a possibilidade de adquirir produtos que antes estavam disponíveis somente para os mais abastados.

GESTÃO ESTRATÉGICA DO NEGÓCIO

Ao que foi possível constatar, todos os funcionários da empresa estão imbuídos do espírito empreendedor do fundador e levam à risca a missão de bater os preços da concorrência. Seus dirigentes estão sempre preocupados com o fato de não terem aproveitado todo o seu potencial.

Em outros países, ao contrário do Walmart, quando as empresas bem--sucedidas atingem uma receita de faturamento considerável, a maioria começa a perder o espírito empreendedor que foi o grande responsável pelo seu sucesso.

A partir daí, muitas empresas se veem atoladas em um mar de burocracias, normas e regulamentos, com executivos contratados a peso de ouro com ideias conservadoras e que evitam correr riscos e, em muitos casos, tornam-se arrogantes apenas por estarem à frente de um negócio milionário que o fundador suou para consolidar.

Esse cenário conduz o negócio à inércia e a um círculo vicioso de mediocridade. No passado, grandes empresas como Bamerindus, Hermes Macedo, Mesbla, Sadia e Varig adotaram esse padrão e acabaram sofrendo as consequências por se distanciarem da sua missão original.

Na contramão da concorrência, o Walmart manteve o seu espírito empreendedor porque jamais se afastou da sua missão e dos valores essenciais do seu fundador, de buscar sempre a redução de custos e repassar essa diferença para os clientes em forma de descontos e preços menores. Não se trata de pagar mais barato para aumentar o lucro, mas de compartilhar o ganho.

O Walmart possui fortes crenças fundamentais construídas para resistir ao tempo. Essas crenças são a bússola que norteia a organização. Elas ajudam os líderes a se manter no caminho certo em direção a um destino em que todos podem acreditar.

Serviço ao cliente

* Cliente em primeiro lugar: ouça, antecipe e atenda aos desejos e às necessidades do cliente.

* Foco na linha de frente: apoie e capacite os associados a atender os clientes todos os dias.

321

EMPREENDEDORISMO 360°

* Inovador e ágil: seja criativo, assuma riscos inteligentes e mova-se com velocidade.

Respeite os indivíduos

* Ouça: esteja visível e disponível, colabore com outras pessoas e esteja aberto a comentários.
* Lidere pelo exemplo: seja humilde, ensine e confie nos outros para fazer seu trabalho; dê feedback honesto e direto.
* Inclusivo: busque e abrace diferenças de pessoas, ideias e experiências.

Esforce-se pela excelência

* Alto desempenho: defina e alcance metas agressivas.
* Responsável: assuma a responsabilidade, celebre sucessos e seja responsável pelos resultados.
* Estratégico: faça escolhas claras, antecipe as mudanças nas condições e planeje para o futuro.

Aja com integridade

* Honesto: diga a verdade, mantenha suas promessas e seja confiável.
* Justo: faça o certo pelos outros, seja aberto e transparente.
* Corajoso: fale, peça ajuda, faça chamadas difíceis e diga não quando apropriado.

Por influência de Sam Walton, os executivos do Walmart estão sempre dispostos a correr riscos e a experimentar coisas novas, desde a construção de supermercados gigantescos até a venda de carros. O que dá certo é mantido e o que não funciona é descartado. É simples assim.

Há mais de oitenta anos, o Walmart cresce sem se acomodar.

GESTÃO ESTRATÉGICA DO NEGÓCIO

O caso 3M[30]

Poucas pessoas já ouviram falar da Mineração e Manufatura de Minnesota, mas a 3M todo mundo conhece. Todos conhecem o Post-it e a esponja Scotch-Brite, mas poucos ouviram falar de William McKnight. Talvez ele nunca quisesse ter ficado famoso, mas o espírito criativo e inovador da 3M tem tudo a ver com McKnight. Inovação e criatividade são a base da cultura organizacional da empresa graças a ele.

A empresa foi fundada em 1902, na cidade de Crystal Bay, por cinco investidores de Minnesota — dois operadores de estrada de ferro, um médico, um operador de mercado e carnes e um advogado. Inicialmente, a ideia era abrir e operar uma mina a fim de extrair coríndon, um mineral à base de óxido de alumínio, utilizado como abrasivo para exportar aos fabricantes de rebolos de esmeril no mundo todo. Acredite, o negócio de mineração faliu após vender apenas uma tonelada de material.

Durante três anos, a 3M sobreviveu com as contas pessoais dos sócios e foi salva por um novo investidor, Louis Ordway, que ajudou a mudar o foco para a produção de lixas, em 1905. A empresa não tinha dinheiro para pagar o salário do presidente, Edgar Ober, durante os primeiros onze anos de mandato, então cobria apenas as suas despesas de moradia e alimentação.

William McKnight começou a trabalhar na 3M em 1907 como um simples guarda-livros assistente, e foi promovido a contador de custos e a gerente de vendas antes de se tornar gerente-geral. Segundo James Collins, ao contrário de Sam Walton, não existe nenhuma evidência de que McKnight tivesse um estilo de liderança altamente carismático.

A maioria dos registros sobre McKnight refere-se a ele como "um homem gentil, discreto e de fala mansa". Ele dirigiu a 3M durante 52 anos: como gerente-geral, de 1914 a 1929; como diretor-executivo, de 1929 a 1949; e como presidente, de 1949 a 1966, transformando-a em uma das empresas mais admiradas do mundo.

De 1907 a 1914, a empresa teve que lutar muito contra problemas relativos a qualidade, margens baixas, excesso de estoque e crises de fluxo de caixa. Em 1914, McKnight foi promovido ao cargo de gerente geral com apenas 27 anos de idade.

Apesar de ser uma pessoa tímida e discreta por fora, McKnight tinha uma curiosidade insaciável e um ímpeto incansável pelo progresso. Chegava a trabalhar sete dias por semana para acelerar o processo de crescimento da 3M e estava sempre em busca de novas oportunidades para a empresa.

McKnight sempre lutou para criar uma organização que estivesse em constante transformação, impulsionada pelos funcionários exercendo sua iniciativa individual. A abordagem de McKnight foi captada em cinco frases repetidas muitas vezes na história da empresa:

* Ouça qualquer pessoa que tenha uma ideia original, não importa o quão absurda possa parecer à primeira vista.

* Motive: não se preocupe com detalhes. Deixe que as pessoas desenvolvam a ideia.

* Contrate bons funcionários e deixe-os em paz.

* Incentive novas tentativas.

* Tente rápido.

A grande ironia é que a 3M começou como um fracasso, um grande erro, levando um golpe quase fatal quando seu conceito inicial de mineração de coríndon fracassou. Durante meses e meses, a pequena empresa tentou pensar em algo — qualquer coisa — que fosse viável.

Contudo, na década de 1930, uma série de decisões gerenciais na 3M, orientadas por McKnight, promoveu a inovação como núcleo central da estratégia de negócios da empresa. Há mais de noventa anos, diretrizes são reforçadas anualmente por meio de investimentos e do fortalecimento da cultura organizacional, a fim de garantir o sucesso da organização.

Por tudo isso, a ideologia central da 3M prevalece até hoje na missão e na cultura organizacional da empresa. Os valores defendidos por McKnight são uma espécie de mantra que sustenta um estilo de fazer negócios e resolver problemas, não apenas uma forma de ganhar dinheiro.

GESTÃO ESTRATÉGICA DO NEGÓCIO

* Inovação: não se deve matar a ideia de um novo produto.
* Integridade absoluta.
* Respeito pela iniciativa individual e o crescimento pessoal.
* Tolerância com respeito a erros honestos.
* Qualidade e confiabilidade do produto.
* Nosso verdadeiro negócio é resolver problemas.

Ao longo da história, foi possível comprovar que tudo funcionava em perfeita harmonia dentro da 3M. Com uma filosofia voltada para a inovação e para o intraempreendedorismo, a organização criou uma série de mecanismos concretos para estimular o progresso evolutivo contínuo. Alguns desses mecanismos são reconhecidos mundialmente como características exclusivas da 3M, a saber:

* **A regra dos 15%:** uma antiga tradição que estimula o pessoal da área técnica a gastar até 15% do seu tempo em projetos escolhidos por cada profissional, por iniciativa própria.

* **A regra dos 25%:** espera-se que 25% das vendas anuais de cada divisão sejam provenientes de novos produtos e serviços lançados nos 5 anos anteriores (em 1993, a porcentagem foi aumentada para 30% e o tempo foi reduzido para os 4 anos anteriores).

* **Distribuição de lucros:** introduzida para altos funcionários em 1916 e expandida para quase todos os funcionários em 1937. Este modelo foi copiado por empresas do mundo inteiro e prevalece até hoje.

* **Sociedade Carlton:** sociedade técnica de honra cujos membros são escolhidos por suas contribuições técnicas importantes e originais para a 3M.

Por volta de 1990, impulsionada por estes e outros mecanismos, a 3M já tinha mais de 60 mil produtos e mais de 40 divisões de produtos, que

EMPREENDEDORISMO 360°

englobavam as mais variadas categorias, como grânulos para telhados, placas refletivas para estradas, fitas de vídeo, disquetes, sistemas de retro-projeção, ouvidos bioeletrônicos e blocos Post-it.[31]

Há muitas décadas, a 3M tornou-se uma das maiores referências mundiais em inovação. Desde o início de sua fundação, a empresa vem dando enorme contribuição à sociedade. Inventou a fita-crepe, a fita adesiva plástica (durex), a lixa d'água, a primeira fita para curativos hipoalergênica, a primeira resina de restauração dentária com cor de dente, o bloco de recados Post-it, a esponja de limpeza Scotch-Brite, entre tantas outras coisas, derivadas de cerca de 43 mil patentes que dão vida a mais de 55 mil itens vendidos em todos o mundo.[32]

Cento e vinte anos depois da sua fundação, a 3M é um exemplo de empresa que leva a estratégia da inovação ao patamar de prioridade absoluta. Há mais de noventa anos, diretrizes são reforçadas e investimentos são feitos ininterruptamente por toda a empresa para garantir o sucesso da estratégia de inovação.

Na 3M, todo empregado sente enorme satisfação em participar de uma organização que tem o propósito de transformar o mundo com soluções geniais que tornem a vida das pessoas mais fáceis, práticas, seguras e saudáveis.

Construindo uma forte cultura organizacional

Talvez você a reconheça pelo lado negativo, por meio das suas amargas experiências no ambiente de trabalho, pela falta de uma liderança comprometida com os resultados, pela ausência de objetivos e metas bem definidas ou ainda pela comunicação caótica que faz os empregados caminharem para lados opostos, apesar de fazerem parte da mesma organização. Por outro lado, talvez você a reconheça de maneira positiva, decorrente do ambiente criativo superdinâmico e motivador, proporcionado pelo espírito empreendedor do seu fundador.

Todas as empresas, independentemente do tamanho, do segmento em que atuam e dos bens e serviços que produzem, possuem uma cultura

GESTÃO ESTRATÉGICA DO NEGÓCIO

organizacional, formalmente instituída ou não. Aliás, as empresas são bem mais do que isso. Elas possuem personalidade própria e podem ser rígidas ou flexíveis, apoiadoras ou hostis, conservadoras ou inovadoras, de cultura fraca ou de cultura forte.

Cultura organizacional é um sistema de valores compartilhados pelos seus membros, em todos os níveis, que diferencia uma organização das demais. Em última análise, trata-se de um conjunto de características-chave que a organização valoriza, compartilha e utiliza para atingir seus objetivos e adquirir a imortalidade.

Existem sete características básicas que, em conjunto, capturam a essência da cultura de uma organização:[33]

* **Inovação e assunção de riscos:** o grau em que os funcionários são estimulados a inovar e assumir riscos.

* **Atenção aos detalhes:** o grau em que se espera que os funcionários demonstrem precisão, análise e atenção aos detalhes.

* **Orientação para os resultados:** o grau em que os dirigentes focam mais os resultados do que as técnicas e os processos empregados para seu alcance.

* **Orientação para as pessoas:** o grau em que as decisões dos dirigentes levam em consideração o efeito dos resultados sobre as pessoas dentro da organização.

* **Orientação para as equipes:** o grau em que as atividades de trabalho são mais organizadas em termos de equipes do que de indivíduos.

* **Agressividade:** o grau em que as pessoas são competitivas e agressivas em vez de dóceis e acomodadas.

* **Estabilidade:** o grau em que as atividades organizacionais enfatizam a manutenção do *status quo* em contraste com o crescimento.

327

EMPREENDEDORISMO 360°

Com base nesse conjunto, pode-se afirmar que a cultura organizacional é representada pela forma como os colaboradores percebem as características da cultura da empresa. Diz respeito ao relacionamento interpessoal, ao comprometimento com os resultados e à liderança, ou seja, característica do comportamento, estimulado ou não, para o sucesso ou o fracasso da organização.

Por que é importante entender como funciona a cultura organizacional de uma empresa? Para melhorar a capacidade de sobrevivência, o sentido de contribuição e a capacidade de realização por meio do alinhamento dos valores da organização com os valores das pessoas que se deseja recrutar para o seu negócio.

Adotar valores essenciais bem definidos e compartilhá-los amplamente proporcionará um impacto bem mais positivo sobre o comportamento dos colaboradores, e menos descontentamento, conspiração e rotatividade. Isso é o que se pode chamar de cultura organizacional forte.

Por outro lado, quando os valores defendidos pela empresa se chocam com os valores adotados pela maioria, menor será o grau de comprometimento das pessoas e maior será a probabilidade de a empresa sumir do mapa em uma ou duas gerações. Isso é o que se pode chamar de cultura organizacional fraca.

Os casos do Walmart e da 3M ampliam essa noção de cultura organizacional. A cultura predominante e os valores da organização exercem forte impacto sobre o comportamento dos funcionários, e estão diretamente relacionados ao elevado nível de contentamento e ao baixo nível de rotatividade dos empregados.

Em uma **cultura organizacional forte**, os valores essenciais são criados, acatados e amplamente compartilhados. Eles estão na alma da organização, e quanto mais os membros aceitarem os valores essenciais por livre e espontânea vontade, maior será o grau de comprometimento com os resultados.

A cultura organizacional depende de quem está no comando. Como afirma Ram Charan, os líderes conseguem o comportamento que demonstram e toleram. O que o dono e os líderes pensam e dizem no ambiente de trabalho faz toda diferença no engajamento das pessoas. Serve também como sinalizador de sentido e mecanismo de controle que orienta e dá forma às atitudes e aos comportamentos dos colaboradores.

Em qualquer negócio, é impossível construir um ambiente produtivo, motivador e bem-sucedido a partir de uma cultura negativa. Quanto mais forte a cultura organizacional, menos os líderes precisam se preocupar com o desenvolvimento de regras e regulamentos para orientar a conduta dos funcionários. Essa orientação é introjetada naturalmente à medida que eles aceitam a cultura organizacional.

Isso demonstra elevado grau de concordância entre os empregados sobre os pontos de vista da organização. Essa unanimidade de propósitos gera coesão, lealdade e comprometimento, o que, por sua vez, reduz a propensão de funcionários dispostos a deixar a organização.

Quer construir uma cultura organizacional forte e capaz de conquistar a alma dos seus empregados?

* Comece com um propósito bem definido.
* Incorpore o espírito empreendedor.
* Lidere pelo exemplo.
* Estimule a participação criativa.
* Lembre-se: bons clientes não compram produtos e serviços; eles compram boas histórias, representadas por meio de uma cultura organizacional positiva.

5.6 Consolidação do modelo de negócio

O grande desejo de todo empreendedor é o crescimento, porém esta é uma bênção difícil de ser obtida em menos de dois a três anos. No mundo dos negócios, crescer custa caro e na maioria dos casos é dolorido, pois envolve um componente delicado, que é o capital, ou seja, o dinheiro necessário para o investimento inicial e para o giro do negócio.

Capital de giro (*working capital*) é a quantidade de dinheiro que o empreendedor deve dispor em caixa para manter o negócio em atividade enquanto ele ainda não for rentável, ou seja, enquanto ainda estiver formando a base de clientes e conhecendo as potencialidades do negócio.

Por que o empreendedor precisa de capital de giro? Todo negócio tem o que se chama de **curva de aprendizado**, que são os primeiros meses ou primeiros anos em que a necessidade de investimento é maior, a base de clientes ainda não é suficiente para equilibrar as contas e ainda não existe know-how ou **expertise** suficiente para gerir o negócio com a sabedoria. Isso não deve ser motivo de preocupação, afinal, toda empresa passa pelas mesmas dificuldades até conseguir a maturidade necessária para a consolidação do negócio.

Obter o capital suficiente é apenas um dos desafios proporcionados pelo crescimento, e pode não ser o mais crítico. Como a maioria dos negócios inicia com o capital mínimo necessário, o empreendedor **deve explorar ao máximo suas vantagens competitivas para crescer sem se endividar e atrair bons investidores** interessados em colocar mais dinheiro na sua ideia.

Considerando que o empreendedor tenha superado a fase crítica inicial e obtido aumento expressivo no faturamento da empresa, ele deve olhar para o negócio e tentar responder a essas três questões importantes:

* **Minha estratégia é sustentável?** Se as vendas continuarem crescendo dessa maneira, será que vou ter fôlego financeiro para suportar esse volume de crescimento sem comprometer o negócio?

* **Minhas vantagens competitivas possibilitam a expansão do negócio com sucesso, inclusive para outros mercados?** Se a resposta for sim, ele pode manter o negócio sempre em atividade e atuar em outras regiões onde ainda não tenha atuado, embora deva lembrar que o crescimento do negócio estará sempre sujeito ao incremento de capital para investimento.

GESTÃO ESTRATÉGICA DO NEGÓCIO

* Na prática, é possível ampliar os negócios? Em geral, o crescimento das vendas desafia a capacidade de a empresa manter o ritmo. Como foi dito no início, crescer custa caro, e quanto mais você vende, mais desafios aparecem, maior a necessidade de capital de giro e maior o tempo dedicado ao negócio.

À medida que o empreendimento se desenvolve, os empreendedores são obrigados a se reinventar. Isso passa pela mudança no modo de gerenciar e de fazer negócios. No início, é comum a qualquer empreendedor fazer tudo sozinho. De manhã ele abre as portas, na hora do almoço vai para o caixa, à tarde recebe fornecedores e ainda corre para o banco e à noite é o último a deixar o local, depois de fechar o caixa e fechar as portas do local. A reinvenção é difícil. A maioria prefere continuar tocando as coisas com as mesmas ideias de dez ou vinte anos atrás e acaba se tornando um fardo para a sua própria empresa.

Com o tempo, o empreendedor deve refletir sobre a própria capacidade de gestão e sobre a sua disposição para mudar na mesma velocidade em que sua empresa se expande. Se o volume de negócios crescer mais do que a sua velocidade de acompanhamento, existem dois recursos práticos que poderão ajudá-lo nesse sentido:

1. **Cercar-se de pessoas competentes que possam ajudá-lo a gerenciar o negócio** e ainda lhe dar um feedback objetivo sobre o seu estilo de liderança. Feedback é uma percepção sincera sobre o seu estilo ou comportamento como líder.

   O empreendedor deve estar aberto a críticas e, quando necessário, deixar o orgulho de lado, uma vez que ninguém nasceu sabendo nem morrerá sabendo tudo. Ele deve saber ouvir os seus colaboradores, amigos, sócios e mesmo seus familiares.

   Esse tipo de feedback o ajudará a se adaptar às demandas da empresa e fornecerá o apoio necessário à colaboração que todo empreendimento necessita para prosperar.

331

EMPREENDEDORISMO 360°

2. **Contratar um "treinador"** (também conhecido como coach executivo, um mentor ou mesmo um conselheiro), profissional experiente que utiliza a abordagem customizada e direta para mudar comportamentos com o objetivo de melhorar o desempenho do negócio ou do empreendedor no comando da empresa.

Muitos empreendedores demonstraram a capacidade não apenas de lançar um empreendimento bem-sucedido, mas de gerenciá-lo da melhor forma possível durante anos, embora não reunissem, pelo menos no início, todas as qualidades necessárias para isso. É o caso de Bill Gates, da Microsoft, de Steve Jobs, da Apple, e de Akio Morita, da Sony.

Todos eles tiveram sucesso à medida que adaptaram o estilo de liderança às necessidades da empresa. Era também o caso de Henry Ford, que não entendia tanto de motores, mas sabia ouvir a equipe e costumava cercar-se de pessoas mais capacitadas do que ele para ajudá-lo a cuidar dos negócios.

Lembra-se dos ensinamentos de Michael Gerber? Existe uma diferença enorme entre ser empreendedor, ser administrador e ser técnico, e nem todos compreendem isso. Muitos empreendedores possuem essa dificuldade de adaptação e não conseguem mudar seus hábitos de comportamento, que funcionam muito bem quando o negócio é pequeno, mas precisam ser revistos à medida que o empreendimento cresce. E todos sabem o quão difícil é mudar um hábito.

A maioria dos empreendedores com os quais trabalhei levou em torno de vinte anos para consolidar o negócio. O que são vinte anos? Duas décadas, 240 meses, aproximadamente 1.680 semanas, 7.300 dias, 175.200 horas. Ou seja, um quarto do tempo médio de vida do ser humano. Em vinte anos, se o empreendedor quiser, pode construir várias empresas, criar empregos, enriquecer e construir um legado, ou seja, escrever o seu nome na história.

Vinte anos é muito tempo, então por que você deveria se preocupar com isso agora? Isso é verdade, mas não estou dizendo que você precisa se preocupar. Estou sugerindo que deve se planejar para isso. A preocupação vem depois, se o empreendedor não fizer nada de diferente nos próximos vinte anos.

332

GESTÃO ESTRATÉGICA DO NEGÓCIO

Procuro fazer o possível para não abordar coisas negativas neste livro, mas em vinte anos as coisas podem não estar tão favoráveis. A pressão da sociedade, a mudança na forma de fazer negócios, a competição ainda acirrada no mercado de trabalho e a dependência tecnológica exigirão muito mais das pessoas e dos profissionais.

Muitas empresas e empreendedores nasceram há menos de vinte anos; entretanto, parte deles não sobreviverá aos próximos vinte. No ambiente puramente global e tecnológico, em menos de vinte anos o mundo será integralmente conectado por ambientes virtuais (metaverso), redes sociais e outras tecnologias ainda nem imaginadas.

Na prática, vinte anos são mais do que suficientes para consolidar a ideia de se tornar um profissional, um esportista ou um empreendedor de sucesso. Uma pessoa pode também ficar estagnada fazendo coisas simples de que não gosta, mas que precisa fazer para sobreviver e não deixar morrer aquela ideia capaz de transformá-la, no mínimo, em uma pessoa diferente, ativa e mais madura.

Para se ter uma ideia do que é possível fazer em vinte anos, selecionei alguns exemplos históricos e inspiradores do mundo do empreendedorismo. Embora o momento seja outro e o mundo seja diferente de vinte anos atrás, as oportunidades continuam brotando por todos os cantos da Terra, em diferentes profissões e em diferentes negócios.

Akio Morita fundou a TTK (Tokyo Tsushin Kogyo) aos 25 anos de idade em companhia de Masaru Ibuka, 13 anos mais velho. Em menos de vinte anos, ele mudou o nome da empresa para Sony e estabeleceu-se nos Estados Unidos com sucesso. A Sony é para o mundo da eletrônica o que a Apple é para o mundo da internet. Em menos de vinte anos, os produtos Sony conquistaram o mundo e são sinônimos de qualidade e eficiência.

Com menos de 20 anos de idade e em menos de 20 anos, Alexandre Tadeu Costa fundou a Cacau Show, no Bairro Casa Verde, em São Paulo. Atualmente, a empresa gera mais de 12 mil empregos e encerrou o ano de 2021 com R$2,9 bilhões de faturamento, sem nunca ter dependido de capital externo para ampliar as suas operações. Tudo o que Alexandre Costa fez, desde os 17 anos, foi unir paixão, trabalho, visão de futuro e dedicação ao negócio que se transformou referência no mundo do empreendedorismo.

333

EMPREENDEDORISMO 360°

Soichiro Honda levou em torno de vinte anos para encontrar o seu lugar no mundo. Depois de bater cabeça e praticamente falir em 1937, as portas se abriram para ele por meio da Tokai Seiki Heavy Industries, com o início da fabricação de anéis de pistão de qualidade. Hoje, a Honda é uma empresa de classe mundial e todos sabem da sua importância. Seus produtos — motocicletas, veículos, barcos e aviões — estão entre os mais desejados do planeta.

Uma antiga frase do presidente norte-americano John Kennedy continua atual e merece ser lembrada: "Não pergunte o que seu país pode fazer por você, mas o que você pode fazer pelo seu país." Vale para os Estados Unidos, para o Brasil e para qualquer outro país.

Um dos fatores críticos de sucesso para qualquer empreendimento é a implantação de uma **gestão profissional**. Explorei o assunto com profundidade no tópico anterior quando abordei a questão da empresa familiar. A diferença é que, nas demais empresas, as emoções da relação familiar não se sobrepõem ao resultado.

Quando se trata de gestão, não importa o tamanho e a natureza do negócio. Quem quer ter sucesso nos negócios por conta própria deve acostumar-se com esse termo e praticá-lo 24 horas por dia. A gestão profissional é a única forma de manter a empresa viva e atenta aos desafios constantes do mercado.

Em gestão, vale a pena ser repetitivo: **não é necessário reinventar a roda**. Se existe alguém que deseja o sucesso do empreendedor, mais do que qualquer outra pessoa na face da Terra, pode acreditar: sou eu.

Se o empreendedor não puder gastar dinheiro com a contratação de uma consultoria especializada, deve, no mínimo, se basear em práticas consolidadas de mercado que podem ser adaptadas à realidade do seu negócio, desde que sejam consideradas na gestão.

A consolidação do negócio depende de um modelo de gestão profissional. Outros fatores estão envolvidos, mas se for possível estabelecer prioridades, não hesite, dedique-se à construção de um modelo de gestão capaz de projetá-lo para frente, em vez de arriscar que ele provoque arrependimento e dor de cabeça para as pessoas que o acompanharam durante a jornada.

GESTÃO ESTRATÉGICA DO NEGÓCIO

Quadro 5.8 – Características de uma gestão profissional.

* Regras de convivência bem definidas entre os sócios: direitos e deveres, formas de atuação, responsabilidades, retiradas, entrada e saída da sociedade, entrada e saída de sócios etc.

* Normas, políticas, procedimentos e processos bem definidos para todas as áreas, independentemente do faturamento e do número de empregados.

* Valores da empresa claramente definidos para a sociedade, os sócios, os clientes, os fornecedores e os colaboradores: ética, transparência nos negócios e nas relações, comprometimento com os resultados, qualidade, equidade etc.

* Posicionamento e estratégias de atuação bem definidas para o mercado: visão, missão, valores e objetivos estratégicos.

* Prestação responsável de contas para todos os envolvidos no processo (*stakeholders*).

* Finanças pessoais completamente separadas das finanças da empresa.

* Oportunidades de desenvolvimento profissional para todos.

* Auditoria independente para validação do resultado da gestão da empresa.

5.7 Estudo de caso: um negócio incrível chamado Amazon[34]

Jeff Bezos, fundador da Amazon, era considerado uma criança inteligente. Quando ainda era bem pequeno, levou uma chave de fenda para o quarto e desmontou o berço. Segundo Daniel Goleman, isso estabeleceu um padrão. Quando o avô comprou um kit eletrônico da RadioSchak para ele, Bezos inventou um "alarme contra roubo" para impedir a entrada dos irmãos em seu quarto.

Em 1986, depois de se formar em engenharia elétrica e ciência da computação em Princeton, Bezos foi trabalhar na Fitel, uma startup de tecnologia de ponta em Nova York, onde construiu uma rede de computadores para comunicações financeiras.

EMPREENDEDORISMO 360º

Depois da Fitel, Bezos entrou para o Bankers Trust, onde tornou-se o mais jovem vice-presidente da instituição, em 1990. Dois anos depois, passou para a D.E. Shaw & Co., onde também se tornou vice-presidente. Certo dia, navegando pela internet, Bezos leu a seguinte notícia: "De acordo com as estatísticas de consumo, a internet segue crescendo à razão de 2.300% ao ano", e assim surgiu o trabalho que o revelou para o mundo. Ele percebeu que o comércio eletrônico era a próxima sensação da economia mundial.

No dia seguinte, Bezos tomou um voo para Los Angeles a fim de assistir à Convenção Americana de Livreiros e aprender tudo o que podia sobre o negócio de livros, e, então, descobriu que as principais editoras já tinham arquivos eletrônicos em estoque. Tudo o que precisava era de um único local na internet em que o público comprador pudesse procurar o estoque disponível e para o qual pudesse fazer pedidos diretamente.

Bezos sabia que a única maneira de aproveitar a oportunidade era entrar no negócio. Isso significaria sacrificar seu emprego seguro em Nova York, mas ele e sua esposa, Mackenzie, decidiram ir em frente e voaram para o Texas, para fundar a unidade em Seattle, onde teriam acesso fácil ao atacadista de livros Ingram e à *pool* de talentos de informática necessária para a empresa.

Logo depois, Bezos se demitiu-se e mudou para Seattle com uma ideia fixa na cabeça: "Vou mudar a economia do mundo." Bezos compilou uma lista de vinte produtos adequados para venda online, entre os quais havia livros, CDs, revistas, software e hardware para computadores. Em seguida, fez um refinamento e concentrou a atenção em dois itens: livros e música.

Com mais de 1,3 milhão de livros publicados nos Estados Unidos contra 300 mil títulos de músicas, Bezos preferiu concentrar o foco nos livros, pois, em relação ao futuro, as grandes editoras pareciam menos ameaçadoras do que as gravadoras. Começar com mais de um milhão de títulos é deveras ousado para qualquer um na web, principalmente porque a internet estava apenas começando.

336

GESTÃO ESTRATÉGICA DO NEGÓCIO

Em julho de 1995, a Amazon abriu as portas virtuais com a missão de utilizar a internet para transformar a compra de livros em uma experiência mais rápida, fácil e agradável. Com essa quantidade astronômica de livros, o nome da empresa surgiu da inspiração em relação ao rio mais caudaloso do mundo, o Amazonas.

Bezos é considerado um dos grandes pioneiros empresariais da internet. Por sua ousadia, ele demonstrou ao mundo empresarial que a internet significava mais do que conhecimento. Provou que é possível superar o medo de fazer compras pela internet, baixar o custo das transações e construir uma empresa mundial de e-commerce.

Em pouco mais de vinte anos, a Amazon amealhou uma legião de admiradores na internet. Em suma, ela nada mais é do que uma livraria virtual bem administrada que, graças à ousadia do seu fundador, pôde se firmar como uma força dominante do e-commerce mundial.

Em agosto de 2013, Bezos surpreendeu o mundo ao anunciar a compra do jornal *Washington Post*, um dos mais influentes e admirados do mundo, por US$250 milhões, utilizando-se de suas economias pessoais, ou seja, sem envolver a Amazon.

Na época, tratava-se do negócio mais ousado e emblemático fechado pelo empreendedor desde a criação da Amazon, em 1995, na contramão da tendência mundial de redução do volume de negócio nesse tipo de mídia. Foi também o seu primeiro grande investimento fora do mundo digital.

A Amazon revolucionou a maneira como as pessoas compram produtos pela internet e a maneira de ler livros, pois, em muitos mercados, a empresa é a única responsável pela popularização dos leitores digitais.

Jeff Bezos teve coragem de tentar algo que a grande maioria dos críticos da época combatiam: fazer fortuna ao promover seu negócio de internet a limites quase inimagináveis, o que pode ser traduzido e comprovado por meio de um dos seus valores mais importantes: a **obsessão pelo cliente**, cuja lista está disponível no site da empresa, para quem quiser tomá-la como modelo.

Segundo este valor, líderes têm como ponto de partida o cliente e fazem a lição de casa. Eles trabalham com determinação para conquistar e manter a confiança do cliente. Apesar de líderes estarem atentos aos concorrentes, sua obsessão é pelos clientes, ou seja, o cliente é, para Bezos, o ativo mais importante da Amazon.

Por fim, vale resgatar um pouco da cultura Amazon, de acordo com o que está descrito no próprio site da empresa:

"Nós responsabilizamos uns aos outros por demonstrar os Princípios de Liderança por meio de nossas ações todos os dias. Nossos Princípios de Liderança descrevem como a Amazon faz negócios, como os líderes lideram e como mantemos o cliente no centro de nossas decisões. Nossa cultura única, descrita por nossos princípios de liderança, nos ajuda a perseguir incansavelmente nossa missão de ser a empresa mais centrada no cliente da Terra, o melhor empregador e o lugar mais seguro para trabalhar."[35]

REVISÃO DO CAPÍTULO

Resumo e implicação para os empreendedores e gestores de negócios

Em termos de gestão, pode-se dizer que pouca coisa mudou nos últimos trinta anos. Ferramentas como análise de cenários, fluxo de caixa, orçamento, planejamento estratégico, balanço financeiro e mapeamento de processos, entre outros, são aplicáveis a qualquer negócio e eficientes à medida que são levadas a sério.

Em princípio, gestão é uma coisa simples. Não existe negócio que não dê resultados; mas a mão pesada da gestão é imprescindível. As pessoas são mais difíceis. O conhecimento existe e está disponível sob todas as formas nas escolas, nos livros ou mesmo na internet, mas o comportamento humano nas organizações ainda é digno de estudo.

Administrar uma empresa requer três competências ou habilidades distintas: habilidades técnicas, habilidades humanas e habilidades conceituais. Contudo, poucas pessoas reúnem todas essas características ou competências ao mesmo tempo.

A gestão estratégica do negócio vai além do planejamento estratégico. Se o empreendedor não dispõe de recursos nem de conhecimento técnico para colocá-la em prática, segundo as recomendações dos especialistas, deve ao menos reavaliar suas próprias práticas à medida que o empreendimento ganha consistência. Pensar estrategicamente é algo que se aprende com a prática.

GESTÃO ESTRATÉGICA DO NEGÓCIO

Liderança é uma competência-chave para o sucesso das organizações, principalmente quando se concorre em um mercado em que a diferença de preço é a única vantagem percebida pelo cliente. Nesse caso, a liderança faz toda a diferença, motivo pelo qual é necessário entender minimamente os seus princípios.

Em determinados casos, a liderança é atropelada pelo desejo de obter resultados imediatos. É o caso de empreendedores que se empenham em alcançá-los de maneira alucinada e se perdem na gestão dos colaboradores, porque alimentam o ego na mesma proporção. Para incorporar o espírito da liderança, o empreendedor deve deixar de lado os mecanismos rígidos de defesa e aceitar as críticas de maneira receptiva.

O empreendedor não gerencia pessoas; ele lidera pessoas. Portanto, não é necessário ocupar um cargo de liderança, tampouco construir um negócio por conta própria, simplesmente para se tornar líder. Líderes de fato lideram pelo exemplo e pela energia que empreendem em determinada missão, em negócios ou cargos políticos.

Os princípios e as práticas da boa governança corporativa aplicam-se a qualquer tipo de empresa, independentemente do porte, da natureza jurídica ou do tipo de controle. Considerando a realidade das empresas brasileiras, o endurecimento da legislação e a cobrança cada dia mais efetiva da sociedade, a governança corporativa está se tornando mais comum na vida dos profissionais e das empresas.

Obviamente, uma PME (pequenas e médias empresas) não consegue aplicar normas tão rígidas; entretanto, os empreendedores precisam refletir sobre isso. Quando você é pequeno, ninguém se importa, mas, ao incomodar os grandes, eles vão querer bater em você o tempo todo.

O papel da governança corporativa está fundamentado em quatro pressupostos distintos: (1) administração de riscos: qual é o investidor ou o sócio que colocará dinheiro no negócio para perdê-lo?; (2) perenidade: ninguém deseja abrir uma empresa para fechá-la daqui a cinco ou dez anos; (3) poder compartilhado: distribuição ponderada da autoridade e da responsabilidade entre diferentes sócios, executivos e membros do conselho; (4) geração de valor: o que a empresa produzirá de fato para todos os envolvidos no processo — sócios, clientes, governo, empregados, fornecedores e a sociedade em geral.

A realidade das empresas familiares passou a ser repensada no final do século passado, porém ainda está distante do que se pode chamar de modelo ideal de perpetuidade. Os jovens herdeiros do Brasil talvez sejam muito seduzidos pela ideia de que o mais importante é aproveitar a vida, porém a triste constatação é que se eles não tiverem pique para trabalhar duro e adotar o espírito empreendedor dos fundadores, as empresas herdadas não vão além da sua geração.

EMPREENDEDORISMO 360°

O primeiro grande erro que alimenta o estigma da empresa familiar é colocar pessoas inadequadas para ocupar cargos importantes na organização. Isso pode trazer consequências irreversíveis; portanto, o segredo é profissionalizar a empresa com membros da família ou, prioritariamente, do mercado.

O segundo erro é tratar a empresa como se fosse uma família, na qual tudo é permitido, de chantagens emocionais a dispêndios de qualquer natureza, sem a consciência de que sem dinheiro, sem gestão independente e sem diálogo, tanto a família quanto a empresa não sobrevivem à primeira geração.

Cultura organizacional é um sistema de valores compartilhados pelos seus membros, em todos os níveis, que diferencia uma organização das demais. Em última análise, trata-se de um conjunto de características-chave que a organização valoriza, compartilha e utiliza para atingir seus objetivos e adquirir a imortalidade.

Independentemente do tamanho, do segmento em que atuam e dos bens ou serviços que produzem, todas as empresas possuem uma cultura organizacional, formalmente instituída ou não. Elas possuem personalidade própria e podem ser rígidas ou flexíveis, apoiadoras ou hostis, inovadoras ou conservadoras, de cultura fraca ou forte.

O grande desejo de todo empreendedor é o crescimento, porém crescer é uma bênção difícil de ser obtida em menos de dois a três anos. No mundo dos negócios, crescer custa caro e na maioria dos casos é dolorido, pois envolve um componente delicado, que é o capital, ou seja, o dinheiro necessário para o investimento inicial e para o giro do negócio.

A consolidação do negócio depende de um modelo de gestão profissional. Certamente, outros fatores estão envolvidos, mas se for possível estabelecer prioridades, não hesite: dedique-se à construção de um modelo capaz de projetá-lo para frente, em vez de arriscar que ele provoque arrependimento e dor de cabeça para as pessoas que o acompanharam durante a jornada.

Questões para revisão

1. Os princípios universais da gestão podem ser incorporados desde o início nas empresas de micro e pequeno porte?

2. Quanto mais estratégico, menos operacional; quanto mais operacional, menos estratégico. O que significa ser mais estratégico? De que maneira

GESTÃO ESTRATÉGICA DO NEGÓCIO

o empreendedor pode desenvolver um papel mais estratégico no desenvolvimento do negócio?

3. Quais são as principais vantagens e desvantagens de se trabalhar em uma empresa familiar?

Questões para reflexão individual

1. Quais são as suas principais habilidades e as suas principais deficiências em termos de gestão? O que você ainda não sabe e deve aprender para administrar melhor o seu futuro negócio?

2. Até onde vai a sua liderança? Você se considera um líder por excelência ou acredita que ainda há espaço para melhorar?

3. Do que você está disposto a abrir mão para consolidar a sua ideia e tornar o seu negócio altamente lucrativo?

Questões para discussão em grupo

1. Dos dez fatores que compõem a base da governança corporativa, quais são os mais difíceis de serem incorporados no início do empreendimento?

2. *É possível ao empreendedor inexperiente incorporar o espírito da liderança desde o início do empreendimento?*

3. A cultura organizacional é capaz de tornar as pessoas mais comprometidas com a organização?

Questões sobre o estudo de caso "Um negócio incrível chamado Amazon"

1. Qual foi a contribuição do nome "Amazon" para o sucesso do empreendimento? O nome pode interferir quanto ao sucesso ou fracasso de um negócio?
2. Quais os principais fatores que contribuíram para o sucesso de Jeff Bezos na criação e no desenvolvimento da Amazon, considerando que o negócio foi iniciado com pouco dinheiro e nunca época em que o comércio online ainda era incipiente?
3. Na prática, o que significa essa obsessão pelo cliente adotada como lema por Bezos à frente da Amazon?

Para saber mais Endereços na internet

* Portal IBGC
  http://www.ibgc.org.br/index.php
* Portal Exame
  http://exame.abril.com.br/topicos/empresas-familiares
* Portal Sebrae
  https://www.sebrae.com.br

Leitura recomendada

* CHARAN, Ram. *Execução: a disciplina para atingir resultados*. Rio de Janeiro: Elsevier, 2004.
* GOMEZ, Emiliano. *Liderança ética: um desafio do nosso tempo*. São Paulo: Planeta, 2005.
* KOTTER, John P. *Liderando mudança*. 12. ed. Rio de Janeiro: Elsevier/ Campus, 1997.

6

EMPREENDEDORISMO ALÉM DO PLANO DE NEGÓCIO

Objetivos de aprendizagem

Depois de ler este capítulo, o futuro empreendedor será capaz de:

* Adotar um comportamento empreendedor consistente na gestão do seu negócio.
* Entender a importância da responsabilidade social na condução do seu negócio.
* Conhecer os fatores básicos de motivação que impulsionam os jovens empreendedores na criação de novos negócios.
* Conhecer os fatores básicos de motivação que distinguem homens e mulheres no mundo do empreendedorismo.
* Construir uma rede de relacionamentos sólida e duradoura antes e durante o desenvolvimento do negócio.
* Aprender a balancear as atividades da vida pessoal e profissional para conduzir o negócio com segurança e equilíbrio.
* Praticar os ensinamentos obtidos no capítulo por meio de um estudo de caso real de empreendedorismo e outras ferramentas de análise.

No final deste capítulo, você encontrará:

* 3 questões para revisão do capítulo
* 3 questões para reflexão individual
* 3 questões para discussão em grupo
* 3 questões para o estudo de caso apresentado
* 3 sugestões de links disponíveis para consulta na internet
* 3 sugestões de leitura (recomendadas)

E no final do livro:

* 30 palavras-chave para pesquisa e análise sobre este capítulo

6.1 Comportamento empreendedor

Ser empreendedor não é uma condição exclusiva de empresários ou de quem está à frente de um negócio. Algumas pessoas, mesmo não envolvidas em negócios, reúnem uma série de atitudes, competências e características que determinam o que se denomina comportamento empreendedor.[1]

O comportamento empreendedor exige competências que são chamadas de **competências-mãe**. Elas são o centro de todas as outras e, por várias razões, são pouco ensinadas nas escolas de ensino fundamental e médio, e mesmo nas faculdades e universidades: ser um verdadeiro gestor de negócios e um verdadeiro gestor de pessoas.

Ser um **gestor de negócios** requer conhecimento profundo das exigências do mercado, para procurar atendê-las sem comprometer o negócio. O empreendedor deve se familiarizar com o termo que o mercado chama de **demanda**, que se apresenta de duas formas: (1) **prospecção** e (2) **retenção** de clientes.

Nesse caso, é necessário ter boa noção do tamanho do mercado em que se pretende atuar e criar estratégias para impactar o cliente, para só depois pensar na retenção. Vender um produto ou serviço é relativamente fácil. Manter a fidelidade dos clientes não é tão simples assim. Mais do que embalagens atraentes, preços competitivos e prazos de pagamento favoráveis, é necessário encantar o cliente e mostrar a razão pela qual ele deve continuar fazendo negócios com a sua empresa.

Ser um **gestor de pessoas** está relacionado ao comportamento humano e ao trabalho em equipe. Não basta entender de negócios sem poder contar com excelentes profissionais de conhecimento técnico elevado, aptos a trabalhar em equipe e comprometidos com a sua causa.

Lidar com pessoas é uma arte dominada por poucos e que está ligada a uma fórmula de sucesso no mercado competitivo atual: **valor = cliente + capital intelectual**. Portanto, o foco a partir de agora é o cliente, e as pessoas precisam compreender essa necessidade.

Duas competências auxiliares importantes na gestão de negócios dizem respeito ao planejamento e ao acompanhamento dos resultados: **estratégia** e **execução**. Quando a estratégia é bem definida e os resultados são monitorados com frequência, as possibilidades de sucesso aumentam. Essa é uma pergunta que o guru dos negócios, Ram Charan, sempre faz: **de onde vêm os seus resultados?** Confira o raciocínio que o próprio Charan defende em suas conferências:[2]

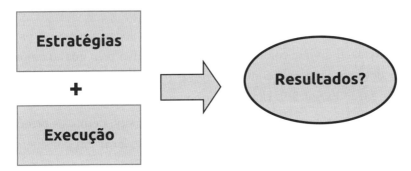

A estratégia vem primeiro e, como já foi visto no Capítulo 3, diz respeito à construção e ao fortalecimento da gestão estratégica: análise de cenários, visão, missão, valores, diretrizes estratégicas, objetivos, metas e plano de ação, posicionamento no mercado, análise dos fatores críticos de sucesso e vantagens competitivas.

EMPREENDEDORISMO 360º

De onde vêm as estratégias? Elas devem estar conectadas ao modelo de negócio e, em seguida, ao plano de negócio, e representam a menor parte do esforço do empreendedor. São pensadas e avaliadas com antecedência na tentativa de minimizar os riscos inerentes ao próprio negócio.

A execução vem na sequência, das próprias competências, habilidades e atitudes do empreendedor para colocar a estratégia em prática. Ela deve estar conectada aos resultados projetados no plano de negócio ou no plano estratégico da empresa e representa a maior parte do esforço do empreendedor.

Kaplan e Norton, idealizadores do BSC (*balanced scorecard*), afirmam que mais de 80% dos planejamentos estratégicos realizados pelas empresas não dão certo. Qual a razão? Em geral, as empresas dispõem de poucos profissionais com competências específicas para executar o plano.

Para reduzir o índice de fracasso, a execução torna-se bem mais importante que o próprio desenvolvimento da estratégia. Existe ainda o fato de os empreendedores iniciantes não se preocuparem com as ferramentas básicas da gestão, por falta de recursos ou de entendimento da sua importância no desenvolvimento do negócio.[3]

Sonhar é bem mais fácil do que realizar. Colocar a ideia no papel é bem mais fácil do que colocá-la em prática, motivo pelo qual o empreendedor deve preocupar-se com duas coisas importantes: **o querer (estratégia)** e **o fazer (execução).** Uma não sobrevive sem a outra.

Gary Harpst, professor da Ohio State University, define os principais pontos de atenção que todo empreendedor deve levar em consideração. Eles representam a soma estratégia + execução.[4]

1. Definir o que é importante (elaborar a estratégia).
2. Estabelecer metas capazes de guiar (planejar).
3. Alinhar sistemas (organizar).
4. Pôr o plano em prática (executar).
5. Inovar com propósito.
6. Parar e refletir (aprender).

Em negócios, um velho ditado ainda persiste: o papel aceita tudo. Colocar as ideias em prática e estabelecer uma rotina sistemática de acompanhamento dos resultados é o que distancia os empreendedores de sucesso dos demais. Por isso, a estratégia é bem mais simples do que a própria execução. Vejo isso com frequência quando elaboro planos de negócios e planos estratégicos para meus clientes. As pessoas se empolgam com a ideia, mas se perdem no primeiro obstáculo, apesar de todas as recomendações.

As seis disciplinas propostas por Harpst são típicas de executivos e empresários com **comportamento empreendedor**. Execução é uma competência pouco ensinada nas escolas de negócios. A maioria acaba atropelando as regras mais elementares da administração, em vez de abreviar o caminho e se beneficiar daquilo que já produz resultados efetivos para as empresas que não hesitam em colocá-los em prática.

Na prática, não existe fórmula ideal para o sucesso. Existe, sim, uma combinação de competências que o empreendedor deve desenvolver, técnicas e comportamentais.

A capacitação para as **competências técnicas** acaba sendo uma tarefa mais fácil, pois a maioria dos treinamentos disponíveis tem como foco essa perspectiva de desenvolvimento: qualificar as pessoas além da sua formação.

Conhecer bem o negócio tecnicamente é, no mínimo, **obrigatório**, entretanto, o diferencial competitivo está na gestão eficiente das competências comportamentais. Técnica aprende-se com cursos, palestras, livros e artigos, mas o ajuste do comportamento leva tempo e autoconhecimento.

Por que a maioria não consegue sair do lugar e incorporar o chamado comportamento empreendedor? Tenho algumas convicções, não por pesquisa, mas por leitura constante e por experiência própria, ao acompanhar a trajetória de profissionais e empreendedores que cruzaram o meu caminho. A maioria conseguiu adotar um comportamento empreendedor exemplar, digno de louvor, porém boa parte não conseguiu avançar. O que foi que aconteceu? Onde foi que a maioria enroscou?

EMPREENDEDORISMO 360°

* **Falta de consciência:** dos seus pontos fracos, das suas limitações, do que ainda não domina, do que precisa ser melhorado, das oportunidades que aparecem, do quanto ainda falta para caminhar, do que já conseguiu, do seu papel na sociedade, do que o mundo espera de cada um.

* **Falta de educação:** para entender o que acontece à sua volta, para ser mais racional e menos emotivo, para discutir com mais propriedade e mais discernimento, para não sair disparando bobagens a qualquer preço, para contribuir mais e destruir menos, para ter pensamentos próprios.

* **Falta de coragem:** na maioria das vezes, o desafio não é aperfeiçoar a capacidade de realizar, mas, sim, começar e seguir caminhando. Em qualquer lugar do mundo, *feito* será sempre melhor do que *perfeito*. Você é capaz de transformar iniciativa em paixão e prática? Quem não está disposto a correr riscos não deve se aventurar como empreendedor.

* **Falta de foco:** é impossível agradar a todos; portanto, quanto mais o ser humano pensa, espera, muda e empurra com a barriga, baseado no que os outros estão querendo ou dizendo, mais se distancia do seu objetivo. Quem quer ser tudo para todos acaba não sendo nada para ninguém.

* **Falta de regularidade:** quando você está trabalhando duro em determinado projeto, escrevendo um artigo, um plano de negócio, um livro ou qualquer coisa que o faça sair do lugar, é contraproducente parar para ler um e-mail que acabou de chegar ou acessar a próxima mensagem do WhatsApp. Sem regularidade, sua ideia morre no papel.

* **Falta de consistência:** sustentar uma ideia requer conhecimento sobre o assunto. Os discursos de Gandhi, Madre Teresa de Calcutá e Martin Luther King nunca mudaram. Sem consistência, sua mensagem se perde e sua integridade também. Não

existe nada pior do que ensinar e não praticar. Quem acreditará em alguém que muda de ideia e opinião o tempo todo?

* **Falta de confiança em si mesmo:** ao se comparar com alguém que parece estar melhor, o sofrimento aumenta; cada um tem a sua própria história e faz o seu próprio caminho. É como abrir uma revista de pessoas famosas e constatar que todo mundo está bem, menos quem está lendo; para vencer no mundo dos negócios é preciso, antes de tudo, acreditar em si mesmo.

O comportamento empreendedor exige pensar e agir como empreendedor. A estrada dos negócios é cheia de obstáculos e, para muitos pretensos empreendedores que conheci, o maior de todos era superar a própria capacidade de deixar para o dia seguinte o que poderia ter sido feito no dia anterior. **Tomar decisões com frequência também é uma atitude empreendedora e faz parte do comportamento empreendedor.**

> Um empreendedor confia na sua capacidade de controlar os resultados, porque sabe que depende de seu próprio esforço. Atribui a si mesmo, e à sua conduta, as causas de seus êxitos e fracassos.
>
> **MARK TWAIN**
> **ESCRITOR E EMPREENDEDOR**

6.2 O empreendedor socialmente responsável

O século XXI pode ser considerado o século da responsabilidade social. Não há mais como ignorar o fato de que os empreendedores serão cada vez mais cobrados e admirados de acordo com o seu nível de comprometimento com as causas sociais mais urgentes da nossa sociedade.

O mundo é repleto de oportunidades em todos os setores da economia: agropecuária, indústria, comércio, serviços e terceiro setor. É possível esco-

EMPREENDEDORISMO 360°

lher um curso técnico ou superior e especializar-se na área com a qual você se identifique e conclua ser a melhor para levar adiante o seu projeto de vida.

Apesar de todo cidadão ter direito a uma vida digna e a uma oportunidade no mercado de trabalho, as desigualdades sociais ainda estão presentes em todas as regiões do planeta. Pode-se morar em um apartamento ou em uma bela casa com todo conforto conquistado por uma família de classe média ou classe alta, porém ao lado há uma favela, onde a maioria das pessoas sobrevive com sacrifício e luta para ter ao menos uma refeição por dia.

Como futuro empreendedor, é importante estar atento aos problemas que afetam a sociedade e às necessidades do seu povo, para contribuir com ideias e dinheiro, a fim de amenizar a dor e o sofrimento alheios. Com o tempo e a experiência, é possível aprender que responsabilidade social independe da idade, e quanto mais cedo o empreendedor adquirir essa consciência, mais poderá contribuir.

Em primeiro lugar, deve-se perguntar como é possível, para o pequeno e o médio empreendedor, adotar uma causa e assumir uma postura socialmente responsável diante das dificuldades que assombram o estágio inicial das empresas, como capital de giro insuficiente, carga tributária elevada e falta de crédito, comum nos primeiros anos de atividade.

Para responder a essa questão, é necessário entender o que significa adotar uma postura socialmente responsável no mercado. Essa preocupação tem lógica, mas deve-se levar em consideração o fato de que é possível agir de maneira socialmente responsável em três dimensões: ambiental, econômica e social.

As suas ações, como empreendedor ou empresário, afetam o ambiente social (pessoas, impacto na sociedade), o econômico (renda, emprego, impostos) e o ambiental (equilíbrio do meio ambiente e uso consciente dos recursos naturais). Portanto, é possível escolher qualquer área e começar com pequenas ações que farão enorme diferença no mundo. **Não importa o tamanho da sua empresa, mas o tamanho da sua consciência.**

Não existe empresa socialmente responsável sem que seus líderes o sejam. O gestor socialmente responsável é diferente do gestor tradicional,

EMPREENDEDORISMO ALÉM DO PLANO DE NEGÓCIO

principalmente aquele formado na Escola Clássica da Administração — com foco maior na produtividade —, que leva em consideração conceitos poucos sistêmicos, essencialmente cartesianos, que priorizam a obtenção crescente dos lucros para o acionista em vez de balancear os interesses da empresa e da sociedade.

Em termos de contribuição, mais do que ganhar dinheiro, haverá o dia em que o empreendedor, como cidadão e profissional bem-sucedido, será um modelo a ser seguido por milhares de jovens, incluindo seus filhos e netos, motivo pelo qual suas ações devem ser coerentes com o seu discurso.

Quando nascem e ganham corpo, as empresas adquirem uma nova função social, e os empreendedores devem conhecer o impacto que a relação com a cadeia produtiva gera em todas essas camadas a partir da concepção do novo empreendimento. Esse impacto tende a crescer na mesma proporção do negócio e, a partir de determinado momento, merece atenção redobrada.

Com a aceleração da degradação ambiental provocada pelo desequilíbrio dos ecossistemas, o aquecimento global e o próprio aumento da população, há uma nova demanda por mais transparência nos negócios, e as empresas são obrigadas a adotar uma postura mais responsável em suas ações. O lucro deve compensar a opção pelos negócios socialmente responsáveis. Em geral, quanto maior o lucro das empresas, maior o nível de responsabilidade social requerida.

A criação de valor e riqueza pressupõe elevado nível de responsabilidade social; já não importa mais o tamanho do empreendimento. A impressão de que somente as grandes empresas com elevada capacidade financeira devem adotar a responsabilidade social não é verdade. Nesse caso, o que muda é o tamanho da cobrança por parte da sociedade.

O empreendedor deve pensar diferente e incorporar a ideia desde o princípio se quiser criar uma cultura de responsabilidade social. A empresa não precisa esperar dez anos para promover ações de acordo com suas possibilidades de investimentos. A natureza não espera a empresa ter

351

lucro para depois disponibilizar os recursos de que precisa para produzir, crescer e prosperar.

Investir em responsabilidade social significa reconhecer que as ações da empresa têm o poder de provocar grande impacto na sociedade e, ao mesmo tempo, que ela está atenta aos acontecimentos sociais que afetam diretamente os resultados do seu negócio, além de elevar a sua reputação e dificultar a manutenção das empresas que se comportam de maneira socialmente irresponsável. Desrespeitar o meio ambiente, por exemplo, tem um peso considerável na avaliação das comunidades que se preocupam com um planeta mais organizado e saudável.

Meu intuito é despertar a consciência para as ações que contribuem para um mundo melhor e que não dependem necessariamente de capital para sua execução. Conscientemente, todos os problemas que afetam a humanidade têm relação com as empresas, e estas, por sua vez, são os organismos vivos com as melhores condições de contribuir para a transformação consciente da sociedade em organismos vivos de responsabilidade social.

A responsabilidade social é uma forma inteligente de conduzir os negócios, senão a única forma no mundo globalizado, onde o clamor por um capitalismo menos selvagem e mais alinhado com os problemas sociais é evidente e necessário. Qualquer missão pautada somente no lucro, sem a visão da interdependência, da reciprocidade, da ética e do respeito aos princípios básicos de cidadania, não criará as condições mínimas para ser colocada em prática.

Em 25 de julho de 2002, quando a venda da Hershey's, uma das maiores fabricantes de chocolate do mundo, veio à tona em um artigo publicado no *Wall Street Journal*, os 12 mil habitantes de Hershey, nos Estados Unidos, ficaram perplexos, e a notícia repercutiu por toda a cidade. Logo surgiram as primeiras indagações: quem seriam os novos proprietários? O que fariam com a fábrica da Hershey's, com o parque temático que atraía milhares de pessoas, o spa, o hotel, os jardins e outras atrações que haviam convertido a cidade em centro turístico? O que aconteceria com os empregados dependentes do chocolate, o grande motor da economia local?[5]

EMPREENDEDORISMO ALÉM DO PLANO DE NEGÓCIO

A ligação entre a cidade de Hershey e seu maior empregador vai muito além dos limites geográficos e econômicos. Quando fundou a empresa, Milton S. Hershey, membro da seita menonita e um homem profundamente religioso, queria que sua riqueza fosse utilizada para promover o "bem duradouro". Ele via sua pequena cidade da Pensilvânia como uma comunidade utópica, na qual havia construído seu empreendimento, concebida e governada para a fruição de seus habitantes.[6]

A notícia desencadeou uma onda de revolta e de ações por parte dos empregados e dos habitantes da cidade na tentativa de neutralizar a iniciativa dos controladores da Hershey. Um abaixo-assinado, que angariou mais de 8 mil assinaturas em uma cidade cuja população total era de apenas 12 mil habitantes, exigia a demissão dos membros do Conselho de Administração.

Em 17 de setembro de 2002, o drama da pequena cidade de Hershey havia terminado. Pouco antes da meia-noite, o Conselho de Administração decidiu abortar a própria iniciativa — apesar dos US$12,5 bilhões que estavam em jogo e dos US$17 milhões de despesas com serviços bancários e honorários profissionais investidos na operação — e divulgou um comunicado que pôs fim ao grande dilema de uma pequena cidade da Pensilvânia: "A Hershey Foods Corporation anunciou hoje que o Conselho de Administração do fundo fiduciário decidiu instruir a empresa a desistir do processo de venda que fora iniciado por decisão anterior do mesmo órgão."[7]

Em cidades pequenas como Hershey, o destino de uma empresa e da comunidade estão entrelaçados. É o caso de Telêmaco Borba, no norte do Paraná, onde a empresa de papel e celulose de propriedade da Klabin responde pela maioria dos empregos diretos e indiretos gerados na cidade. As casas, as ruas e os milhares de eucaliptos plantados refletem a alma e a consciência dos seus fundadores.

Depois de milhares de e-mails enviados a Robert Vowler, CEO da Hershey's, e aos membros do Conselho de Administração, pedidos de afastamento dos conselheiros, debates acalorados nos meios

EMPREENDEDORISMO 360º

de comunicação e uma pressão insuportável da sociedade, milhares de empregados da empresa, habitantes da cidade e alunos e ex-alunos da Hershey School comemoraram o desfecho, com a sensação de que haviam salvado a empresa e sua comunidade, por meio do poder do protesto.[8]

Qualquer empresa, ainda que bem administrada, cheia de boas intenções e impregnada de orgulho pela trajetória do fundador, pode balançar quando se ignoram os princípios básicos da responsabilidade social. O preço a ser pago é alto e pode colocar em risco a sustentabilidade do negócio.

A batalha pelo controle da Hershey remete a questões centrais que são levantadas neste capítulo, e levanta outras questões importantes que devem ser consideradas por empreendedores e líderes de negócios.[9]

1. As responsabilidades dos gestores de empresas vão além da geração dos lucros?

2. Quais são as responsabilidades das empresas perante os empregados, suas famílias, a comunidade onde vivem e a sociedade em geral?

3. Será que basta pagar salários justos, oferecer benefícios competitivos e produzir produtos e serviços necessários?

4. Que informações devem ser divulgadas sobre as decisões e as responsabilidades da empresa para as partes que nela detém algum interesse?

5. Como será que os líderes da empresa devem levar em conta os pontos de vista e as preocupações de todos os envolvidos ou detentores de interesses?

6. Como criar consciência interna e tornar a empresa uma referência em termos de responsabilidade social e sustentabilidade?

7. Quais são os valores centrais que se constituirão nos pilares da responsabilidade social da empresa?

8. Queremos ser empreendedores socialmente responsáveis ou ganhar dinheiro nos basta?

Uma empresa que assumiu uma posição responsável no mundo dos negócios foi a General Electric (GE), sob o comando de Jeffrey Immelt. Ele sinalizou o que seria importante a partir da sua gestão à frente da empresa: inovação, criatividade e soluções de mercado reais para os grandes problemas da humanidade.

A postura de Immelt foi diferente da posição de seu antecessor, Jack Welch, que durante anos liderou pessoalmente o combate contra a Agência de Proteção Ambiental dos Estados Unidos (EPA), na tentativa inútil de evadir-se da responsabilidade pela poluição de quase 500 toneladas anuais de resíduos tóxicos nos rios Hudson e Housatonic.[10] Contudo, Welch saiu ileso e acabou venerado no mundo dos negócios.

Em geral, os empreendedores são geradores centrais de riqueza e prosperidade, razão pela qual devem procurar desenvolver um papel positivo no mundo dos negócios. Embora as pressões dos consumidores sejam exercidas sobre as grandes corporações, pequenos e médios empreendedores devem ter em mente que os negócios crescem na mesma proporção da sua dedicação; portanto, é importante criar consciência desde o início para estimular uma cultura de responsabilidade social.

Empreendedores que entenderem os elementos do desafio da responsabilidade social e se dedicaram a colocá-los em prática desde o início estão predestinados a se tornarem grandes protagonistas de um mundo melhor. Não é necessário investir milhões de reais para participar ativamente na grande cruzada contra os principais males que afetam a humanidade.

Não há segredo nessa cruzada; basta que cada um faça a sua parte. Em princípio, recomendo sempre: pense grande, e enquanto não for grande o suficiente, tome iniciativa com a parte que lhe cabe, não porque o mundo dos negócios exige, mas porque é dever de todo empreendedor participar desse processo, como empresário e cidadão.

Dinheiro, sucesso e prosperidade são mera consequência de produtos, serviços e ações que facilitam a vida das pessoas e promovem o bem-estar da sociedade. O empreendedor do futuro não tem alternativa, ou seja, o empreendimento já deve nascer socialmente responsável.

EMPREENDEDORISMO 360°

> A lucratividade é uma condição necessária para a existência e um meio de se atingirem objetivos mais importantes, mas não é o objetivo em si para muitas empresas visionárias. Os lucros são o que o oxigênio, a comida, a água e o sangue representam para o corpo; eles não são o sentido da vida, mas sem eles não há vida.
>
> COLLINS E PORRAS (1995)

Eu não mudaria uma vírgula nessa afirmativa, entretanto, as transformações ocorridas no planeta nos últimos cinquenta anos, por conta do consumo acelerado dos recursos naturais, não permitem que os empreendedores olhem somente para os lucros. O que vale para a sociedade de hoje é o lucro com responsabilidade social e ambiental.

Quando se inicia um empreendimento, por mais simples e menos pretensioso que possa parecer, algumas perguntas são fundamentais para a disseminação da consciência socialmente responsável no ambiente da empresa:

* Sua empresa ajudará a combater o aquecimento global?
* Criará produtos ecologicamente corretos?
* Gerará menos resíduos?
* Combaterá o desperdício?
* Respeitará o interesse da comunidade onde está inserida?
* Os sócios estão comprometidos com a causa ambiental?

Agir de acordo com a responsabilidade social significa ir além das obrigações legais e dos interesses imediatos. Empreendedores devem levar em conta os impactos de suas atividades em clientes, fornecedores e na sociedade. Dependendo da estratégia utilizada na gestão, a empresa pode tornar-se fonte de geração de pobreza ou pode contribuir para que isso não ocorra. Empreendedores comprometidos com a melhoria da sociedade têm a obrigação de abrir os olhos para os grandes dilemas da humanidade.

356

EMPREENDEDORISMO ALÉM DO PLANO DE NEGÓCIO

No mundo globalizado, até os mais pobres canalizam investimentos na educação de crianças e jovens para que conquistem, por meio de melhores oportunidades de aproveitamento da vocação, uma qualidade de vida superior à de seus pais e avós, mediante sacrifícios que impõem a si mesmos por conta de uma possível recompensa financeira no futuro, ou mesmo satisfação pessoal.

Uma sociedade que se preocupa com a responsabilidade social deve fazer o que for necessário para que seus jovens tenham o máximo de opções e a maior liberdade possível para se realizarem como pessoas, por meio de uma melhor inserção no mercado de trabalho, especialmente em regiões onde o desemprego, a desigualdade e a pobreza afetam todos em idade economicamente ativa. O investimento familiar em educação não é suficiente. É importante que os jovens tenham oportunidades para progredir e sejam capazes de aproveitá-las, exercendo responsavelmente suas liberdades.

O empreendedorismo é um caminho saudável pelo fato de promover a inclusão social mediante o aproveitamento do potencial dos indivíduos para a geração de riqueza. Fazer propostas para promover trabalho decente e criar empregos produtivos é optar pelo fortalecimento da democracia, apoiar a coesão social e contribuir para o desenvolvimento econômico do país.

Todo empreendimento é valido, desde que não comprometa a nossa forma de ver o mundo como um celeiro de oportunidades para promover a justiça e o bem-estar das pessoas, além do próprio bem-estar. O mundo não é o mesmo do início do século passado, quando a riqueza foi estimulada à custa da degradação ambiental, da exclusão social e da concentração de renda.

Com as pressões sociais e ambientais do mundo globalizado, diversos setores da sociedade estão redefinindo seus papéis. Adotar um comportamento socialmente responsável, por exemplo, faz cada vez mais parte da visão e da missão das empresas, pelo fato de pressupor coerência ética nas ações e nas relações com os diferentes públicos com os quais interagem, além de contribuir para o crescimento das pessoas, das comunidades e de suas relações entre si e com o meio ambiente.

357

Em 1999, no âmbito das Nações Unidas, foi constituído o Pacto Global, com o intuito de estimular as empresas a assumirem o compromisso com a aplicação de dez princípios nas áreas dos direitos humanos, das relações de trabalho e do meio ambiente. Ao incorporá-los na gestão empresarial, empresas e empreendedores colocam em prática ações de responsabilidade social que colaboram, direta ou indiretamente, para atingir as metas do Pacto Global.

Quadro 6.1 – Os dez princípios do Pacto Global.[11]

ÁREAS	PRINCÍPIOS
Direitos humanos	As empresas devem: * Apoiar e respeitar a proteção de direitos humanos reconhecidos internacionalmente. * Assegurar-se de sua não participação em violações de direitos humanos.
Relações de trabalho	As empresas devem: * Apoiar a liberdade de associação e o reconhecimento efetivo do direito à negociação coletiva. * Eliminar todas as formas de trabalho forçado ou compulsório. * Apoiar a abolição efetiva do trabalho infantil. * Eliminar a discriminação no emprego.
Meio ambiente	As empresas devem: * Apoiar uma abordagem preventiva para os desafios ambientais. * Desenvolver iniciativas para promover maior responsabilidade ambiental. * Incentivar o desenvolvimento e a difusão de tecnologias ambientalmente amigáveis.
Anticorrupção	As empresas devem: * Combater a corrupção em todas as suas formas, inclusive extorsão e propina.

EMPREENDEDORISMO ALÉM DO PLANO DE NEGÓCIO

Pensar nesses princípios desde o início do negócio demonstra comprometimento com o futuro do planeta e da própria humanidade. A responsabilidade social deve ser pensada em todos os aspectos. Liderar pelo exemplo desde o início está nas possibilidades de todo empreendedor.

O empreendedor social entende que a riqueza só faz sentido quando é compartilhada com causas mais nobres. E isso começa dentro de casa, com o mínimo que pode ser realizado para reduzir o efeito da pobreza por todos aqueles que conseguem, graças à sua inteligência e dedicação, gerar prosperidade por meio de pequenos e grandes negócios.

Quando Anita Roddick fundou a The Body Shop, em 1976, no interior da Inglaterra, o espírito empreendedor não inibiu sua vontade de continuar lutando pelas causas sociais em que acreditava. Apesar de ter construído um império de cosméticos ao redor do mundo, Anita deixou mais do que uma história de sucesso nos negócios: deixou um legado e uma lição de vida.

> Não posso imaginar uma época em que nenhum homem seja mais rico que o outro. Mas imagino uma época que os ricos terão vergonha de enriquecer à custa dos pobres e os pobres deixarão de invejar os ricos. Nem no mundo mais perfeito conseguiremos evitar as desigualdades, mas podemos e devemos evitar a luta e o rancor. Já temos agora muitos exemplos de ricos e pobres que vivem em perfeita harmonia. Devemos só multiplicar esses exemplos.
>
> MAHATMA GANDHI
> O APÓSTOLO DA NÃO VIOLÊNCIA

Empreendedores socialmente responsáveis são vistos de maneira diferenciada no mercado. Além do mais, sempre haverá espaço e reconhecimento para quem contribui com o futuro da humanidade. Pensando nisso, todo empreendedor deveria adotar uma causa social e deixar um legado, a exemplo da Dra. Zilda Arns, médica sanitarista e lutadora incansável do combate à mortalidade infantil.

359

EMPREENDEDORISMO 360º

Tenho consciência de que a responsabilidade social é mais fácil de ser aplicada quando existe lucro, caso contrário poucas empresas resistiriam. Contudo, ainda é possível pensar nas pessoas, no meio ambiente, em produtos e serviços alinhados com critérios de responsabilidade social antes de pensar no lucro.

Do ponto de vista da responsabilidade, pode-se afirmar que se o lucro fosse a única maneira de fazer as pessoas e as empresas contribuírem para uma causa social, não existiriam seres incríveis como Anita Roddick e Muhammad Yunus.

"Você é muito linda, mas nós temos um problema: você é negra"[12]

Foi exatamente isso que a ex-modelo e empreendedora social Luana Génot ouviu quando tinha apenas 18 anos e procurava uma agência de modelos na Europa. Atualmente, depois de comandar uma ONG e se formar em publicidade para entender os motivos do racismo na mídia, Luana está à frente do Instituto Identidades do Brasil, organização sem fins lucrativos que promove a igualdade racial.

Luana nasceu no Rio de Janeiro e cresceu no bairro da Penha, na Zona Norte da cidade. Aos 18 anos, a jovem era abordada constantemente na rua por agentes de modelos que elogiavam a sua "beleza exótica", o que a incomodava muito. Luana decidiu, então, utilizar esse incômodo comentário a seu favor e encaminhou um e-mail para uma marca de moda.

Como resposta, Luana recebeu um par de convites para assistir a um desfile e, no fim do evento, foi abordada por uma publicitária francesa que a convidou para desfilar na Europa, e em três meses já estava desfilando na Bélgica e na França.

Até então, Luana não fazia parte de uma agência de modelos, e foi buscando por uma na Europa que ouviu a frase marcante sobre sua cor, quando foi aconselhada a procurar uma agência que "precisasse de uma

EMPREENDEDORISMO ALÉM DO PLANO DE NEGÓCIO

modelo negra", sendo que a média era de cem modelos brancas para apenas uma negra, segundo ela.

Contudo, Luana conseguiu trabalhos na França, na Inglaterra, no Brasil e na África do Sul. Durante dois anos e meio trabalhando como modelo, recebia menos e trabalhava cinco vezes mais que as suas colegas brancas.

No começo de 2010, Luana abandonou as passarelas e foi estudar publicidade na Pontifícia Universidade Católica do Rio de Janeiro (PUC-RJ). Seu objetivo era entender os motivos do racismo na mídia. Durante a experiência universitária, Luana ganhou, em 2012, uma bolsa para estudar temas relacionados à raça, etnia e mídia na University of Wisconsin-Madison, nos Estados Unidos.

No ano seguinte, ao retornar para o Brasil, a jovem decidiu colocar em prática o que aprendeu e criou a ONG Identidades do Brasil. A principal atividade realizada pela ONG era a produção e venda de camisetas que promoviam a igualdade racial com desenhos feitos por dois designers voluntários e o crochê das camisetas feito por dez mulheres da Rocinha, o que ainda permitia criar oportunidades para essas mulheres.

No primeiro semestre de 2014, a ONG vendeu 150 camisetas pelo preço de R$90 cada. Desse valor, 10% ficavam com as crocheteiras da Rocinha, 20% eram gastos na produção e o restante era reinvestido no projeto.

Segundo Luana, o projeto tinha bons resultados, com uma média de seis pedidos por dia, mas a capacidade de produção era baixa e as vendas não eram suficientes para que ela pudesse se dedicar totalmente ao trabalho da ONG.

Em 2015, a empreendedora inscreveu a ONG na Shell Iniciativa Jovem, que funciona como um laboratório de startups. A entidade foi selecionada e, durante um ano, recebeu ajuda semanal de grandes empreendedoras, como Leila Velez, da Beleza Natural, Luiza Trajano, do Magazine Luiza, e Sônia Hess, da Dudalina.

A maior mudança aconteceu quando Luana teve que elaborar um plano de negócios. Com a orientação de Leila Velez, da Beleza Natural, Luana estruturou a ideia do Instituto Identidades do Brasil (ID_BR), suspendeu a produção de camisetas em novembro de 2015 e redirecionou o foco para a sua luta de promover a igualdade racial.

Formado por oito listras, o símbolo do ID_BR remete a um coração construído com quatro tons de pele diferentes. Assim, como o famoso alvo azul da campanha contra o câncer de mama, a ideia do instituto de Luana é que o coração se torne um símbolo da luta pela igualdade racial e seja utilizado em produtos e eventos para conscientizar as pessoas.

Segundo Luana, o ID_BR está negociando o licenciamento da marca com vinte empresas que demonstraram interesse, e os valores são tabelados de acordo com a Associação Brasileira de Licenciamento. Quando uma empresa de varejo em moda se interessa pela ideia, o valor para utilizar o símbolo do ID_BR nas roupas é de 5% a 7% do preço de cada peça.

Assim, Luana vai consolidando a missão da empresa, por meio de muito trabalho e contatos com várias ONGs do Rio de Janeiro, de São Paulo, de Recife e de Salvador, para montar a sua rede de atuação. Apesar da longa caminhada, ela ainda afirma: "O empreendedorismo, especialmente para nós, mulheres negras e indígenas, ainda é um empreendedorismo de sobrevivência."

6.3 O espírito do jovem empreendedor

O que você será quando crescer? Quando alguém fazia essa pergunta há mais de trinta ou quarenta anos, poucas crianças e jovens tinham a resposta. Eu queria ser tudo o que meus pais queriam que fosse, exceto o profissional em que me transformei, que ganha a vida ajudando pessoas a encontrar o próprio caminho e as empresas a crescerem. Cada um tem a sua vocação.

Saber o que você quer ou fazer exatamente aquilo que seus pais querem que faça é bom ou ruim? Você nunca saberá antes de testar. De uma forma ou de outra, você deve chegar a algum lugar, quer siga a cabeça dos pais, quer siga a sua intuição, quer não siga ninguém.

A decisão de escrever este tópico foi pensando nos jovens que ainda não descobriram o futuro brilhante que os espera. Para isso é necessário encontrar o fio da meada, como se dizia no passado, e assumir um com-

EMPREENDEDORISMO ALÉM DO PLANO DE NEGÓCIO

promisso de vida livre de culpas e arrependimentos por conta de uma escolha errada ou até mesmo da imposição alheia.

Por várias razões, no passado, muitos jovens da minha geração não tiveram orientação de carreira. Nunca nos disseram como nos relacionar melhor com as outras pessoas nem nos ensinaram a lidar com o dinheiro na infância. Acredite, isso faz uma enorme diferença quando se começa a trabalhar, seja como patrão, seja como empregado.

Se você está lendo este livro agora, torço para que a sua experiência seja diferente. Você terá mais chances de sucesso se acreditar em si mesmo e passar a considerar as oportunidades em vez dos obstáculos. A escolha é sua, e a vida também!

Na fase da pré-adolescência e da adolescência, poucos sabem o que querem, mas isso não é motivo de preocupação. Conheço adultos na faixa de 30 a 60 anos que ainda não encontraram o caminho das pedras. A sorte deles é que, mesmo não tendo encontrado o melhor caminho, a vida é generosa com quem se esforça para sobreviver. O ganho é proporcional ao esforço e ao conhecimento aplicado; entretanto, sucesso, dinheiro, fama e glória não dependem exclusivamente de trabalho duro. Dependem muito do valor que a pessoa consegue agregar ao ambiente em que vive, por meio da sua inteligência e da sua dedicação. Não importa a idade.

Uma das maravilhas que a sociedade moderna proporciona é o acesso à informação. Diferentemente de duas ou três décadas atrás, o advento da internet mudou a forma como as pessoas em geral se relacionam, aprendem e fazem negócios em todos os países do mundo.

A dependência dos jovens da internet, das redes sociais e das parafernálias eletrônicas é tão grande que chega a assustar os próprios pais, que não sabem como lidar com as novas gerações, que já nascem com o smartphone na mão e o processador na cabeça. Se por um lado a internet pode ajudá-los a encontrar uma quantidade quase inimaginável de informações sobre tudo, por outro, pode torná-los reféns do "copiar e colar", e talvez nunca consigam pensar por si mesmos.

Contudo, há exemplos louváveis do bom aproveitamento da tecnologia, de norte a sul do país. Meu objetivo aqui não é criticar a internet,

363

EMPREENDEDORISMO 360°

pelo contrário — desejo que ela sirva de inspiração para as coisas boas que poderão ajudar milhares de jovens a encontrar o caminho para o sucesso e a realização pessoal. Porém, é preciso saber usá-la.

O mundo é repleto de oportunidades que ainda nem conhecemos, no campo das artes, da biodiversidade, da genética, da economia, da administração e da engenharia. Milhares de escolas de negócios, faculdades e universidades, cursos e novas profissões surgem todos os anos para suprir a demanda proporcionada pela evolução humana e tecnológica.

Para facilitar a escolha do caminho a ser seguido, diferentes tipos de inteligência foram mapeados. Qualquer um pode ser bom nas artes, na linguística, no raciocínio lógico-matemático, na percepção físico-cinestésica e nas relações intrapessoais e interpessoais.

Além disso, qualquer um pode se tornar um empreendedor de sucesso, criando produtos e serviços que facilitam a vida das pessoas e geram empregos, e ainda contribuir para o crescimento econômico e social da sua cidade, estado ou país.

Em síntese, o jovem pode ser o que quiser em qualquer campo de atuação se a escolha estiver alinhada com a sua verdadeira vocação; portanto, quanto mais cedo descobri-la, maior a chance de viver uma existência rica, feliz e desafiadora em todos os sentidos.

Atualmente, dá-se a impressão de que a única coisa que o jovem quer de fato é não se aborrecer com coisas como estudo, emprego, carreira e outros tipos de responsabilidades. Em princípio, isso tende a atrapalhar o tempo disponível para conversar com os amigos, ir a festas e navegar pela internet. Vive-se a ilusão de que as redes sociais vão amenizar todas as suas dores e resolver todos os seus problemas. É a lei do menor esforço.

Tudo isso é aceitável para os pais até determinado limite, entretanto, quando começa a afetar o comportamento dos filhos, e possivelmente as suas histórias de vida e os seus futuros, as coisas se complicam. Não vale a pena discutir se os pais estão errados ou não, afinal, sou pai e conheço bem as fases do processo de amadurecimento desde o tempo em que eu mesmo era do tipo "rebelde sem causa".

364

Felipe Dib — Fundador e diretor da Você Aprende Agora

Em 2011, o jovem empreendedor Felipe Dib lançou o Você Aprende Agora, plataforma de ensino online de línguas que oferece aulas gratuitas de inglês em vídeos grátis de apenas três minutos.

Você Aprende Agora nasceu como um curso de inglês online baseado na metodologia da Cambridge University, para que os interessados aprendam mais rápido e usem o inglês a seu favor em suas carreiras profissionais, estudos, viagens e relacionamentos, sem que a precisem ir pessoalmente ao curso.

A ideia de democratizar o acesso ao ensino de idiomas no Brasil rapidamente conquistou usuários na faixa dos 30 a 50 anos. Em 2014, a startup foi convidada pelo Fórum Econômico Mundial para colaborar com os Objetivos do Milênio da ONU e selecionada para ir à China para o Encontro Anual dos Novos Campeões.

A plataforma contabiliza mais de 10 milhões de aulas lecionadas par alunos em mais de 180 países, e conta com uma versão em espanhol — Tú Aprendes Ahora — desenvolvida para atender a demandas de países como Paraguai, Uruguai, Venezuela e República Dominicana.

Em dezembro de 2015, a empresa ganhou um prêmio de US$60 mil no evento Switch 2015 — *Change the way you think*, o primeiro festival internacional de aceleração de startups de alto impacto da América Latina.

Em 2016, além da chegada do Tú Aprendes Ahora no México, a plataforma ficou entre as cinquenta inovações educativas da América Latina mapeadas por um estudo do Banco Interamericano de Desenvolvimento (BID), e foi o primeiro curso de inglês brasileiro a ser reconhecido pela Georgetown University.

EMPREENDEDORISMO 360º

O melhor de tudo isso é que um dia você se torna pai e mãe e, como já dizia minha mãe lá pelos meus 15 anos de vida, "não tem problema, filho deixe estar, a vida ensina". E não é que a vida ensina mesmo? Quando a gente não quer aprender com amor ou com a experiência e o conhecimento de alguém, as possibilidades de aprender com a dor só aumentam, e isso pode significar um custo maior do que o necessário.

Mas há exceções, como é o caso do Felipe Dib, fundador e diretor da plataforma online de ensino Você Aprende Agora, escola de línguas presente em mais de 180 países, um *case* de sucesso e um verdadeiro exemplo a ser seguido.

É comum encontrar crianças e jovens que sonham com uma carreira promissora em diferentes áreas de atuação. Alguns querem ser médicos, outros advogados, e outros ainda sonham com uma bela carreira na televisão ou no cinema, sem ter a mínima noção do que significa esse tipo de profissão. O que eles não sabem é que poucas pessoas alcançam esses sonhos em vida.

Durante a fase da adolescência, em geral, os jovens precisam aumentar a motivação interior com ajuda de amigos, familiares e até mesmo da tribo à qual pertencem. Quando se é jovem, é necessário aprender a lidar com os sentimentos em relação às falhas e ao sucesso. É uma fase maravilhosa da vida, repleta de desafios, porém cercada de incertezas.

Aos 15 ou 18 anos de idade, todo mundo quer que você seja alguma coisa que não deseja ser. Como você ainda está em fase de crescimento, e sua cabeça fervilha com o volume de informações, torna-se difícil resistir à tentação de não ser influenciado por alguém.

Sabe aquele tio que ganhou muito dinheiro como advogado? Ele acha que você deve ser advogado também. E o padrinho médico que se tornou o melhor especialista na área dele? Ele pensa que você pode se dar muito bem ao abraçar a mesma profissão. E o que dizer daquele pai que não conseguiu ser o engenheiro que tanto queria por falta de recursos? Ele acredita que o filho pode ser o melhor engenheiro da face da Terra, desde que siga seus conselhos.

366

EMPREENDEDORISMO ALÉM DO PLANO DE NEGÓCIO

Para o bem dos pais e dos filhos, as coisas não funcionam mais assim. Vive-se em uma época em que já é possível pensar e acreditar em si mesmo, em que as oportunidades afloram em todos os cantos do mundo. Quanto mais disposto você estiver para trabalhar e ficar longe de casa, mais oportunidades aparecerão.

Agora, a questão é simples: quem é você? Pessoas bem-sucedidas têm uma percepção muito clara sobre quem são e o que desejam na vida; portanto, você precisa de um momento somente seu para pensar sobre o que será daqui a alguns anos.

Quantas vezes já lhe perguntaram sobre isso e você respondeu "ainda não sei", ou algo como "é cedo para pensar nisso"? Talvez você tenha dito algo como ser um artista de TV, um escritor famoso, um grande cientista, um modelo internacional ou, quem sabe, um empreendedor de sucesso. Por que não?

No que diz respeito a ser bem-sucedido, o jovem pode fazer parte de um sistema que já existe há séculos, ou seja, querer apenas o que dizem ser o melhor para ele, porém há outras escolhas. Talvez o jovem possa trabalhar de maneira inteligente para atingir a independência financeira muito antes do que seus pais e avós conseguiram.

Na sociedade de consumo atual, a publicidade dita exatamente o que as pessoas devem comer, vestir e pensar, como devem agir, onde devem estudar e para onde devem viajar. Quando não pensa por si mesmo, o jovem tem dificuldades para encontrar o próprio caminho, portanto, toda sugestão é bem-vinda.

Prosperar em um mundo que está tentando fazer com que você seja diferente a todo momento é um desafio que vai acompanhá-lo para o resto da vida. Dessa forma, a maneira mais fácil de repetir o erro dos outros é unir-se à multidão em vez de trilhar o próprio caminho. Como diz um velho ditado, a maioria das estradas muito conhecidas leva a lugar nenhum.

De qualquer maneira, perseguir seus sonhos requer coragem, trabalho, paciência e muita determinação. Os índios da comunidade do Alto do Xingu, na Amazônia, podem levar uma vida tranquila, serena e feliz, mas eles precisam de um esforço mínimo para isso. Talvez eles trabalhen pouco, mas devem trabalhar o suficiente para gerar o seu próprio sustentc e o da sua família.

Isso nunca será diferente com você, nem comigo. Algumas pessoas acreditam que podem conseguir realizar seus sonhos sem suar a camisa sem oferecer algo de valor primeiro, sem a devida contrapartida física e psicológica. É impossível. Até mesmo quem acerta na loteria passa a es quentar a cabeça com medo de perder o que ganhou se não adquirir uma rápida consciência sobre o uso do dinheiro.

Felizmente, o mundo não foi feito para que eu e você, entre bilhões de pessoas na face da Terra, tivéssemos uma vida mais fácil. Portanto, se alguém deseja trilhar o caminho para o sucesso e a felicidade plena, deve buscar as respostas para as seguintes perguntas:

* O que você será no futuro?
* O que você gostaria de fazer até o fim da vida?
* Quando você está feliz, você está fazendo o quê?
* O que faz você ficar motivado?
* Em que você é realmente bom?

Talvez os seus amigos não tenham a mesma sorte de encontrar um livro como este ou alguém que possa orientá-los em relação ao futuro desafiador que há pela frente. Estamos aqui para aprender lições, e o mundo é nosso professor, portanto, filtre as informações, absorva o máximo que puder, descarte o que não tem significado, mas não deixe de pensar a respeito até encontrar a sua verdadeira vocação. Como dizia Ralph Waldo Emerson, pensador norte-americano, "leva tempo para descobrir o quanto somos ricos".

Para tudo na vida, precisa-se de ideias, esforço e dinheiro. Ideias são coisas que surgem a cada segundo na sua cabeça, embora você não saiba o quanto isso é verdadeiro. Elas surgem o tempo todo sem você se dar conta e, na maioria das vezes, não chegam a influenciar o futuro. O fato é que poucos são preparados desde pequenos para refletir sobre as próprias ideias.

Em geral, quando as ideias afloram e você toma coragem para compartilhá-las com alguém, as pessoas até acham legal, mas como você ainda não tem a credibilidade dos adultos que já realizaram algo de concreto, as pessoas elogiam sem ter a mínima noção de como ajudá-lo ou de como mostrar o quanto você é capaz de colocá-las em prática mais rápido do que imagina.

Imagine o quão maravilhoso seria o mundo se todas as boas ideias fossem colocadas em prática. Não estou falando apenas de produtos e serviços que são explorados pelas grandes empresas. Falo, principalmente, das ideias simples, que facilitam a vida das pessoas e revolucionam a maneira como vivemos a nossa vida conturbada, em que tudo gira em torno do consumo desenfreado e da dependência tecnológica.

Em relação ao dinheiro, a coisa não é diferente. Aparelhos eletrônicos, carros, comida, roupas, viagens, férias, tudo isso envolve dinheiro. Até para ficar doente precisamos de dinheiro, se não quisermos ver a família gastar todo o patrimônio quando surge uma doença inesperada. E dinheiro não cai do céu, sem que haja esforço, um bem ou um serviço de valor em troca. Para conseguir algo de valor é preciso oferecer algo de valor primeiro.

Não existe combinação exata para o sucesso na vida pessoal e profissional, ou seja, uma fórmula mágica. Entretanto, a fórmula a seguir se aproxima bastante da ideal. Grave-a como fonte de inspiração.

S (SUCESSO) = I (IDEIA) + O (OPORTUNIDADE) + I (INICIATIVA) + O (OTIMISMO)

Ken Robinson, educador britânico, foi um dos maiores pesquisadores sobre educação do nosso tempo. Segundo ele, as crianças mais novas têm uma confiança imensa na imaginação, entretanto, quando pequenas, não são levadas tão a sério quanto deveriam. Assim, verdadeiros talentos se perdem e não são aproveitados mais adiante, em parte por culpa dos pais, em parte pelas próprias circunstâncias e a seletividade natural do mercado de trabalho.

EMPREENDEDORISMO 360º

Será que o talento acaba assim, de um dia para o outro? Será que as pessoas perdem a graça quando se tornam adultas? Isso depende de vários fatores. O fato é que a maioria das crianças perde a confiança à medida que se deixa moldar pelo mundo ou pela família, portanto a escolha da profissão é uma questão delicada, e somente a pessoa saberá encontrar o próprio caminho.

Não estou dizendo que você deve ignorar o ponto de vista da família ou de um parente bem-intencionado. Pelo contrário, analise os diferentes pontos de vista, mas não de maneira impositiva. Apenas considere, se isso ajudá-lo a tomar uma decisão coerente.

As pessoas dão importância à família somente quando a perdem ou, em casos extremos, quando precisam voltar para casa depois de perderem o pouco que tinham ao sair de casa. Isso acontece com muitos jovens, por várias razões: falta de amadurecimento, má influência dos amigos, inexperiência dos pais em lidar com situações de conflito etc.

Apesar disso, uma questão é fundamental na sua vida e na sua carreira, e não há como ignorá-la: **a família tem um papel decisivo em qualquer decisão que você possa tomar em relação ao futuro**. As razões para isso são simples e bem conhecidas. Se não concorda, tente responder às seguintes questões:

* Para onde você corre quando o dinheiro acaba?

* Para onde você vai quando o namoro acaba?

* Para quem você recorre quando perde o emprego?

* Quem vai ajudá-lo a pagar o curso superior caríssimo se você optar pela universidade particular?

* Qual é a primeira pessoa de que você lembra quando o mundo está desabando sobre sua cabeça?

* Quando é que você pretende sair de casa, deixar a vida confortável e a comida saborosa que a mamãe prepara com tanto carinho?

EMPREENDEDORISMO ALÉM DO PLANO DE NEGÓCIO

* A quem você poderá recorrer se quiser montar um negócio por conta própria e precisar de dinheiro?
* Você assinaria um documento renunciando à parte que lhe cabe na herança?

Imagine se alguém disser aos pais que não quer estudar, mas que deseja ser um grande empreendedor, e que para isso não precisa de estudo. Nesse caso, é provável que eles tenham a resposta na ponta da língua: "Está louco? Em primeiro lugar você estudará e obterá um diploma, depois poderá abrir um negócio por conta própria."

Infelizmente, a educação tradicional anula em parte a criatividade das crianças e dos adolescentes. Ela nos ensina que se alguém não vencer as etapas do ensino — fundamental, médio e superior —, para depois conseguir um bom emprego, a pessoa não é deste mundo.

Durante toda a minha vida, eu convivi com pessoas que afirmavam que não se pode ser nada na vida sem estudo. Eu acreditei piamente nisso. Com o tempo eu fui encontrando pessoas que não foram além do primeiro ou segundo grau, mas se tornaram empreendedoras, artistas e profissionais de sucesso. Isso me levou a entender que talento não está diretamente relacionado com estudo, mas com algo que a pessoa realmente gosta de fazer. O estudo é um diferencial, e pode acelerar o processo, porém não é determinante.

Penso que **ninguém mais do que você sabe o que é importante para você, e quanto mais cedo descobrir isso, melhor para todos que fazem parte da sua vida.** Existem milhões de pessoas infelizes no trabalho, à espera da aposentadoria para fazer o que gostam, por conta de uma escolha errada no passado.

De fato, não desejo isso para ninguém; portanto, mesmo considerando o que a família deseja — uma profissão mais promissora para os filhos —, na maioria dos casos, poucas atividades vão inspirá-lo de verdade. E quando você descobrir isso, nada mais poderá segurá-lo, não importa se a opção for algo como ser bombeiro, dançarino, cantor, escultor, ator ou

371

EMPREENDEDORISMO 360º

jornalista. O que importa são as lições que você aprenderá, a pessoa em que se transformará e a contribuição que oferecerá para a sociedade.

Assim começou a trajetória de Bill Gates, a odisseia de Silvio Santos, a jornada dos Beatles, a caminhada de Oscar Schmidt e a alegria contagiante de Mauricio de Sousa, o mago dos gibis no Brasil. Talvez eles tenham levado em conta a própria criação e a influência dos pais, mas, de uma forma ou de outra, encontraram o próprio caminho.

Na prática, eles identificaram um terreno fértil e ali plantaram suas sementes, regaram-nas e continuaram cuidando delas para que as flores e os frutos se renovassem a cada instante. Contudo, trata-se de uma escolha pessoal, e o fato de não agradar os pais não significa que ela deva ser abandonada.

Encontrar aquilo que Sir Ken Robinson denominava de elemento-chave é essencial para alcançar sucesso e bem-estar. Isso será bom para a sua família, ótimo para a empresa que o contratar, benéfico para a sociedade e motivo de orgulho para si mesmo e para os seus filhos no futuro. Pense nisso enquanto tenta encontrar um caminho.

Na década de 1970, um dos livros mais marcantes de que se tem notícia foi *O choque do futuro*, de Alvin Toffler, escritor norte-americano que tratava do enorme impacto da mudança tecnológica e social na vida das pessoas nos anos vindouros. Naquela época, ninguém fazia a menor ideia de como seria o mundo em dez anos, muito menos em quase cinquenta anos.

O livro causou comoção, uma vez que pouca gente acreditava que o impacto fosse tão significativo quanto está sendo até hoje na vida das pessoas, principalmente daquelas que estão dentro ou próximas dos grandes centros urbanos, onde a explosão demográfica ocorreu.

Da mesma forma, fazemos pouca ideia de como será o mundo em 2040 ou 2060. O que sabemos, na essência, é que ele passará por transformações ainda mais aceleradas e fascinantes. Nenhum período da história humana pode igualar-se ao período em que vivemos e ao que virá pela frente em termos de escala, velocidade, complexidade, valores e desafios.

372

EMPREENDEDORISMO ALÉM DO PLANO DE NEGÓCIO

A diversidade cultural e a complexidade de nossa rotina serão desafios constantes nos próximos trinta anos, principalmente para os jovens. Embora o mundo seja formado por diferentes culturas, economias, línguas, países e religiões, alguns aspectos da vida fazem parte de um jogo universal de xadrez, onde cada movimento deve ser pensado estrategicamente, pois o sucesso dependerá cada vez mais dele.

Como já foi dito anteriormente, nada vem com facilidade, mas em forma de oportunidades. Entretanto, para conseguir o que quer, a pessoa tem que ser merecedora. E as oportunidades são assim: passam na sua frente, ao seu lado e até mesmo às suas costas sem que você perceba. E na maioria das vezes você não estará preparado para ela. Imagine-se na seguinte situação:

* Apareceu uma oportunidade para fazer um estágio na Disney, mas você não fala inglês.

* A Apple está recrutando profissionais no Brasil, mas você não tem curso superior.

* A FIFA está recrutando voluntários para a Copa de 2026, mas você não fala nenhuma língua além da sua.

* A Microsoft fez uma visita surpresa na escola onde você estuda em busca de novos talentos, mas você "matou" aula naquele dia.

* Você sabia tudo para o vestibular, mas chegou atrasado justamente no primeiro dia de prova.

* Um dos sócios da Natura, empresa de cosméticos que você admira e na qual deseja trabalhar, apareceu na loja onde você atende, mas o seu mau humor naquele dia não lhe deu chance para descobrir quem ele era.

Para perceber e aproveitar as oportunidades, além da disciplina, é necessário confiar no seu talento e colocar a sua criatividade em prática, se você não quiser fazer parte das estatísticas de quem ficará apenas querendo. A diferença entre quem quer ser extraordinário e quem acaba não

EMPREENDEDORISMO 360º

conseguindo é justamente esse pequeno "extra"; portanto, aqui estão as últimas questões para reflexão:

* O que você pretende ser na vida faz os seus olhos brilharem?
* Existe uma demanda de mercado para o talento, produto ou serviço que você pretende oferecer?
* Você está disposto a arriscar tudo para fazer aquilo de que gosta?
* E se o seu sonho for impossível?

Coragem. Mais do que conhecimento e incentivo, é preciso coragem! Tudo o que já foi realizado no mundo foi fruto da coragem, da ousadia e da perseverança de pessoas que não desistiram ao primeiro "não". Um pouco de criatividade também ajuda. Afinal, mesmo que você tenha poucas ideias criativas, ainda assim estará à frente da maior parte das pessoas que não pensam por conta própria e são escravas da opinião pública e das redes sociais.

Em 2050, a população de idosos no Brasil deverá ultrapassar a marca de 30% do total de habitantes e, em tempos de competição acirrada entre os países, os jovens de hoje farão enorme diferença na construção do amanhã. Acredite ou não, a era do trabalho por conta própria está apenas começando.

> Em vinte anos, você estará mais desapontado pelas coisas que deixou de fazer do que pelas coisas que fez. Então, solte suas amarras. Afaste-se do porto seguro. Agarre o vento em suas velas. Explore. Sonhe. Descubra.
>
> MARK TWAIN
> ESCRITOR E EMPREENDEDOR

6.4 A força da mulher empreendedora

Em 1999, de acordo com os dados da primeira pesquisa realizada pelo GEM (Global Entrepreneurship Monitor), com a participação de apenas dez países, a taxa de proporção da atividade empreendedora entre homens e mulheres no Brasil era, respectivamente, de 71% e 29%.

Em 2019, no Brasil, praticamente não houve diferença entre homens e mulheres no estágio de empreendedorismo inicial. Mais de vinte anos depois da primeira pesquisa, segundo dados do Relatório Executivo do GEM 2019/20, as mulheres alcançaram a incrível marca de 49% do total de negócios por conta própria idealizados no país.[13]

O mesmo relatório apontou que homens e mulheres são igualmente ativos quando se trata de empreender. Entre os empreendedores iniciais, a proporção de homens e mulheres é praticamente a mesma, 23,1% e 23,5%, respectivamente. Entre os empreendedores estabelecidos, os homens estão em maior número, 18,4% contra 13,9%. Em termos absolutos, são quase 3 milhões de homens a mais do que mulheres.

Empreendedores iniciais ou em **estágio inicial** são aqueles que administram e são proprietários de um novo negócio que pagou salários, gerou pró-labores ou qualquer outra forma de remuneração aos proprietários entre 3 e 42 meses; portanto, aqui as mulheres estão em pé de igualdade com os homens. Já os **empreendedores estabelecidos** administram e são proprietários de um negócio tido como consolidado, que pagou salários, gerou prolabores ou qualquer outra forma de remuneração aos proprietários por mais de 42 meses, ou seja, 3,5 anos.

Por tudo isso, vivemos um momento único na história, no qual as mulheres ocupam espaço cada vez maior na política, nas empresas e nos negócios por conta própria. De modo geral, o empreendedorismo virou assunto frequente no ambiente feminino e já dispõe de grupos de discussão e redes de negócios exclusivos para mulheres em todo o país.

Se, para os homens, empreender é uma forma de libertação, para as mulheres a possibilidade de empreender vai além. É uma forma de esca-

EMPREENDEDORISMO 360º

par do ambiente hostil do mundo corporativo, de buscar flexibilidade para conciliar interesses pessoais (de mãe, por exemplo) e profissionais (ter uma renda), além de adotar uma causa para defender.

Durante a minha longa jornada de consultor de negócios, tive a oportunidade de conviver com algumas mulheres empreendedoras, e posso afirmar que a maioria delas tinha um grande diferencial sobre os homens: a vontade de aprender. Por várias razões, digo sempre que as mulheres em geral são mais determinadas e raramente aceitam um "não" como resposta, o que contribui para a absorção acelerada das competências necessárias para empreender.

As mulheres são responsáveis únicas pelo sustento de mais de 35% dos lares brasileiros. Nos 65% restantes, boa parte delas ainda colabora com os custos de manutenção da casa e de sobrevivência da família. O aumento da participação feminina na economia e até as mudanças na família tradicional apontam o potencial cada vez maior da mulher para o empreendedorismo.

De acordo com dados do Sebrae, de cada 100 microempreendedores individuais, 45 são mulheres. Em geral, são empreendedoras decididas que iniciam o próprio negócio por paixão e aumentam o potencial do mercado nacional, aplicando no mundo dos negócios sua capacidade de visão detalhada e de realizar várias coisas ao mesmo tempo. Na maioria dos casos, são mulheres com experiência anterior no mercado de trabalho, que romperam os vínculos do emprego formal e decidiram abrir a própria empresa.

Contudo, os desafios para mulheres ainda são maiores que para os homens. Apesar do discurso, as mulheres lutam em condições desiguais em todos os setores da economia e, por conta disso, enfrentam obstáculos inimagináveis aos olhos masculinos. Empreender, para as mulheres, é um desafio permanente contra a discriminação, a intolerância religiosa em alguns países, a arrogância masculina em algumas empresas e a falta de apoio dos companheiros, na maioria dos casos.

Enquanto os homens se lançam nos negócios buscando maior retorno financeiro e são mais cobrados para buscar um emprego tradicional, as mulheres empreendem por paixão e por vontade de ter mais tempo para

EMPREENDEDORISMO ALÉM DO PLANO DE NEGÓCIO

se dedicar à família. A mulher empreendedora compõe um perfil mais preocupado em crescer junto com as pessoas em volta, e também por esse motivo os olhos do mundo estão se voltando para essa habilidade feminina: a capacidade de envolver mais pessoas em ações e promover mudanças na comunidade. Lembra-se do exemplo de Anita Roddick, da The Body Shop?

De qualquer forma, é possível encontrar exemplos de superação dignos de aplauso em jornais, revistas e, em especial, sites dedicados ao universo feminino. Hoje, com muito mais ênfase do que no passado, a mídia procura enaltecer o esforço feminino como forma de compensar o tempo perdido e de acelerar o processo de consolidação da participação da mulher no universo empreendedor.

Segundo estudo realizado com base nos dados da Pesquisa Nacional por Amostras de Domicílios (Pnadc), as mulheres lideram 10,1 milhões de empreendimentos, e a participação feminina no mundo dos negócios chega a 34% no Brasil. A pesquisa diz também que a proporção de mulheres que são chefes de domicílio aumentou. Em 2019, eram 47%, e no último trimestre de 2021, as empreendedoras chefes de domicílio representaram 49% do total.[16]

Para o GEM, uma das formas de se medir o grau de empreendedorismo de um país é por meio da TEA — Taxa de Empreendedorismo Inicial. A TEA identifica a proporção de pessoas que estão fazendo algo para ter um novo negócio e/ou já possuem um negócio próprio com até 3,5 anos de atividade, além de mapear o impulso inicial na criação de novos negócios e monitorar a "porta de entrada" da atividade empreendedora.

O primeiro fator na hora de decidir a atividade de atuação são os conhecimentos de cada pessoa. A tendência é seguir para o ramo que a mulher naturalmente domine, muito semelhante ao que acontece com os homens, depois de trabalhar durante alguns anos no mercado formal de trabalho.

Em geral, a experiência profissional conta muito, e a tendência é que uma jornalista que trabalhou em um veículo de comunicação empreenda na atividade que já domina e com a qual tem afinidade, como, por exemplo, assessoria de imprensa e organização de eventos.

377

EMPREENDEDORISMO 360°

**Quadro 6.2 – Participação das mulheres
donas de negócios no Brasil (2015 a 2019).[15]**

* O número de mulheres envolvidas em negócios cresceu 18,6%, portanto, acima da taxa verificada entre os homens, que foi de 3%.

* A participação das mulheres em negócios subiu de 31,7% para 34,8%.

* A maior participação das mulheres na economia foi registrada na Região Sudeste: 43,3%, com um aumento expressivo de 28,6% no período.

* Em relação a 1999, primeiro ano da Pesquisa GEM, a participação das mulheres em negócios iniciais saltou de 29% para 49%.

* A participação relativa das mulheres varia de 26%, no Acre, a 39%, no Ceará.

* Entre 2015 e 2019 surgiram 2,1 milhões de novos negócios: 1,58 milhão foi aberto por mulheres (74%) e 551 mil por homens (26%), ou seja, em cada 4 novos negócios, 3 são de mulheres.

* A escolaridade média das mulheres (10,2 anos) foi 17% maior que a dos homens (8,7 anos).

* Em números absolutos, a expansão das mulheres com nível superior cresceu 51% enquanto a dos homens foi de 34%.

* 39% das mulheres pesquisadas são também "chefes de domicílio".

* A média de idade das mulheres envolvidas em negócios subiu de 41 para 43,7 anos.

* As mulheres trabalham 15% menos (em número de horas) no negócio que os homens.

* As mulheres ganham 17% a menos que os homens.

* As mulheres negras ganham 49% a menos que as brancas.

* 27% das mulheres trabalham no próprio domicílio, contra apenas 7% dos homens.

* As mulheres empreendem menos por oportunidade que os homens.

Uma das vantagens citadas na pesquisa sobre ter um negócio próprio é a independência para escolher local e hora de trabalho, o que, para as mulheres, é algo determinante, pois permite maior compatibilização das atividades do negócio com outras associadas aos cuidados com os trabalhos e com o lar. Diferentemente dos homens, a mulher ocupa, em média, 75% do seu tempo diário com atividades domésticas e de negócios.

EMPREENDEDORISMO ALÉM DO PLANO DE NEGÓCIO

Mulheres empreendedoras do Brasil

Leila Velez e Zica Assis |
Beleza Natural, do Rio de Janeiro.[16]

Todos os dias uma ex-empregada doméstica, um ex-taxista e dois ex-atendentes do McDonald's entravam em ônibus urbanos para colar, no vidro atrás do motorista, um papel xerocado. "Se seus cabelos são um problema, nós somos a solução", dizia o anúncio. À noite, o papel era arrancado pelos supervisores. De manhã, lá estavam eles de novo, fazendo a divulgação.

Essa história começou há mais de 25 anos, quando Zica Assis começou a misturar produtos e matérias-primas em busca da fórmula que traria balanço a seus cachos super-rebeldes. Foram incontáveis testes, que chegaram a deixar familiares carecas, até encontrá-la.

Nascia o Beleza Natural, primeiro instituto especializado em cabelos crespos e ondulados do Brasil. Na época, ele era uma salinha de 30m² que recebia imensas filas na porta, tocada por quatro sócios — aqueles do início. As chances de dar errado eram grandes, mas, nas palavras da presidente e cofundadora Leila Velez, "a gente acreditava muito em um sonho, e era tudo que a gente tinha".

O primeiro salão foi aberto no Rio de Janeiro em 1993, na Tijuca, e hoje a rede conta com 38 unidades de negócio em cinco estados brasileiros (Rio de Janeiro, Espírito Santo, São Paulo, Minas Gerais e Bahia), entre institutos e quiosques de produtos.

Fátima Brilhante |
Famel e Florinda, de Fortaleza.[17]

Todos os dias, a empresária Fátima Brilhante se desloca de sua casa, em Fortaleza, até a cidade de Pacajus, rumo à fábrica de moda feminina que fundou há 27 anos. No caminho, Fátima passa em frente ao Instituto Penal Feminino Desembargadora Auri Moura da costa, às margens da BR-116, para dar atenção ao seu negócio, uma oficina de costura que funciona na antiga lavanderia do presídio, reformada pela empresária.

Quando passava pela penitenciária, Fátima imaginava aquelas mulheres presas e ociosas, sem a mínima perspectiva profissional. Movida por um intenso desejo de ajudá-las, procurou a Secretaria de Justiça e Cidadania do Estado do Ceará (SEJUS) e, em 2006, criou uma extensão da própria fábrica dentro do presídio.

Resultado: mais de 5 mil peças de roupa produzidas para as duas grifes da empresa, por detentas que recebem um salário mensal definido pela Lei de Execução Penal e com a redução de um dia de pena para três dias trabalhados. Em 2015, o projeto estendeu-se para internos do Instituto Presídio Professor Olavo Oliveira II. Empreendedorismo na veia, tanto do ponto de vista dos negócios quanto do ponto de vista social.

Natália Pegoraro, Laís Ribeiro e Janaína Pasin | O Amor é Simples, de Porto Alegre.[18]

O Amor é Simples nasceu em 2014 com um objetivo claro: revolucionar o mercado brasileiro de casamentos. Trata-se de um projeto que promove a simplicidade e valoriza o amor. A missão da empresa é oferecer produtos, serviços e conteúdos para tornar o amor mais importante, a celebração mais simples e as mulheres mais livres.

Formado por três amigas de Porto Alegre, O Amor é Simples foi concebido com a ideia de quem quer contar uma nova história, uma vez que as sócias acreditam que o casamento é celebração e encontro acima de qualquer negócio.

Para elas, a beleza está no encontro de pessoas especiais. O vestido é um item único, mas faz parte de um contexto maior de troca e amor, portanto, a ideia é oferecer produtos acessíveis e vestidos que se adaptem aos mais diversos tipos de casamentos.

EMPREENDEDORISMO ALÉM DO PLANO DE NEGÓCIO

O Amor é Simples trabalha somente com vestidos de noiva simples, produzidos sob demanda e de acordo com modelos determinados, com preços acessíveis — até R$1.500. Trata-se de uma opção para noivas que buscam uma nova alternativa aos vestidos tradicionais. Afinal, cada noiva é única e é tão especial quanto tudo que sonha.

O investimento inicial foi de apenas R$10 mil e, em apenas um ano, a marca cresceu 300%. Desde o início das atividades, a empresa já atendeu mais de 2,5 mil noivas em todo o país e diversas noivas do exterior. Como dizia Einstein, a simplicidade é o último grau da sofisticação.

Adriana Karam Koleski |
Grupo Educacional Opet, de Curitiba.[19]

Adriana é pedagoga licenciada em Letras e especialista em comportamento organizacional, tem MBA em gestão empresarial pela FGV — Fundação Getúlio Vargas e é mestre em educação pela De Paul University, de Chicago, nos Estados Unidos.

Ela faz parte da segunda geração de uma empresa familiar e sempre gostou de educação — e, em especial, da gestão educacional. Já esteve em sala de aula, porém o que sempre a motivou foi a possibilidade de coordenar grupos de trabalho, de escolas e de pessoas.

Quando iniciou as atividades na empresa da família, o seu primeiro e maior desafio foi eliminar o rótulo de ser filha do dono. Para muitos, isso pode ser entendido como um facilitador, mas para ela não. Adriana sempre foi muito exigente consigo mesma e jamais aceitou a ideia de conseguir algo por conta da relação familiar.

Dessa forma, a carreira empreendedora foi consequência de uma série de opções que tomou. Sua primeira atividade foi a coordenação de professores no Grupo Operacional Opet, e logo ela percebeu que o impacto do seu trabalho poderia alcançar muitas outras pessoas.

Ao retornar de Chicago, depois de fazer mestrado em educação, Adriana assumiu a direção de uma das escolas de educação básica e iniciou uma série de outras conquistas. Implantou uma nova unidade de ensino superior na instituição, assumiu a direção da mesma unidade e, com sua equipe, criou um conceito educacional diferenciado.

Em seguida, Adriana aceitou o desafio de gerir a unidade de administração central do Grupo, um novo desafio para ela, pois toda a sua formação anterior era ligada à educação. Hoje, como superintendente educacional do Grupo, Adriana responde pela gestão e pelos resultados de todas as unidades — educação infantil, básica, profissional, graduação e pós-graduação nas modalidades presencial e a distância. É membro do Conselho de Gestão, órgão decisório de todo o Grupo Opet.

Mas os desafios não param. Por estar em posição de gestão em uma empresa familiar, Adriana dedica-se à implantação dos princípios de governança corporativa na organização. Além disso, busca ampliar a experiência com atuações fora do Grupo, por meio da participação em conselhos de administração e investimento em empresas ligadas à inovação educacional, pois acredita que sua experiência e abordagem de trabalho podem contribuir ainda mais com os setores empresarial e educacional. Segundo ela, há ainda um caminho longo a ser trilhado, e propício para aprender, ensinar, realizar, crescer e inspirar! Quem foi que disse que o espírito empreendedor não passa de pai para filha?

Mais de duzentos anos se passaram desde que Olympe de Gouges — nascida Marie Gouze —, célebre ativista francesa, foi julgada, condenada à morte e guilhotinada em 3 de novembro de 1793, em Paris, depois de desafiar a conduta injusta da autoridade masculina da época por meio de sua mais famosa obra, a Declaração dos Direitos da Mulher e da Cidadã.[20]

Olympe reivindicava o "direito feminino a todas as dignidades, lugares públicos e empregos segundo a capacidade de cada mulher", e afirmava também que "se a mulher tem o direito de subir ao cadafalso, ela deveria também subir à tribuna". Como está relatado em sua sentença de morte, ela foi condenada por "ter querido ser um homem de estado e ter esqueci-do as virtudes próprias do seu sexo". Em 1793, as associações femininas foram proibidas em toda a França.

Em 8 de marco de 1857, seis décadas depois, no auge das manifes-tações pela redução da jornada de trabalho, 129 tecelãs da fábrica de tecidos Cotton, de Nova York, cruzaram os braços e paralisaram os tra-balhos pelo direito a uma jornada de 10 horas, na primeira greve norte-a-mericana conduzida exclusivamente por mulheres.

Depois de sofrerem uma repressão violenta da polícia, as operárias refugiaram-se nas dependências da fábrica, quando os patrões e a pró-pria polícia trancaram as portas e atearam fogo no local. Dentro de um local em chamas, as 129 operárias foram asfixiadas e morreram carbonizadas.

Em 26 de agosto de 1910, durante a II Conferência Internacional de Mulheres Socialistas realizada em Copenhague, na Dinamarca, a famosa ativista alemã pelos direitos femininos Clara Josephine Zetkin propôs que 8 de março fosse declarado o Dia Internacional da Mulher, em respei-to à memória e à bravura das tecelãs de Nova York. Um ano depois, mais de um milhão de mulheres se manifestaram na Europa e, assim, o dia 8 de março passou a ser lembrado no mundo inteiro.

Por que estou lembrando de tudo isso? Foram necessários mais de 5 mil anos para que a mulher fosse reconhecida por seu potencial realizador e, há pouco tempo, empreendedor, e não apenas pelo seu papel de mãe ou, como diria a sentença de Olympe de Gouges, pelas virtudes próprias do seu sexo.

Em muitos países, incluindo o Brasil, a mulher ainda não é reconhe-cida, nem usufrui dos mesmos direitos do homem, em diversas camadas da sociedade. Porém, o importante é saber que o mundo evoluiu bastante nesse sentido.

Por tudo isso, as mulheres ocupam um espaço cada vez maior na so-ciedade, principalmente no mundo dos negócios. Hoje, elas podem subir ao cadafalso não para serem julgadas, mas para serem reverenciadas por suas atitudes.

6.5 Como utilizar o networking a favor do seu negócio?

A palavra "networking" entrou no vocabulário nacional a partir da década de 1990, com o advento da globalização e a necessidade de as pessoas se relacionarem cada vez mais para fazer negócios em escala mundial. Em menos de vinte anos, a palavra se popularizou, inicialmente entre os jovens e adultos no mundo corporativo.

Há pouco mais de 30 ou 40 anos, as pessoas costumavam recorrer a alguém dentro das empresas, na política ou na comunidade onde moravam, a fim de obter alguma indicação, principalmente para vagas de emprego.

O termo utilizado na época era "pistolão", e fazia referência a um indivíduo com certo poder e influência para indicar uma pessoa a uma vaga qualquer, sem necessidade de teste ou concurso e, na maioria dos casos, sem experiência. Bastava uma indicação e uma rápida entrevista. O treinamento vinha depois, com a prática. Independentemente da classe social, muitas pessoas recorriam ao pistolão para obter vantagem pessoal ou para facilitar a entrada no mercado de trabalho.

> Antes de você completar dez anos, sua mãe lhe ensinou tudo o que você precisa saber sobre contatos. Faça amigos, jogue limpo, diga a verdade, tome banho, faça a lição de casa.
>
> JEFFREY GITOMER
> O LIVRO NEGRO DO NETWORKING

Atualmente, o termo "pistolão" é utilizado com menor ênfase em algumas cidades mais afastadas das capitais, principalmente quando está relacionado com empresas públicas, mas a exigência dos concursos inibiu bastante essa prática. Contudo, no Brasil existem os chamados cargos comissionados, disponíveis em todas as esferas de governo, que funcionam de forma parecida e, por razões óbvias, são preenchidos por indicação política.

EMPREENDEDORISMO ALÉM DO PLANO DE NEGÓCIO

Desse modo, a competição no mercado de trabalho obriga as pessoas a estudarem mais, a se dedicarem mais e a se relacionarem melhor para conquistar a credibilidade necessária para arranjar bons empregos e fazer bons negócios. Na prática, a competitividade aumentou mais do que a capacidade de as pessoas se relacionarem; portanto, **quem aprender a estabelecer um bom networking mais cedo terá chances de prosperar mais rápido.**

O termo networking é uma junção das palavras *net* (rede) e *working* (trabalhando). Em termos práticos, é a sua rede de contatos trabalhando a seu favor. **No mundo dos negócios, quanto maior for a rede de contatos do empreendedor, mais chances ele tem de realizar bons negócios.** Por essa razão, valorize a importância do networking e faça crescer a sua rede de contatos, principalmente com aqueles que possuem relação direta com o negócio que você deseja criar.

De acordo com Jeffrey Gitomer, fazer contatos é mera questão de ser amigável, de ter capacidade para se entrosar e de estar disposto a dar algo de valor primeiro. Ao combinar esses atributos, qualquer pessoa terá descoberto o segredo que existe por trás dos poderosos contatos que levam a relacionamentos ainda mais valiosos.

A seguir estão disponíveis algumas perguntas consideradas poderosas, que vão ajudá-lo a entender melhor a finalidade do networking e como ele pode ser construído.[21]

Quadro 6.3 – Perguntas poderosas para testar o seu networking.

* Você sabe estabelecer contatos?

* Até que ponto os seus contatos são bons?

* Você tem facilidade para se entrosar com as pessoas?

* Você está disposto a dar algo de valor primeiro?

* As pessoas que você conhece são importantes para a sua carreira ou para o seu negócio?

No mundo do empreendedorismo, **as pessoas preferem fazer negócios com amigos.** Quer dizer que, para galgar a escada do sucesso em qualquer

EMPREENDEDORISMO 360°

atividade ou negócio, muito mais do que estratégia, técnicas de vendas e formação educacional, você precisa de amigos? Sim, amigos de verdade. Se não for apenas interesse, amigos vão querer ajudá-lo por toda a vida.

Isso funciona muito bem entre turcos, libaneses, gregos, japoneses, chineses, coreanos e judeus. De uma forma ou de outra, eles estão sempre se ajudando. Eles são capazes de levantar-se cedo, emprestam dinheiro uns aos outros, têm orgulho do que fazem, não sentem vergonha de trabalhar atrás de um balcão para vender roupas ou fritar pastel nem preguiça de sair da cama às 5 horas da manhã para colher frutas e verduras que serão vendidas na feira.

Para tirar melhor proveito do seu networking, é necessário desenvolver uma rede de relações profissionais. Não estou falando da rede de amigos nas redes sociais, que serve apenas para compartilhamento de fotos, piadas e vídeos. Refiro-me a um processo ilimitado de contatos com pessoas de todas as áreas relacionadas ao seu negócio, para troca de informações, apoio moral, atualizações e conselhos úteis, se necessário.

O que o empreendedor deve fazer para melhorar o seu networking? Existem dezenas de autores que fornecem dicas de como ampliar a rede de contatos; portanto, leve a sério as dicas e coloque-as em prática sempre que possível.

Quadro 6.4 – Dicas para construir o seu networking.[22]

1. Como MONTAR a sua rede de contatos

* Aproveite todas as oportunidades possíveis para conhecer pessoas e estabelecer contatos: reuniões, palestras, conferências, aniversários, viagens de ônibus e metrô etc.

* Participe de organizações não governamentais (ONGs), associações profissionais, cursos rápidos, eventos sociais, palestras etc.

* Mantenha contato com seus amigos de infância, de adolescência e de faculdade, vizinhos, professores e ex-colegas de trabalho.

* Invista parte do seu salário em um cartão de visita e acrescente a ele o seu número de celular e endereço de e-mail; não tenha medo de pedir o cartão de visita das pessoas que poderão ajudá-lo mais adiante.

EMPREENDEDORISMO ALÉM DO PLANO DE NEGÓCIO

Quadro 6.4 – Dicas para construir o seu networking.[22]

* Registre todos os seus contatos no celular e na agenda do computador cada vez que receber um cartão de visitas.

* Participe das redes sociais que valem a pena, tais como: Instagram, LinkedIn e YouTube, entre outras, com o intuito de contribuir, postar links interessantes e, principalmente, divulgar o seu negócio.

2.   Como MANTER a sua rede de contatos ativa

* Crie um sistema de armazenamento de detalhes dos contatos no celular ou no computador para facilitar a consulta. Exemplo: João da Silva — Designer.

* Registre algumas informações pessoais relevantes atualizadas, tais como: número de filhos, esposa, aniversário, empresa, profissão, e-mail etc.

* Envie cartões ou mensagens de Natal, bilhetes de cumprimento, cartões de aniversário e telefone para os contatos somente nas seguintes condições: quando precisar de informações, de recomendação, de novos contatos, de novos clientes ou de emprego.

* Convide a sua rede de contatos para eventos sociais, exposições, *happy hours*, conferências, palestras, lançamento de livros etc.

3.   Como UTILIZAR CORRETAMENTE a sua rede de contatos

* Seja amigável e esteja preparado para receber um "não" como resposta. Ser amigável gera confiança; afinal, ninguém faz negócio com quem não confia.

* Explique por que está fazendo contato e seja claro quanto ao tipo de ajuda ou informação que estão buscando.

* Utilize o e-mail para enviar links de artigos ou informações úteis que contribuam para o crescimento das pessoas.

* Não exagere nas piadas, no tamanho dos arquivos e nas coisas inúteis que roubam tempo precioso das pessoas, pois existe muita gente fazendo isso. Você deseja aumentar a rede de contatos, e não ser excluído dela.

* Agradeça a ajuda recebida e ofereça reciprocidade, quando for o caso.

4.   Como AMPLIAR a sua rede de contatos

* Noventa por cento do sucesso nos contatos é se mostrar e estar preparado para um novo contato.

* Demonstre um interesse sincero pelas outras pessoas, pelo crescimento e pelo negócio delas antes de exigir que elas tenham um interesse verdadeiro por você.

* Verifique se o momento é adequado ou quando seria o momento mais adequado para o contato.

(continua)

387

EMPREENDEDORISMO 360°

(continuação)

Quadro 6.4 – Dicas para construir o seu networking.[22]

* Olhe nos olhos, seja firme no aperto de mão e mantenha uma atitude positiva; toda atitude positiva gera respostas positivas e, portanto, contatos valiosos.

* A imagem que você passa como pessoa e profissional é determinante para fazer um contato duradouro.

* Ofereça algo de valor primeiro, seja você mesmo, jogue limpo, seja simples e as pessoas vão querer fazer parte da sua rede de contatos para sempre.

* Mantenha a disciplina de fazer contatos como se fosse algo parecido com comer e trocar de roupas. Nunca termina.

Manter uma rede de contatos profissionais é uma forma de conduzir contatos e ligações informais com os outros com reciprocidade. É uma espécie de "toma lá, dá cá", como se diz na gíria. Nesse caso, o networking é uma fonte bastante útil de ideias, conselhos, informações e apoio para a qual se deve dedicar tempo, a fim de mantê-la sempre ativa.

Você faz ideia de quantas pessoas já conheceu na vida? Provavelmente, centenas ou milhares. Todas as pessoas têm um círculo de influência que pode ser formado por um grupo de amigos, colegas de trabalho, empregados, vizinhos ou pessoas que frequentam o mesmo clube, a mesma igreja ou a mesma escola. Em outras palavras, todos estão conectados a um grupo de pessoas por uma razão qualquer, tanto na vida pessoal quanto profissional.

Dentro do círculo de influência são realizados contatos, negócios, trocas e transações comerciais; portanto, a questão fundamental em networking é: **até que ponto seus contatos são bons?** Você pode contar com pessoas que fazem parte da sua rede para obter informações e apoio?

Por que estou reforçando isso? De que adianta a pessoa ter mil ou 10 mil "amigos" nas redes sociais se não pode contar com eles quando necessário? Como diz o próprio Gitomer, **a qualidade de seus relacionamentos determina o destino deles.**

O maior objetivo para querer estabelecer um contato é poder utilizá-lo de maneira recíproca mais adiante. Você pode estabelecer networking por toda a parte, desde que esteja consciente da sua finalidade e preparado para isso.

EMPREENDEDORISMO ALÉM DO PLANO DE NEGÓCIO

Contudo, nem todos os contatos são importantes, e são poucos os que resultam em negócios. Contatos são apenas contatos. Você nunca sabe aonde poderão levá-lo nem o que acontecerá se alguém disser a outra pessoa que fez contato por meio de você, mas é necessário tê-los de maneira organizada. Uma das questões mais importantes que todo empreendedor deve aprender sobre networking para a sua ideia e o seu futuro é como fazer contato com pessoas e profissionais a favor do seu negócio.

Engenheiros, administradores, advogados, arquitetos e outros milhares de profissionais estão sempre procurando ampliar os seus negócios, e a melhor forma de fazer isso é conectar-se aos profissionais do seu círculo de relacionamentos. Bons contatos são aqueles que te ajudam a fazer negócios, a resolver problemas, a crescer como ser humano e profissional.

Na prática, contadores conhecem centenas de contadores, engenheiros conhecem centenas de outros engenheiros, empreendedores estão conectados a outras centenas de empreendedores, e todos eles conhecem milhares de clientes e profissionais que podem ajudá-los a decolar no empreendimento.

Portanto, à medida que o networking com profissionais relacionados ao seu negócio aumenta, as oportunidades aparecem e as soluções também. Para transformar possíveis contatos em reais possibilidades de negócio, é recomendável o seguinte:

* **Apresente-se sem medo**: crie coragem e tome a iniciativa, mas nunca antes de se preparar. A primeira impressão que você passará é importante para firmar o contato.

* **Utilize a regra da afinidade**: encontre um ponto comum entre você e o seu futuro contato; pode ser o time, a cidade onde vocês moraram na infância ou a escola onde estudaram. Estabeleça a ligação.

* **Determinação e persistência**: coisas boas vêm para aqueles que têm paciência e adotam medidas consistentes para consegui-las, portanto, não desanime nunca; você nunca sabe de onde vem a próxima boa ideia para o seu negócio.

389

6.6 O desafio de balancear a vida pessoal e a profissional

Durante muito tempo, o aconselhamento dos pesquisadores do comportamento humano foi polarizado em torno da necessidade do equilíbrio entre as atividades da vida pessoal e da vida profissional.

Apesar de concordar com a ideia, entendo que é mais produtivo para o empreendedor e o empresário em geral aprender a balancear as atividades, uma vez que a necessidade de tempo e a intensidade da dedicação variam de acordo com determinadas fases de cada uma delas.

Há momentos em que a vida pessoal exige mais esforço do empreendedor, por conta do nascimento de um filho ou por motivo de doença na família, e há momentos em que o negócio e a vida profissional exigirão mais atenção do que a própria família.

O fato é que não temos muito controle sobre isso. Algumas coisas acontecem de maneira natural e outras quando menos você espera; portanto, é necessário aprender a balancear essas atividades para evitar o estresse e, por vezes, o adoecimento.

Antes de discorrer com mais profundidade sobre o assunto, vale a pena conhecer alguns dados divulgados pela Organização Internacional do Trabalho (OIT).[23]

* Todos os dias, morrem em média 5.150 pessoas no mundo devido a acidentes, lesões ou doenças relacionadas ao trabalho, atribuídas a 19 fatores de risco ocupacionais diferentes.

* Além desses números, há de se acrescentar acidentes de trajeto, com mais de 200 mil acidentes mortais.

* As doenças não transmissíveis foram responsáveis por 81% das mortes. Trinta e cinco por cento das mortes foram causadas por AVC, doenças respiratórias e câncer de pulmão. Quarenta por cento delas estão relacionadas ao estresse e *burnout* provocados por jornadas excessivas de trabalho.

EMPREENDEDORISMO ALÉM DO PLANO DE NEGÓCIO

* Enquanto os homens têm mais risco de morrer durante a idade ativa (antes dos 65 anos), as mulheres sofrem com doenças contagiosas e transtornos de longa duração. São casos de malária na atividade agrícola, infecções bacterianas ou virais e desordens musculares.

* As chamadas "novas doenças do trabalho", como distúrbios psicossociais, violência, alcoolismo, dependência química, estresse, tabagismo e aids continuam aumentando.

* Problemas com cigarro afetam principalmente os trabalhadores de restaurantes e dos setores de serviço e entretenimento.

Não há motivo para ter orgulho dessas estatísticas, porém é oportuno levantar a questão. O capitalismo em si não é mau, dizia Mahatma Gandhi, o grande líder indiano, mas o uso que se faz dele traz consequências irreversíveis em todos os sentidos, e a pressão exercida pela busca incessante do lucro e da acumulação parece pouco preocupada com esse fato.

A incerteza é um elemento frequente na vida do empreendedor. Isso não é novidade, e ele não pode negar que o trabalho tem um efeito poderoso, positivo ou negativo, sobre a sua vida privada, mas a questão essencial é: onde o comportamento responsável termina e onde começa a interferência? Esses dois universos são interdependentes e difíceis de ser conciliados.

As atitudes pessoais são parte e consequência da personalidade, tanto na vida pessoal quanto na profissional; portanto, o balanceamento determina a melhor forma de utilizá-las em qualquer ambiente. As atitudes também ditam o conteúdo e a forma do nosso discurso, a qualidade de nossas ações e, em grande medida, os resultados que obtemos.

A variedade de atitudes é ampla. Algumas são valiosas porque nos fortalecem, nos desenvolvem e fazem com que muitas pessoas sejam felizes ao nosso lado, outras nem tanto. Algumas nos causam danos e prejudicam aqueles que convivem ou se relacionam conosco. Elas são inerentes ao ser humano, embora no ambiente familiar se tornem mais corriqueiras.

A busca pelo equilíbrio ou o balanceamento entre a vida pessoal e profissional é uma constante desde o advento da Revolução Industrial, porém o caminho para atingi-lo é longo e exige amadurecimento.

EMPREENDEDORISMO 360°

> A maioria das empresas considera trabalho e vida pessoal como prioridades concorrentes em um jogo de soma zero, no qual o ganho em uma área significa a perda em outra. A partir dessa perspectiva tradicional, os gerentes decidem como o trabalho e a vida profissional de seus empregados devem interagir e frequentemente veem programas de trabalho-vida pessoal apenas como bem-estar social. Entretanto, uma nova geração de gerentes está experimentando uma nova linha de pensamento, aquela em que gerentes e empregados colaboram para atingir objetivos pessoais e de trabalho para o benefício de todos.
>
> STEWART FRIEDMAN, PERRY CHRISTENSEN E JESSICA DEGROOT
> HARVARD BUSINESS SCHOOL

Não é necessário relacionar os motivos, mas o fato é que, se a pessoa quiser realizar alguma mudança na vida, como um negócio por conta própria, deve concentrar a atenção em coisas que dependem exclusivamente dela, em termos de decisão e filosofia de vida.

O pensamento dos autores citados anteriormente está diretamente associado ao espírito empreendedor do ser humano, basta substituir a palavra "gerentes" por "empreendedores". Por esse motivo, os empreendedores deverão ser guiados por três princípios:[24]

1. Informar claramente a seus empregados sobre as prioridades dos negócios e encorajá-los a ser igualmente claros sobre as suas prioridades pessoais.

2. Reconhecer e dar suporte a seus empregados, não apenas tomando conhecimento, mas celebrando seus papéis fora da empresa.

3. Experimentar continuamente a forma como o trabalho é realizado, buscando abordagens que favoreçam o desempenho da organização e permitam que os empregados persigam metas pessoais.

EMPREENDEDORISMO ALÉM DO PLANO DE NEGÓCIO

Os conflitos entre as demandas da vida pessoal e da vida profissional existem desde os primórdios da sociedade organizada. Ficaram mais evidentes depois da Revolução Industrial, mas remontam ao tempo do Império Romano (quando gladiadores e guerreiros eram forçados a deixar suas famílias e partir para a arena ou para terras distantes a serviço dos imperadores), dos navegadores, dos inquisidores e dos conquistadores dos mares, que não tinham a mínima certeza do retorno.

Em qualquer negócio, o empreendedor assume total responsabilidade pelo que acontece com seus produtos e serviços, pelas pessoas que dirige, pelos credores, pelo ambiente em que atua e, principalmente, pelos seus clientes. Para que isso ocorra, a responsabilidade compreende quatro níveis distintos:

Quadro 6.5 – Níveis de responsabilidade pessoal do empreendedor.[25]

1. **Responsabilidade por seu próprio desenvolvimento como pessoa e profissional**: todo empreendedor possui virtudes e competências potenciais que lhe permitem olhar para o futuro com certa segurança e confiança em si mesmo. Mas, ao mesmo tempo, tem carências e limitações pessoais que reduzem suas possibilidades, e às vezes até o impedem de avançar.

2. **Responsabilidade por sua situação real de vida**: cada empreendedor é o único e absoluto responsável por suas ações e pelos resultados que derivam delas.

3. **Responsabilidade perante os demais**: se o empreendedor assume compromissos, deve cumpri-los. Isso tem a ver com a dignidade pessoal e com o respeito para consigo mesmo e para com os outros.

4. **Responsabilidade de exigir responsabilidade de quem dirige**: o empreendedor responde pessoalmente por todos os seus atos e pelos resultados derivados desses atos.

Exemplo: quando as vendas baixam e a folha de pagamento deve ser respeitada; quando a qualidade dos produtos é ruim e o valor deve ser restituído; quando o atendimento ao cliente é péssimo e a retratação é exigida; quando alguém da equipe se envolve em atos de corrupção e a imagem da empresa é afetada.

Importante: a empresa será sempre responsabilizada em primeiro lugar.

Assumir a responsabilidade por seus atos é o primeiro passo para se aprender a balancear a vida pessoal e a profissional. A questão da indissociabilidade do ser humano não deve ser ignorada, pois ao assumir a responsabilidade de dirigir o próprio negócio, algumas variáveis conspiram a favor e outras contra o êxito do negócio. Saber administrar essas variáveis é fundamental.

Em toda a história da humanidade, pais e mães de família sempre tiveram filhos para cuidar, projetos pessoais para cumprir, comunidades para organizar, pessoas para liderar, além de passatempos para aliviar a pressão exercida no trabalho, tal como se mostrou em diferentes épocas.

Uma das premissas mais disseminadas, e mais sustentadas de maneira equivocada, é o fato de que as pessoas podem administrar facilmente a vida pessoal e a vida profissional, como se fosse possível realizar uma coisa com a mão esquerda enquanto a outra se ocupa com algo diferente. A frequência cerebral é tão intensa que não permite essa dissociação. A mente humana alterna entre uma e outra com facilidade.

A vida dos empreendedores passa por uma profunda transformação à medida que os negócios evoluem. O que antes parecia tranquilo e transcorria dentro da normalidade — horário, carga de trabalho, renda, vida social — muda por completo a partir do momento em que o agora "empresário" assume o comando da empresa.

Em geral, a família do empreendedor sofre o maior impacto decorrente das pressões naturais da operação do próprio negócio. Para amenizar a pressão, é recomendável compartilhar as informações e os problemas, considerando que o empreendimento é concebido para o bem de todos. Não são apenas os lucros que devem ser divididos, mas os problemas também. "Carregar a empresa nas costas" é uma decisão pouco sensata e representa um alto custo social.

Em termos práticos, se a família não for consultada e não houver cumplicidade com relação à sobrecarga de trabalho e às responsabilidades, a vida familiar acaba comprometida e, por vezes, a ruptura torna-se irreversível.

Empreendedores que sentem uma forte necessidade de realização e priorizam a área profissional em detrimento da área pessoal não conseguem atingir seus objetivos completamente, e acabam se tornando hostis consigo mesmos. O nível de exigência é tanto que o desequilíbrio emocional se torna inevitável em razão das demandas que surgem em ambos os lados.

Embora, em qualquer negócio, seja difícil fugir das transformações que surgem por todos os lados, é possível administrá-las sem colocar o negócio, a união familiar e própria vida em risco. O sucesso nos negócios pode ser contagiante e ao mesmo tempo escravizador.

Quadro 6.6 – Transformações na vida pessoal do empreendedor.

* A vida pessoal e a profissional do empreendedor se integram completamente. Será difícil distinguir uma da outra, portanto, o equilíbrio é fundamental para manter a unidade da família e não colocar tudo a perder.

* A rotina dos horários acaba. Diferente do emprego formal, o empreendedor é o primeiro que chega e o último que sai.

* O empreendedor assume riscos financeiros a todo instante, uma questão delicada que envolve, muitas vezes, o patrimônio da família.

* Conviver com a incerteza é a sua única certeza. A autonomia do empreendedor exige comportamento altamente responsável para saber como lidar com os problemas.

* O empreendedor deve acostumar-se à renda variável. Primeiro deve honrar os compromissos perante fornecedores e empregados antes de pensar em avançar no caixa sem critério.

* O empreendedor deve exercer a liderança absoluta para não perder o controle da situação diante dos conflitos iminentes de relacionamentos com os empregados e entre eles mesmos.

* Manter o status social elevado quando o fluxo de caixa é insuficiente para atender as necessidades básicas da empresa e da família pode custar o próprio negócio.

* O empreendedor é seu próprio patrão e empregado. Exerce diferentes funções ao longo do dia: porteiro, caixa, zelador, gerente de compras, auxiliar de cobrança e até a presidência da empresa. Acaba fazendo de tudo um pouco, coisas que antes eram atribuídas a empregados ou companheiros de trabalho.

* Tem que aprender a lidar com pessoas. Isso significa lidar com conflitos de toda ordem, para manter a moral da equipe elevada diante da pressão de sócios, fornecedores, clientes e da sociedade em geral.

* Tomar decisões será o seu maior desafio. Não há como transferir uma decisão que afeta diretamente a sua responsabilidade.

* Trabalhar sob pressão é inevitável: prazos, cobranças, ameaças, desequilíbrio entre as receitas e as despesas, ações da concorrência, entrada e saída de funcionários etc.

Os desafios são constantes, portanto, deve-se buscar o balanceamento necessário para enfrentar os colaboradores menos dedicados, os menos capacitados, os desconfiados, os que fomentam a rivalidade e a discórdia no ambiente de trabalho.

Aliado a isso, soma-se a complexidade do negócio, provocada pela falta de capital de giro, pressão dos fornecedores, oscilação nas vendas, pressão da família e uma completa solidão quando mais se precisa de soluções conjuntas.

O tempo a ser compartilhado com a família é precioso, e é natural que os empreendedores se sintam culpados por sacrificarem parte de sua vida para dar conta do volume de trabalho, o que faz com que frustração se abata sobre eles por se tornarem incapazes de tomar atitudes para reverter a situação de desconforto.

No entanto, todo empreendedor imagina que o que faz está sendo feito para o bem da família, e a frustração se torna maior ainda quando o negócio entra em decadência e o lucro não compensa o esforço e o tempo dedicados ao negócio. Surge então o drama no ambiente familiar.

Nesse aspecto, a limitação de tempo no trabalho é crucial para prevenir o esgotamento físico e um possível colapso. Permitir ou exigir que os colaboradores trabalhem dez ou doze horas por dia sob pretexto de estarem dando o melhor de si para o bem da organização é arriscado. Além de contribuir para uma vida familiar insatisfatória, torna-se um álibi capaz de encobrir fatores mais obscuros que tendem a agravar o convívio entre as duas dimensões: pessoal e profissional.

Pergunte a qualquer empreendedor malsucedido a razão de sua vida privada não ser tão compensatória quanto gostaria e ouvirá dele que o trabalho consome boa parte do tempo e da energia que poderiam ser distribuídos de maneira mais equilibrada.

Desse modo, nenhum empreendedor deveria permitir a si mesmo sacrificar tanto tempo, seu e dos familiares, por conta de um negócio que tende a abreviar o seu precioso tempo de vida e de convivência com familiares e amigos. Antes de se tornar um empreendedor comprometido, ele

, prioritariamente, um ser humano sujeito aos desequilíbrios provocados pela sociedade moderna.

Nos primeiros anos de dedicação ao empreendimento, é compreensível que os empreendedores mergulhem com tanta determinação que somente o esgotamento físico e mental consegue detê-los. Em alguns casos, nem isso é suficiente. Contudo, algumas pessoas são mais fortes e preparadas para enfrentar a pressão. Outras são mais propensas aos riscos, por conta de sua frágil natureza biológica e psicológica.

O exagero na carga de trabalho, ainda que por necessidade ou por desejo de prosperar, apresenta um alto custo para o empreendedor e para a sociedade. A busca insana por resultados positivos na vida profissional, sem o devido balanceamento, tende a reduzir a qualidade de vida e a produtividade, além de afetar diretamente o relacionamento pessoal de cada um.

Angústia, competição, estresse, pressão social e solidão são algumas características da atual crise existencial que aflige a sociedade. Isso faz com que as pessoas se preocupem e desenvolvam esforços com o intuito de amenizar o desequilíbrio social e psicológico para o qual são empurradas. É necessário muita disciplina e desprendimento de bens materiais para não sucumbir a tudo isso.

Empreendedores conscientes são voltados para as oportunidades e não para os problemas. De maneira intuitiva, e preventiva, eles deixam os problemas "morrerem de fome", pois sabem que as crises e dificuldades de toda ordem são importantes, mas não tão urgentes quanto a solução que agrada o lado pessoal e profissional. Em síntese, a concentração passa a ser na solução, e não no problema, e isso reduz efetivamente a pressão sobre os indivíduos.

Isso faz sentido quando o empreendedor, desejando levar adiante a ideia previamente concebida, não dá a mínima importância para as coisas que realmente importam. Quando isso ocorre, há um desequilíbrio na divisão de tempo e energia, que acaba em danos à saúde física e mental do empreendedor.

EMPREENDEDORISMO 360º

É no relacionamento que os poderes criativos se maximizam.[26] O relacionamento entre as partes também inclui o poder de criar uma cultura sinérgica dentro da família e da organização. Quanto mais genuíno for o envolvimento e quanto mais sincera e voluntária for a participação na análise e solução dos problemas, maior será a liberação da criatividade individual e o seu comprometimento com o que está sendo criado.

> Não basta ensinar ao homem uma especialidade, porque assim se tornará uma máquina utilizável, mas não uma personalidade. É necessário que o homem adquira um sentimento, um senso prático daquilo que vale a pena ser empreendido, daquilo que é belo e moralmente correto. A não ser assim, o homem se assemelhará, com seus conhecimentos profissionais, mais a um cão ensinado do que a uma criatura harmoniosamente desenvolvida. Deve aprender a compreender as motivações dos homens, suas quimeras e suas angústias para determinar com exatidão seu lugar exato em relação a seus próximos e à comunidade.
>
> **ALBERT EINSTEIN**
> **O ENIGMA DO UNIVERSO**

Abrir um negócio por conta própria é bem mais fácil do que encerrá-lo, principalmente no Brasil. Difícil é encarar a concorrência, a carga tributária, a pressão dos consumidores por preços menores e mais qualidade, a falta de capital de giro e a insatisfação dos colaboradores com os salários e benefícios. Contudo, é possível encontrar uma legião de empreendedores determinados a resolver problemas com relativa facilidade porque se dedicam a eles de corpo e alma, embora, por vezes, se mostrem incapazes de resolver problemas no universo particular.

A metáfora da conta bancária emocional utilizada por Stephen Covey faz muito sentido quando envolve as duas partes. Para Covey, todos sabem o que é uma conta bancária financeira. As pessoas fazem depósitos e acumulam reservas que lhes permitem realizar saques quando necessário.

A conta bancária emocional descreve a quantidade de confiança acumulada em um relacionamento e cuida da sensação de segurança que se tem com outro ser humano.[27]

Transporte a metáfora para os negócios e será bem mais fácil promover o equilíbrio emocional. Quando o empreendedor e o ser humano praticam a integridade, e os depósitos da conta bancária emocional são mais frequentes, coisas incríveis acontecem. No campo pessoal, as famílias se tornam mais sólidas, os pais são mais dedicados, os jovens são mais responsáveis, as crianças são mais criativas e, de modo geral, as pessoas se tornam menos reativas e violentas.

Profissionais de todos os segmentos de negócio não estão imunes ao colapso nervoso em certa fase da vida, geralmente quando acreditam ter atingido a tão sonhada autossuficiência. Ao longo da jornada, muitos demonstram hostilidade, frieza, intransigência e indiferença no trato com os colaboradores e familiares. Outros adotam atitudes extremas para se livrar dos problemas sociais, da competição acirrada e da necessidade de provar ao mundo que podem oferecer mais de si mesmos.

Aprender a balancear o esforço dedicado para a vida pessoal e para a profissional requer uma transformação de ordem pessoal. Sem essa transformação, qualquer negócio faz do seu empreendedor um escravo ou um alienado, embora não se deem conta. São poucos os empreendedores que assumem a infelicidade e admitem o fracasso. Muitos preferem viver a doce ilusão de que o excesso de trabalho pode trazer felicidade, enquanto a família os espera, ansiosa dentro de casa, para alguns minutos de diálogo.

> As distrações da nossa civilização destroem o sentido do tempo livre, o gosto pelo tempo que corre, a paciência da obra que amadurece, e vão dispersando as vozes interiores que, dentro de pouco tempo, só o poeta e o homem religioso escutarão.
>
> EMMANUEL MOUNIER

EMPREENDEDORISMO 360°

Independentemente do grau de instrução, do tamanho da empresa e do tipo de negócio, aprende-se muito com qualquer empreendedor. É importante tentar entender suas alegrias e suas dores, uma vez que a solução obtida pode ser aplicada para outros segmentos; porém, quando se trata de negócio (dinheiro), as coisas nem sempre funcionam como deveriam e, na maioria das vezes, quando o empreendimento fracassa, a vida pessoal também sofre as consequências da queda.

A convivência com empreendedores, tanto os bem-sucedidos quanto os malsucedidos, sempre deixa lições de aprendizado que faço questão de compartilhar com aqueles que buscam conhecimento e informação nessa área.

A literatura ajuda, mas o testemunho dos fatos, tal como acontecem na realidade dos empreendedores, é praticamente uma pesquisa não científica, cujo resultado, embora simples, mostra o caminho a ser tomado por quem deseja prosperar no mundo dos negócios sem se descuidar das coisas que fazem sentido na vida.

Quadro 6.7 – Atitudes para o balanceamento da vida pessoal e profissional.

Estabeleça prioridades: primeiro o mais importante. Ao empreender você será tomado por uma infinidade de compromissos inadiáveis, problemas insolúveis, colaboradores insatisfeitos e decisões inevitáveis. Infelizmente, decisões impopulares e escolhas nem sempre agradáveis fazem parte do cotidiano dos empreendedores.

Quando a atenção se volta para as coisas que realmente importam na vida do empreendedor, as prioridades são automaticamente estabelecidas. Lembre-se: as prioridades definem o grau de energia dispensado para o êxito dos negócios.

Gerencie seu tempo: o ato de criar algo novo é divino; trabalhar é mais ainda. Porém, está comprovado que tanto o excesso de trabalho quanto o controle excessivo do tempo são improdutivos.

Quando o empreendedor estabelece prioridades e gerencia o tempo de forma equilibrada, sobra mais tempo para preservar a qualidade de vida, os relacionamentos e o melhor aproveitamento das estratégias de negócios.

Os negócios prosperam e o relacionamento flui melhor quando o tempo é compartilhado de forma equilibrada na vida pessoal e profissional. Aquele que pensa exclusivamente no trabalho, incluindo sábados e domingos, não pode almejar uma vida social consistente, principalmente no ambiente familiar.

EMPREENDEDORISMO ALÉM DO PLANO DE NEGÓCIO

Quadro 6.7 – Atitudes para o balanceamento da vida pessoal e profissional.

Um mínimo de planejamento: organize suas atividades para dar sentido e vazão à criação produtiva. A maioria dos empreendedores é orientada a pensar em anos, meses ou semanas, mas o dia seguinte também é importante para evitar desperdício de tempo e de energia vital.

O que você deseja para o futuro, para o ano seguinte, para daqui a dez anos? Por mais óbvio que pareça, é importante colocar as ideias no papel, perseguir metas e objetivos, um ideal de vida, a fim de evoluir e sentir orgulho no futuro, ao lembrar-se do ponto de partida.

Exercite a flexibilidade: seja firme no seu propósito de vida e sustente suas convicções, mas não se torne escravo da agenda e do planejamento. Nada no mundo é certo, exceto a morte e os impostos, diz o ditado. Ou seja, não sairemos daqui vivos. Além do mais, não devemos ter a pretensão de que o nosso pensamento é único.

Esteja aberto aos pensamentos alheios, eles podem ser grandes aliados. A flexibilidade permite ajustar o foco e corrigir os desvios mediante uma nova perspectiva. O sucesso profissional não compensa o fracasso na área pessoal.

Atribua responsabilidades: não queira ser o "dono da verdade". A liderança e a criação são mais importantes do que a operação, portanto, defina responsabilidades, dissemine o conhecimento, estabeleça indicadores, estimule o protagonismo e confie; caso contrário, não haverá engajamento, e todo o tempo do mundo será insuficiente para dar conta de tudo. Poucos líderes autoritários e centralizadores sobreviveram aos negócios.

Em casa não é diferente. A sociedade patriarcal está praticamente extinta, portanto, a divisão de tarefas e responsabilidades são fatores que aliviam o fardo e proporcionam mais abertura ao diálogo e ao comprometimento entre as partes envolvidas.

Seja otimista: para tudo na vida existe uma ou mais saídas. Quando se compara uma situação de dificuldade com outra de dificuldade maior ainda ou com o que existe ao seu redor, conclui-se que a situação não é tão ruim quanto parece.

Encare os problemas abertamente, sob um olhar otimista. A falta temporária de capital de giro, por exemplo, não deve ser um problema maior do que a dimensão do conflito na Ucrânia. A sobrecarga de trabalho no fim do ano para atender a uma infinidade de pedidos não pode ser maior do que a falta de clientes. E assim por diante.

Pratique o otimismo, seja positivo em todas as suas ações e os resultados acontecerão da melhor forma possível.

(continua)

401

EMPREENDEDORISMO 360º

(continuação)

Quadro 6.7 – Atitudes para o balanceamento da vida pessoal e profissional.

Pratique o autoconhecimento: conhece-te a ti mesmo? Autoconhecimento requer sinceridade, autenticidade e simplicidade. Primeiro compreender, para depois ser compreendido. Para conhecer a si mesmo é necessário refletir, analisar os pontos fracos e mudar as percepções equivocadas a respeito do mundo e das pessoas.

Ao reconhecer nossas qualidades e defeitos, o desejo de mudança flui com naturalidade, e o equilíbrio entre a vida pessoal e profissional se torna mais presente.

Viva a arte do relacionamento: comece no círculo pessoal — respeite seus amigos, familiares e parentes. Converse, sorria, estimule as pessoas, encare a vida sob um olhar otimista. A "pressão financeira" é temporária e oscila de acordo com o empenho de cada um.

Os relacionamentos ajudam na reconstrução dos negócios e da vida pessoal quando os revezes são inevitáveis. Empreendedores bem relacionados têm muito mais chance de prosperar nos negócios, qualquer que seja a atividade.

Pratique o ócio criativo: Domenico De Masi, precursor da teoria do ócio criativo, diz que para produzir mais, devemos trabalhar menos. Embora seja um pouco polêmico, dedique-se a não fazer nada de vez em quando e mergulhe no espaço vazio.

Além de De Masi, Einstein e Deepak Chopra concordam plenamente que a solução está no espaço vazio, no intervalo entre um pensamento e outro, nas infinitas possibilidades que se abrem para as pessoas que, de vez em quando, não se preocupam com nada.

Tudo na vida é relativo: toda verdade é cientificamente verdadeira enquanto não é refutada; portanto, quando tudo lhe parecer difícil, lembre-se de que nenhuma situação desconfortável é eterna.

As crises oscilam, e o importante é manter o equilíbrio necessário para suportar a pressão do "vale" e a alegria do "topo", em momentos que se alternam. Descobrir o que lhe faz feliz e comprometido é o único caminho para a paz interior.

A compreensão do universo alheio é uma excelente ferramenta de gestão e criatividade, e de equilíbrio entre o campo pessoal e o profissional. A missão e a visão de uma empresa são detalhes, muitas vezes sem importância, para as outras pessoas. Por isso, ter um propósito é bem mais importante, algo que o faça crescer no campo profissional e no espiritual.

A família dificilmente aceitará o fato de que o empreendedor envolvido com o trabalho assim o faz porque deseja o bem de todos; portanto, o **balanceamento passa pelo campo da aceitação, da compreensão e da con-**

EMPREENDEDORISMO ALÉM DO PLANO DE NEGÓCIO

cessão. Por experiência própria, entendo que os negócios avançam melhor quando o envolvimento dos empreendedores e de seus respectivos familiares ocorre de maneira conjunta em determinada atividade.

O envolvimento familiar flui até determinada fase do negócio. A partir do instante em que o empreendimento requer a entrada de mais pessoas e demanda por mais profissionalização, a mudança é inevitável. Os familiares nem sempre estão preparados para aceitar a mudança e para pensar como empreendedores. Embora seja um assunto contagiante, será bem mais explorado em outra oportunidade.

6.7 Estudo de caso: Anita Roddick e a The Body Shop[28]

Anita Roddick nasceu em Sussex, Inglaterra, em 1942, e foi a terceira de quatro filhos. Seus pais administravam uma lanchonete de estilo americano na pacata cidade litorânea de Littlehampton. Depois de concluir o ensino secundário, Anita estudou no Newton Park College of Education, em Bath, apesar de terem lhe oferecido uma vaga na Guildhall School of Music and Drama, muito prestigiada na época.

Terminada a faculdade, Anita passou rapidamente por vários empregos. Em Paris, trabalhou para o International Herald Tribune, foi professora na Inglaterra e, logo depois, trabalhou para as Nações Unidas, em Genebra, na Suíça. Depois da ONU, Anita fez o caminho que ficou conhecido como trilha hippie para a África, o Extremo Oriente e a Austrália, tendo viajado ao redor do mundo. Foi expulsa da África do Sul, acusada de ter violado as leis do apharteid depois de ter entrado em um clube de jazz em noite proibida aos brancos.

De acordo com Daniel Goleman, seu espírito pode ter apressado a saída da África, mas isso lhe foi de grande auxílio quando, mais tarde, lançou a The Body Shop. Ao retornar para Littlehampton, Anita Roddick estabilizou-se, casou-se, teve filhos e, com o marido, Gordon, inaugurou um hotel e em seguida um restaurante, o que acabou por sacrificar a sua

403

EMPREENDEDORISMO 360°

vida familiar. Por conta disso, o restaurante foi vendido, e Gordon revelou que planejava fazer uma expedição pessoal ambiciosa — cavalgar da América do Sul até a cidade de Nova York.

Dotada de um espírito empreendedor invejável, Anita procurou outro negócio para se dedicar, algo que lhe proporcionasse alguma renda durante a ausência do marido. Depois de avaliar as alternativas, teve a feliz ideia de abrir uma empresa de cosméticos com um diferencial competitivo: o uso de ingredientes naturais. Com ajuda do marido, Anita conseguiu o empréstimo bancário necessário, usando o hotel como garantia, e comprou uma pequena propriedade ao lado de uma funerária, na cidade vizinha de Brighton.

Em 27 de março de 1976, Anita inaugurou a sua primeira loja de cosméticos benéficos ao meio ambiente. A intenção não era apenas vender produtos socialmente responsáveis à base de ingredientes naturais, mas vendê-los em tamanhos pequenos e práticos para que o cliente tivesse a tentação de experimentá-los.

Dessa forma, muitas das características decisivas da The Body Shop foram definidas na fase inicial, embora as decisões tenham se baseado na eficácia em termos de custo, em vez de técnicas avançadas de gestão ou planejamento estratégico. As paredes foram pintadas de verde, não em sinal de manifestação pró-ambiente, mas para esconder as manchas de umidade. As embalagens eram simples e recicláveis, e as etiquetas eram escritas à mão pela própria Anita Roddick.

O fato é que a loja de Brighton prosperou, e logo Anita estava planejando a abertura de mais uma na cidade vizinha de Chichester. Com o empréstimo recusado, Anita recorreu a um empresário local, Ian McGlinn, que concordou em aplicar £4 mil, desde que pudesse participar com 50% do projeto, o que Anita prontamente aceitou. Quando seu marido, Gordon, retornou de viagem em 1977, o conceito The Body Shop era irreversível, e as primeiras lojas eram administradas por amigos e familiares.

Os pedidos para a abertura de novas lojas surgiam de todas as partes do país. Para atender a demanda de novas lojas, Anita e o marido Gordon

404

EMPREENDEDORISMO ALÉM DO PLANO DE NEGÓCIO

começaram a franquear o conceito. Os possíveis franqueados financiavam o negócio e concordavam em comprar os produtos de Anita e, em troca, utilizavam a licença da The Body Shop.

Em seu livro *Meu jeito de fazer negócios,* Anita conta que ela mesma entrevistou os primeiros franqueados. Boa parte era composta de mulheres, o que lhe permitiu reivindicar, merecidamente, o direito de ter ajudado a mudar a imagem, tradicionalmente masculina, dos empreendedores no Reino Unido.[29]

A The Body Shop era mais do que uma empresa convencional de cosméticos, embora Anita tivesse pouco tempo para a indústria da beleza, pois, em sua concepção, seu objetivo era vender sonhos intangíveis.

Na The Body Shop, Anita não fazia publicidade, e optava pela propaganda boca a boca para atrair cada vez mais clientes para as lojas. Segundo ela gostava de afirmar, "fazer produtos que funcionam — que não são parte das mentiras da indústria de cosméticos para mulheres — é o que realmente importa".

Anita defendia lucros com princípios e, por meio da The Body Shop, apoiava campanhas do Greenpeace, Amigos da Terra e Anistia Internacional, entre outras. Diferentes mensagens nas sacolas de compras e nos veículos da empresa expressavam o apoio incondicional da The Body Shop a causas verdadeiramente nobres.

Em abril de 1984, a empresa lançou definitivamente ações na Bolsa de Valores de Londres, e o preço das ações foi às alturas. No dia da abertura, Anita, o marido e o empresário Ian McGlinn tornaram-se milionários de um dia para o outro. A partir de uma pequena loja, a rede The Body Shop expandiu-se para mais de 1,8 mil lojas em todo o mundo, comercializando mais de 400 produtos.

Por seu espírito empreendedor e sua consciência social, Anita Roddick recebeu inúmeros prêmios, dentre eles o London's Business Woman of the Year e o Retailer of the Year, além do cobiçado Global 500, conferido pela ONU para as pessoas que se destacam na defesa do meio ambiente, e a Ordem do Império Britânico.

EMPREENDEDORISMO 360°

Em 1994, Anita contratou uma equipe de gestão externa para estabelecer um novo foco para a empresa. Como era previsível, ela considerou difícil ajustar-se à alteração da função prática que desempenhava. Em 1998, renunciou ao cargo de CEO e passou a fazer parte do conselho, junto com o marido Gordon, até 2002, quando assumiu a função de consultora criativa da empresa. Em 2006, recebeu elogios e críticas quando foi anunciada a aquisição da The Body Shop pela L'Oréal, entretanto, as razões que a levaram a isso eram mais nobres do que se imagina. Anita passou a defender causas nas quais acreditava, com muito mais tempo e paixão.

A The Body Shop não fazia propaganda de seus produtos e aproveitava as vitrines de suas lojas para promover a proteção à natureza e a defesa do meio ambiente. Na busca por matérias-primas para seus produtos, Anita Roddick foi parar na Amazônia. Lançou uma linha de produtos à base de castanha-do-pará e aproveitou a companhia dos indígenas e da Floresta Amazônica para promovê-los. Seus críticos, inclusive a organização não governamental Survival International, acusaram-na de faturar em cima dos indígenas dando-lhes uma participação irrisória nas vendas.

Contrária à ditadura da beleza e ao padrão estético das passarelas da moda, Anita lançou uma linha de produtos para "gordinhas". O símbolo era Ruby, uma boneca inspirada nas mulheres do pintor flamengo Peter Paul Rubens, do século XVII, uma época em que magreza era sinal de tuberculose.

Anita Roddick transformou seus ideais em um negócio altamente lucrativo e politicamente correto. Infelizmente, morreu de hemorragia cerebral aos 64 anos, em 10 de setembro de 2007, depois de contrair hepatite C e desenvolver cirrose hepática, uma das várias consequências da doença. Por seu espírito de luta e coragem no mundo dos negócios, Anita é reconhecida internacionalmente como uma das empreendedoras mais influentes do seu tempo. O seu legado ficará para sempre.

> As empresas hoje têm responsabilidade global porque suas decisões afetam os problemas do mundo no que se refere a economia, pobreza, segurança e meio ambiente.
>
> Se você acha que a moralidade é um luxo que as empresas não podem oferecer, tente viver em um mundo sem ela.
>
> ANITA RODDICK

REVISÃO DO CAPÍTULO

Resumo e implicação para os empreendedores

O comportamento empreendedor exige competências que podem ser chamadas de competências-mãe. Elas são o centro de todas as outras e, por várias razões, são pouco ensinadas nas escolas do ensino tradicional ou mesmo nas faculdades e universidades: ser um verdadeiro gestor de negócios e um verdadeiro gestor de pessoas.

Ser um gestor de negócios requer conhecimento profundo das exigências do mercado, para procurar atendê-las sem comprometer o negócio. O empreendedor deve se familiarizar com o termo que o mercado chama de "demanda", o qual se apresenta em duas facetas: a primeira, prospecção, e a segunda, retenção dos clientes.

Ser um gestor de pessoas está relacionado ao comportamento humano e ao trabalho em equipe. Não basta entender de negócios sem poder contar com excelentes profissionais de conhecimento técnico elevado, aptos a trabalhar em equipe e comprometidos com a sua causa.

O comportamento empreendedor exige pensar e agir como empreendedor. A estrada dos negócios é cheia de obstáculos, e para muitos pretensos empreendedores que conheci, o maior de todos era superar a própria capacidade de deixar para o dia seguinte o que poderia ser feito no dia anterior. Tomar decisões com frequência também é uma atitude empreendedora e faz parte do comportamento empreendedor.

O século XXI pode ser considerado o século da responsabilidade social. Não há mais como ignorar o fato de que os empreendedores serão cada vez mais cobrados e admirados, quando for o caso, de acordo com o seu nível de comprometimento com as causas sociais necessárias e mais urgentes da nossa sociedade.

Como futuro empreendedor, é importante estar atento aos problemas que afetam a sociedade e as necessidades da população, para contribuir com suas ideias e seu dinheiro, a fim de amenizar a dor e o sofrimento alheios. Com o tempo e a experiência, é possível aprender que responsabilidade social independe da idade, e quanto mais cedo o empreendedor adquirir essa consciência, mais poderá contribuir.

A responsabilidade social é uma forma inteligente de conduzir os negócios no mundo globalizado, onde o clamor por um capitalismo menos selvagem e mais alinhado com os problemas sociais é evidente e necessário. A missão pautada exclusivamente no lucro, sem a visão da interdependência, da reciprocidade, da ética e do respeito aos princípios básicos de cidadania, não criará as condições para ser colocada em prática.

Durante a fase da adolescência, os jovens que desejam empreender precisam aumentar a motivação interior com a ajuda de amigos, familiares e até mesmo da tribo à qual pertencem. Quando se é jovem, é necessário aprender a lidar com os sentimentos em relação às falhas e ao sucesso. É uma fase maravilhosa da vida, repleta de desafios, porém cercada de incertezas.

O jovem pode ser o que quiser em qualquer campo de atuação se a escolha estiver alinhada com a sua verdadeira vocação, portanto, quanto mais cedo descobri-la, maior a chance de viver uma existência rica, feliz e desafiadora em todos os sentidos.

As mulheres são responsáveis únicas pelo sustento de quase 40% dos lares brasileiros. Nos 60% restantes, parte delas ainda colabora com os custos de manutenção da casa e sobrevivência da família. O aumento da participação econômica feminina e as mudanças na família tradicional brasileira apontam o potencial cada vez maior da mulher para empreender.

Uma das vantagens consideradas pelas mulheres em ter um negócio próprio é a independência para escolher local e hora de trabalho, o que, para elas, é determinante, pois permite maior compatibilização das atividades do negócio com as atividades associadas aos cuidados com os trabalhos e com o lar. Diferentemente dos homens, a mulher ocupa, em média, 75% do seu tempo diário com atividades domésticas e de negócios.

Em muitos países, incluindo o Brasil, a mulher ainda não é reconhecida nem usufrui dos mesmos direitos concedidos ao homem, em diversas camadas da sociedade. Mas o importante é reconhecer que o mundo evoluiu bastante nesse sentido.

Por tudo isso, as mulheres ocupam um espaço cada vez maior na sociedade, principalmente no mundo dos negócios. Hoje, elas podem subir ao cadafalso não para serem julgadas, mas para serem reverenciadas por suas atitudes.

A palavra "networking" entrou no vocabulário nacional a partir da década de 1990, com o advento da globalização e a necessidade de as pessoas se relacionarem cada vez mais para fazer negócios em escala mundial. Em menos de vinte anos, se popularizou entre os jovens e adultos no mundo corporativo.

Networking é uma junção das palavras *net* (rede) e *working* (trabalhando). Na prática, é a rede de contatos trabalhando a favor do empreendedor. Quanto maior for a sua rede de contatos, maior a chance de aproveitar as oportunidades existentes para realizar bons negócios.

Fazer contatos é mera questão de ser amigável, ter capacidade para se entrosar e estar disposto a dar algo de valor primeiro. Ao combinar esses três atributos, o empreendedor terá descoberto o segredo que existe por trás dos poderosos contatos que levam a relacionamentos ainda mais valiosos.

Aprender a balancear o esforço dedicado para a vida pessoal e a profissional requer uma transformação de ordem pessoal. Sem essa transformação, qualquer empreendimento faz do seu empreendedor um escravo.

A incerteza é um elemento frequente na vida do empreendedor. Isso não é novidade, e ele não pode negar que o trabalho tem efeito poderoso, positivo ou negativo, sobre a sua vida privada, mas a questão essencial é: onde o comportamento responsável termina e onde começa a interferência? Esses dois universos são interdependentes e difíceis de ser conciliados.

A vida dos empreendedores passa por uma profunda transformação à medida que os negócios evoluem. O que antes parecia tranquilo e transcorria dentro da normalidade — horário, carga de trabalho, renda, vida social — muda por completo a partir do momento em que o agora "empresário" assume o comando da empresa.

Em geral, a família do empreendedor sofre o maior impacto, decorrente das pressões naturais da operação do negócio; portanto, assumir a responsabilidade por seus atos é o primeiro passo para o balanceamento da vida pessoal e profissional.

EMPREENDEDORISMO 360°

Questões para revisão

1. Quais são as duas principais competências que formam a base do comportamento empreendedor?
2. Qual a relação existente entre a idade da pessoa e a motivação para empreender? Quanto mais velho, menor a motivação?
3. Quais os principais desafios enfrentados pelas mulheres empreendedoras?

Questões para reflexão individual

1. Que competências ajudam a reforçar o seu comportamento empreendedor? Que competências ainda faltam?
2. Você se considera uma pessoa socialmente responsável? Qual tipo de ação você já pratica para validar este comportamento?
3. Ao assumir um negócio por conta própria, a qualidade de vida pode ficar comprometida? Você está disposto a renunciar às comodidades do emprego formal para arriscar em algo por conta própria?

Questões para discussão em grupo

1. A maioria das pessoas não possui comportamento empreendedor e prefere empregos em empresas públicas ou privadas. Quais as possíveis razões para que isso aconteça?
2. É possível adotar um comportamento socialmente responsável nas empresas de micro, pequeno e médio porte mesmo sem recursos financeiros para isso?
3. Jovens com potencial empreendedor têm mais vantagens sobre os adultos na hora de decidir sobre a criação do empreendimento?

Questões sobre o estudo de caso "Anita Roddick e a The Body Shop"

1. Quais são as principais razões para o sucesso da The Body Shop? Considerando a época em que a empresa foi criada, o que havia de diferente nela?

2. Anita defendia lucros com princípios. O que isso significa e que lições podem ser extraídas dessa filosofia empreendedora?

3. O fato de Anita ter entrevistado os primeiros franqueados pessoalmente e o fato de serem, na sua grande maioria, mulheres, ajudou a empresa a se consolidar no mercado. De que forma isso contribuiu para o engajamento dos franqueados?

Para saber mais
Endereços na internet

* Endeavor
https://endeavor.org.br/?s=empreendedorismo+social

* Espaço Mulheres Executivas
http://www.espacomulheresexecutivas.com

* Pacto Global
http://www.pactoglobal.org.br

Leitura recomendada

* GITOMER, Jeffrey. *O livro negro do networking*. São Paulo: M.Books, 2008, p. 2.

* GOLEMAN, Daniel (org.). *Os grandes empreendedores*. Rio de Janeiro: Elsevier, 2007.

* KAPLAN, Robert S.; NORTON, David. P. *A estratégia em ação: balanced scorecard*. Rio de Janeiro: Elsevier, 1997.

PONTO DE PARTIDA

Parabéns! Torço muito para que você tenha chegado até aqui depois de digerir linha por linha, parágrafo por parágrafo, página por página. Poucas pessoas fazem ideia do esforço exigido para a construção de um livro, e mesmo com ele pronto não tem a mínima dimensão do trabalho existente em cada página escrita.

Este livro reúne quarenta anos de experiência, cinco anos de pesquisa científica, centenas de horas de conversas com empreendedores, gestores e líderes, milhares de horas de atualização, cuidado com os detalhes e muita disposição para o ajuste da linguagem, a fim de torná-la superacessível para o leitor, principalmente aquele que nunca se envolveu com qualquer tipo de negócio.

Escrever é fácil. Escrever um livro que as pessoas leiam, levem a sério e queiram utilizar como referência é um desafio e tanto, razão pela qual este livro está na sua quarta edição. Muito mais do que páginas repletas de casos reais, ideias promissoras, exemplos e ferramentas relacionadas ao tema, este livro defende uma filosofia de vida.

Conviver com as alegrias e as dores dos empreendedores, gestores e líderes ao longo dos últimos vinte anos foi apenas parte do processo. Ensinar e aprender com todos eles foi o que me inspirou a escrever este livro com o mesmo carinho de um jardineiro que não se cansa de regar suas plantas.

Não é necessário ser empreendedor para escrever algo parecido; entretanto, se alguém deseja produzir algo que realmente valha a pena ser lido, é necessário mergulhar nesse universo de corpo e alma para entender como ele realmente funciona; não basta ler sobre o assunto. Por tudo isso,

EMPREENDEDORISMO 360º

este livro é o ponto de partida para quem deseja transformar ideias em oportunidades de negócio.

Grandes líderes e empreendedores foram citados neste livro — obviamente nem todos, afinal, são milhões espalhados por todos os cantos do planeta. Pequenos e médios foram citados com o mesmo grau de importância dos grandes, pois representam mais de 80% dos negócios existentes no mundo. De uma forma ou de outra, todos movimentam a economia e contribuem para o progresso das nações.

Aqui estão alguns dos princípios que desenvolvi ao longo dos anos, baseados na minha experiência pessoal e profissional com empreendedores de todas as cores, tipos e tamanhos, que vão ajudá-lo a criar uma consciência mais humana e empreendedora, seja qual for o seu papel na sociedade.

O segredo é pensar em cada princípio como um ponto de partida ou um alerta, no sentido de uma busca mais profunda, e não como uma conclusão sobre a sua real capacidade de empreender, de liderar e de fazer as coisas com mais determinação do que a maioria, que pensa exclusivamente em ganhar dinheiro.

A pessoa de mentalidade empreendedora, o gestor responsável e o líder por excelência fazem as coisas acontecerem sem se descuidar da sua autenticidade, da sua integridade e da sua responsabilidade com as pessoas que dirigem e com o futuro da humanidade.

Princípios básicos da mentalidade empreendedora

1. Empreender não é ciência nem arte; é algo que pode ser aprendido e ensinado, desde que a pessoa transforme o seu modelo mental fixo (de empregado) em modelo mental positivo (de empreendedor).

2. Liderar não é manter controle absoluto sobre os processos, as pessoas e o ambiente onde você atua. Liderar é manter o controle sobre si

PONTO DE PARTIDA

mesmo para fazer com que os processos, as pessoas e o ambiente fluam naturalmente, sem a necessidade da sua interferência.

3. Empreender altera radicalmente a sua maneira de ver o mundo, de gerir o tempo, de se relacionar com os clientes, de resolver e de se responsabilizar por problemas que foram causados pelos outros, cuja solução cabe única e exclusivamente a você.

4. Liderar exige muito mais estratégia (pensar) do que tática e operação (comandar e executar). Se a pessoa é mais operacional do que estratégica, há um problema, pois ela acaba se dedicando mais do que a própria equipe (operacional); portanto, nunca terá tempo para desenvolvê-la.

5. Empreender é um estilo de vida. Raramente você encontrará alguém que diga com orgulho que deixou de ser empreendedor para ser empregado. Se o fez, acredite, foi por extrema necessidade ou por falta de vocação para o negócio.

6. Liderar não é carregar pessoas nas costas. Em todas as empresas, pode-se contar nos dedos o número de pessoas comprometidas. A maioria não está nem aí para o negócio, e parte está ali apenas para ganhar dinheiro. No papel de líder, gestor ou empreendedor, você tem o direito de substituir colaboradores ineficientes.

7. Empreender está no DNA do ser humano desde os tempos mais remotos; entretanto, o seu DNA foi profundamente alterado para ser subserviente a alguém que nunca se permitiu alterá-lo. Ao empreender, você está apenas recuperando aquilo que todo ser humano sabia fazer muito bem no passado.

8. Liderar é ver a liderança como responsabilidade, e não como um cargo ou privilégio. Se as coisas não caminham conforme o planejado, o líder não sai pelos corredores procurando culpados; ele assume a responsabilidade e refaz o caminho.

9. Empreender é um misto de muitos fracassos e pouco sucesso; entretanto, o fracasso não é necessariamente uma coisa ruim. É uma consequência que sinaliza que algo precisa ser revisto, repensado e modificado. Faz parte do aprendizado.

10. Liderança é uma competência (macro) formada por várias outras competências, que só podem ser adquiridas por meio de um longo e doloroso processo de aprendizado, entrega e evolução, dia após dia.

11. Empreender não é ser tudo para todos. Quem quer ser tudo para todos acaba sendo nada para ninguém. Além disso, há uma diferença enorme

entre ser empreendedor, ser administrador (gestor) e ser técnico. Tentar incorporar os três papéis ao mesmo tempo é o caminho mais rápido para a falência.

12. Liderar pessoas passa por um processo longo e dolorido que exige muito mais do que conhecimento técnico e experiência. Em geral, as pessoas anseiam por propósito de vida, importância e reconhecimento. Se você conseguir ajudá-las a entender essa real necessidade, influenciará também o seu modo de pensar e agir.

REFERÊNCIAS BIBLIOGRÁFICAS

Capítulo 1

1. EATWELL, John; MILGATE, Murray; NEWMAN, Peter. *The New Palgrave Dictionary of Economics*. Nova York: Edição dos Autores, 1988, v. 2, pp. 151-152.

2. FURETIÈRE, Antoine. *Dictionnaire universel*. 1690, v. 1, p. 951. Disponível na Biblioteca Pública de Paris.

3. HISRICH, Robert; PETERS, Michael P. *Empreendedorismo*. 5. ed. São Paulo: Bookman, 2004, p. 27.

4. Idem. Complementado pelo autor com base em pesquisa científica.

5. Idem, p. 30.

6. SCHUMPETER, Joseph. *Teoria do desenvolvimento econômico: uma investigação sobre lucros, capital, crédito, juro e o ciclo econômico*. São Paulo: Abril Cultural, 1982.

7. MOUNIER, Emmanuel. *O personalismo*. Lisboa: Moraes Editores, 1976, p. 107. Para muitos, Mounier é considerado o pai do personalismo.

8. HISRICH, Robert; PETER, Michael P. *Empreendedorismo*. 5. ed. São Paulo: Bookman, 2004, p. 30.

9. GERBER, Michael E. *Empreender: fazendo a diferença*. Curitiba: Fundamento, 2004, p. 16. Adaptado do original *The Myth*.

10. DRUCKER, Peter. *Inovação e espírito empreendedor: prática e princípios*. 6. ed. São Paulo: Pioneira, 1987, p. 18.

11. Definição adotada pelo GEM (Global Entrepreneurship Monitor) e disponibilizada no Relatório Empreendedorismo no Brasil em 2015.

12. Fragmento extraído da revista *Seja Seu Patrão* (suplemento da revista *Pequenas Empresas & Grandes Negócios*, Editora Globo), n. 10, fev. 2007.

13. NOBREGA, Clemente. "O profeta da inovação". *Época Negócios*, São Paulo, n. 5, pp. 142-148 jul. 2007.

14. DRUCKER, Peter. *Inovação e espírito empreendedor: prática e princípios*, 6. ed. São Paulo: Pioneira, 1987.

15. Idem, p. 26.

16. Idem, ibidem, pp. 39-42.

17. TIMMONS, J. A. *New Venture Creation: Entrepreneurship for the 21st Century*. 4. ed. Boston: Irwin McGraw-Hill, 1994.

18. Disponível em: <http://revistapegn.globo.com/Dia-a-dia/noticia/2014/12/5-previsoes-para-o-futuro-do-empreendedorismo.html>. Acesso em: 12 jul. 2022.

19. RIES, Eric. *A startup enxuta: como usar a inovação contínua para criar negócios radicalmente bem-sucedidos*. São Paulo: Lua de Papel, 2012, p. 24.

20. Espécie de financiamento colaborativo para levantar dinheiro a fim de viabilizar uma ideia, um projeto ou um negócio com razoável potencial de sucesso.

21. Instituição que tem por objetivo oferecer suporte a empreendedores para que eles possam desenvolver ideias inovadoras e transformá-las em empreendimentos de sucesso.

22. RIES, Eric. *A startup enxuta: como usar a inovação contínua para criar negócios radicalmente bem-sucedidos*. São Paulo: Lua de Papel, 2012, pp. 19-21.

23. Disponível em: <https://www.cbinsights.com/research-unicorn-companies>. Acesso em: 16 jun. 2022. Extraído e adaptado pelo autor.

Capítulo 2

1. GLADWELL, Malcolm. *Fora de série: descubra por que algumas pessoas têm sucesso e outras não*. Rio de Janeiro: Sextante, 2008. Extraído e adaptado pelo autor com base no capítulo 2, pp. 39-67.

2. HISRICH, Robert; PETER, Michael P. *Empreendedorismo*. 5. ed. São Paulo: Bookman, 2004, p. 55. Extraído e adaptado pelo autor.

3. Idem, p. 55.

4. CUNHA, Cristiano J. C. de Almeida; FERLA, Luiz Alberto; MALHEIROS, Rita de Cassia da Costa. *Viagem ao mundo do empreendedorismo*. Florianópolis: IEA — Instituto de Estudos Avançados, 2003, pp. 55-56.

REFERÊNCIAS BIBLIOGRÁFICAS

5. LONGENECKER, Justin; MOORE, Carlos W.; PETTY, J. Williams. *Administração de pequenas empresas: ênfase na gerência empresarial*. São Paulo: Makron Books, 1997.

6. CUNHA, Cristiano J. C. de Almeida; FERLA, Luiz Alberto; MALHEIROS, Rita de Cassia da Costa. *Viagem ao mundo do empreendedorismo*. Florianópolis: Instituto de Estudos Avançados, 2003, pp. 60-61.

7. DEGEN, Ronald. *O empreendedor*. 8. ed. São Paulo: Makron Books, 1989, pp. 21-31. Extraído e adaptado pelo autor.

8. ACKOFF, R. L. *Planejamento empresarial*. Rio de Janeiro: Livros Técnicos e Científicos Editora, 1974, p. 12.

9. Global Entrepreneurship Monitor Empreendedorismo no Brasil: 2019. Coordenação de Simara Maria de Souza Silveira Greco; diversos autores. Curitiba: IBQP, 2020.

10. HISRICH, Robert; PETER, Michael P. *Empreendedorismo*. 5. ed. São Paulo: Bookman, 2004, p. 211.

11. PINSON, L.; JINNETT, J. *Anatomy of a Business Plan: The Step-By-Step Guide to Building Your Business and Securing Your Company's Future*. 3. ed. Chicago: Upstart Publishing Company, 1996.

12. DORNELAS, José Carlos Assis. *Empreendedorismo: transformando ideias em oportunidades*. Rio de Janeiro: Campus, 2001, pp. 97-98.

13. HISRICH, Robert; PETER, Michael P. *Empreendedorismo*. 5. ed. São Paulo: Bookman, 2004, p. 227.

14. GERBER, Michael E. *Empreender: fazendo a diferença*. Curitiba: Fundamento, 2004, p. 36.

15. DRUCKER, Peter. *Inovação e espírito empreendedor: prática e princípios*, 6. ed. São Paulo: Pioneira, 1987, p. 197.

16. GERBER, Michael. *Empreender: fazendo a diferença*. Curitiba: Fundamento, 2004, pp. 46-47.

17. DRUCKER, Peter. *Inovação e espírito empreendedor: prática e princípios*, 6. ed. São Paulo: Pioneira, 1987, pp. 209-210.

18. MAXIMIANO, Antonio Cesar Amaru. *Administração para empreendedores: fundamentos da criação e da gestão de novos negócios*. São Paulo: Pearson Prentice Hall, 2006, pp. 13-15. Extraído e adaptado pelo autor.

19. DOMINGOS, Carlos. *Oportunidades disfarçadas: histórias reais de empresas que transformaram problemas em grandes oportunidades*. Rio de Janeiro: Sextante, 2009.

EMPREENDEDORISMO 360°

20. STOLTZ, Paul; WEIHENMAYER, Erik. *As vantagens da adversidade: como transformar batalhas do dia a dia em crescimento pessoal.* São Paulo: VMF Martins Fontes, 2008, p. 151.

21. DEL BLANCO, Roberto Álvarez. *Você marca pessoal: como gerenciar sua vida com talento e transformá-la numa experiência única.* São Paulo: Saraiva, 2010.

22. GOODWIN, J.; IBRAHIM, A. "Perceived causes of success in small business". *American Journal of Small Business,* 1986, pp. 41-50.

23. Disponível em: <www3.weforum.org/docs/WEF_Future_of_Jobs_2020.pdf>. Acesso em: 28 jun. 2022. Extraído e adaptado pelo autor.

24. GOLEMAN, Daniel. *Inteligência emocional: a teoria revolucionária que redefine o que é ser inteligente.* São Paulo: Objetiva, 1996.

25. KOFMAN, Fredy. *Metamanagement: o sucesso além do sucesso.* Rio de Janeiro: Elsevier, 2004, pp. 108-120.

26. Elaborado com base na experiência do autor e com base nos dez princípios de gestão da AB InBev.

27. Conceitos extraídos durante a palestra magna proferida por Michael Porter no Teatro Positivo, auditório da Universidade Positivo, em 8 de novembro de 2010.

28. LUZIO, Fernando. *Fazendo a estratégia acontecer: como criar e implementar as iniciativas da organização.* São Paulo: Cengage Learning, 2010, p. 44.

29. Disponível em: <www.cirquedusoleil.com/en/about/global-citizenship/ introduction.aspx>. Acesso em: 12 jul. 2022. Tradução realizada pelo autor.

30. LUZIO, Fernando. *Fazendo a estratégia acontecer: como criar e implementar as iniciativas da organização.* São Paulo: Cengage Learning, 2010, p. 50. Extraído e adaptado pelo autor.

31. CLARK, Tim. *Business Model Generation: inovação em modelos de negócios.* Rio de Janeiro: Alta Books, 2012.

32. Estudo de caso elaborado pelo autor com base nos escritos de Collins & Porras em *Feitas para durar* (Rocco, 1995); Peter Drucker, em *Inovação e espírito empreendedor* (Pioneira, 1987); e Daniel Goleman, em *Os grandes empreendedores* (Elsevier, 2007).

Capítulo 3

1. Publicado originalmente na revista *Pequenas Empresas & Grandes Negócios,* Editora Globo, jun. 2004. Extraído e atualizado pelo autor.

REFERÊNCIAS BIBLIOGRÁFICAS

2. RIES, Al; TROUT, Jack. *Posicionamento: a batalha por sua mente.* São Paulo: Makron Books, p. 16.

3. RIES, Al; TROUT, Jack. *As 22 consagradas leis do marketing.* São Paulo: Makron Books, p. 10.

4. RIES, Al; TROUT, Jack. *Posicionamento: a batalha por sua mente.* São Paulo: Makron Books, pp. 20-23.

5. CHARAN, Ram. *Know how: as oito competências que separam os que fazem dos que não fazem.* Rio de Janeiro: Elsevier, 2007, p. 20.

6. Idem, pp. 30-33.

7. KOTLER, Philip; KELLER, Kevin L. *Administração de marketing.* 12. ed. São Paulo: Pearson Prentice Hall, 2006, p. 304.

8. RIES, Al; TROUT, Jack. *Posicionamento: a batalha por sua mente.* São Paulo: Makron Books, p. 55.

9. KAWASAKI, Guy. *A arte do começo: o guia definitivo para iniciar o seu projeto.* São Paulo: Best Seller, 2006.

10. Conceitos extraídos durante a palestra magna proferida por Michael Porter na Universidade Positivo, em 8 de novembro de 2010.

11. RIES, Al; TROUT, Jack. *Posicionamento: a batalha por sua mente.* São Paulo: Makron Books, pp. 195-200. Extraído e adaptado pelo autor.

12. Idem, p. 16.

13. Idem, ibidem, p. 38.

14. Conceito definido pelo autor com base na sua própria experiência profissional e implantação de planos estratégicos em empresas de médio e grande porte.

15. DE OLIVEIRA, Djalma de Pinho Rebouças. *Planejamento estratégico: conceitos, metodologia, práticas.* 29. ed. São Paulo: Atlas, 2011, pp. 4-5. Extraído e adaptado pelo autor.

16. Idem, pp. 17-18.

17. HILL, Napoleon. *A lei do triunfo.* 34. ed. Rio de Janeiro: José Olympio Editora, 2012.

18. Idem.

19. HILL, Napoleon. *Pense e enriqueça.* São Paulo: Best Seller, 1977, pp. 15-16.

20. SEGALLA, Amauri. "O triunfo da Toyota". *Época Negócios.* São Paulo, n. 2, p. 102, abr. 2007.

21. COVEY, Stephen R. *Os 7 hábitos das pessoas altamente eficazes.* 26. ed. Rio de Janeiro: Best Seller, 2006, p. 121.

22. DE OLIVEIRA, Djalma de Pinho Rebouças. *Planejamento estratégico: conceitos, metodologia, práticas.* 23. ed. São Paulo: Atlas, 2007, p. 43.
23. COLLINS, James C.; PORRAS, Jerry I. *Feitas para durar: práticas bem-sucedidas de empresas visionárias.* Rio de Janeiro: Rocco, 1995, p. 50.
24. QUIGLEY, Joseph V. *Visão: como os líderes a desenvolvem, compartilham e mantêm.* São Paulo: Makron Books, 1994.
25. BENNIS, Warren G. *A invenção de uma vida.* Rio de Janeiro: Campus, 1999.
26. Pesquisa realizada pelo autor diretamente no site de cada empresa mencionada no quadro. Acesso em: 10 jul. 2022.
27. KOTTER, John P. *Liderando mudanças: transformando empresas com a força das emoções.* Rio de Janeiro: Elsevier/Campus, 2013, p. 72.
28. DRUCKER, Peter. *Inovação e espírito empreendedor: prática e princípios.* 6. ed. São Paulo: Pioneira, 1987, p. 45.
29. WEBER, Max. *A ética protestante e o espírito do capitalismo.* São Paulo: Martin Claret, 2005, p. 68.
30. Idem, p. 67.
31. GOLEMAN, Daniel; KAUFMAN, Paul; RAY, Michael. *O espírito criativo.* São Paulo: Cultrix, 1992, p. 20. Extraído e adaptado pelo autor.
32. DE OLIVEIRA, Djalma de Pinho Rebouças. *Planejamento estratégico: conceitos, metodologias, práticas.* 23. ed. São Paulo: Atlas, 2007, p. 50.
33. COLLINS, James C.; PORRAS, Jerry I. "Construindo a visão da empresa". *HSM Management,* São Paulo, n. 7, p. 35, mar./abr. 1998.
34. Pesquisa realizada pelo autor diretamente no site de cada empresa mencionada no quadro. Acesso em: 10 jul. 2022.
35. GÓMEZ, Emiliano. *Liderança ética: um desafio do nosso tempo.* São Paulo: Planeta, 2005, p. 52.
36. COLLINS, James C. PORRAS, Jerry I. *Feitas para durar: práticas bem-sucedidas de empresas visionárias.* Rio de Janeiro: Rocco, 1995, pp. 107-115.
37. Pesquisa realizada pelo autor diretamente no site de cada empresa mencionada no quadro. Acesso em: 10 jul. 2022.
38. ROBBINS, Stephen P. *Comportamento organizacional.* 11. ed. São Paulo: Pearson Prentice Hall, 2005, p. 350.
39. Idem, p. 351.
40. Idem, ibidem, pp. 356-358.

REFERÊNCIAS BIBLIOGRÁFICAS

41. Extraído e adaptado pelo autor de acordo com os dados disponíveis em: <www.wto.org/english/tratop_e/serv_e/mtn_gns_w_120_e.doc>. Acesso em: 15 abr. 2016.

42. HISRICH, Robert; PETER, Michael P. *Empreendedorismo*. 5. ed. São Paulo: Bookman, 2004, p. 222.

43. Idem, pp. 222-224. Extraído e adaptado pelo autor.

44. BOSSIDY, Larry; CHARAN, Ram. *Execução: a disciplina para atender resultados*. Rio de Janeiro: Elsevier, 2005, p. 215.

45. KOTLER, Philip; KELLER, Kevin L. *Administração de marketing*. 12. ed. São Paulo: Pearson Prentice Hall, 2006, p. 4.

46. Idem, p. 2.

47. LAS CASAS, Alexandre Luzzi. *Plano de marketing para micro e pequena empresa*. 5. ed. São Paulo: Atlas, 2007, p. 19.

48. KOTLER, Philip; KELLER, Kevin L. *Administração de marketing*. 12. ed. São Paulo: Pearson Prentice Hall, 2006, p. 4.

49. Idem, p. 5.

50. Idem, pp. 59-64. Extraído e adaptado pelo autor.

51. Idem, p. 22. Extraído e adaptado pelo autor.

52. KAWASAKI, Guy. *A arte do começo: o guia definitivo para iniciar o seu projeto*. São Paulo: Best Seller, 2006, p. 2.

53. HISRICH, Robert; PETER, Michael P. *Empreendedorismo*. 5. ed. São Paulo: Bookman, 2004, p. 263.

54. Disponível em: <https://capitalsocial.cnt.br/demonstracao-do-resultado-de-exercicio/>. Acesso em: 30 jun. 2022. Extraído e adaptado pelo autor.

55. DORNELAS, José Carlos Assis. *Empreendedorismo: transformando ideias em oportunidades*. Rio de Janeiro: Campus, 2001, pp. 167-168.

56. Disponível em: <www.portaldecontabilidade.com.br/tematicas/indices-de-liquidez.htm>. Acesso em: 24 jun. 2022. Extraído e adaptado pelo autor.

57. Estudo de caso elaborado com base em pesquisa realizada pelo autor no site da empresa e atualizado desde a primeira edição. Disponível em: <www.boticario.com.br>. Acesso em: 6 jul. a 30 jul. 2022.

Capítulo 4

1. Disponível em: <https://sebrae.com.br/sites/PortalSebrae/artigos/lei-geral-da-micro-e-pequena-empresa,46b1494aed4bd710VgnVCM100000d701210aRCRD>. Acesso em: 26 jun. 2023.

EMPREENDEDORISMO 360º

2. Disponível em: <https://sebrae.com.br/sites/PortalSebrae/artigos/os-principais-tributos-que-todo-empreendedor-precisa-conhecer,e40aa0b77d29e410VgnVCM1000003b74010aRCRD>. Acesso em: 26 jun. 2023.

3. Disponível em: <exame.abril.com.br/pme/noticias/como-escolher-o-socio-ideal-para-o-seu-primeiro-negocio>. Acesso em: 15 jul. 2022.

4. Disponível em: <exame.abril.com.br/pme/noticias/como-escolher-seu-socio-para-empreender>. Acesso em: 18 jul. 2022.

5. Disponível em: <www.gov.br/empresas-e-negocios/pt-br/empreendedor>. Acesso em: 12 jul. 2022. Extraído e adaptado pelo autor.

6. DEGEN, Ronald. *O empreendedor*. 8. ed. São Paulo: Makron Books, 1989, p. 260. Extraído e adaptado pelo autor.

7. Idem, p. 251.

8. Disponível em: <www.venki.com.br/blog/exemplos-fatores-criticos-de-sucesso>. Acesso em: 12 jul. 2022. Extraído e adaptado pelo autor.

9. KOTLER, Philip; KELLER, Kevin L. *Administração de marketing*. 12. ed. São Paulo: Pearson Prentice Hall, 2006, pp. 53-54.

10. Elaborados com base na experiência do autor durante processos de implantação de planejamento estratégico para empresas de médio e grande porte.

11. Disponível em: <www.portaleducacao.com.br>. Acesso em: 10 jul. 2022. Extraído e adaptado pelo autor.

12. MOREIRA, Leandro Munhoz. "Oito técnicas de abordagem em vendas". Disponível em: <http://supervendedores.com.br/vendas/tecnicas-de-vendas/8-tecnicas-de-abordagem-em-vendas>. Extraído e adaptado pelo autor. Acesso em: 10 jul. 2022.

13. KOTLER, Philip; KELLER, Kevin L. *Administração de marketing*. 12. ed. São Paulo: Pearson Prentice Hall, 2006, p. 619.

14. KOTLER, Philip; KELLER, Kevin L. *Administração de marketing*. 12. ed. São Paulo: Pearson Prentice Hall, 2006, p. 618.

15. Reprodução parcial do artigo "Sete conselhos para um atendimento nota 10", escrito pelo autor especialmente para o Portal Administradores, com base nos escritos de Jeffrey Gitomer, Ty Boyd e Raul Candeloro, especialistas em comportamento humano e vendas.

16. Estudo de caso elaborado com base em pesquisa realizada pelo autor no site da empresa e atualizado desde a primeira edição. Disponível em: <www.cacaushow.com.br/home>. Acesso em: 6 jul. a 30 jul. 2022.

REFERÊNCIAS BIBLIOGRÁFICAS

Capítulo 5

1. MAXIMIANO, Antônio Cesar A. *Teoria geral da administração: da revolução urbana à revolução digital*. São Paulo: Atlas, 2002.

2. MORGAN, Gareth. *Imagens da organização*. São Paulo: Atlas, 1996.

3. KOTTER, John P. *Liderando mudança*. Rio de Janeiro: Campus, 1997.

4. COLLINS, James C.; PORRAS, Jerry I. *Feitas para durar: práticas bemsucedidas de empresas visionárias*. Rio de Janeiro: Rocco, 1995, pp. 57-60.

5. Idem, p. 60.

6. Extraído de diversos autores e adaptado pelo autor.

7. PETER, Tom. "50 lições de liderança". Entrevista concedida para a revista *Você S/A*, n. 35. Extraído e adaptado pelo autor.

8. BOSSIDY, Larry; CHARAN, Ram. *Execução: a disciplina para atender resultados*. Rio de Janeiro: Elsevier, 2005, pp. 63-87.

9. Instituto Brasileiro de Governança Corporativa. Código das melhores práticas de governança corporativa. 4. ed. / Instituto Brasileiro de Governança Corporativa. São Paulo: IBGC, 2009, p. 19.

10. Disponível em: <www.ibgc.org.br/inter.php?id=18161>. Acesso em: 20 abr. 2016. Extraído e adaptado pelo autor.

11. Elaborado com base na experiência do autor durante a implantação de projetos de governança em empresas de médio e grande porte.

12. DAVIS, John. "Como dar continuidade ao empreendimento". *HSM Management*, São Paulo, n. 22, jul. 2005.

13. WARD, John L. "A sabedoria não convencional da empresa familiar". Publicado originalmente na revista *Spotlight* e reproduzido pela revista *HSM Management*, São Paulo, n. 56, maio/jun. 2006.

14. HSM MANAGEMENT. "Dossiê: retrato de família", n. 41, nov./dez. 2003.

15. HUGHES, James E. *Riqueza familiar: como manter o patrimônio por gerações*. São Paulo: Saraiva, 2006.

16. WARD, John L. "A sabedoria não convencional da empresa familiar". Publicado originalmente na revista *Spotlight* e reproduzido pela revista *HSM Management*, São Paulo, n. 56, maio/jun. 2006.

17. CAMPOS, Elsimar Álvares da Silva. "A governança corporativa e a família". *HSM Management*, São Paulo, n. 28, jan. 2006.

18. Idem.

19. Idem, ibidem.

425

EMPREENDEDORISMO 360°

20. Comentário do proeminente autor de *Centuries of Success*, divulgado na pesquisa "The World's Oldest Family Companies". Disponível em: <www.familybusinessmagazine.com/oldworld.html>. Acesso em: 12 jul. 2007.

21. WARD, John L. "A sabedoria não convencional da empresa familiar". Publicado originalmente na revista *Spotlight* e reproduzido pela revista *HSM Management*, São Paulo, n. 56, maio/jun. 2006.

22. Idem.

23. Disponível em: <http://blog.kanitz.com.br/empresa-familiar-psicologia>. Acesso em: 20 abr. 2016.

24. WARD, John L. "Planejar para prosseguir", *HSM Management*, São Paulo, n. 41, nov./dez. 2003.

25. ACKOFF, L. Russel. Planejamento *empresarial*. Tradução de Marco Túlio de Freitas. Rio de Janeiro: Livros Técnicos e Científicos, 1979.

26. WARD, John L. "Planejar para prosseguir", *HSM Management*, São Paulo, n. 41, nov./dez. 2003.

27. RAKE, Michael. "A receita da boa governança". *HSM Management*, São Paulo, n. 45, jul./ago. 2004.

28. PROSPERARE Consultoria. "Crescimento e longevidade da empresa familiar: uma pesquisa pioneira sobre as médias e grandes empresas familiares brasileiras". São Paulo, 2007.

29. Disponível em: <https://corporate.walmart.com/about/working-at-walmart>. Acesso em: 10 jul. 2022.

30. COLLINS, James C.; PORRAS, Jerry I. *Feitas para durar: práticas bem-sucedidas de empresas visionárias*. Rio de Janeiro: Rocco, 1995. Adaptação de diversos trechos do livro.

31. Idem, p. 230.

32. SERAFIM, Luiz. *O poder da inovação: como alavancar a inovação na sua empresa*. São Paulo: Saraiva, 2011, p. 29.

33. ROBBINS, Stephen P. *Comportamento organizacional*. 11. ed. São Paulo: Pearson Prentice Hall, 2005, p. 375.

34. GOLEMAN, Daniel (org.). *Os grandes empreendedores*. Rio de Janeiro: Elsevier, 2007, pp. 98-101. Extraído e adaptado pelo autor com base no livro e em outros artigos disponíveis na internet.

35. Estudo de caso elaborado com base em pesquisa realizada pelo autor no site da empresa e atualizado desde a primeira edição. Disponível em: <www.

REFERÊNCIAS BIBLIOGRÁFICAS

aboutamazon.com/about-us/leadership-principles>. Acesso em: 6 ago. 2022. Tradução do autor.

Capítulo 6

1. DRUCKER, Peter. *Inovação e espírito empreendedor: prática e princípios*, 6. ed. São Paulo: Pioneira, 1987.

2. BOSSIDY, Larry; CHARAN, Ram. *Execução: a disciplina para atender resultados*. Rio de Janeiro: Elsevier, 2005, p. 33.

3. KAPLAN, Robert S.; NORTON, David P. *A estratégia em ação: balanced scorecard*. Rio de Janeiro: Elsevier, 1997, pp. 200-206.

4. HARPST, Gary. *Execução revolucionária: alcance a excelência através da sintonia entre excelência e execução*. Rio de Janeiro: Elsevier, 2008.

5. SAVITZ, Andrew W.; WEBER, Karl. *A empresa sustentável: o verdadeiro sucesso e lucro com responsabilidade social e ambiental*. Rio de Janeiro: Elsevier, 2007, p. 11.

6. Idem, p. 13.

7. ACKMAN, Dan. "Hershey Says No, Bankers Cry Foul". Disponível em: <www.forbes.com/2002/09/18/0918topnews.html>. Acesso em: 1 set. 2007.

8. SAVITZ, Andrew W.; WEBER, Karl. *A empresa sustentável: o verdadeiro sucesso e lucro com responsabilidade social e ambiental*. Rio de Janeiro: Elsevier, 2007, p. 21.

9. Idem, p. 14. Extraído e adaptado pelo autor para a realidade brasileira.

10. SAVITZ, Andrew W.; WEBER, Karl. *A empresa sustentável: o verdadeiro sucesso e lucro com responsabilidade social e ambiental*. Rio de Janeiro: Elsevier, 2007, p. 29.

11. Disponível em: <www.pactoglobal.org.br/10-principios>. Acesso em: 10 jul. 2022.

12. Disponível em: <http://revistapegn.globo.com/Mulheres-empreendedoras/noticia/2016/04/ex-modelo-cria-instituto-para-promover-igualdade-racial.html>. Acesso em: 8 abr. 2016. Atualizado pelo autor pelo autor em 5 ago. 2022.

13. Dados disponíveis no Relatório Empreendedorismo no Brasil 2019/20, coordenado pelo Global Entrepreneurship Monitor.

14. Disponível em: <https://agenciabrasil.ebc.com.br>. Acesso em: 10 jul. 2022.

427

EMPREENDEDORISMO 360º

15. Disponível em: <www.sebraepr.com.br/wp-content/uploads/ Empreendedorismo-Feminino-no-Brasil-2020.pdf>. Acesso em: 12 jul. 2022.

16. Disponível em: <https://endeavor.org.br/sonho-grande-leila-velez> e <https:// www.belezanatural.com.br/institucional/sobre-nos>. Acesso em: 10 abr. 2016. Atualizado pelo autor em 26 jun. 2023.

17. ORLANDI, Ana Paula. "Costura de futuro". *Claudia*, n. 3, ano 55, p. 40, mar. 2016.

18. Disponível em: <https://www.instagram.com/oamoresimples/>. Acesso em: 26 jun. 2023.

19. Disponível em: <www.espacomulheresexecutivas.com/#!retratoadriana-karam/c1gs1>. Acesso em: 10 abr. 2016.

20. Disponível em: <https://fr.wikipedia.org/wiki/Olympe_de_Gouges>. Acesso em: 15 jul. 2022.

21. GITOMER, Jeffrey. *O livro negro do networking*. São Paulo: M.Books, 2008, p. 2.

22. Idem, extraído e adaptado pelo autor com base em várias passagens do livro.

23. ONU. "WHO/ILO joint estimates of the work-related burden of disease and injury, 2000-2016: global monitoring report", 2021. Disponível em: <https:// www.ilo.org/global/topics/safety-and-health-at-work/resources-library/ publications/WCMS_819788>. Acesso em: 26 jun. 2023. Extraído e adaptado pelo autor.

24. FRIEDMAN, Stewart D.; CHRISTENSEN, Perry; DEGROOT, Jéssica. "O fim do jogo soma zero". In: "Trabalho e vida pessoal". *Harvard Business Review*. Rio de Janeiro: Campus, 2001, p. 9.

25. GÓMEZ, Emiliano. *Liderança ética: um desafio do nosso tempo*. São Paulo: Planeta do Brasil, 2005, pp. 92-100. Extraído e adaptado pelo autor.

26. COVEY, Stephen R. *Os 7 hábitos das pessoas altamente eficazes*. 26. ed. Rio de Janeiro: Best Seller, 2006, pp. 340-341.

27. Idem, p. 225.

28. GOLEMAN, Daniel (org.). *Os grandes empreendedores*. Rio de Janeiro: Elsevier, 2007, pp. 18-21. Extraído e adaptado pelo autor com base no livro e em outros artigos disponíveis na internet.

29. RODDICK, Anita. *Meu jeito de fazer negócios*. São Paulo: Negócio Editora, 2002.

Palavras-chave para pesquisa e análise

Capítulo 1

Agentes de inovação

Aquele que assume riscos

Comportamento empreendedor

Combustível empreendedor

Criação de riqueza

Cultura empreendedora

Destruição criativa

Empreendedor

Empreendedorismo por iniciativa

Empreendedorismo por necessidade

Empreendedorismo sustentável

Espírito empreendedor

Estilo de vida

Estratégia empreendedora

Independência financeira

Indivíduo inovador

Inovação comum

Inovação incremental

Inovação tecnológica

Mentalidade empreendedora

Mudança de vida

Oportunidade de negócio

Pessoa muito ativa

Planejamento

Prosperidade

Sociedade empreendedora

Startup

Superação de obstáculos

Tomada de decisão

Vontade de criar

Capítulo 2

Administração empreendedora

Análise da oportunidade

Capital próprio

Competências essenciais

Conhecimento do ramo

Consciência empreendedora

Fora de série

Gestão do negócio

Habilidades financeiras

Habilidades mercadológicas

Habilidades pessoais

Identificar recursos

Incubadoras

Inteligência emocional

Investidores externos

Modelo Canvas

Modelo de negócio

Modelos mentais

Oportunidades de negócio

Pesquisa de mercado

Planejamento financeiro

Possibilidades pioneiras

Preparação

Processar informações

Retorno financeiro

Startup

Talento ou vocação

Tomada de decisão

Valores e virtudes

Visão de longo prazo

Capítulo 3

Análise de tendências

Crescimento sustentável

Diretrizes estratégicas

Diferencial competitivo

Encantamento

Escolhas e consequências

Filosofia de vida

Focado no cliente

First mover

Identidade organizacional

Ideologia central

Matriz de responsabilidades

Missão empreendedora

Modelo Canvas

Modelo de negócio

Percepção de valor

Planejamento estratégico

Plano de marketing

Plano financeiro

Plano operacional

PALAVRAS-CHAVE PARA PESQUISA E ANÁLISE

Ponto de equilíbrio
Posicionamento estratégico
Público-alvo
Segmentação
Singularidade

Trade-off
Valores fundamentais
Vantagem competitiva
Visão de futuro
Visão global

Capítulo 4

Abertura da empresa
Atendimento diferenciado
Acordo societário/Acordo entre sócios
Administração por objetivos
Balanced scorecard (BSC)
Contrato social
Crowdfunding
Enquadramento tributário
Estrutura de vendas
Estrutura legal
Fator crítico de sucesso (FCS)
Fidelização
Força de vendas
Fluxo de caixa
Indicadores

Lucro presumido
Lucro real
Matriz SWOT
Metas
Objetivos
PDCA
Planejamento estratégico
Plano de ação
Pós-venda
Processo de vendas
Prospecção
Regime de tributação Simples
Regime de tributação Normal
Startup
Tipos de sociedades

Capítulo 5

Auditoria independente
Capital de giro
Capital emocional

Capital financeiro
C.H.A.
Conselho consultivo

EMPREENDEDORISMO 360°

Conselho de administração

Conselho de família

Consolidação do negócio

Cultura organizacional

Curva de aprendizado

Empresa familiar

Equidade

Espírito empreendedor

Feedback

Gestão empreendedora

Gestão estratégica

Gestão operacional

Gestão familiar

Governança corporativa

Habilidades conceituais

Habilidades humanas

Habilidades técnicas

Know-how

Liderança empreendedora

Lucro presumido

Modelo de negócio

Obsessão pelo cliente

Reação tridimensional

Transparência nos negócios

Capítulo 6

Atitude empreendedora

Autoconhecimento

Balanceamento

Balanced scorecard (BSC)

Capital intelectual

Competências técnicas

Comportamento empreendedor

Cultura forte

Empreendedores estabelecidos

Empreendedores iniciais

Empreendedorismo online

Empreendedorismo social

Equilíbrio

Estratégias

Execução

Gestão por princípios

Gestor de negócios

Gestor de pessoas

Inteligências múltiplas

Jovens empreendedores

Mulheres empreendedoras

Networking

Pacto Global

Pessoas excelentes

Rede de contatos

Responsabilidade pessoal

Responsabilidade social

Sonho grande

The Body Shop

Tomar decisões

Índice

Símbolos

4W1H, 252–253

5W2H, 254–256

A

administração empreendedora, 72

agências de fomento, 69

APO, 244

Apple, 227

B

balanced scorecard, 244, 246

balanço patrimonial, 195–196

bolha pontocom, 27

C

Cacau Show, 268–274

capital próprio, 68

Cirque du Soleil, 103–104

Coca-Cola, 150

competências-mãe, 344

concorrência, 52

consciência empreendedora, 89

criação de riqueza, 32

criatividade, 6–11

crowdfunding, 29, 236

cultura empreendedora, 11

cultura organizacional, 75, 327

  forte, 328

D

destruição criativa, 12, 53

DRE, 75, 196–198

Drucker, Peter, ix, 5, 13, 45, 63, 244

E

empreendedor, 4, 11

  características de um, 86

  da Idade Média, 4

  decisão de empreender, 24

  espírito, 12–15, 15

  fases do processo, 42–76

    primeira fase, 46–58

  fatores positivos para o, 22–23

habilidade do, 66, 77

impacto sobre a economia, 9

legítimo, 9

principais ferramentas, 7–8

razões para o fracasso do, 45

X administrador, 71

X empregado, 20–27, 23

X empresário, 8

X zona de conforto, 22–23

empreendedorismo, 11

mitos do, 87–88

por iniciativa, 8, 14

por Jack Welch, 10

por Joseph Schumpeter, 12

por necessidade, 9, 11, 27

por Peter Drucker, 13

previsões para o futuro do, 25

sustentável, 33

estilo de vida, 8

estratégia, 103

de marketing, 137

empreendedora, 14

estrutura organizacional, 173

F

first mover, 140

flexibilidade cognitiva, 92

franquias, 28

G

gestão de negócios, x

H

habilidades gerenciais, 90

habilidades pessoais, 90

I

ideias, 13, 49, 76–82

como transformar em oportunidades, 52–53

fontes de, 53

identidade organizacional, 147

impostos, 224

incubadora, 29, 69

independência financeira, 7

indivíduo inovador, 4

inovação, 11–16, 45

baseada em ideias brilhantes, 14

baseada no conhecimento, 14

tecnológica, 6

inteligência emocional, 92, 285

intraempreendedor, 5

intraempreendedorismo, 26–27

investidores-anjos, 69

K

KPI, 243, 246

ÍNDICE

L

lei da liderança, 132–214
livro-texto, 16
logística, 172
lucratividade, 356

M

mailing, 263
marketing, 186–214
 função de, 186
 plano de, 187–196
matriz de responsabilidades, 175
mentalidade empreendedora,
 11, 167
meritocracia, 38
missão, 158–166, 163, 164
modelagem básica, 99
modelo Canvas, 106–107
modelo de negócio
 X plano de negócio, 98–114
modelos mentais, 70, 92,
 94–126, 121
modelos organizacionais, 173
 burocracia, 174
 estrutura matricial, 174
 estrutura simples, 173
mulher empreendedora, 375–385

N

negócios, segredos do sucesso, 19
networking, 384
 dicas para construir, 386–387
nicho, 77, 98, 121

O

ócio criativo, 402
oportunidades de negócio, 56
outliers, 41

P

pacto global, 358–359
patrimônio, 6
PDCA, 255–260
percepção de valor, 138, 138–139
pesquisa de mercado, 53
planejamento, 58–60
planejamento estratégico, 145, 246
plano de ação, 252
plano de negócio, 59–66, 111
 X modelo de negócio, 98–114
plano de produção, 182
plano financeiro, 10, 194
plano operacional, 172–187
ponto fora da curva, 41
posicionamento, 110, 131–147, 133–
 214, 139, 143
 de negócio, 99

teste de, 135–214

princípios, 147

processo de vendas, 262–264

R

racismo, 360

regime tributário, 220–224

risco, 11

S

Sebrae, 6, 44

SMART, meta, 248–249

sociedades, 218–219

Sony, 17, 18, 114–126

startups, 27–32, 68

  mais valiosas do mundo, 31

  visão de, 30–31

sucesso, 41

SWOT, matriz, 249–251

T

talento, 38–42

TEA, 377

Teoria da Inteligência Emocional, 38

Teoria das Inteligências
  Múltiplas, 38

The Body Shop, 403–407

tomada de decisão, 59, 74

trade-off, 102, 186

V

valor, 6, 11, 147, 165–172

vendas

  força de, 265

  processo de, 262–264

venture capital, 69

virtude, 90

visão, 147–159

  processo de criação da, 154

vocação, 158–159, 162

vontade de criar, 8

Z

zona de conforto, 22–23

  fim da, 22